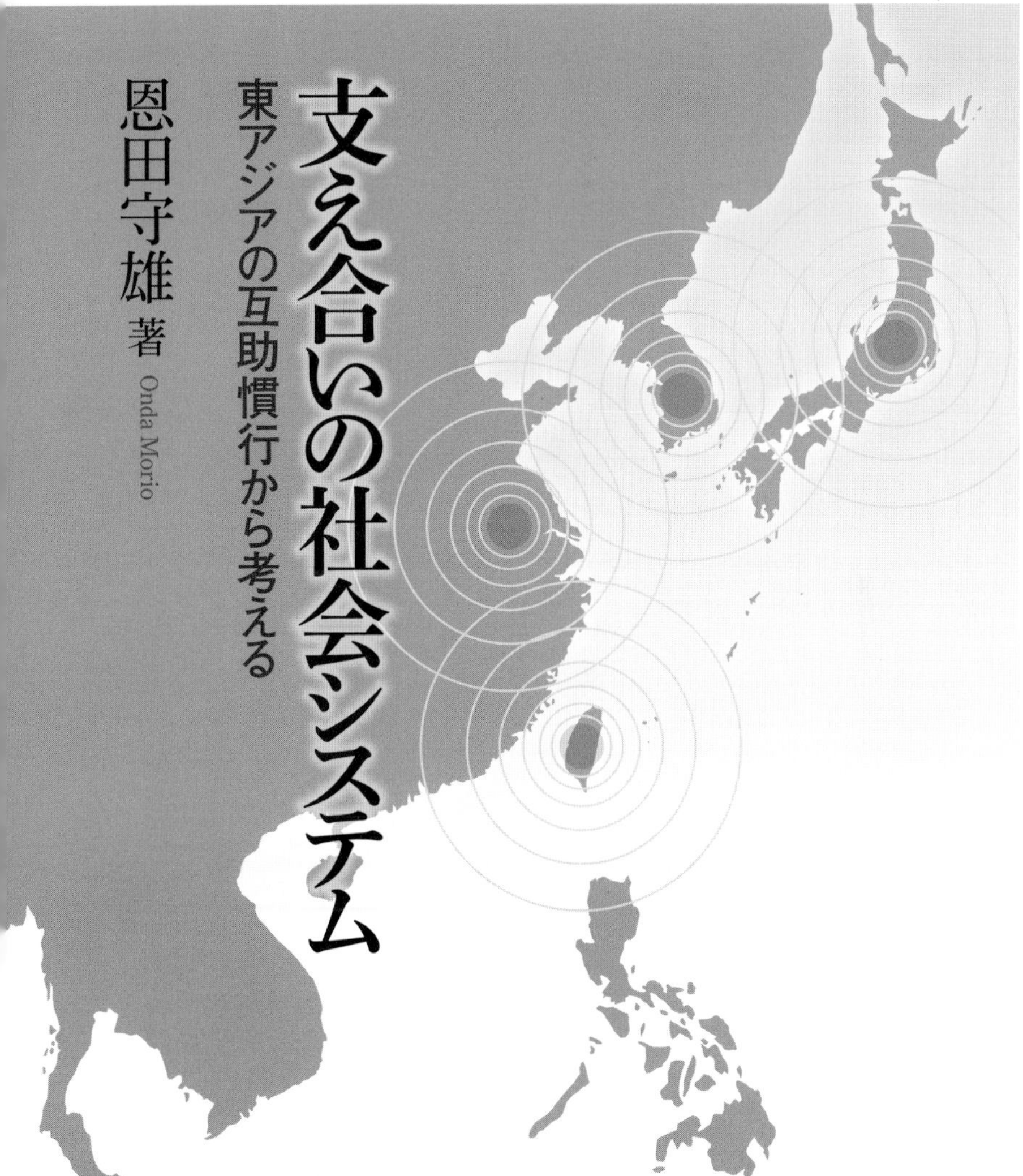

支え合いの社会システム

東アジアの互助慣行から考える

恩田守雄 著
Onda Morio

ミネルヴァ書房

はじめに

二〇一一（平成二三）年三月に発生した東日本大震災では国民レベルで「痛み」が共有され、被災者に対する支援が全国に拡がった。この未曾有の大震災によるコミュニティの崩壊を契機に改めて人と人とのつながりや絆を取り戻そうとする国民が多かった。しかしこの震災前から所在がわからない高齢者、子供に対する虐待に気づきながら無関心な近隣関係など「無縁社会」が指摘されてきた。児童養護施設への匿名による寄付などあるものの人と人との関係は依然として希薄で、支え合う仕組みを私たちはつくり損ねているように見える。現代人は連帯し共生する「生活の知恵」を忘れ、そのしたたかさを失ってはいないだろうか。かつて田植えや屋根葺きなど労力交換のユイ、道路補修や共有地（コモンズ）の維持管理など共同作業のモヤイ、冠婚葬祭で手助けするテツダイという伝統的な互助行為があり、セイフティネット（安全網）が至る所に張り巡らされ日本人は支え合ってきた。日本にも「有縁社会」があったことを知ってほしいという思いが本書執筆の動機の一つである。

互助慣行は日本だけでなく韓国、中国、台湾にも同種のものがあり、人間である限り他者と連帯し共生するうえで欠かせない制度の普遍性と同時に地域固有の事情から生まれた個別性が見られる。二つ目の動機はこうした点への関心を喚起することにあり、特に互助慣行の類似と差異を解明したい知的好奇心もあった。これまで人々の生活の中から生まれた「自生的な社会秩序」に対する関心からその代表的な行為として相互扶助に着目してきたが、本書はアジア諸国の互助行為を日本と比較することで共通するあるいは固有の互助ネットワークを明らかにしようとした。相互扶助は行為の志向性から類型化できるが、その表れ方は社会構造によって異なる。なお本書は漢字文化圏の影響という点でベトナムも取り上げている。日本の互助慣行は拙著『互助社会論』（二〇〇六年）で既にまとめたが、本書は対馬や五島、沖縄など歴史的に外国と接触が多かった島嶼地域を中心に調査し、東アジア相互の影響を「互助慣行の移出入」として試論を展開している。

三つ目の動機は東アジアの互助慣行を通して、現代の支え合いをめぐる実践的な取り組みに一定の指針を与えたいという強い願いがあった。それは国内で導入されている欧米の仕組みに対して日本の伝統的な互助慣行を活かせないかという思いでもある。そこには東アジアを含め先人の様々な「生活の知恵」があり、現代の「無縁社会」にどう対処すべきかというヒントが含まれている。この点本書は人や地域のつながりを取り戻す「一村一助」運動を提唱している。これは各人が自らの能力にまた地域が固有の資源に目覚めそれらを通して他者や他地域とつながる取り組みで、失われた絆を回復し互助ネットワークの修復から地域を活性化する運動である。筆者は大震災の年に陸前高田市でがれき処理のボランティアに参加し東北三県の被災者に聞き取りをしたが、その後も継続的に調査を行い絆の亀裂や深化を目の当たりにしてきた。こうした互助ネットワークの変容から本書はコミュニティの再生について提言している。東日本大震災では「国民一助」運動が展開されたと言えるが、多くの読者が共助による「支え合いの社会システム」に関心をもつことを期待したい。

なお本書は二〇一一（平成二三）年度から二〇一四（平成二六）年度の科学研究費助成事業（学術研究助成基金助成金）による研究成果を中心にまとめたものである（課題番号23530679、基盤研究（C）、課題研究「互助ネットワークの民俗社会学的国際比較研究」単独研究）。最後に出版事情が大変厳しいとき本書の刊行を引き受けていただいたミネルヴァ書房の堀川健太郎氏、中川勇士氏に感謝したい。

二〇一八年七月

恩田守雄

支え合いの社会システム——東アジアの互助慣行から考える

目次

凡　例

1　韓国、中国、台湾の原語は主要なもののみ現地語で、またカタカナで示した。地名も同様に主なものだけ読み方を明記した。

2　巻末の文献は、洋書の古いものは書名のみで出版地と出版社を省略して邦訳文献をあげ、和書も同様に古い文献は省略している。初版の発行年は［　］で示し、初版以外の版はその後にあげた。また著作集の場合も初版発行年に続けて示した。

3　文中の引用では、洋書で初出あるいは初版のみを［　］で示し、次に実際に参照した文献（翻訳）の発行年と引用頁を示している。和書も同様だが、引用した文献が著作集の場合も初版［　］に続けて参照した著作集の発行年の引用箇所を明記した。

4　図表はすべて筆者作成のオリジナルで、該当箇所では一つひとつ「筆者作成」と明示していない。

5　参照した文献で使われている語句は、「部落」などそのまま使用している。特に第4章の台湾では、「首狩り族」など戦前戦中の文献の語句を表記のまま引用した。また「原住民」は第4章の注（8）で示したように、現地呼称を尊重して先住民の意味で用いている。

序章　情けは人の為ならず

1　人間関係の潤滑油としての支え合い

情けを忘れた「無縁社会」

「為ならず」と「為にならず」　「情けは人の為ならず」ということわざがある。この意味は本来他人に情けをかけておくとそれがめぐりめぐっていつか自分のためになること、すなわち他者への手助けが自分にもよい結果がもたらされるという助け合いの関係である互助ネットワークを意味している。(1)しかし他人に対する情けが依存心を強め本人の努力を殺《そ》ぐことがあるため、この諫《いさ》める意識から本人にとってよくない「為にならず」の解釈がされる。少し古いデータだが、二〇〇一（平成一三）年一月に実施した文化庁の『国語に関する世論調査』（平成一二年度）では「為ならず」と解釈した人が四七・二％、「為にならず」と答えた人が四八・七％いた。年齢別に見ると、一〇代、二〇代、三〇代と若い世代ほど六割を超えて後者に解釈している。これはそれだけ相手に自助努力を求める態度の表れだが、同時に他者との関係が希薄であることを示唆している。この「情けは人の為ならず」は好意を受けた人から見ると相手に直接返礼するのではなく、別の機会に困っている他者を手助けする行為の循環を表している。すなわち「情け」（親切）が回ることになるが、これは「恩返し」ではない「恩送り」の行為と言える。「恩送り」は受けた恩をその相手に直接返せないとき他者に送ることで「心の負担」をなくす行為でもある。それは情けをかけた人が対象になる「後ろ向き」ではなく、別の人に向けて情けを「前向き」に送る行為である。「情けは人の為ならず」はこの「恩送り」の行為がやがて自分に返ってくる循環思想に貫かれている。[2] このため情けをかけたほうは相手から直接の見返りを期待しないことが前提にある。もちろんいつも情けをかけることを奨励しているわけではない。ときには相手の自立を見守ることも必要だろう。それこそ時と場合によるが、この見極めこそ「生活の知恵」に他ならない。

なお日本人の心情を端的に示す言葉に他人への過度な期待や依存を意味する「甘え」がある。この「甘え」を絶つ考えが自己責任を求め「為ならず」を「為にならず」とする解釈を普及させたと言えよう。その逆に他者を助けてその見返りを期待する「甘え」もある。助け合いの相互関係を示す「情けは人の為ならず」は日本人の心情を巧みに表現したことわざで、支え合いによって社会が循環することを教える処世訓でもある。それは「科学知」ではなく「生活知」から生まれたものである。この「為にならず」と解釈するようになったのは高度成長の頃からだろう。これは努力しだいで道が開けるという競争意識が浸透した結果とも言える。その分他者への同情や思いやりが少なくなる。一九九五（平成七）年一月に起きた阪神・淡路大震災では多くの人が全国から駆けつけ、その年が「ボランティア元年」と呼ばれたが、その後「無縁社会」や「無援社会」が問題となる。[3] しかし二〇一一（平成二三）年三月に発生した東日本大震災を契機に改めて人と人とのつながりや絆が言われ、お互いにつながる「有縁社会」や支え合う「有援社会」を国民の多くが考えるようになった。

ちょっとした人との交わりも偶然ではなく、深い宿縁から生じているという「袖振り合うも他生《たしょう》の縁」ということわざは誰もが何らかの「縁」で結ばれる関係を示している。「縁」はもともと社会の安定した秩序に貢献してきた。「無縁社会」は社会関係が希薄なため人に頼れないあるいは人を信頼できない分自暴自棄になり、罪を犯して社会の不安定な要因になりかねない。「縁」による支え合いは人間が生活するとき自然に生まれた「自生的な社会秩序」で、それは本来強制ではない共生から生まれた行為である。[4] 現在因果応報の次元を超えて自ら選ぶ「縁」が家族や親戚の「血縁」（婚姻関係の「準血縁」）や隣近所の「地縁」以外に第三のつながりとして多く生まれている。インターネットや携帯電話（多機能情報端末）でつながる「情縁」、ボランティアで現地住民と親しくなる「助縁」もある。こうした縁社会が職場では「職縁」となり、より積極的な「自縁」や「選縁」という言葉まで登場している。多様な縁社会の中でどういう「縁」が望ましいのか、この点も日本や東アジア諸国の互助慣行を通して考えてみたい。ここで言う互助慣行とは生活の中で長く営まれてきた相互扶助に関わる行為様式のしきたり（習わし）を意味する。[5] なお扶助はそれ自体目的であって感情的親和的態度から盲目的非合理的な傾向が強いのに対して、協力はある目的のためにする意志的肯定的な態度で合理的性格をもつという区分もあるが（鈴木 1970：282–299）、ここでは広く協力も含めて慣習としての扶助を捉えている。

自己と他者を結ぶ「共感」

私たちは毎日自分の力だけで生きているとは誰も思っていない。一番身近な家族や隣近所、職場で何かにつけ他者からの支えを必要とする。それは親しい人の支えから始まり、見ず知らずの他人かもしれない。そこに手助けする「助」行為が生まれる。それは他者と連帯し共生していく行為に他ならない。この行為を交換する相互扶助は人間生活の原点であり社会の本質そのものと言える。セネカが「人間は相互扶助のために生まれたが、怒りは相互破壊のために生まれた」と言うように、怒りとならび「互助」は自然な人間の行為である（Seneca, 17）。太古の昔から私たちは助け合うことで生活してきた。この相互扶助の底流にある感情が「共（同）感」（sympathy）である。ヒュームは『人性論』の中で人性のうち最も顕著なものとして交換伝達による「共感」をあげ（Hume, 1739–40）、アダム・スミスもまた『道徳感情論』で人間の崇高な感情として「共感」を取り上げた[6]（Smith, [1759] 1790）。他者の気持ちに自分を置くことが自然にできれば、相手を傷つけることはないだろう。相互扶助はこの「共感」に基づく行為で、それは本来「人類愛」と結びついた同情から出発している。高齢者や児童への虐待は「共感」がゆがめられ、他者への「同感」がもてないあるいはそれをうまく表現できないところに問題がある。

東日本大震災はこうした「共感」を私たちに蘇らせたが、災害のときだけでなくいつでも健全な「共感」をもつ人間でありたい。そこから生まれる相互扶助は単に生活の利便性を高めるだけでなく、人間が正しい判断をするためにも必要な行為であり、またその結果の行為と言える。このことをジョン・スチュアート・ミルは『自由論』の中で次のように言っている。「人間は、相互の助力によってこそ、より善きものとより悪しきものとを区別することができ、また相互の激励によってこそ、より善きものを選んでより悪しきものを避けることができる」（Mill,［1859］1971：153）。鈍感でこの「共感」をもてないあるいは必要な同感に気づかない現代人が少なくない。相互扶助の対象はヒト（労力）、モノ（物品）、カネ（金銭）の三つに大別できる。人が他者を助けるとき一番手っ取り早くできる行為は力を与えることで、手を差し伸べて相手の力を軽減することは容易にできる。このヒトの労力提供が最初で、次に他者にないモノを与える行為がある。さらに困っている状態を改善する万能な手段として交換や価値表示、貯蔵の機能をもつ貨幣が登場する。

「助」行為の交換対象がどのようなものであれ、相手の痛みを理解する「共感」を伴うことで打算や自己満足ではない誠意の気持ちが相手に伝わる。このように相互扶助の原点は「共感」にある。個人の自立を前提にお互いに支え合う互助社会は「共感」から生まれる。「共感」するためには他者のことを考える「想像力」（imagination）と行為を自ら生み出す「創造力」（creativity）が必要である（図序-1「相互扶助の行為の構造」参照）。自己を他者に置き換える「共感」は他人のことを考える「想像力」と他者との関係をつくる「創造力」から成り立つ。

社会の一員を意識するとき社会的連帯は生まれるが、この意識の共同性は類似した連帯を生むとは限らず、異なる要求から分業による連帯も見られる（織田 1907）。それを超えて共生するためにも「共感」を必要とする。「無縁社会」の中で「縁」を考えるとき、この「共感」を研ぎ澄ますことが欠かせない。それが社会的弱者に向かうとき、その目線は驕り高ぶることなくまた狭い視野にとらわれない自然な感情が望ましい。支える人が支えられる人にもなる互助ネットワークはこの「共感」から生まれる。

図序-1　相互扶助の行為の構造

生存競争と相互扶助

生存競争（自助）の論理　人間は動植物同様環境に適応して生きている。この生存していくための論理として適者生存がある。これは自然環境（生態圏）に対して適応力ある生物種だけが生存するという進化論だが、環境に適応し生き残るためには生物間の競争が避けられない。動植物が自然環境に適応していく過程を「自然選択」（淘汰）として主張したダーウィンは『種の起源』で種内では生きるための協力はあっても異なる種間の協調は難しく、自然が生存者を選別する選択では種の遺伝による要因が大きく、自然環境により適した種が生存競争で有利になるとした（Durwin, 1859）。しかしそこには共生が示唆され、ある生物が他の生物に依存する関係も指摘されている。これが種の保存原理である「自然選択」の本来の意味である。

ある生物が自然に対して有利な条件をもつという生存競争の論理が人間界に適用されると、他民族を排除して優位に立つという特定民族優位の考え方につながる。ホッブズの言う社会を「万人の万人に対する闘争状態」と考えたとき（Hobbes, 1651）、人間は社会契約による国家を必要とした。しかし国家も人間性むき出しの情念をもつため争いが絶えないことは歴史が示しているとおりである。[7] この点相互扶助は社会の秩序を保つ人間の根源的な行為と言える。先の自然環境への適応論は適者生存の意味で、他者との「生存競争始めにありき」ではない。それは動植物の構造が有用であれば保存されていく、すなわち生存にとって有利な変異が保存され不利な変異が棄てられていく環境適応の過程に他ならない。この適応過程では種自らが変容する自助努力も必要とされる。先に述べた「情けは人の為ならず」はこの「万人の万人に対する闘争状態」を回避する知恵を示し、それは社会が成り立つ条件でもある。

「自然選択」は他種との競争という社会淘汰ではなく、あくまでも自然環境との生存競争（自然淘汰）を意味した。その後この進化論は自然に対する淘汰（選択）にとどまらず、他者との関係をつくる社会環境（生活圏）にも適用され一人歩きしていく。そこでは他者に自助努力のみを求め共生が成り立たない。人間は自然環境への適応（自然との共存）と同時に戦争もしたが、社会環境への適応（他者との共生）によってよりよい社会を築き発展してきた。むしろ自己を犠牲にして他者を助ける個体に進化が有利に働くこともある（Benkler, 2011）。そこでは単なるインセンティブ（誘因）によるのではなく、協力のシステムのほうが安定して効率がよいとされる。無私の行動をとらせるのは自らの道徳律に従うだけでなく社会のそれに従う社会的存在として求められ、またそれが自らのアインデンティティやコミュニティの確認になるからで、さらに他者との協力が尊敬を集めることで社会的是認が得られるからでもある。

相互扶助（互助）の論理　人間は環境（自然および社会）に適応しながら固有の制度をつくってきた。生物の生存競争を人間に適用すると弱肉強食の世界になるのだろうか。ダーウィン、特にその後継者が唱えた動植物の「自然選択」による生存競争の進化論を批判したのは革命家クロポトキンだった。それは環境適応力の差が結果として適所を求める生物間の相互競争になることをダーウィンの主張に見出すものであった。クロポトキンの『相互扶助論』は進化の一要素として相互扶助を捉え、「進化論」にも種間で助け合うことがある点を指摘した（Kropotkin, 1902）。すなわち同一種内はもとより異種間の共生までであると考える。これは相互扶助（団結）によって環境への適応力が高まることを意味する。クロポトキンは「最適者」を生存競争者という狭い意味に限定したことを批判し、むしろ相互扶助と生存競争は両立するとした。ダーウィンが自然環境の適応を述べたのに対して、クロポトキンは社会環境のそれを指摘した。

人間は自然環境では各風土にふさわしい生産様式を通して競争しながら適応してきたが、社会環境では様々な生活様式を通して他者への敵対行為だけでなく、他者との共生から愛他行為（互助）も行いながら暮らしている。もちろん戦争による殺戮もあった。この愛他行為は他者を自己にとって役に立つか立たないかという要・不要の論理で捉える考えを否定する。社会が進歩するためにはある程度の競争は必要だが、闘争の対象は自然であって他者ではないという相互扶助と生存競争の両立はどのようにして可能になるのだろうか。その一歩は社会のよい状態（社会善）が競争と相互扶助を相互に排除するのではなく補完関係にあるとするところから始まる。ところがこの生存競争と相互扶助の関係は資本主義（私）か社会主義（公）かという二者択一的な体制選択の論理にまで曲解されてきた。

ロールズは正義の諸原理として社会（制度）レベルで「平等な自由」（正義の第一原理）に対して「格差原理」（正義の第二原理）を唱えた[8]（Rawls, [1999] 1971）。前者は公正な機会均等の原理で自由が平等に与えられている状態、後者は社会経済的な不平等は最も不利な状態にある人が最も受益することを前提にする。さらに個人レベルの正義として各自の役割を自発的に果たす責務（協働）という公正な原理に加え、自然本性的な義務として相互扶助を指摘した。これは「かくあるべし」という規範的な責務としての相互扶助と言える。他者に危害を加えたり傷つけたりしてはいけない、不必要な苦しみを生じさせないという「消極的な義務」に対して、自分に過度の危険もしくは損失をもたらさずにできる場合には困っているあるいは危険にさらされている他者を支援すべきであるという「積極的な義務」が求められる（同上：153–154）。この「してはいけない」という行為に対して「すべきである」という他者のためにする行為が相互扶助の義務である。これは自然本性的な行為とされるが、クロポトキン同様規範的な相互扶助の色彩が濃いと言える。

棲み分け（連帯と共生）の論理　淘汰（選択）による競争と相互扶助による協調の両立に示唆を与える考え方に「棲み分けの論理」がある。今西錦司は『生物の世界』で同種生物の同一環境内の生態では、その力の釣り合いや平衡状態から固有の生活圏があると考え生活形をもつ種間の「棲み分け」を主張した（今西 1941）。この模倣する種の共同生活という「棲み分け」から人間世界を見ると、適者生存の進化論的な考え方ではなく連帯と共生の論理が人種間にも適用できる。そこでは異なる民族や宗教による社会間の「棲み分け」がある一方、健全な競い合いによる各社会の発展（進化）もある。同じ社会の中では連帯しながら個体（個人）間の競争を通して種（社会）が進歩する。すなわち棲地の変化に適した種が形成され、生活形を共有する同位社会が種間で棲み分けられる。自然環境への適応の違いが生物種間に淘汰を生むが、それは競争が目的ではなく生存の結果である。確かに個体間の競争は種の発展を、種間の競争は生物界の発展をもたらす。しかし個体間や種間の共生も種や生物界の発展につながる。人間は風土という自然環境に加え他者との生活圏という社会環境にも適応している。この連帯に基づく競争と共生による協調の関係が「棲み分けの論理」には含まれる。

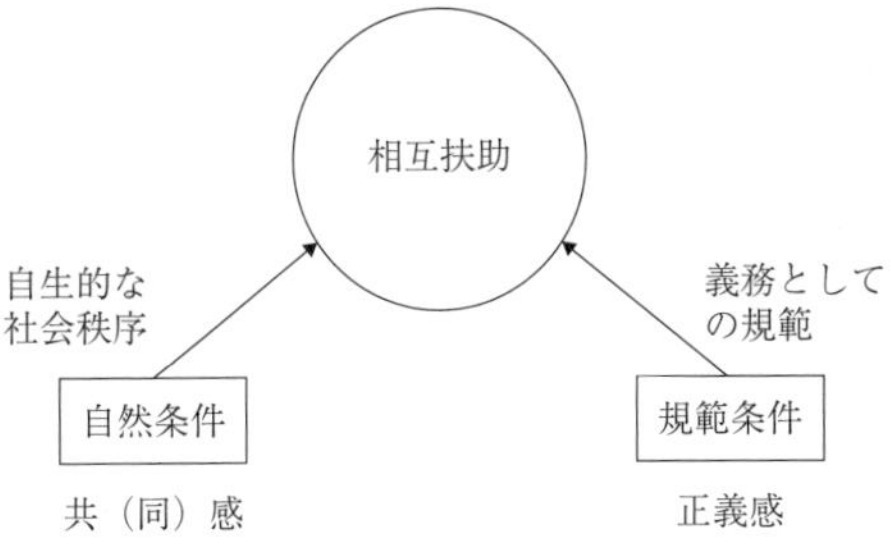

図序-2　相互扶助の成立条件

このように捉えると相互扶助の行為レベルでは「共感」に基づく「自生的な社会秩序」としての相互扶助と「正義感」に基づく規範としての相互扶助が考えられる（図序-2「相互扶助の成立条件」参照）。前者は相互扶助成立の自然条件として一人では生きていけない状況から生まれる行為で、後者は学習する面も含めた規範条件で先に述べたロールズの「積極的な義務」としての相互扶助である。自然条件に基づく相互扶助は「社会の中の人間」（社会的人間）であり（恩田 2016）、規範条件に基づくそれは「真空状態の中の人間」を示している。真空状態と言ってもそれは扶助の自然な感情や道徳に基づく態度とは異なるという意味で「提言命令（すべし）」を意味する。前者の自然条件による相互扶助には私的な感情に基づく個人レベルの行為と社会意識によって規定され制度化された社会レベルの慣行がある。鈴木は扶助を感情的道徳的な個人的態度と社会意識に基づく行動原理が制度化されたものとを区別し

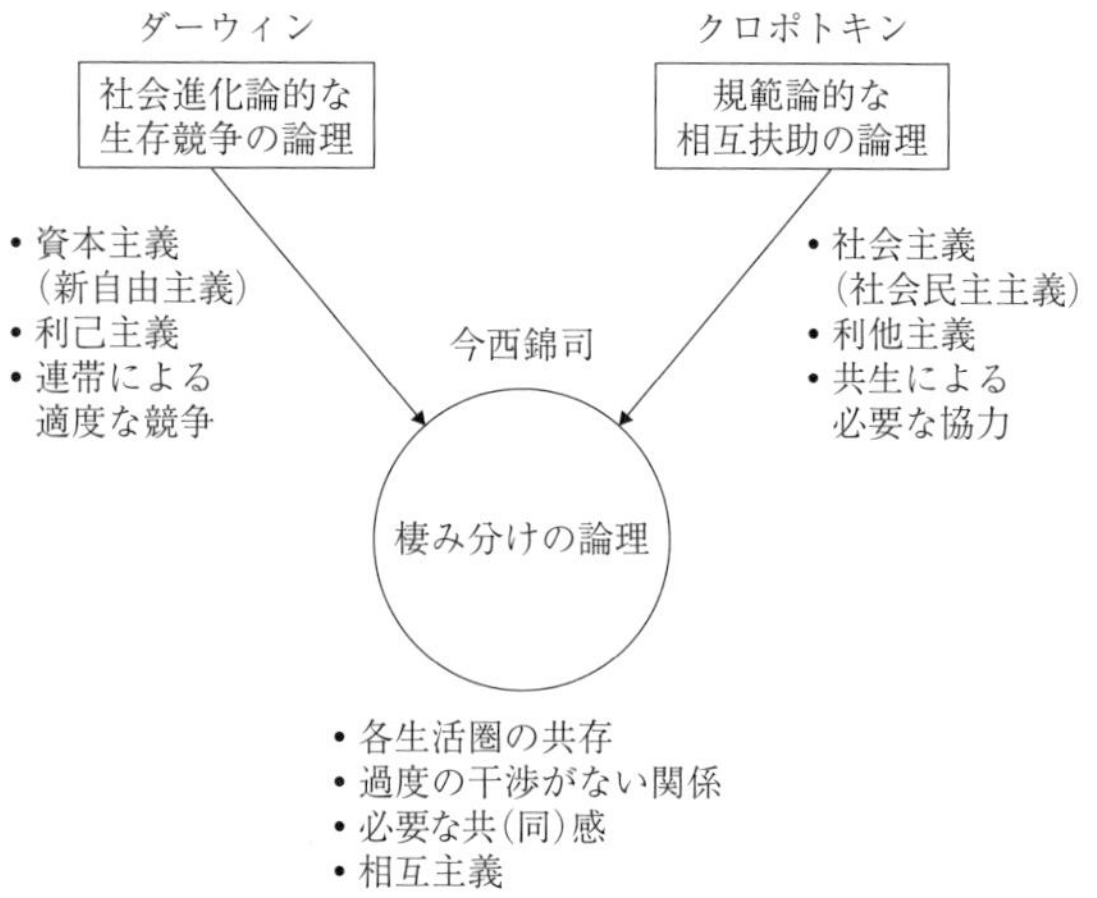

図序−3　互助社会（支え合いの社会システム）の構図

ている（鈴木 1970：284–285）。本書が唱える相互扶助としての正義は利益が期待されるからするという相互性に基づくものでも、また国家の強制による再分配を意味するのではなく、社会を構成する市民の「自生的な社会秩序」に基づく共益志向に基づく。ダーウィン的な社会進化論による「生存競争の論理」（資本主義）でも、またクロポトキン的な規範論の「相互扶助の論理」（社会主義）でもない、連帯による適度な競争と共生による協力の関係が見られる今西錦司的な「棲み分けの論理」が健全な互助社会を支える（**図序−3**「互助社会（支え合いの社会システム）の構図」参照）。それは適者生存の「自然淘汰の論理」でもまた無条件の「相互扶助の論理」とも異なる「連帯と共生の論理」に基づく。互助社会は狭義には「相互扶助の論理」に基づくが、適度な相互作用で各生活圏の共存が保たれる関係が広義の「相互扶助の論理」を構成する。これが相互に支え合うことで全体が維持される支え合いの社会システムに他ならない。

各自の生活圏を認める関係は共感に基づくが、「ヤマアラシのジレンマ」が指摘しているように適度な関係を保つことが前提にある。このジレンマは冬の寒いとき二匹のヤマアラシがお互いに体を寄せ合い温めるが、近づき過ぎるとトゲがささり痛く逆に離れると体が寒くなるため、適度な距離を保てない関係を示している（Schopenhauer, 1851）。本書の相互扶助は狭義の「相互扶助の論理」ではなく、それと「生存競争の論理」を統合（止揚）した支え合いの社会システムとしての広義の「相互扶助の論理」に基づく。体制で言えば、資本主義から見ると国家による介入を容認する新自由主義、また社会主義から見ると国家中心の運営に市場メカニズムを取り入れる社会民主主義という両者の要素をもつ。「相互扶助の論理」は適正規模の「棲み分け」を基本にした連帯による適度の競争と共生による適切な協力（協調）の関係から成り立つ。狭義の「相互扶助の論理」では濃密

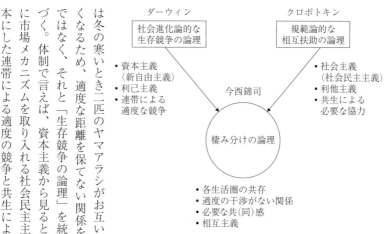

な関係になり息苦しいが、広義の「相互扶助の論理」は先の「ヤマアラシのジレンマ」から抜け出た適切な関係を内包する。互助社会では人それぞれ固有の生活圏を容認したうえで支え合いが見られる。「棲み分け」と言っても「我他者に関せず」ではなく必要なら力を合わせ相互に支える。それは他者のみを考える利他主義でも自己のみを考える利己主義でもない相互主義である。健全な互助社会はこの相互主義に基づく。

2 互助社会の構造——「助」行為と互助ネットワーク

「助」行為の志向性

双方向の行為（互助）

人間行為の原点としての相互扶助は己の行為のみで成り立つ「自同律」ではなく、他者との行為の交換から生まれる「相互律」に基づく。自分が豊かになろうと思えば他者が豊かになり自分のモノを買ってもらい、また他者が豊かになるためには自分が豊かになり他者のモノを買えることが必要となる。自己中心の「自同律」とは異なる他者を前提とした自己という「相互律」の関係から社会が成り立つところに相互扶助が生まれる。こうした他者を助けるあるいは助けられる関係は「助」行為の交換として捉えられる。相手の手助けに対して別の機会にお返しをする行為は一般にヨコの対等な社会関係に基づく。この対等に交換し合う「助」行為が双方向の軌跡（志向性）をもつ「互助」である。

相手から手助けを受けるとそこに借りの意識が生まれる。助けられて当たり前と感じる人もいるが、時を経て借りを返すことで人間関係を円滑に保ちたいと思う人も当然いる。その一方で他者を手助けして貸しをつくることで有利な状況から影響力を強める人がいる。贈収賄はこの貸し借りの心理につけ込む行為に他ならない。近隣関係が希薄な現代社会では少なくなったが、お裾分けで隣家から何かモノをもらうとお返しをする贈答の行為はよく見られた。こうした「助」行為を通して円滑な人間関係がつくられてきた。

「助」行為の交換は「互酬性」（reciprocity）と呼ばれ、それは文字どおりお互いに酬《むく》い合う行為と言える。この「互酬性」

は市場で交換される経済的行為に限らず、信頼関係に基づく社会的行為でも見られる。「互酬性」は「特定化互酬性」(specific or balanced reciprocity)と「一般化互酬性」(generalized or diffuse reciprocity)に大別される。先に取り上げた「情けは人の為ならず」は広く特定の相手に限定されない互助ネットワークを意味するが、これは「一般化互酬性」の関係を示している。これに対して次章で述べる稲刈りなどで労働力を交換する日本の伝統的な互助慣行のユイは「特定化互酬性」と言える。「互酬性」は貨幣による打算的な経済的合理性だけでなく、お互いの関係を深め合う一定の価値や規範を維持する社会的合理性にも基づく。よく村落の生活は非合理的とされるが、「互酬性」の規準から相手の行為に対する予測や計算をする点ではきわめて合理的な社会と言えるだろう。

一方向の行為(片助)

「互助」に対して相手から返礼を期待しない一方向の行為がある。この片側あるいは片方向の行為が「片助」で、双方向の「互助」に対して支援あるいは援助と呼ばれる。東日本大震災では国民レベルで被災者の「痛み」を共有し、被災地を支援する一体的な取り組みが全国に拡がった。なお支援という言葉には文字どおり相手を「下」から支えるというニュアンスがあり、援助には力のある者がそうでない者を「上」から助けるために何か施すという響きがある。「互助」はヨコの対等な社会関係を反映した行為だが、「片助」は必ずしも対等な社会関係に基づくわけではない。日本の村落には社会経済的地位に基づく援助として主人と使用人や奉公人、地主と小作人、この他有力者が親となる擬制的親子関係などがあった。その多くが相手の意志を左右する勢力ある者が弱い立場の者に対して施す保護者(パトロン)と被保護者(クライアント)の関係に基づく依存関係だった。

本来「片助」は支援も援助も相手から見返りを求めない行為だが、「互助」同様「助」行為の主体と客体が逆転することがある。タテの濃密な社会関係では、庇護を受けた者が相手の行為を恩義に感じ返礼としての務めを果たす。こうした有力者によるタテの援助関係が村落の社会システムの安定に貢献してきた面も否定できない。村落では篤農家による貧農やその子弟への資金援助が行政に代わる役割を果たした。ヨコの社会関係の支援でも相手の「助」行為に対する返礼が後日あるいは数年後になることがあった。阪神・淡路大震災で支援を受けた自治体や地域住民は二〇〇四年の新潟県中越地震で手助けをした。また東日本大震災でも以前支援を受けた地域が救援活動を展開している。

他者への手助けが相手の依存心を強めるところから、既に述べたようにその本人によくないという「情けは人の為にならず」の解釈が生まれた。この解釈の違いはヨコの社会関係に基づく平等社会からタテの社会関係である「甘え」を排除する競争社会への転換と関係している。前者の関係が安定していれば、弔事のお見舞いや慶事のお祝いという「片助」は将来返礼を受ける双方向の健全な「互助」に転化する。地主と小作人の旧制度に基づく社会関係はないものの、地域の有力者と住民、上司と部下の関係などに忖度をめぐるタテの「助」行為の相互依存関係が見られる。ここには相手からの見返りを暗黙のうちに期待する「甘え」もある。何か事業を始めるとき、あるいは業界発展のため各種団体や企業が政治家に大口の寄付をすることでその影響力を期待する行為はよく見られる。また職場は「公私」の区別を求めるが、勤務時間外や社宅など「私」の場で上司が部下に何らかの援助をすることもあるだろう。「助」行為は「互助」と「片助」に大別できるが、「片助」にも双方向性があるため、本書では「片助」を含め広くお互いに支え合う行為を相互扶助（互助）の行為としている。互助社会はこの相互扶助の行為が見られる社会である。

「助」行為
- 公助——行政（国家、自治体）中心の行為
- 共助——地域住民中心の行為
- 自助（私助）——個人中心の行為

図序-4　「助」行為の主体から見た分類

「助」行為の主体

行政（公助）

これまで「助」行為の方向性（軌跡）について述べたが、その担い手に着目して互助行為を分類することができる。すなわちこれは「助」行為の主体から見た分類である。近年言われている「新しい公共」や公助、共助、自助を含め、改めて「助」行為の主体について考えたい。人間の原初生活は同じ氏の集団（氏族）の共同体が中心で、やがて権力を掌握する為政者が登場し部族が統合され国家が誕生する。この国家が国民の安寧福利や防衛を担う代わりに、国民は納税や兵役の義務を負う。国家が大きくなれば、必要に応じて地方に業務を委ねる委任統治の体制（地方自治）が生まれる。こうした国や自治体から行政中心の地域住民を手助けする行為が公助である（**図序-4**「『助』行為の主体から見た分類」参照）。

そもそも公助の必要性はどこにあるのか。この行政からの援助は納税者が受ける権利だが、地域住民

では対応できない「共同性の限界」から行政が引き受ける領域は防衛や安寧福利以外にも拡がる。かつて地域住民自ら行った道路整備などの共同作業が重機の必要性などから難しくなると、それを行政が担うようになる。特に災害復旧作業など自分たちの「助」力で十分ではないとき、行政というより大きな力を求めるのは当然だった。都市はもとより村落でも生活様式が多様化し、農業や漁業という均質な職業集団が希薄になり地域社会の共同性が弱体化すると、大規模な費用がかかる基盤整備は住民の手を離れ公共事業として行政が行う。この私的な領域以外を意味する「公共」は地域住民が担う「共」の部分（共助）まで含むが、近年「公」領域の意味が強く「共」の存在を軽視する傾向がある。

　公助により負担の重い共同作業から解放された分私的な生活に専念できるが、それだけ行政に対する依存度は高くなる。この公助が行き過ぎると国家レベルではそれが社会主義につながり、逆にそれを抑制する体制（政策）が個人の努力を求める資本主義になる。前者は社会の平等を後者は個人の自由（市場）を強調する。公助をめぐり福祉では国家の役割を重視する福祉国家が言われ、他方で社会を構成する市民組織など多様なアクターの役割を認めその補完機能に注目する福祉社会も唱えられている。それでも個人では対処できない防衛や安寧福利に加え医療や介護、年金などの高齢化に伴う制度設計で公助はますます大きな比重を占める。ただ国家（自治体）への過剰な依存に対して、もともと公助がもつ意味は住民だけでは対応が不十分な領域を支援するところにあった点を忘れてはならない。

地域住民（共助）

　公助に対して共助は地域住民がお互いに支え合う行為である。これが本来の相互扶助の行為であり、人間が他者と共生する限り必要な「助」行為の原型と言える。先に支え合いの行為を広く総称して互助（相互扶助）としたが、ここでは「助」行為の担い手と地域住民の共同性という点から、また公助や自助と区別する意味で双方向の「助」行為の交換である互助ではなく共助という言葉を使っている。共助は公的な行為でも私的なそれでもない地域住民が力を合わせ（連帯）ともに生きる（共生）行為に他ならない。従って共益社会と言うときは、この「助」行為の主体に着目したときの共益志向の社会を意味する。

　かつて道路を整備するミチブシン（道普請）や共用の溝を掃除するミゾサラエ（溝浚え）、村落が保有する山林（村中山《むらじゅうやま》）の下刈り、山焼きなどで村民は力を結集した。その結果きれいな道路や溝を利用し、山や森など共同で所有する共有地（コモンズ）で薪拾いや狩猟などの行為を村民が享受できた。お互いが地域資源を維持し管理するという共助の義務を果たすことで、それらの資源を利用する権利が得られたのは当然であった。村民誰もが共同行為の成果として財やサービスを受け取るが、その恩恵は住民総出の村仕事に参加して初めて得られるギブ・アンド・テイク（与えた分もらう関係）であった。参加しないと罰金（過怠金《かたいきん》）を科すのも応分の負担を求めるからに他ならない。

共通の利益を分配するために支え合う行為が共助に他ならない。狭く限定した双方向の持ちつ持たれつの関係である互助は提供を受けた労働力などに対してその分等量等質のお返しをする行為である。地域住民の助け合いの行為を広く互助（相互扶助）として捉えると、ここで言う共助も含まれる。それは地域住民のもてる力と知恵が集約された共同生活圏を維持するための行為である。コミュニティでは一人あるいは一家族では対応できないとき複数の力を合わせた住民力が発揮される健全な共助が見られる。家族が社会の最も基本となる単位であるのは互助社会という点から見て共助を学ぶ場であるからと言える。誰でもどの家族でも地域社会の一員である限り、共助が得られることが望ましい。

個人（自助）　人間はもちろん初めから他者に依存してきたわけではない。自らの力を頼りにしながら、その限界を感じたとき他者の力を必要とした。この自力で生活を支える自助を強調する考えが、先の「情けは人の為ならず」に対して他者に依存することが「為にならず」という解釈を生み出した。ここでは己の利益（私益）のみを追求する個人中心の「私助」と自己を客体化して他者との連帯と共生から個人の自立に寄与する自助を区別しておきたい。サミュエル・スマイルズは『自助論（西国立志編）』で「天はみずから助くるものを助く」ことを強調し、自主自立が国の繁栄に通じることを述べた（Smiles, 1859）。自らの力を頼み啓発を進める自助は自分の足で立つことを意味する。自助は自らが主体であると同時に客体にもなる「助」行為で、本来自己に厳しく向き合う行為である。それは己の利益（私益）のみに関心をもつ「私助」ではない[9]。自助は自らを支える行為であり、分度を踏まえ他者との関係を考慮する「助」行為である。自助があって双方向の互助が成り立つことを「為にならず」の解釈が示しているなら、それは互助社会の本質を捉えている。

しかし自立して自ら責任をもつ自助を強調し過ぎると競争社会の格差が拡大する。ここで格差とは所得という経済的なものだけでなく、他者との連帯や共生ができない社会的格差（社会的排除〔social exclusion〕）が含まれる。人間は自らの力を頼む自力と他者の支援をあおぐ他力の調和の中で生活してきた。そのバランスをいつしか忘れ自力を信じ過ぎて「私助」に走り、また他力を過度に頼り自助の力を失ってしまった。国際協力の目的は本来発展途上国が自らの力で伸びる自助を支援することだが、現実には先進国が自国の「私益」に基づく援助から途上国の「内発的発展」を損なうことが少なくない[10]。

公助、共助、自助いずれも、広く相互扶助の行為（互助行為）として捉えることができる。何故なら、いずれも行為の主体がその相手と相互に「助」行為の交換を行っているからで、行政（国家、地方自治体）の公助に対して、公民（国民、市民）は納税という広い意味での「助」行為を義務として果たしている。同様に共助は地域社会の住民どうしが、また自助は自我が対峙する己の中のもう一人の自己と、それぞれ交換関係をもっていると言える。互助社会は何も共助だけの世界ではなく公助、共助、自助のバランスがとれた社会である。

次章から日本と東アジア諸国の互助行為について詳論するが、各国の行為から人と人とのつながりや絆を大切にする互助社会のあり方を考えたい[11]。

注

（1）近年ネットワークという言葉が言われるようになったが、ここで互助ネットワークとは社会学で言う社会関係をさし、それは他者に対して働きかけるあるいは他者を必要とする社会的行為から他者との間につくられる関係に他ならない。社会関係をマックス・ヴェーバーは合理的行為と非合理的行為に分け、前者を「目的合理的行為」と「価値合理的行為」、後者を「感情的行為」と「伝統的行為」から捉えた。これらは静態的側面だが、その動態的な側面に着目したとき本書では他者への支援というつながりを互助ネットワークとする。ネットワーク論では多様な動的な形態が分析されている（Smith-Doerr and Powell, 2005 : 382）。なお社会関係の結合はその量（接触頻度・接触期間）と質（親密度）を考慮しないと、単純に紐帯の強さや弱さを言うことは難しい（鹿又1991）。この点本書は互助ネットワーク度を厳密に測定しているわけではない。

（2）日本の古典では『菅原伝授手習鑑』の「寺子屋の段」が「恩送り」に関連するとされる。「利口な奴、立派な奴、健気な八つや九つで、親に代つて恩送り」。これは松王丸が菅丞相《かんしょうじょう》に対する恩をわが子小太郎の首を差し出して菅丞相の息子菅秀才を救う場面の言葉だが、直接恩を受けた菅丞相でなくその子息という他者に恩を送る行為と言える。

(3) 筆者は島根県の中山間地域で八〇代の独居老人から支え合いの聞き取り調査(二〇一〇年)で話を聞く機会があった。「よく来てくれました」という気持ちが顔に表れ、「私はこうして家の中に一人でいると日本語を忘れてしまいます」という言葉が忘れられない。

(4) 筆者は社会の開発や発展の原動力として「自生的な社会秩序」に注目してきた。最初の研究領域は経済現象を社会学から捉える経済社会学で、経済発展の社会的要因を探る『発展の経済社会学』が最初の単著であった(恩田 1997)。その後途上国を中心とした開発の問題を社会学からアプローチする「社会開発」の重要性に気づき『開発社会学』としてまとめた(恩田 2001)。この研究過程で開発や発展には地域社会自身がもつ力を引き出すことが望ましいと考え、それを相互扶助の行為(互助行為)として捉えた。

(5) 相互扶助はドイツのシュルツェ(フランツ・ヘルマン・シュルツェ=デーリチュ)が始めた信用協同組合で唱えた「一人は万人のために万人は一人のために」(Einer für Alle, Alle für Einer)のスローガンから生まれた言葉(Die gegenseitige Hilfe)に始まるとされる(井上 1979 : 262–264)。ここで万人(Alle)は組合で一人(Einer)は各組合員を意味する。

(6) sympathy が他者のために心を痛める行為(同情)で、empathy は他者とともに苦しみを感じる行為(感情移入)である。前者は少し距離を置くが、後者は em = in の接頭辞が示すように他者の中に入る点が違う。スミスが『道徳感情論』で述べたのは sympathy だが、他者の感情に寄り添う意味も含意されていた。

(7) 人間の原初状態が「万人の万人に対する闘争」であるとするホッブズが提起した人間共生(平和)の困難な状態は「ホッブズ問題」として知られている。

(8) 正義を「最大多数の最大幸福」として個人の快楽と苦痛の集計が社会全体の快苦になるという快楽計算から人間の幸福を考えたベンサムの「経済的正義」(Bentham, 1789)、人間の尊厳に価値を置き絶対的な権利と義務を「人倫性」から捉えたカントに代表される「哲学的正義」(Kant, 1797)、人間にとっての最高善(幸福)が保証され他者に対する美徳が育まれる共同体を重視するアリストテレスの「社会的正義」に大別するなら、本書の正義論は他者との関わりに徳を見出すコミュニタリアニズムに基づく社会的秩序と個人の自律のバランスがとれた状態を求める。この正義に基づく社会システムが互助社会に他ならない。ただしそれは多様な他者に応じた柔軟性をもつ正義である。

(9) 戦後高度成長を遂げた日本がバブル経済の崩壊やアメリカ金融不安に端を発した世界同時不況に直面したのも過剰な「私益」に基づく行為の結果であろう。また食品偽装の問題など消費者の信頼を失う行為は自助ではなく「私助」によるものと言える。

(10) 外交戦略の一環として行われる国際協力では相手国から見返りを期待する打算が避けられない。ODA(Official Development

Assistance, 政府開発援助）は国益を優先し短期的な互恵主義を求めるため他国への手助けが恩義の強要にもなる。本来国際援助は中長期的に見れば、発展途上国の自助努力を促し国力を高めるためにある。逆に先進国が援助するのは当然だという意識を途上国がもつなら、それは「甘え」と言わざるを得ない。

(11) 本書は以下の章で筆者がフィールドワークで得た事例を多く述べているが、それは些末な単なる事例紹介ではない。あくまでも一般化するための事例で、グランド・セオリー（grand theory）のような過度な理論化でも特殊な個別事例でもなく、また「厚い既述」（thick descriptions）でも排他的な「薄い既述」（thin descriptions）でもない「中範囲の理論」（middle-range theory）を目指している（Hedström and Udehn, 2009：25–47）。聞き取り（interview）では「調査研究」（survey research）という距離を置いた行為から実践的な解決を目指す「臨床研究」（clinical research）を、また参与観察（participant observation）ではデータに基づく「グラウンデッド・セオリー」（grounded theory）から一事例としての時間（歴史）と空間（地域）を超えた「拡大事例研究法」（extended case method）を目指してきた（Burawoy, 1998）。なおこの「拡大事例研究法」はもともと現実の人間と社会に向き合うことで研究の実用的価値に重きを置く英国社会人類学マンチェスター学派の創始者とされるグラックマンによる手法とされる（Gluckman,［1940］1958）。本書もミクロ社会とマクロ社会を統合する理論とその実践を目指している。筆者は「助」行為というミクロと互助社会というマクロをリンクさせ、終章で述べるように「一村一助」運動の提唱や東日本大震災のコミュニティ再生の提言を通して実践的な行為を心がけてきた。

第1章　日本の互助慣行

1　日本の伝統的な互助行為

貸し借りのない行為――ユイ

双方向の交換

日本の伝統的な互助行為はユイ、モヤイ、テツダイの三つに集約できる（恩田 2006 ; Onda, 2013）。これらは地域住民が「生活の知恵」（生活知）として生み出した「自生的な社会秩序」に他ならない。以下現地調査や市町村史（誌）から互助慣行の言葉をいくつか列挙したい。(1) 労力交換で使われた言葉は東日本の村落ではユイ（結い）が多い。(2) 福島県川内村のユイは三〇年前くらいまで使われていた（二〇一四年三月聞き取り）。東京都多摩市近郊ではエエシゴト、イイシゴトと言った（多摩市史編集委員会 1989）。伊豆大島では焼畑や炭焼きが中心だが屋根の葺き替えや道普請のときユイと呼び合った（二〇一一年八月聞き取り）。テマ（手間）も使われ、三宅島は静岡県と結びつきが強く言葉もその影響を受けているが、神津島ではサツマイモの収穫や餅つきなどでテマをするとテマで返した（二〇一四年八月聞き取り）。新潟県村上市の大須戸地区（旧朝日村）ではイイで田植えや稲刈りの労力交換をした（二〇一四年三月聞き取り）。長野県下伊那郡旧浪合村《なみあい》（現阿智村《あち》）の恩田集落では田植えなど労力交換をユイの他テマガワリと呼ぶ（二〇〇七年六月聞き取り）。東日本と西日本でユイとテマの二系統に分かれるが、東海地方が両者の中間地帯を構成する。なおユイに関わる地名には静岡県の由比ケ浜、長野県の飯田などがある（早川［1937］1977：99）。

島根県旧金城町《かなぎ》（現浜田市）の田植えのイイは高度成長の頃まであったが、箱苗による機械化で既にない（二〇〇七年九月聞き取り）。同県旧弥栄村《やさか》（現浜田市弥栄町）では「ユイ（イー）を入れる」と言いテマを交換したが、機械化と高齢化で今は賃金で解決することが多い（二〇〇九年七月聞き取り）。同県旧柿木村《かきのき》（現吉賀町《よしが》）と旧三隅町（現浜田市）ではテマの交換（交替）を意味するテマガエと言い（二〇〇八年九月、二〇一〇年六月聞き取り）、旧旭町（現浜田市）ではイイと呼び合った（二〇〇九年九月聞き取り）。隠岐諸島の知夫里《ちぶり》島では「テゴに行く」という言葉で建前や屋根の葺き替えをし家解体のイエコボシではテゴが五〇人くらい出た[3]（二〇一四年八月聞き取り）。山口県見島《みしま》ではテガワリと言ったが、テゴは家の修理でよく使われ（二〇〇八年九月聞き取り）、宇部市でも同様の言葉を用いた（宇部市史編纂委員会 1963）。徳島県三好市西祖谷《いや》山村《むら》（旧西祖谷山村《そん》）では麦やタバコ、ソバの播種で「イイにせんか」「テマガエでせんかね」と言った（二〇一六年二月聞き取り）。宮崎県東臼杵《うすき》郡椎葉村のカテーリという言葉は焼畑の草木伐採で使った（二〇〇八年九月聞き取り）。

鹿児島県薩摩川内《さつませんだい》市の下甑《しもこしき》島ではテマガシやテガセイという言葉があった（二〇一〇年九月聞き取り）。同県トカラ（吐噶喇）列島の中之島（十島《としま》村）では鹿児島からの移住者が多い西区で田植えや稲刈りのとき「カセイをお願いできませんか」と依頼した[4]（二〇一三年二月聞き取り）。長崎県生月《いきつき》島で「カセイをする」のは田植えや稲刈りのときで、屋根の葺き替えはユウ（結う）と言った（二〇一五年九月聞き取り）。これらカセイは後述するテツダイの言葉だが、順に労働力を回したユイであった。沖縄で言われるユイマールはユイが回ることを示し、この言葉は戦前ヰ（ユヰ）ーマールのように「ヰ」の字を用いた（知念 1998）。石垣島ではサトウキビの収穫や茅葺きなどはユイマールの手助けでした（二〇一七年二月聞き取り）。与那国島のドゥイという言葉は田植えやイモ植え、サトウキビ刈りで言ったが、既に死語であることを方言研究家の古老から聞いた[5]（二〇一〇年四月聞き取り）。また同島七〇代の郷土史家によると、サトウキビの植栽でも製糖工場への搬入でもドゥイと言い親戚や親しい人で行った（二〇一七年二月聞き取り）。八重山諸島の上地島《かみぢじま》と下地島《しもぢじま》からなる新城《あらぐすく》（パナリ）島でサトウキビ工場があった頃、イモや豆の畑作や養蚕、茅葺き家の造作はユイマールで行った[6]（二〇一七年二月聞き取り）。こうした言葉の消滅が地域社会のつながりや絆の喪失につながることが少なくない。

以上様々な言葉をユイに代表させると、これは双方向の交換行為を意味する。従ってこの等量等質の行為は労働力に限らず物品や金銭の交換もあるが、主として労働力の交換で用いられてきた。栃木県のイイッコ（結ッコ）は労働力を返す「行き来」から転じてイキッコとなり、その後イイッコになったと推測される。山陰地方のテガワリは労働力の担い手（テ）が順に替わる手間の交替を意味する。ユイは双方向で結びつく行為であることがわかる。対馬ではカタヨリ（片寄り）と言い、「片方に寄る」意味から一方向の行為と読み取れるが、この言葉は必ずお返しをするカタヨリモドシという言葉とともに使われた。カタヨリとカタヨリモドシは互酬関係を示す。このようにユイは双方向の「対称性」をもつ「互酬的行為」で、不特定の相手に対する「一般化互酬性」ではなく「特定化互酬性」として返礼の行為を伴う。

対馬の旧美津島町（現対馬市）では、結婚して他家に嫁いだ姉妹の嫁どうしが田畑の草取り仕事でカタヨリをして相手にカタヨリモドシをした[7]（美津島の自然と文化を守る会 1982：51）。旧峰町（現対馬市）では麦取りでも言い、早く作業が終わった人が手助けをしてその見返りでカタヨリをした。椎茸など木の打ち込みでも手助けしたが、カタヨリという言葉は使わなかった（二〇〇八年二月聞き取り）。河内《かわち》の七〇代女性によると、出身地の佐護の仁田ノ内地区で「カタヨリに植えよう」と言い田植えやイモ、麦取りで労力交換をした（二〇一一年三月聞き取り）。比田勝周辺では三軒カタヨリや二軒カタヨリと言い、イモ掘りやサツマイモの収穫で隣家が労働力を提供した（二〇〇八年二月聞き取り）。このカタヨリは田植えや木庭《こば》焼き（焼畑）から播種作業まで使われ、特に麦播種前の厩肥の運搬でよく言った（田川 1988：37–38）。旧上対馬町（現対馬市）豊《とよ》地区の三人の八〇代女性によると、麦つくりで「カタヨリをしよう」と言い五人で五日間麦を収穫し、イモや山のふきも採った（二〇一一年三月聞き取り）。仲間の意味をもつカテイシという行為は田植えや稲刈りの手助けだが、「明日はあなたにテモドシ（手戻し）する」と言う交換行為でもあった[8]。

ユイは手助けを受けたほうが返礼の義務を負い、双方が常にその貸借を相殺し合う「双務性」の行為と言える。このため貸し借りがない関係を山形県鶴岡市の温海《あつみ》地区では「ヨイ（ユイ）なし」と言った（二〇〇八年一〇月聞き取り）。このように各地の様々な言い方からユイがギブ・アンド・テイクすなわち与える行為や受ける行為だけではないことがわかる。ここに支え合いの社会システムの基本構造がある。結納もユイを納める行為として金銭や物品の贈与に伴う婚姻関係の結合行為と言えるだろう。なお日本をはじめ各国の農作業に伴う音楽（労働歌と楽器演奏）はこうした相互主義を鼓舞する役割を果たした。この点はカール・ビュッヒャーが『労働とリズム』で取り上げている[9]（Bücher［1896］1924）。ユイは利他主義でも利己主義でもない相互主義に基づく行為である。

対等な互酬関係――等量等質の交換行為

互助行為は行為の志向性（軌跡）から見ると、「対称性」「中心性」「一方向性」の三つに大別できる（図1-1「行為の志向性（軌跡）から見た『助』行為の分類」、図1-2「ユイ、モヤイ、テツダイの行為特性」参照）。非合理的で因習にとらわれているとされる農村はユイを見る限り合理性に満ちている。短期間に天候も配慮して集中的にする作業では近隣の労働力を得る必要があった。田植えで隣家から二人分の労働力を受けると二人分お返しをした。女性の労働力の多くは男性の半分とされ、馬や牛、機械も人間の労働力に換算された。地域で異なるが、田の代掻きで馬一頭借りるとそのお返しの田植えで四人分の労働力を提供する。二人分の労力提供を受け一人分しか返せないときその差額が日当（賃金）や米などの現物で相殺された。本来家族で自給できる田畑であれば身内で対応し他の労働力を必要としない。それでも不足するときユイで賄い、さらに労働力が足りないと手間賃を払い地域外から人を雇う。逆に労力交換の煩わしさからヒヨトリ（日雇い）で済まし、それで不足すると隣近所にユイをお願いすることもあった[10]。

田植えや稲刈りではその依頼やお返しも計画が立てやすく定期的に労働力を集約するユイ組がつくられた。五島列島の福江島五島市高田町では三軒一組で六日間かけて田植えのユイをした（二〇〇八年九月聞き取り）。このように労力交換は単独の世帯で行う「個人的ユイ」とユイ組をつくり複数の世帯で行う「集団的ユイ」がある。ユイは隣近所の対等なヨコの社会関係を前提に土地を多くもたない小農（小作人）間でまた本家分家間でも行われ、地主がつくるユイ組ではかつての下層農民の名子《なご》を含め順に労力交換をした記録が東北に残っている。家普請では土台となる柱を搗《つ》き固める地《じ》搗《つ》きや建前、屋根葺きでは多くの労働力を必要とし、ユイ（普請）組をつくり全集落が協力した。特に茅葺きは全員参加の一大行事で、普通茅は三〇年の寿命とされ囲炉裏を使わないと二〇年ほどである[11]。集落が三〇世帯なら毎年一世帯ずつ葺き替えると三〇年目に順番がまわってくる[12]。このため親の代でユイを受けそれを子供の代で返すこともあった。この互酬的交換行為はモノやカネでも行われ、馬ユイや牛ユイなど動物だけの労力交換もあった。草取りや脱穀（稲こき）、もみすり、養蚕など、また餅つき

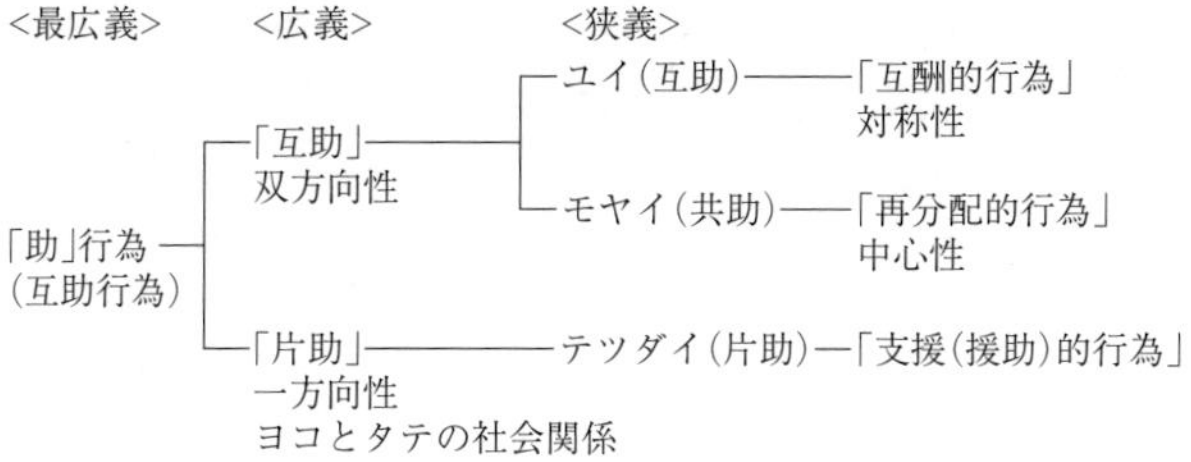

図1－1　行為の志向性（軌跡）から見た「助」行為の分類

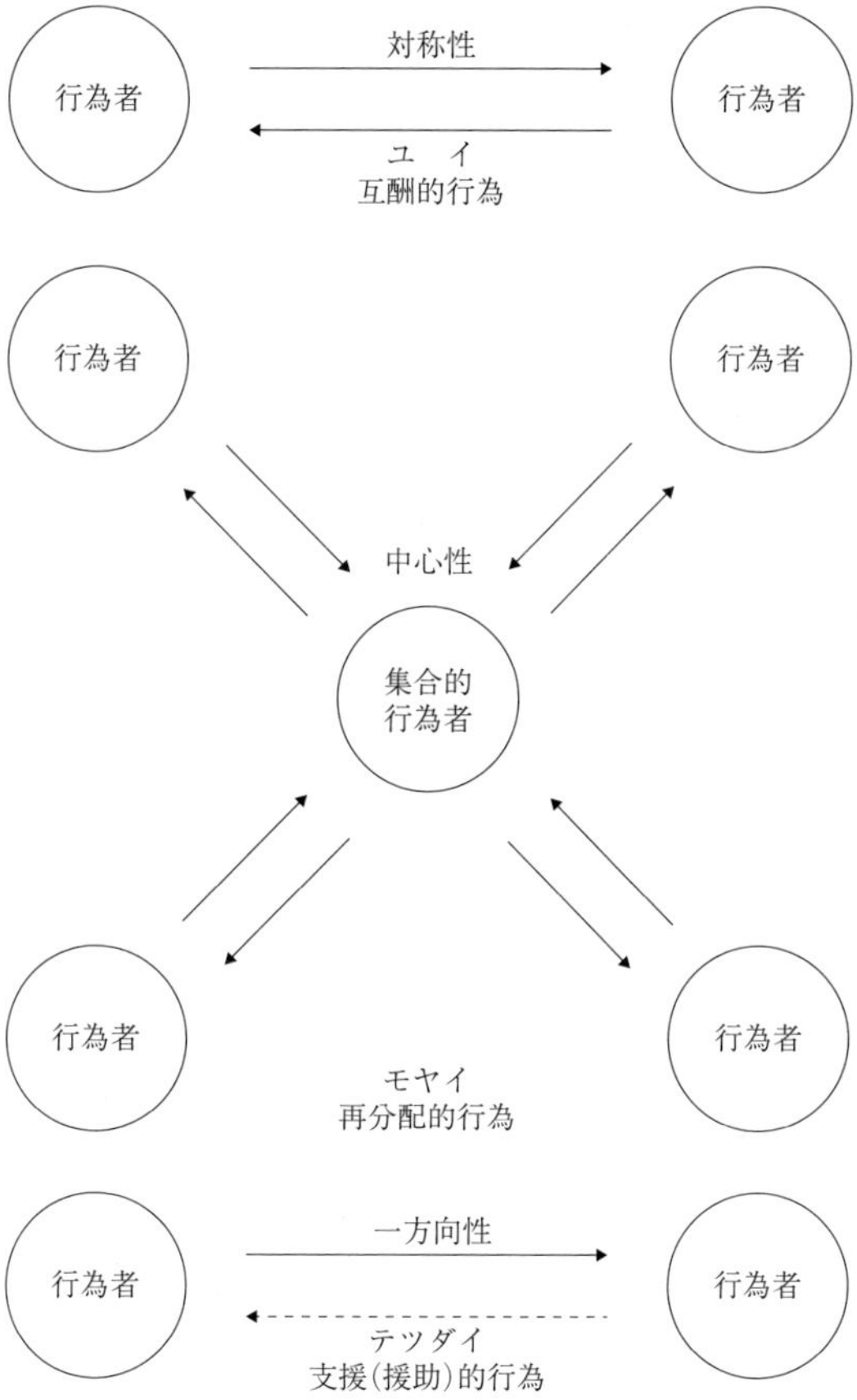

図1－2　ユイ，モヤイ，テツダイの行為特性

や味噌つき、醤油や豆腐づくりなど小規模のユイもあり、堆肥運びでも提供を受けた労働力分お返しをした。個人風呂が少ない頃は当番のユイで入浴できる家の風呂を沸かして順に入った。半農半漁の集落では「魚はもらうもので買うものではない」という意識が強く、魚をもらう農家が漁家を手伝い米や野菜をもらう漁家が農家を手伝う行為も広い意味のユイと言えるだろう。

沖縄県八重山諸島では集落ごと数軒で組み一軒ずつ順にサトウキビを収穫しイモ植えもユイでした。離れた土地でユイを行う「生活の知恵」もあった。鳩間《はとま》島では材木用やイモ、野菜の畑作以外に稲作の土地がないため、西表島で家普請の材木を伐採し、また開墾した土地（登記済み私有地）で親戚を中心に田植えや稲刈りのユイ（バコ）を昭和三〇年代頃まで行った（二〇一〇年四月聞き取り）。そこでは青年団も田地を所有した。材木に乏しい黒島でも友人や親戚七、八人のグループで西表島に渡り木材を伐採した（同上聞き取り）。この西表島では竹富島や波照間島の住民も同様に土地を決めて伐採を行った（二〇一七年二月聞き取り）。近隣諸島の入会地として西表島が利用されていたことがわかる。多くの作業では共同飲食を伴い、同じ釜の飯を食べて住民の一体感が高まった。ユイが回る沖縄のユイマールは集落総出の「集団的ユイ」を示唆する。それは力のある者が弱者に対する施しの行為ではなく、ヨコの社会関係に基づく集団内の貸し借りのない労力交換である。そこでは相互性の原則が貫徹し、相手にも対価を求める交換性が基本にある。行為者間の双方向でやりとりする対等な互酬関係は貸し借りを相殺することで円滑な人間関係が保たれた。このような等量等質の交換行為を通して共同生活を維持するという合理性を村民は身につけていた。村落はこうした支え合いの生活リズムをもつ社会であった。

共同の成果を分かち合う行為――モヤイ

共同所有と公平な再分配

モヤイ（催合）は二人以上の者が共同でするあるいは二つ以上のものを結合する意味をもつが、その語源「舫《もやい》」は船と船をつなぎ合わせることにある。寄り合ってする作業にはユイ同様多様な言葉があり、モヤイ仕事、モヤイ網、モヤイ山、モヤイ田、モヤイ風呂、モヤイ水車《みずぐるま》、モヤイ道具など、モヤイは所有や管理の共同を意味する。沖縄の宮古島など共同墓としてモヤイ墓がある（野口 1962）。愛知県の旧足助《あすけ》町山ケ谷《やまがい》地区（現豊田市山谷《やまがい》町）では共同で機械を購入して順番に使うことをモヤイと言い、個人所有が難しい生産用具を維持管理した[13]（二〇〇八年六月聞き取り）。青森県で同じ地主の小作人を結子《ゆいこ》と言う以外にヨナイ（与内）とも呼び、ヨネセン（与名銭、寄合銭）が祭事の費用徴収を意味し、集落総出のモヤイが共同作業や共有地（コモンズ）の維持管理で多く見られた。新潟県村上市の大須戸地区（旧朝日村）では村人足で一軒一人出て雪下ろしや田の溝を掃除し、昭和四〇年代頃まで村所有の村山でお宮修繕用の木を伐採し薪用に分配した（二〇一四年三月聞き取り）。越後で言うヨナイマイ（与荷米）は組内による災害などの損害補塡の救出米で、共同行為をヨナイと呼ぶのもモヤイの共同性を示唆する（早川［1937］1977：100–105）。なお埼玉県の朝霞市や三芳町では田植えや麦打ちなどモヤイッコやモヤイが広く共同作業の意味で使われたが、これらはユイとほぼ同じ意味をもつ（朝霞市教育委員会市史編さん室 1995：77；三芳町 1992：233–236）。三宅島ではユイよりモヤイが屋根の葺き替えや畑の掘り起こし、炭焼きの小屋づくりで使われた。

島根県の旧八束《やつか》郡では地引き網でも何人かの網主とアンコ（網子）で得た漁獲物を分配した（石塚 1949：8–15，1955）。このモヤイ網の他に石見の旧美濃郡匹見村（現益田市）のモヤイ田では収穫を組の費用に充当し積み立てをした（矢富 1965）。モヤイ田は土地をもたない数人で借地料を出して借りる仕組みで、田植えや稲刈りのとき労働力を提供し毎年交代で順にメンバーが収穫を得ていく。これは周期が一年と長いが収穫物を単一世帯が得る点で後述する金銭モヤイに近似する。モヤイ畑では共同で育てた小豆や大豆を販売し、その代金で日用品を購入し仲間内で分け合った。いずれも土地に恵まれない農民が複数の世帯で利用する仕組みで労働を分かち合うワークシェアリングとも言えるだろう。共同所有の臼や水車を使うモヤイコの米つきは精白米を分け合う、また湯沸かしや水くみ、燃料の調達を輪番制でする行為もあった。共同風呂をモヤイ風呂と呼ぶのはその共有と入浴サービスの分配特性に基づく。風呂のある家を数人で利用するもらい風呂は個人所有の風呂を共同所有する。このように共同作業や共同所有の他にその結果得られた成果を分け合う意味をモヤイはもつ[14]。共同作業による整備された道路などを気持ちよく利用できる便益は受けるサービスに対する義務としての行為の結果でもある。

村山の山焼きや下刈り、枝落とし、造林など集落全戸の賦役への参加による恩恵は山の保水力による災害防止で、狩猟採取の権利はその維持管理に対する報酬であった。この成果の分配は貢献度に応じた公平性に基づき、ただで利用するフリーライダーは本来排除される。仲間内の分配というモヤイはたとえば牛の共同管理などに見られる。[15] 沖縄県八重山諸島の黒島では雄牛は農作業に雌牛は繁殖用として島民間で共有された。子牛の所有者（主《ぬし》）から牛を借りて育てた後生まれた子牛を返し別に生まれた子牛を自分のものにするナシワケ（ナシミバキ）が昭和四〇年頃まであった（二〇一〇年四月聞き取り）。この牛の肥育制度に発展途上国の牛銀行同様牛を共有し分配し合うモヤイの性格が読み取れる。この点お金を出して仲間内で順番に受け取る沖縄のモアイにもこの分配特性が表れている。[16] 沖縄本島ではムエーやユーレーと言われた[17]（知念 1998）。このモアイも舫（催）い合う集まりからきているように思われる。『石垣方言辞典』ではムヤイが出てくるが（宮城 2003：1108）、与那国島ではムエイ、ムヨイと呼ばれた（二〇一〇年四月聞き取り）。このようにモヤイには所有や管理の共有と成果の分配が含まれる。そこに地域社会の共同経営的な要素を見ることができるが、それは地域社会への奉仕の行為でもある。

　モヤイの行為はいったん中央に向かい再び周辺に拡がる「中心性」（集約の求心性と分散の遠心性）の軌跡をもつ（図1-2「ユイ、モヤイ、テツダイの行為特性」参照）。これは財（モノ、カネ）やサービス（ヒト）を一度中央に集め、それを再び仲間で分ける「再分配的行為」である。モヤイはヒト（労力）、モノ（物品）、カネ（金銭）を中央に集約し、共同の作業や管理を通してその成果をメンバーで分け合う。それは中央の集合的行為者すなわち参加者の総意を担う組織がその成果を分配し直す。この「再分配的行為」は中央に集約する「助」行為の対象によってヒトでは労力モヤイ、モノでは物品モヤイ、お金に関わる金銭モヤイに大別される。これは集団の一員である限り一定の義務を伴う「集務性」の行為である。

労力モヤイ

　労力モヤイでは全世帯参加の共同作業でミチヅクリ（道路補修）、ミチガリ（草刈り）、ミゾサラエ（溝浚え）があった。道路の大（幹道）小（枝道）で参加度合いは違うが一家から一人労働力を提供する。[18] ただし高齢者宅は免除になる。八丈島ではサンチという集会で神社の掃除や葬儀の段取りを決め、田守りが水の配分を山守りはミチブシンとして山道の管理をした（二〇一二年三月聞き取り）。愛知県旧足助町山ケ谷地区（現豊田市山谷町）ではミチヤクとして泥濘道路の補修があった（二〇〇八年六月聞き取り）。こうした作業を区役と呼ぶ地方もある。産業廃棄物の処理で知られる瀬戸内海の香川県豊島《てしま》では、海岸や展望台の掃除、桜の下草刈りなど自治会で共同作業があり各世帯から一人出る[19]（二〇一三年九月聞き取り）。島根県出雲市大社町の日御碕では神社に加え灯台の草刈りがある。漁村では海藻採集や地引き網の他に、繋船《けいせん》場所の石を取り除く浜ヒロイや防波堤の損傷を繕う波止《はと》普請、漂着物を取り除く浜掃除があった。夜回りの村勤めを山陰地方ではヒョンジと言った（谷川［1977］1998）。同県旧金城町（現浜田市）では道の草を刈るミチウチやミゾサラエが今もある（二〇〇七年九月聞き取り）。同県旧邑智《おおち》町（現美郷《みさと》町）湯抱《ゆがかえ》地区では水路掃除で一家総出のイデアゲがあり、イデ係を中心に水路の補修をした（二〇〇八年二月聞き取り）。ミチウチは道路を利用する人、ミゾサラエは水利権をもつ人、カワガリ（河原の草刈り）は牛を放牧する人の義務だった。集落の作業に対して神社や学校建設などは各集落総出の村仕事（村請け）であった。

長崎県旧美津島町（現対馬市）では寺社の新改築や修理、共有林の植栽や手入れ、道路作業で「明日はナカマでござるますぞ」と触れ回った。対馬市上対馬町の西泊地区では二三戸がミチツクリで牛に土砂を背負わせ道路整備をした（二〇〇八年二月聞き取り）。同じ生業では仲間意識が強く、堆肥出しの道路補修、寺社の掃除、今もある川の清掃は仲間仕事で親睦の場となった[20]。河内地区はクリーンアップ作戦と称して年一回草刈りやどぶ掃除をした（二〇一二年三月聞き取り）。鹿児島県トカラ列島の中之島では草刈りやヤブシンのとき一軒ずつ笛で触れ回り、一家から一人出た（二〇一三年二月聞き取り）。沖縄では台風被害の家の修理をバフヤーでした（二〇一七年二月聞き取り）。墓造りや開田の共同作業をバフと言う（石垣市史編集委員会 1994 : 479）。竹富島でもサトウキビや稲の作業をバフヤーで行った[21]（二〇一七年二月聞き取り）。与那国島ではアブチハライと言い田の雑草刈りや野焼きをした（二〇一七年二月聞き取り）。海や山の幸を誰でも獲ることができたのは資源管理の作業に協力したからで不参加者には過怠金が科された。福島県川内村では出ないと出不足金を取られた（二〇一四年三月聞き取り）。八丈島では一家から一人（戸主）出る夏の雑草刈りのミチガリ（ゴヨウ）に参加しないと過怠金一万円を科される[22]（二〇一二年三月聞き取り）。島根県旧弥栄村（現浜田市弥栄町）でもミチガリやミチウチに出ないと五〇〇円を払い出た人の飲食代になった[23]（二〇〇九年七月聞き取り）。また長崎県生月島でも浜や公園の掃除をしないと一〇〇〇円から二〇〇〇円払う[24]（二〇一五年九月聞き取り）。このように集合的行為の成果を分かち合うモヤイは住民の「生きる術《すべ》」から生まれた[25]。

物品モヤイ

貨幣経済の浸透前あるいは現金がないとき米や穀物をもち寄りそれをメンバーで分ける物品モヤイがよく見られた。米を拠出する米頼母子は仲間内の救済目的で貧しい生活を支えた。公助に頼ることなく自助の限界を補う共助の支え合いは明文化されたものではなく、伝統的に受け継がれた互助慣行だった。メンバーでモノを分け合う行為は狭義の物品モヤイで、共有地で得た収穫物を地域住民で分け合う行為は広義の物品モヤイと言える。モヤイ山やモヤイ田、後述するモヤイ島含め共有地の再分配は先に述べた労力モヤイを伴い、この共同作業に参加することで分け合った。山陰地方では各農家が非常時に備え屋根裏に飢饉俵を置き、ユルイ（囲炉裏）の煙で虫害を防ぎ稗や粟を貯えた。それでも生活が苦しいと米頼母子でお互い融通した（山陰民俗学会 1977, 1999）。穀物相場は上下するため損得の波があった。メンバーの受け取りがすべて終わると組織は解散するが恒常的に存続することが多い。昭和の初め長崎県五島列島では金銭を集める金講に対して穀物を拠出する籾講や麦講、大豆講があり、米や大豆を参加者が受け取り換金した（久保・橋浦 1934）。宮崎県椎葉村では家普請のとき膨大な人手と食料を賄うため親戚から調味料や食材の提供を受け、また穀頼母子講が行われた（椎葉村 1994）。これは精米していない籾や麦、トウキビ、ソバ、ヒエなど他家の普請のとき俵単位で掛け（拠出し）、自分の家が普請のとき落とす（受け取る）仕組みで賄いに必要な食料を大量に確保した。茅山で採れた茅をもち寄り屋根を葺く茅講では先取りした者は利息に相当する茅を余分に拠出した。ここには利子がつく金銭モヤイの性格が読み取れる。

漁村では魚を地域住民で分け合う代分け《しろわ》があった。オヤカタとノリコが一定の割合で漁獲物を分配するが、魚の仕分けや箱作りを手伝う人また加工業者にもその見返りとして魚を配り、多く獲れたときには向こう三軒両隣の人にもお裾分けした。また浜に打ち寄せた海草類も島民で分け合った。漁に出ない人にも魚を配るのは漁を支える者への感謝の気持ちに加え漁村の仲間として理解されているからで、これらは共有地の分かち合いの行為である。出雲市十六島《うっぷるい》町《ちょう》の北浜地区では定置網で大漁のとき集落全体で、また同市大社町の日御碕では底引き網で獲った魚を箱詰めして手伝うとき隣近所に「分け魚」と言って配った（二〇〇八年七月聞き取り）。熊本県天草市の御所浦《ごしょうら》島ではイリコなどのシャー分けで島民に分配した（二〇〇八年二月聞き取り）。長崎県の上五島ではイワシなどが大量に獲れた昭和四〇年代から五〇年代始め頃まで親戚に魚のお裾分けがあった（二〇〇八年九月聞き取り）。鹿児島県トカラ列島でも魚が多く獲れたとき配った（二〇一三年二月聞き取り）。

特に離島では「一島共同体」の意識が強く、代分けのように漁村の後方支援という間接的な労力提供に対して魚を分配することで一体感が維持された。対馬市上対馬町の西泊地区では、富ケ浦の集落（一〇戸）の三名が所有する船で一五分ほどの距離にある周囲三キロの品木島《しなき》では村民が共同で漁ができる（二〇〇八年二月聞き取り）。防風林の役割を果たす重要な資源として、山林は集落二三戸の共有で勝手に伐採することはできない。なお広義の物品モヤイにはモノを共有利用する行為も含まれ、地域住民が必要に応じて葬儀や婚儀で道具類の提供を受けた。一度に備品を揃えることは難しく、物品を共同購入し維持管理しながら住民間で支え合った。いずれもいったん物品を中央（一カ所）に集めそれらを分け合うあるいは利用するところにモヤイの性格が読み取れる。モヤイには共同出資、協同労働、平等分配の特性がある（桜井 1962 : 412）。

「自生的な社会秩序」と金銭モヤイ

金銭モヤイは集約される対象がカネ（金銭）で、一カ所にまとめ（求心性）それを再分配する拡がり（遠心性）の行為特性をもつ。これには牛の購入や井戸の掘削など特定の物品や必要な作業をする資金集めも含まれる。モヤイ山やモヤイ田、モヤイ風呂などモヤイの後にモノがつくと共同の意味をもつが、モヤイの前につくとそれを得る資金集めの金銭モヤイになる。大正年間には膳講、ふとん講、自転車講などがあった（早川［1954］1977 : 390）。寺頼母子や学校頼母子では寺院や学校の維持管理のために資金が調達された。沖縄では車を購入する車モアイや教育ローンの教育モヤイがあり、伝馬船を得る舟モアイもあった。キビモアイは製糖工場を建てる資金集めに行われた（二〇一七年二月聞き取り）。八〇代の古老によると、島根県旧弥栄村（現浜田市弥栄町）では畳や布団を購入する畳頼母子や畳講、布団頼母子が昭和五年頃まであった[26]（二〇〇九年七月聞き取り）。

日本には小金を仲間内で集め順番に分け合う頼母子あるいは無尽と言われた小口金融がある。[27]ここで小口金融とは単なる貧困者向けの融資事業（マイクロファイナンス）ではなく、一回の出資が小額で仲間で出資しメンバーで分かち合う行為をさす。特定の困窮者が親となり仲間を募る「親頼母子」は貨幣経済の進展とともに普及する。一九二〇（大正九）年に出た賀川豊彦の小説『死線を越えて』には貧民窟の頼母子講でお金を得たが、掛金の返済に困り汚辱の中に身を落とす貧困の悪循環が描かれている。庶民は生活防衛の手段として米など農作物でも同じような仕組みをもっていた。貨幣経済の浸透もあるが、後述するように鎌倉時代や室町時代に頼母子や無尽が突然出現したわけではなく、互助慣行は「自生的な社会秩序」としてその萌芽は人類の生存とともに見られたと言える。この点頼母子や無尽は外国から伝来したのではない（池田 1930 : 29–

表1-1　頼母子と無尽の起源

	頼母子		無　尽	
小口金融 起　　源	言葉の起源 （言葉の登場）	制度の起源 （仕組みの出現）	言葉の起源 （言葉の登場）	制度の起源 （仕組みの出現）
鎌倉時代 （1185～1333年）	『高野山文書』（1275年） 相互に助け合う行為を含意する 「たのもし」（憑子）の記載		幕府の御教書 （1255年） 質屋（土倉）で担保（利子）を入れた借入れの記載	
室町時代 （〈1336〉1338～1573年）	『下学集』（1444年、刊行1617年） 『節用集』（1475年） 『運歩色葉集』（1547～48年）		『建武式目抄』 （1336年） 質屋の貸付金の記載	『香取文書』 （1848年完成） 1387（至徳４）年に金銭を集める誓約書の記載

30）。

頼母子の名称をめぐり、文字どおり子が母を頼むように支援者から無償の資金供与を受ける、あるいは逆に発起人として最初に受け取る親が会員である複数の子に頼むという親孝行の解釈も成り立つ。宮本によれば、夫を亡くした母子を村内で助け合って金を出す慣行から語源を説明している（宮本［1961］1972：125–126）。これは無利子で貸して年賦償還してもらう仕組みで、この種の慣行が広く行われたところから頼母子という言葉が普及したと考える。その一方無尽は金貸しの土蔵という語源から利子がつく貸し付けを意味した。後年それらは一体的に用いられ無尽同様利子がつくものも頼母子と呼ばれ、組織名の「講」とともに頼母子講や無尽講と呼ばれた。頼母子は落札して返金する母金に利子をつけるところから頼母子になったとも言われている(28)。それはやがて救済や共済的な性格から射幸心をあおる利殖目的が強くなる。島根県旧金城町（現浜田市）では頼母子は車の購入で行われたが現在親睦目的が中心である（二〇〇七年九月聞き取り）。同県旧弥栄村（現浜田市弥栄町）でも一万円や二万円掛けでする頼母子はあるが、助け合いや回銭（利息）よりも親睦や娯楽の要素が強く何かきっかけがないと集まらないため頼母子をする（二〇〇九年七月聞き取り）。それでも車検費用など実質的な支出に利用されている。

頼母子・無尽の言葉と制度の起源

頼母子と無尽の起源は言葉の登場と仕組みの出現に混乱が見られるので両者を区別する必要がある（**表1-1**「頼母子と無尽の起源」参照）。頼母子の言葉を時代順に列挙すると、憑支（建治元年）、憑子（貞和元年）、憑敷（應永三〇年）、頼支（文安元年）、頼子（文治一二年）、頼母子（天文一七年）、憑母子（弘治年間）がある。このため池田はあえて「たのもし」とひらがなで表記している（池田 1930 : 43）。その語源は「たのむ」（頼む）、「たよりになる」ことで「たのむのあし」が訛った点で「相互に頼み合う足」から転訛したとされる（同上 : 45–46）。この「足」（料足）は銭（掛金）を意味する。いずれの言葉も相互に助け合う行為が含意されている（道端 1934 : 21–24）。もっとも頼母子を助成や合力として頼み合うという共済的な意味より助力を求める一方向の救済的な意味に解する考えもある（三浦 1918）。多様な当て字のうち憑子は鎌倉時代の『高野山文書』（建治元〔一二七五〕年一二月）に見られる点は多く指摘されてきた（池田 1930 : 25–26）。「たのもし」の語源の意味をそのまま捉えると仕組みの制度も鎌倉時代にあったと比定してよいだろう。頼母子は相互に頼む親子関係を示唆するが、父の負債を子が償還する「父債子還」また逆に子の負債を親が精算する「子債父還」という中国家族の慣習が清末の『民商事習慣調査報告録』に出ている（清水 1942 : 352–360）。これは父子関係だが、頼母子の母子関係には親子の互助意識が非血縁関係の他者に投影されているように思われる。

一方無尽の言葉は既に建長七（一二五五）年の鎌倉幕府の御教書の中に見られる（道端 1934; 鈴木［1940］1968（上）: 340–349; 竹内［1984］1990 : 39–41）。道端によれば当時質屋（土倉）に質物を入れて借りる金を「無尽銭」と言い、無尽とは利子が利子を生む「無尽蔵（財）」の意味で担保を取り貸す行為であった[29]（道端 1934 : 14–20）。この質屋の貸付金としての記述が足利尊氏が発布した一七条の武家法である『建武式目抄《けんむしきもくしょう》』（延元一〔南朝年号〕= 建武三〔北朝年号 = 一三三六〕年発布）にもある。さらに国学者色川三中（一八〇二—五五）による香取神宮とその社家の所蔵する文書を鎌倉から江戸まで家別に編集した古文書集の『香取文書《かとりもんじょ》』（六二巻、嘉永元〔一八四八〕年完成）の中にも出てくる。これは至徳四（一三八七）年神事催行の当番の者が資金不足を補填する仕組みとして、神官が質権を設定して利分（利息）を取り貸与した行為としての無盡である（『香取分《ぶん》飯司《がいじ》家文書』）。

室町期には『節用集《せつようしゅう》』（一四七五）や『運歩色葉集《うんぽいろはしゅう》』（一五四七～四八）などの用語集に記載があることから「たのもし」が生活に浸透していたことがわかる[30]。この頼母子に営業的質屋としての無尽銭土倉の要素がしだいに付与される（池田 1930 : 26–30）。それと同時に鎌倉時代に「無尽蔵」の質屋の意味をもつ無尽に頼母子の救済や共済の要素が室町時代に加わり小口金融としての無尽が生まれたと思われる。鎌倉末期にはあった救済援助を目的とした態支（怒子、頼支、頼子、頼母子）が「無尽蔵」としての無尽の影響を受け利息つきになり、それが無尽と言われ普及するのは室町時代の初期とされる。この点室町期の頼母子契約文書には既に「親」「掛銭」「講衆」の言葉がある。言葉の登場は頼母子も無尽も鎌倉と比定されるが、仕組みの出現として制度の起源は頼母子が言葉と同様鎌倉、無尽は室町以降と推測される。このように頼母子と無尽が融合し庶民の制度として普及するのは江戸時代以降である。いずれにしても人々の生活の中から自生してきた点は間違いなく、それはこの言葉や制度以前に胚胎していたことを意味する。日本の小口金融は頼母子と無尽の言葉の語源から見ると、親子関係の信頼と無尽蔵の宝という社会的および経済的な意味を内包していることがわかる。

頼母子と違い無尽には質屋の貸付金という語源から金融システムの性格が強いと言える。この点明治以降営業目的の無尽（営業無尽）や無尽会社、相互銀行、普通銀行（第二地方銀行）へと受け継がれる（泉田 1992）。とりわけお互い顔も知らないメンバーから資金を得てメンバー以外に貸すことで利息を得て分配する行為に近代の銀行業務の原点を見ることができる(31)。無尽は金融組織として整備されてきた面が強く講との関係が深い。鎌倉期に宗教的な講話を聞く場がしだいに講として集団化された組織面と宗教団体の維持管理のために集めた資金を貧者救済に活用した運用面から無尽の成立が指摘されている。住職が親となり檀家を講衆として寺院の修理など財政援助を行う講がその後講員による相互扶助的な組織に変わり宗教講から経済講へと発展していく。宗教という他者や自己と向き合う関係を問う社会的行為から金銭を求める経済的行為への講の転化は寺院が信仰だけでなく教団を維持する経済的機能も内包していたからと言える（福場 1934）。これは寺院組織としての変化であるが、寺院の講が頼母子や無尽がもつ集金の仕組みを取り入れたとも考えられる。菩提寺が行う頼母子講（寺社頼母子）では初回の掛金を寺が落札して受け取る。講の寺院組織としての発展と仕組みとしての頼母子や無尽は区別しなければならないが、後世それらが一体化して前者の組織に後者の制度が付与されたと考えられる。寺院とは別に人々の「生活の知恵」（生活知）から自然に生まれた仕組みが講という組織（集客システム）に結びついたとする説もある（池田 1930 : 47–49）。この点講の成立以前に「たのもし」があったという事実がこれを裏付ける。

『無盡ニ関スル調査』（大蔵大臣官房銀行課 1915）によれば、一般に講は室町時代から見られ『室町殿日記』に伊勢講あるいは同じ意味をもつ太太講が『嬉遊笑覧』（一八三〇）に出てくるが、伊勢講の最も古い記載は『吉田鈴鹿家記』（一四三〇）ともされる（池田 1930：47）。神社仏閣への参拝目的で金銭を集めた宗教講がその後隣保共助の組織として無情講となり、やがて金銭それ自体を集める目的をもつ頼母子講や無尽講の経済講として組織化される[32]。庶民レベルでも寺社への参拝の宗教講からやがて参拝費用を活用する経済講へ変わったと言えよう。この宗教講と経済講双方の要素をもつ代表的な講がお伊勢参りに金銭を集めた伊勢講である。対馬の旧峰町（現対馬市）では伊勢講が旅行の積み立てで行われたが今はもうない。旧豊玉町（現対馬市豊玉町）の水崎地区では漁が不振のとき講が行われた（二〇〇八年二月聞き取り）。兵庫県の旧加東《かとう》郡（現加東市）では参宮費用を伊勢講田という共有田の収入から捻出した（加東郡教育会 1973）。この講田がないところでは積み立てや連帯で借り入れをして費用を捻出し代参として代表者が参拝した。伊勢講は遠い地域では負担が大きく実際の参拝は難しいため旅費の積立てが貯蓄になることが少なくない。長崎県的山《あづち》大島の大根坂地区では四つの集落単位でつくる近隣の組であるアタリの人と年二回（四月と一一月）宿元で金比羅講があり、六〇〇〇円出して一〇〇〇円は飲食代に使い五〇〇〇円を積み立てた（二〇一五年九月聞き取り）。これは必ずしも金刀比羅宮参拝が目的ではなく大分の日田に行くこともあった。

頼母子と無尽の仕組み

現在も小口金融として頼母子と無尽は地域社会で言葉とともに、その仕組みが銀行や証券会社などの金融商品とは別に深く静かに人々の生活の中に浸透している。これは困窮者を救済する「救済型」、生活の安定のために行う「共済型」、受け取りを多くする利息目的の「利殖型」に大別できる。頼母子には発起人としてお金を必要とする者が親となる「親頼母子」と特定の人の救済を目的としない「親無し頼母子」がある（恩田 2006）。前者は親が仲間から集めたお金を最初に受け取り、次回以降は入札やくじ引きで受取人を決める。親は返済の全額あるいは一部また支払う利息を免除されることがある。その分親は飲食の世話をし会合場所を変える回り宿でなく定宿を提供した。なお飲食費を「座料」や「花代」として掛金から差し引くこともあった。

小口金融は一定の目的のために所定の期間積み立ててから使う「積立型」とメンバーでその都度分け合う「分配型」に大別される（図1-3「小口金融の仕組みの分類」参照）。困窮者を助けるため、あるいは共同の墓を造る、冠婚葬祭の道具類を揃える、必要なモノを購入する、旅行に行くなどある目的のためにメンバー全体で一定期間集める「積立型」に対して、

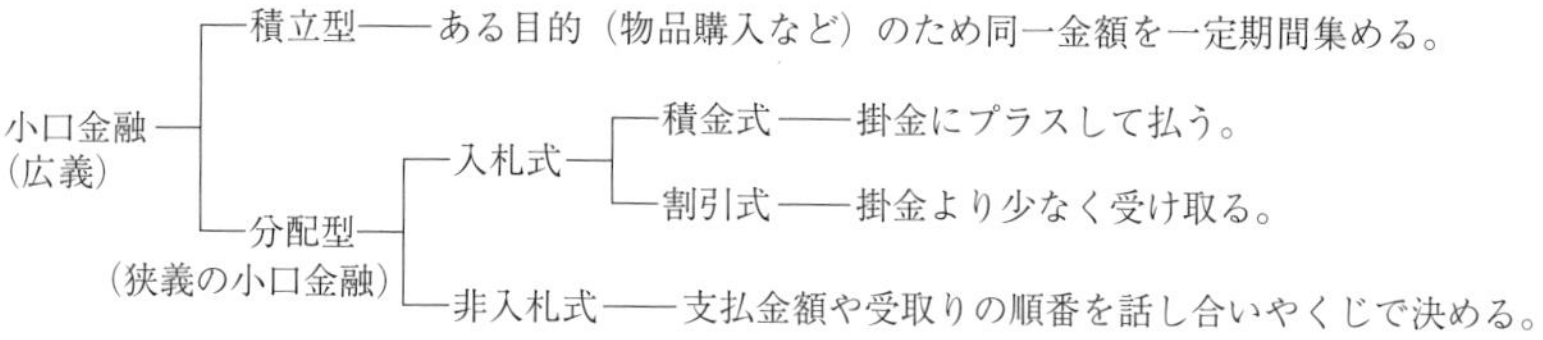

図1-3　小口金融の仕組みの分類

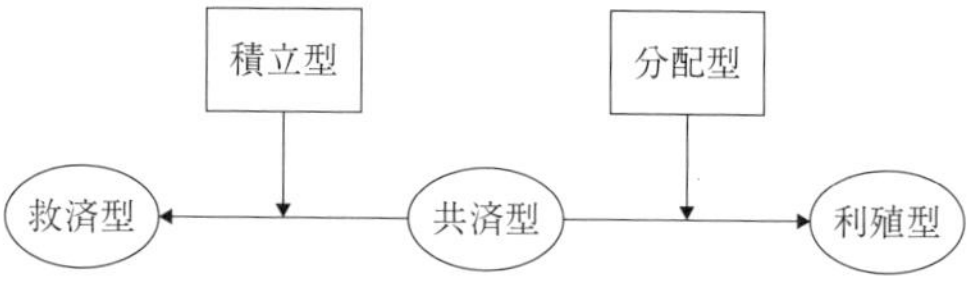

図1-4　小口金融の目的と仕組みの関係

「分配型」は必要な人に資金を出すときと利息目当てで参加する場合がある。小口金融の目的から見た分類とこの仕組みを組み合わせると、一般に「積立型」では救済や共済の目的で、「分配型」は共済や利殖の目的で行われる（図1-4「小口金融の目的と仕組みの関係」参照）。「分配型」の入札は地域で異なるが「積金式」と「割引式」がある（恩田 2006）。「積金式」は落札者が一定の掛金に上乗せして払うやり方（支払金額の入札）で、他の会員は利息分を除いた金額（掛金）を払う。「割引式」は落札者が当初の掛金より少ない受け取りを希望して定額の掛金を払う方式（受取金額の入札）で、他の会員は掛金から割引いた額を払う。このため後で受け取る人ほど利息や割引で得するが、一番最後に受け取る人が最も多く受け取る。[33]

「親無し頼母子」は蓄財目的で入札式が多く、くじや話し合いで決める非入札式もある。非入札式は利息なしが多く利息をあらかじめ決めることもある。くじ引き式は基本的に出金は固定しているが、入札式ではその都度落札者の提示する額が異なる。特定の物品購入で誰もが同じ条件で参加するとき、舟無尽や牛無尽などではくじ引きが採用された。くじで当たった人は落札者同様次回から受取りをはずれる。掛金は生活困窮者に合わせることもあれば、標準的な生活水準が目安にもなった。[34] 入札式では射幸心をあおり掛金の額が多くなると、持ち逃げする事態も起きる。特に商人は利息を多く払っても運転資金を早く得て商売で利益が出ればいいと考える者が少なくない。庶民金融の取り決めは慣習上の申し合わせで明文化されたものは多くないが、受取金額が大きいと連帯保証人や担保を求め証文を残すことがあった。

多様な目的をもつ金銭モヤイ

頼母子は西日本で無尽は東日本で多く言われるが、地域で多様な呼び方がある（恩田 2006）。島根県出雲市大社町の日御碕をはじめ山陰地方ではシギ（志儀、思儀）と言った。これは文字どおり志ある者が集まり必要なお金を工面する儀式の意味が含まれているように思われる。カシラシギと言い家格の高い家だけが行う頼母子講もあった。隠岐諸島の知夫里島ではこの種のシギは行われていない（二〇一四年八月聞き取り）。この他シコウとも呼ばれ、これは不測の事態に対する経済的な救済目的でつくられた（馬庭 1949 : 15–17）。こうした講親の救済目的とは別に特定のモノを購入する親なしシギや融通講があった。畳志儀や布団講、牛モヤイなどは既に述べたように「積立型」である。これらの中には米シギや麦講のように金銭ではなく物品を供出する物品モヤイもあった。島根半島の旧平田市三津町（現出雲市）では札を入れて落札者を決めることを買銭《かいせん》と言い、畳志儀は畳屋が顧客の畳購入のため率先して呼びかけた（石塚 1955）。長崎県対馬市の豊玉町や新上五島町有川でも一〇人ぐらいで集まり頼母子が行われ生活を支えた（二〇一〇年二月聞き取り）。旧上対馬町（現対馬市）豊《とよ》地区ではコウカケと言い家を建てるとき講をした。その家主は宿番となり食事のもてなしをしたが、現在ほとんど行われていない（二〇一二年三月聞き取り）。この他近代以降農村では講で田畑を購入し、子供の学費に充当するなど生活費をまかなった。[35]

「分配型」の入札式では、会津若松市の無尽の金額は五〇〇〇円、一万円、一〇万円と様々だが、利息を掛金に上乗せする「積金式」である（二〇一七年六月聞き取り）。飲食店の主人は同業仲間だけでなく行政のトップの人ともする。一万円出して六〇〇〇円が飲食代になるが、無尽は選挙の地盤固めのつきあいの場でもある。三宅島の無尽は一九八〇年代の噴火の前までは一〇人くらいで最高一万円出して競り落としたが、島外に避難して地域のつながりが薄くなると少なくなった（二〇一五年八月聞き取り）。長野県下伊那郡阿智《あち》村浪合《なみあい》地区の恩田集落では、家の修理や商売でお金を必要とする人が親となる頼母子講や最初の受取人が決まっていない無尽があった（二〇〇七年六月聞き取り）。山口県周防大島町の沖家室《おきかむろ》島では戦前船を造るとき頼母子をしたが、親は無利子で次回以降は入札制だった（二〇一四年九月聞き取り）。長崎県生月島は三〇人で一万円を出して頼母子講をしたが、二五万円で一人が落とすと残り五万円を二九人で分けた（二〇一五年九月聞き取り）。これを講金と言ったが「割引式」である。非入札式では鹿児島県の下甑島で無利息の共済目的の掛銭があった（二〇一〇年九月聞き取り）。対馬市上対馬町西泊地区の講は一〇年前まで五〇〇〇円や一万円を出して一〇人から一五人で毎月行ったが、必要な人が受け取りその後は入札やくじ引きをした（二〇一二年三月聞き取り）。

八丈島の無尽は黄八丈の絹糸を買うのにまた染め職人に払う染賃のために行われた（二〇一二年三月聞き取り）。樫立地区では婦人会が交流や親睦目的で行う。加賀市の山中温泉では預金講と言い五人から六人で行う（二〇一七年六月聞き取り）。男性は一万円を納め飲食代が四〇〇〇円で六〇〇〇円を積み立てる。これは伊勢参りの積み立てだが他の旅行にも使い、葬儀では業者を利用しても受付は預金講仲間が担当し預金講から費用を出す。無尽や頼母子講はメンバーの受け取りが終わると解散するが、四二歳の厄年で伊勢参りや六〇歳で餅を配るなど半永久的に預金講は続く。生活が苦しいときは無利息で貸し出しもする。女性は三〇〇〇円から五〇〇〇円出して数カ月に一回集まり女子会のように飲食して積み立て、葬儀では供物の盛籠を出す。小学校の友人だけでなく同世代の近所の人とするご近所預金講もある(36)。山口県の見島本村《ほんむら》地区では漁師の奥さんが頼母子講で生活資金を工面し洋服を購入した（二〇〇八年九月聞き取り）。この他長崎県福江島の旧三井楽《みいらく》町浜ノ畔《はまのくり》郷（現五島市三井楽町浜ノ畔）で昭和五〇年代頃まで見られた三〇人ほどで一万円出す集まりは自営業者中心で運転資金の捻出が目的だった（二〇〇八年九月聞き取り）。一般に救済や共済目的の金銭モヤイは農民漁民間で貯蓄志向のそれは商人間で多く見られた。いずれも対等な社会関係と信頼関係に基づき順番に受け取る機会均等の仕組みは共通する。金銭モアイは住民のセイフティネット（安全網）として機能しそれに参加できることは信頼の証《あかし》でもあった。

沖縄のモアイ

沖縄本島の人はムエーあるいはユーレー（ユレー）と言ったが、両者は本来区別されていた（知念 1998）。ムエーは冠婚葬祭や不慮の災害のため相互扶助的な性格をもつ。チンジュ（近所）単位で行ったコーグワー（講小）ムエーは発起人であるティムトゥ（手元）を中心に行われ、より大きな地域単位のものはスーゴー（総講（合））ムエーと呼ばれ積立金で土地や墓地（ハカ・ムエー）、棺を入れる龕（ガン・ムエー）、建物、共同備品（葬祭用具）を購入した。この共同性のムエーに対して、ユーレーは個人志向が強く親睦や貯蓄、利息目的の分配型である。主婦がするアンマーユーレーグワーは竹のユーレー札を用い、同姓同名が多いため屋号を記入し給付済みの印として〇をつけて帳箱に収めて出欠や給付の管理をした。戦前教育を受ける機会が少なかった女性は金額を提示するのにパナナ帽の切れ端を使い、これで結び目を作り口頭で金額を言って入札の結果を帳簿に記録した（結縄式入札）。晴れ着や畳替えの費用を捻出した「割引式」の入札では給付せずに積み立て金を芝居見物に使うこともあった。大口の金額はヒャックナー（百貨もの）ユーレーと呼び新築費用に充当した。このムエーもユーレーも大正生まれの人は使い分けたが、戦後はムエー（ムエイ、モアイ）という言葉に収斂されていく。

石垣島の七〇代男性の話では、「六日会」と称して小学校の同級生や親しい者と毎月六日に集まり、「上げモアイ」方式で積み立てる（二〇一七年二月聞き取り）。これは元金（元本）の掛金にいくら上乗せして払うかを最初に受け取る座元がメンバーと相談して決める。一人五万円で一〇人ですると発起人の座元は五〇万円受け取るが、次回の受け取りからは一〇〇〇円プラスして五万一〇〇〇円払う「積金式」である。[37] ただし入札ではなく上乗せ金額が一〇〇〇円で固定している。三万円なら五〇〇円、一〇万円なら二〇〇〇円というように元金で上乗せ金額が異なる。毎回誰が受け取るかは次回自分が受け取りたいと自己申告して決める「助け合いモアイ」である。中には二口の一〇万円出す人もいるが、その分受け取りの機会は二回になる。この他座料としていくらか払うのは座元も同じで、夜の飲食店ではなく昼個人の家でするときは座料をそれほど必要としない。女性は喫茶店などで行うことが多い。これに対して五万円よりも少ない金額をメンバーから受け取り、元本の五万円を払い続ける場合が「下げモアイ」で「割引式」になる。払えない人がいるとヤケドと言うが、裁判に訴えるとこれまでの受取額を返すことになり会員が迷惑するため裁判にしないことが多い。

「ウチナーンチュのいる所モアイあり」と言われる「モアイ社会」の沖縄は文具店で記録する「模合帳簿」が販売されている。[38] 沖縄本島では母親が子供の小学校入学でランドセルや勉強机を買うためモアイをする。本島に近い渡嘉敷《とかしき》島の阿波連地区では、家のリフォームや入院で必要な資金を得るため定額利息でモアイをくじ引きで行う（二〇一〇年四月聞き取り）。利息目的で掛金を多くすると射幸心が刺激され一人で複数のモアイに参加する者も出てくる。沖縄県は一九一七（大正六）年に模合取締規則を公布し監視を強化したが、本土にもち逃げする「モアイ崩れ」が少なくない。この債務不履行（デフォルト）には発起人が責任をもつとはいえ、一度でも信頼関係が崩れるとその修復は難しく生活できないため人間関係がより密な小さな島ほどモアイは少ない。野菜や魚のお裾分けが当たり前の島ではモアイが必要なく、金銭問題を避ける傾向があり、必要な人数で資金を集められない事情もあるだろう。鳩間島では沖縄本島に行き初めてモアイの存在を知った人がいた（同上聞き取り）。島の中ではやらないあるいはできないため豚の購入や家の修繕、子供の教育費を得るため島外の仲間と電話でモアイに参加し、石垣島や沖縄本島の親戚に送金する。黒島では入札が射幸心を刺激するためモアイの利息は定額で受け取りもくじ引きや相談で決めた（同上聞き取り）。新城《あらぐすく》島はモアイの慣行がなく、石垣島で働いて初めてモアイに参加した上地島出身の六〇代の男性がいた（二〇一七年二月聞き取り）。

与那国島では島を離れる高校生の入学金や授業料のためモアイをする人もいるが、選挙資金捻出のためにするという汚れたイメージも少なくない(39)（二〇一〇年四月聞き取り）。もちろん「助け合いモアイ」として利息がつかないものもある（二〇一七年二月聞き取り）。六〇代の女性によると、同級生や知り合い親戚でするムエイは歯の治療代、車の整備費用（車検代）、子供の入学準備金など必要な人が申し出て発起人となり、会計と書記を決めて一人三万円で仲間一一人で毎月する。その際居酒屋で飲食するが、その飲食代は別に二〇〇〇円出し欠席しても三万円の他に二〇〇〇円を出す。さらに二次会もありムエイは親睦の要素が強い。その一方で受け取ったまま支払わないと、発起人がその分負担するためメンバーは慎重に選ばれる。必要な人が申し出て受け取りが決まる仕組みはモヤイの原型である救済式が健在であることを示している(40)。南大東島は八丈島と沖縄の出身者が移住した島だが（南大東村誌編集委員会 1990）、八丈島系の人は参加する人は少ない（二〇一〇年四月聞き取り）。「何万円もかけてする気がしない」と言う若者がいる一方、無尽で入札が行われ孫の入学祝いのため必要な親が受け取る方式で郵便局より利回りがいいので今も行われている。八丈島では三〇年ほど前まであった無尽はほとんど見られない（二〇一七年八月聞き取り）。

現代の「隠れ金融」

明治以降近代的な金融機関が発展したにも関わらず、金銭モアイが今なお行われている(41)。銀行がお金を必要とする人に貸さない、あるいはその手続きが面倒で借りにくい条件（手形割引に際して預金を強要する歩積《ぶづみ》や貸出しのとき預金を担保とする両《りょう》建《だて》の拘束性預金）があるとき、こうした現代版小口金融が続く可能性はある。また何よりも低金利やマイナス金利では小口金融のほうが利回りがいい。頼母子は既に過去のものと思われているがそうではない。金銭モアイは今も地方で行われている。それはあまり表面に出ることなく深く静かに「隠れ金融」として続いている。あるいは逆に山梨県のように表立って無尽の集まりが見られる場合もある。戦前は茅無尽やトタン無尽があり、生活改善運動とともに衣料無尽、布団無尽など物品購入の目的が明確で、現金ではなくタマゴを農協にもち寄りその売り上げを貯蓄することもあった（山梨県 2006：504–505）。その一方で「掛金（セリ）無尽」で事業資金や生活費に充当することも男性中心にあった。中には書籍を購入してそれについて発表する勉強会としての無尽会もあった。一九七〇年代頃から利息目的の無尽が減り親睦中心の「飲み無尽」が多くなり、情報交換や勉強会の性格をもつようになる（同上：874–876）。島根県では一見目立たないものの消費者金融で借りられない人、親しい友人から借りたい商人が集まり、また飲食店の得意客が頼母子で旅行費用を工面する。同時にそこが社交場となり様々な情報を交換する。こうした「隠れ頼母子」が少なくない。

金銭モヤイは経済的な意味で地域住民のセイフティネット（安全網）の機能を果たすが、仲間内の親睦や一体感を醸成するコミュニケーションの場という社会的な役割ももっている。それは地域社会の連帯と共生のために必要であり、集団の凝集性を高めるうえでも貢献した。情報収集の手段が少ないときあるいは今でも表面に出ない様々な情報を得る機会にもなった。沖縄で記帳式ではない母親たちがするアンマーユーレーグワーのような口頭式のモアイは家内安全や家計安定の様々な「生活の知恵」を得る場として、また法事や旧暦行事の伝統文化の継承の場にもなった（知念 1998：23–26）。毎回掛金を払い続けることが信用の証となりその人物の信用度が高まる面も見逃せない。「ユーレーシミレー、チュヌ・ワカイン（ユーレーをさせれば人がわかる）」という言葉がこの点を示している（同上：26）。各人の信用度に応じて貸す金融機関と異なり、金銭モヤイは対等な人間味あふれる相互扶助として利用された。それは巨大な金融機構のように世界経済の動向に左右されることなく、またグローバルなシステムとは無縁な地域社会の隙間（ニッチ）で庶民の生活を支えた。さらに生活困窮者の救済と仲間の共済、非常時への備えの生活防衛として、何よりも近隣関係を維持するためそれは必要とされた。各種の制度による公助や自分で備える自助が増えても、この種の共助に基づく「隠れ金融」は存続するだろう。

見返りを期待しない行為――テツダイ

ヨコの支援とタテの援助

見返りを期待しないテツダイもユイやモヤイ同様地方で様々な言い方がある。スケは多いが東北や関東では助け人がスケット（助っ人）と呼ばれ、この他ゴウリキ、コウリョク、スケコウリョク、オテンマ、テツダイッコ、テツレイ（ライ）、テッマカリ（手間借り）、タノミッコなどが使われた（恩田 2006）。栃木県足利市では婚礼や葬儀、火事の後始末などの助け合いをテツダイッコでする（足利市史編さん委員会 1978：382）。島根県石見地方では葬式の世話は「テゴをする」と言い、旧金城町（現浜田市）では各世帯一人出た（二〇〇七年九月聞き取り）。同県吉賀町の旧柿木地区では葬儀のときイイツナギで知らせ組事《くみごと》あるいは講事《こうごと》として寺の世話や役場の手続きの世話をし、一八件くらいでつくられた組織でオトキと言い近隣の人が食事の用意をした（二〇〇八年九月聞き取り）。同県旧旭町（現浜田市）では葬儀のテツダイは集落単位で一家から二人出て、コマワリさんという必要なものを買う人などの役割が決まっている（二〇〇九年九月聞き取り）。隠岐諸島の知夫里島では屋根の葺き替えや建前、家こぼし（解体）では島民五〇人くらいでテゴをした。

　スケやテゴの他カセイ（加勢）もよく使われるが、長崎県対馬ではテヤリ（手やり）と言った。同島旧豊玉町（現対馬市）では葬式で「カセイをしてください」と呼びかけ親戚を中心に隣近所が世話をする。対馬では運搬用具のテボ（籠）を背負うカライ（背負梯子）で行商をしたが、女性がオハグロをして嫁に行くときこのテボに必要な着物や鎌の道具を入れて婿の家に行くテボカライ婚があった（日野 1985：99–100）。娘の嫁入を「ケイコにやる」「加勢にやる」と言い、女性の嫁入りは婿の家にテツダイすることを意味した。この他特徴的な言葉に旧美津島町（現対馬市）では親類や親しい家から人手を借りる田植えや稲刈り、家の新築や病気で人手が不足するとき使うテモライ（手貰い）やテモレーがある。これは「人の手をもらう」意味で、カタヨリや仲間仕事、テヤリ（手遣り）の行為に対して労賃を払うヤトイイレ（雇入れ）もあった（田川 1988）。水田の多い家への手助けは人手を派遣するテヤリで藁や米の提供を受けたが、食事はテヤリを受けたほうが出す。上対馬町豊地区ではお産や病気のとき七つの隣保班がカセイした。対馬では食糧や衣類など生活必需品を保存する高床式の石屋根の板倉があり、この小屋の建前でも「賃のない仕事はしても、飯のない仕事はするな」という言葉でカセイでは賃金ではなく食事の提供を受けた（矢野 1995：57–58）。同じ対馬の鰐浦地区の七〇代女性によると、食事でもてなすサナブリがあり葬儀は婦人会がカセイした（二〇一二年三月聞き取り）。

テツダイはユイやモヤイのように統一的に訴求できる語源というより、言葉の多くが手助けの「手」と「助《すけ》」に関わる語をもち意味が自明である。既に述べたようにスケの他カセイという言葉は日常よく使われる。長崎県的山大島では家の修理の手助けをカセイと言い、生月島では葬儀で講仲間が役割分担して手助けをした（二〇一五年九月聞き取り）。大分県玖珠《くす》町周辺でもカセイが使われ（二〇一六年一〇月聞き取り）、五島列島の福江島三井楽でもカセイと言った（二〇一〇年二月聞き取り）。上対馬の河内では七〇代女性の話によれば、姉の時代三五から四〇軒くらいの集落で石屋根の倉庫として着物や米を蓄えたが、瓦屋根になり瓦を変えるときや葬儀で一家から二人ほど出てカセイで手助けした（二〇一二年三月聞き取り）。沖縄本島では無償の労働などの奉仕作業や物品寄贈、寄付金などの行為をティガネーと言った（知念 1998）。こうした呼び名の違いは各地域のイエをめぐるタテとヨコの社会関係の違いを反映する場合が少なくない。ヨコの対等な支援が基本で勢力関係からタテの援助もある。

テツダイはユイ同様親族の血縁関係、婚姻を契機とした姻族の親戚関係（準血縁関係）、隣家の地縁関係というヨコの対等な社会関係に基づく行為が基本で、現在見られるネット上の「情縁」の支援も多くはヨコのネットワークに基づく。戦時中は男手のない後家や出征兵士の留守宅、その他社会的弱者へのテツダイが多くされた。公助では援助の主体と客体でタテの関係が意識されるが、公助を国民や地域住民の納税に対する権利とするなら国や自治体と対等な支援関係に入ることができる。テツダイは返礼を求めないもちつもたれつのお互い様の行為である。相手から見返りを期待しないとはいえ、葬儀の手助けを「不幸帳」や「見舞帳」に書いて後日の返礼に備えることが多かった[42]。福島県の川内村では男女各二人が入る一五軒のイッキ組合が道や川を境につくられ、組合所有の葬具を共有して土葬の墓掘りやお経係など役割帳に記載して手助けしたが、東日本大震災後イッキ組合は解散し業者に任せている（二〇一四年三月聞き取り）。山口県の見島では葬儀で墓掘りのテツダイに一〇〇人来たという記録が残る（二〇〇八年九月聞き取り）。対馬市上対馬町の西泊地区では葬儀は業者任せだが魚の供養だけは漁協で行う（二〇一二年三月聞き取り）。

テツダイの中には旧制度下での本家と分家、主人と奉公人、地主と小作人（名子）の関係などタテの社会関係に基づくものがあった。奉公人の務めに仕着せ（着物の提供）など生活援助を主人が行い、また経済的な契約関係である地主と小作人の間にも援助と被援助の社会関係が見られた[43]。この他地域社会が庇護関係を容認した例として、仮の親と子供（男子は一五歳、女子は一三歳頃）の擬制的親子関係があった[44]。これらは経済的援助が大きいとはいえ、保証人や仲人になるなど社会的庇護がもつ意味は小さくなかった。このように有力者が村民を庇護しながら地域社会の秩序を維持し、逆に地域住民は労力提供を通してその傘下に入り安定した生活を送ることができた。村落ではヨコの互助関係の代替からタテの従属関係が強化される場合もあった。このタテの社会関係に基づくテツダイは見返りを求める傾向が強く、そこに双方の思惑あるいは「生活の智恵」があった点に留意したい[45]。豪農や篤農の誇示欲もあるとは言え、タテの社会関係がヨコのそれを補完することで互助ネットワークが機能することが少なくなかった。しかし近代化とともにこの種の関係は衰退し、奨学金制度ができ篤志家が貧しい子弟を援助することもなくなる。

東日本大震災では全国から被災者に支援があり、過去に救援活動を受けた人や自治体がお返しの手助けをした。また海外からの救援物資の供与や復旧活動は外交関係とはいえ、過去の日本政府の活動に対する返礼の行為でもあった。テツダイは本来支援や援助の相手から見返りを期待しない。しかし受けたほうは将来余裕ができたときお返しをする、あるいはその返礼を義務と感じる「片務性」の行為でもある。葬儀では死者の連絡、帳簿係、葬儀用具の準備、土葬の墓掘り、棺の搬送、弔問客への料理提供などの役割を葬式組が引き受け、不幸があった家は何もする必要がなかった。沖縄の石垣島では不慮の死に備え棺桶（棺箱）のある家がどこかわかっているためそれを借りて、葬儀を住民の合力（バウヤー）で行った（二〇一七年二月聞き取り）。与那国島では寺がないためまた葬祭業が成り立たないほど地域住民の結束力が強く、葬儀では旗の製作、造花と料理の準備、野辺送りなど役割分担をカシ（加勢）で行う（二〇一七年二月聞き取り）。葬儀は相手が知らせなくても駆けつけるが、婚儀は招待されたときのみ手助けをし業者がいない分住民の手作りでする。これは将来またお返しをする行為でもある。このようにテツダイは非互酬性の「片助」として行為の軌跡は「一方向性」だが（図1-2「ユイ、モヤイ、テツダイの行為特性」参照）、別の機会に手助けする「双方向性」の「互助」に転化することがある。

テツダイは「片助」の行為として交際上の道義に基づく行為である。対馬の旧美津島町（現対馬市）では不幸や病気で農作業ができないときカセーを受けると、コビルマ（おやつ）や酒席を設けご馳走した。現在も向こう三軒両隣お互い家庭生活に深入りすることなく義理を欠かさないつきあいをしている。当事者中心のユイ、村仕事に代表される地域の全住民参加型のモヤイに対して、テツダイはその中間の住民の交際範囲に基づく行為で、喜びや悲しみを仲間で分かち合うため自然に手が差し伸べられる。葬式組のように組織的なものもあるが、テツダイは一時的なその場限りの支援も少なくない。しかし無償の行為が地域で循環し、いつか手助けを受ける「情けは人の為ならず」の行為でもある。

義理と人情の無償行為

相手から見返りを期待しないとは言え、受けた人は恩返しを意識することが少なくない。本来テツダイは手助けされた人が負担を感じない共感に基づく行為だが、葬儀のとき弔慰金を受ければ香典返しをするように返礼を即座にする場合もある。[46]援助は単に相手への手助けを意味するが、支援は相手の自立を促す行為で余裕があればお返しもできる。手助けはつきあいの要素もあり地域社会の一員として義務と感じる一方、人情にもとることがないよう人間として自然な行為でもある。

長野県旧八坂《やさか》村（現大町市）では隣組の呼称が今も残り、不測の支出に備えた積立で葬儀や祭りを行う（二〇〇九年九月聞き取り）。愛媛県岡村島の旧関前《せきぜん》村（現今治市）では、不幸があると隣保の十軒組が手助けする（二〇〇八年七月聞き取り）。隠岐諸島の知夫里島でもアザ掘りなど土葬時代は地域で手助けした（二〇一四年八月聞き取り）。長崎県の的山大島では隣近所のコウウチ（講内）で米二合や現金を出し、土葬のときは墓掘りや食事、花筒を作る役割分担をした（二〇一五年九月聞き取り）。鹿児島県トカラ列島の中之島では土葬で墓穴を掘る人、棺桶を作る人など総出で分担した[47]（二〇一三年二月聞き取り）。沖縄の新城島（上地島地区）では島民総出で茅葺きの家に棺を置く風葬があった（二〇一七年二月聞き取り）。このようにテツダイは地域ぐるみの支え合いだが近年隣保共助が薄れている。三宅島では土葬を地区総出でしたが、墓の引越しが多く近隣関係が希薄になっている[48]（二〇一五年八月聞き取り）。八丈島では不幸があるとお触れが回り近隣で世話をし泣き女もいたが、現在は業者を利用する（二〇一二年三月聞き取り）。出雲市大社町の日御碕では七軒くらいのリンポ（隣保）が葬儀の手助けをしたが、今は食事も業者の仕出し弁当で手助けも簡素化した（二〇〇八年七月聞き取り）。同県浜田市三隅町でも地域の回覧板が回る一〇世帯から二〇世帯の子組で葬儀をしたが現在は仕出業者を使う（二〇一〇年六月聞き取り）。山口県周防大島町

表1－2　日本の互助慣行

互助行為	内　容
互酬的行為	•ユイ――等量等質の交換行為，双方向性（双務性）の行為 •労力交換――田植え，稲刈り，屋根の葺き替え，味噌豆腐づくり，粉ひき，餅つきなど
再分配的行為	•モヤイ――ヒト（労力）モノ（物品）カネ（金銭）を集約し再分配する行為 中心性（集務性）の行為 •労力モヤイ――共同作業 各家から１人出る村仕事，出ないと過怠金の支払い 道路修繕（ミチナオシ），溝の清掃（ミゾサラエ）など 共有地（コモンズ）の維持管理と活用 •物品モヤイ――資源の分かち合い 広義――共有地の再分配（モヤイ田，モヤイ島など） 狭義――物品の再分配 •金銭モヤイ――小口金融（頼母子，無尽） 受取方式――積金式，割引式
支援（援助）的行為	•テツダイ――相手から見返りを期待しない行為（カセイ，スケ） 一方向性（片務性）の行為 •冠婚葬祭の手助け •対等なヨコの社会関係――同一生活レベルの支援関係 •保護非保護のタテの社会関係――有力者の庇護を受ける援助関係

の沖家室島では婚葬儀を隣近所でしたが今は親戚だけで済ます（二〇一四年九月聞き取り）。

このように地域社会では幸不幸に際してお互い手助けをした。「遠くの親類より近くの他人」と言われ、隣家から手助けを受けるとそれに返礼することが繰り返された。このもちつもたれつの関係がないと地域社会の中では生きていけなかった。それらは苦楽を分かち合うお互い様の行為で、見返りを求めないテツダイを温かく受け入れ感謝の気持ちで接する自然な行為であった。[49] ユイやモヤイが民俗語彙として忘れられていくのに対して、日常生活で「手伝い」という言葉は今も頻繁に使われている。それは見返りを期待しない相互行為が社会の基本であることを示唆しているからだろう。繰り返し述べたようにテツダイは人情に基づく無償の一方向の「片助」だが、実際は恩返しを伴うことが多い双方向性の行為でもある。この返礼行為への期待が過剰になると互助関係も自然さを失う。またわずらわしい人間関係を重荷と感じるとすべて商品化されたサービスとして金銭で購入するようになる。これはテツダイを外注化（アウトソーシング）して業者に任せることを意味する。

このようにテツダイの慣行はしだいに衰退しつつある。ユイやモヤイ含め日本の伝統的な互助行為はこのまま喪失す

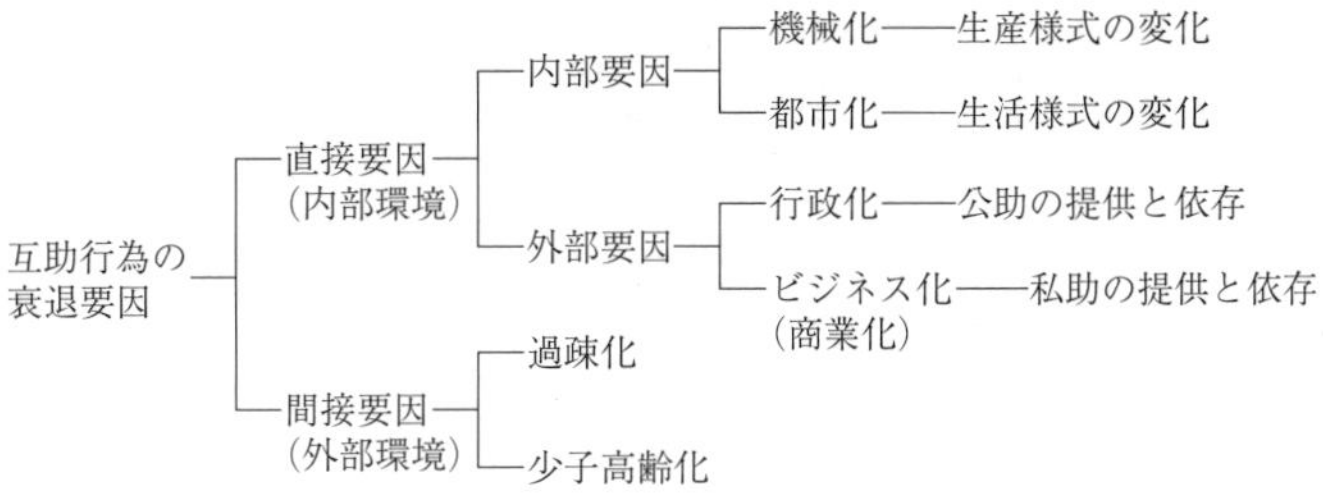

図1-5　互助行為の衰退要因

るのだろうか（表1-2「日本の互助慣行」参照）。

互助慣行の衰退

生産様式と生活様式の変化　日本の伝統的な互助行為はいつ頃衰退したのか。高度成長期の昭和三〇年代頃までは互助慣行はまだ残っていた。現在も地方で見られるが、このままでは伝統的な互助行為はやがて消滅しこの種の「生活の知恵」の継承者もいなくなり互助慣行は忘れられていくだろう。かつて地域社会では地域住民の「生きる術《すべ》」に基づく共助が息づいていた。そこでは共同利益（共益）を中心に各自の生活リズムが地域社会の秩序と調和していた。それは公助、共助、自助がバランスよく機能していた社会と言える。互助慣行の衰退要因には村落の生産様式および生活様式の変化が指摘できる（図1-5「互助行為の衰退要因」参照）。それは経済的には機械化による生産力の向上、社会的には都市化によるライフスタイルの変容である。村落で大量の労働力を必要とした農作業は機械化で労力交換のユイが少なくなる。同じ農業でも各農家で作物の個別化が進むと等価労働の交換が成り立たない。何よりも専業農家から兼業農家への移行、廃業に伴う農家の減少による非農家の増大が大きく、通い農家が増え農業のサラリーマン化で仕事の共通性がなくなりユイが減少した。また都市への人口流出により村仕事を支える者が減り共同作業のモヤイも少なくなった。さらに生活様式の都市化から冠婚葬祭も廃れテツダイが縮小した。

島根県旧三隅町（現浜田市）では農家のサラリーマン化で農作業も土日だけになり、労力交換のテマガエがほとんど見られない。しかし他の地区同様共同作業はあるものの、その多くは自治会を通した委託事業である（二〇一〇年六月聞き取り）。全地球測位システム（GPS：Global Positioning System）を用いた農業用カーナビを搭載したトラクターが登場する時代では、田植え前の土をならす代かきや肥料を施す作業含め農業の高度な機械化でユイが死語になりつつある。島根県旧柿木村（現吉賀町）では牛耕で助け合うテマガエが昭和四〇年代頃まであったが、「この言葉を今の若い人は知らない」と地元の人は言う（二〇〇八年九月聞き取り）。一八軒で一組つくりクミゴト（組事）として葬儀で食事や寺との交渉、役場への届け出などの世話をした。しかし女性が働きに出て共働きが増えると何日も葬儀に関われなくなり、イイツナギ（イイツギ）の連絡事項も伝わらず集まりが悪くなった。村落では兼業農家や通い農家、非農家が増えるにつれ農事の共同労働が減少し、他の共同作業もあえて不参加の過怠金を払い住民の結束力は弱体化している。

山形県旧山元村（現上山《かみのやま》市）の中学校教師無着成恭《むちゃくせいきょう》が生活の綴り方を生徒に指導し、その成果である『山びこ学校』（一九五一）を書いた昭和二三年から二六年頃の山村にはまだ互助慣行が色濃く残っていた。病弱な母親を支えるため柴背負いの仕事をする生徒を村民が手助けする「互（共）助力」が健全だった。しかし高度成長に伴い村落では農業など生業を同じくする家が少なくなり、都市化により生活様式が多様化する。共同生活圏外との交流が多くなるにつれ域内の互助ネットワークが弛緩するのは当然だった。それに合わせ集団志向から個人中心の権利義務意識の高揚、効率優先の合理化、苦楽を分かち合うことが少ない競争主義の浸透なども互助慣行衰退に拍車をかけた。現在は個人情報保護法が二〇〇五年四月から施行され、個人の家庭生活に深く立ち入らない風潮がもちつもたれつの人情をさらに希薄にしている。ネット社会では個人の情報発信が多く開放的であるのに、地域活動ではお祝いの品が届けられないほど情報が閉鎖的になっている。互助慣行の衰退要因である機械化による生産様式や都市化による生活様式の変化は生産や生活の向上に欠かせないが、それに伴い地域住民の支え合いの意識が弱体化した点は無視できない。このまま互助行為は減少していくのか。それは生活の発展に応じてますます必要になるように思われる。

公助への依存と自（私）助の促進　生産様式の変化（機械化）と生活様式の変化（都市化）が互助慣行衰退をめぐる内部要因（社会経済関係の変化）とするなら、公助への依存（行政化）と自（私）助の促進（ビジネス化）はその外部要因（生活の外注化）と言える（**図1-5**「互助行為の衰退要因」参照）。共有地が国（公）有地化や私有地化されると維持管理の共同作業は当然少なくなる。国や自治体が請け負う「行政化」による公助に山林原野の手入れを任せると共助は必要なくなる。また冠婚葬祭の組織が成り立たない、あるいは必要としないほど地域社会が急速に変貌している。その分慶弔行事を業者に任せ、セット方式の葬儀社やブライダル会社の互助ビジネスが盛況である。大災害で地域のつながりが強くなることもあるが、人口減少が急速に進み地域力が弱体化している。過疎法発祥の地とされ「緑の工場」として森林活用の産業おこしを始めた島根県旧匹見《ひきみ》町（現益田市）ではお互い思いやりはあっても迷惑をかけられないとして葬儀のオトキ（食事の世話）の慣行も衰退している（二〇一〇年七月聞き取り）。同県旧弥栄村（現浜田市弥栄町）では集落のオトキを葬儀ビジネスに任せている（二〇〇九年七月聞き取り）。これは住民の自助志向に加え企業の私益追求（私助）の結果で、わずらわしいつきあいを避けたいという人間関係が増えている証左でもある。

こうして共同作業の多くが公助に代わり、仲間内の手助けを企業の私助に委ねることで地域社会の連帯力と共生力が弱体化した。二〇〇〇年に介護保険制度が導入され、介護が公助と民間業者の私助として展開されたことで地域社会が担う共助や高齢者の自助を補完したことは確かだろう。しかし公助を手に入れるため煩瑣な手続きを要する「行政化」と過剰な私益追求から多様なサービスを提供する「ビジネス化」が必ずしも自立に必要な自助の促進や家族介護の軽減に結びついているわけではない。介護保険サービスは高齢者本人ができない契約を家族が代行するとしても、身内が遠隔地に住むまた昼間の時間が自由にとれないときの対応など、介護する家族の負担事情に十分応える制度とは言いがたい。このため事業者の介護サービスを利用できないあるいは過剰なサービスの強要から利用したくない高齢者もいるだろう。ここに身近な地域で支え合う共助を必要とする理由がある。

村落では水平的な互助関係（ヨコの社会関係）を担う小農に対して、垂直的な互助関係（タテの社会関係）の結節点として機能したのは地域の有力者だった。篤農家や篤志家が経済的支援から社会的威信を保ち、農民の互助システムを補完した。現代ではこのタテの互助関係を行政が公助として担っている。それに加えサービスとして商品化する市場の私助への過信が地域社会の「互（共）助力」を減退させている。自分の足下しか見ない利己主義的な風潮からすべてカネで解決すると、共助への関心はますます薄くなる。こうして伝統的な互助慣行は遠い過去の遺物となる。連帯と共生の重要性から共助を問い直す一方、東日本大震災を通して公助や自助への期待が逆に高まる風潮も見られる。これは公助、共助、自助の適切な関係が問われていることを意味する。

生産様式（機械化）と生活様式（都市化）の変化、公助への依存（行政化）と自（私）助の促進（ビジネス化）が地域住民による互助慣行衰退の直接要因とするなら、過疎化と少子高齢化は地域社会を取り巻く間接要因と言える（図1-5「互助行為の衰退要因」参照）。過疎化による人口減少は「互（共）助力」の担い手の減少を意味する。「生産力史観」に対して人口が社会の原動力となる「人口力史観」では人口減少は「助」力の維持に大きなマイナスとなる。ユイも体力が衰えた高齢者だけでは双方向の「助」行為の交換が成り立たない。担い手の体力も気力もなくなり、地方では互助ネットワークが機能しない深刻な状況にある。祭りや行事の中心となる若者が減少し、高齢者だけでは御輿《みこし》をかつげず祭事の縮小や中止を余儀なくされ「地域力」が停滞している。(50) 高齢者の草刈りでは体力の衰えや作業訓練が十分ではないため機械操作を誤る事故が起き、雪国では高齢者が雪下ろし中に屋根から転落する事故が絶えない。いずれも「助」力衰退の証左と言える。

過疎化と少子高齢化

島根県浜田市弥栄町では、地元大学生が「里山レンジャー」として耕作放棄地の手入れをして高齢者を支援している。この他高齢者が「シルバー人材センター」に登録し、庭の手入れなど自らの能力を地域で活かすところもある。その一方で天草諸島で聞いた「このままでは島がなくなってしまいます。先生何とかしてください」という高齢女性の言葉が印象に残っている。これは過疎化・少子高齢化で活力がなくなり、島民の共助が機能しないことを訴える切実な声に他ならない。地域社会の活力をどのようにしたら取り戻すことができるのか。若い世代ではユイという言葉もその意味も知らない者が多い。機械化と都市化、「行政化」と「ビジネス化」、過疎化と少子高齢化による生活の激変とともに相互扶助はその必要性が薄れこのまま消え去るのだろうか。

もともと相互扶助の原動力は人と人をつなぐ社会結合にあり、その衰退は社会関係の弛緩を意味する。数人でお金を出し必要な人から順に受け取る小口金融の頼母子も地域社会で何かするときのきっかけとして利用されるようになったとは言え、それに参加することで良好な人間関係が築かれてきた。互助慣行は地域住民の支え合いと同時にそのつながりを確認する行為でもある。そこでは「点」としての互助行為が「線」としての互助ネットワークをつくり、それが人々の生活を維持する

「面」としてのセイフティネットとなり互助社会が維持されてきた。以下こうした「助」行為が日本の地域社会を特徴づけてきた点、また互助ネットワークの影のシステムとも言える制裁行為との関係、さらに互助システムが共有地を通して機能してきた点から日本の互助社会について考えることにしたい。

2 日本の互助社会の特性

日本社会の特性

「イエ集団の原理」──感情融合と社会化

日本社会の特徴はイエ集団とムラ社会、シマ社会から捉えることができる。「イエ集団の原理」は自然集団としての家族がもつ親子のタテの社会関係を、「ムラ社会の原理」は地域社会がもつ住民のヨコの社会関係を示す。前者は家族の感情融合（心理的安定）と子供を育てる社会化（人格形成）の特性を、後者は地域社会で必要な連帯と共生のそれを示している（恩田 2016）。こうした社会の基本原理が互助行為成立の要件を構成する。イエ集団ではこの相互扶助が健全な状態を欠くと家族関係に問題が生まれる。その一方で家族の濃密な関係が逆に適切な社会的距離をゆがめる場合も少なくない。親の過剰な干渉（過保護）が子離れを、また子供の過度な要求（過依存）が親離れを疎外し適切な保護と依存の関係が「甘え」の関係に転化し健全な家族が育たない。

家族は社会の最も基本となる単位である。社会学の創始者オーギュスト・コントは『実証哲学講義』の中で、家族は人と人との感情的融合を実現する社会の原型であり人間が社会生活を学習する学校であることを示唆している（Comte,［1830–42］1839）。ここには家族がもつ心理的安定と社会化の特性が示されている。個人がばらばらで「個」を求め「孤」に向き合う「個（孤）族」では、家族の役割を他者や市場のサービスに求め過ぎると支え合いの機能が放棄される。日本では系譜を基軸にした超世代的な同族や婚姻を契機とした親戚が広範囲の互助関係をつくってきたが、親の世代の濃い親戚から子の世代で疎遠となるにつれ互助関係も薄くなる。その一方で新しい婚姻関係がまた別の親戚づきあいをつくる。イエ集団はこうして拡大と縮小を繰り返しながら互助関係を維持してきた。

昭和初期日本に滞在したイギリス外交官夫人キャサリン・サンソムの手記『東京に暮らす』は日本人がミツバチのようなエネルギッシュな面と東洋流の静けさをもつと述べ、協調心に富みいつでも助けてくれる日本人の家族観を記している（Sansom, 1937）。家族への愛が緊密な生活共同体で自己を抑え他者に配慮する美徳が日本にあるという指摘は「イエ集団の原理」を示している。また今和二郎の『日本の民家』によると、家の間取りには家父長制的な権威関係が反映されている（今［1922］1989）。しかしそれは同時に台所（火所）の同じ竈《かまど》の飯を食べる間柄を家僕含めて広く家族とする互助関係も示唆する。このイエ集団が家族以外の組織に強く浸透する点が日本社会の特徴と言える。他のアジアや欧米でもこの種の家族主義は散見されるが、日本はその浸透度合いが強い[51]。企業では「日本的（型）経営」として経営者と従業員の間にタテの親子関係が投影され、感情融合は手厚い福利厚生や上司と部下の公私にわたる庇護に、また社会化は社員教育に表れている[52]。この「家族経営主義」同様国家にイエ集団が浸透すると戦前戦中の「家族国家」となる。これに対してムラ社会では地縁に基づく他の家族との互助関係がつくられる。

「ムラ社会の原理」——連帯と共生　地域社会では同じ生活圏を共有することで助け合いが行われた。「遠くの親類より近くの他人」ということわざは近隣の支え合いの強さを示している。一人（一家族）では生きていけない共同生活圏から互助行為は生まれ、この関係は同じ地域に住む限り続くことが多い。互助集団の単位は隣近所の世帯だが、家と家が離れている散居村でも集村同様緊密な互助ネットワークがつくられた。こうしたムラ社会ではつきあいが大切にされ、茨城県や千葉県では近隣関係をカマスヅキアイなどと呼び合った。山陰地方ではジゲ（地下）と呼ばれたゴウ（郷）意識から地元のつながりが強く、互助意識もこの範囲に重なる。地域社会の精神的な支柱は氏神だが、五島列島（下五島）の郷土史家によると、キリシタンでない先住民の仏教徒はジゲモンと区別され、各信者集団が強固な互助関係をつくった（二〇〇八年九月聞き取り）。こうして苛斂誅求《かれんちゅうきゅう》や自然災害を乗り超え同じ価値や規範を共有する強い連帯と共生の意識を生み、ウチとソトを区別する共属感情がつくられた。

この連帯と共生は生活が同程度の地域住民のヨコの互助関係で見られ、村落の小農に対して都市の小市民のそれが顕在化しないのは集団としての凝集性が脆弱な点にある。その一方で村落では水利権をめぐる争いなど他村への強い対抗心があり、

「我田引水」が外部社会への適応力の欠如として指摘されてきた。閉鎖的なムラ社会は機能集団としての企業組織に浸透し、支店を家族とする全体としての企業ムラを構成し、同時にその支店は各課を家族としてまた一つのムラをつくり同じ企業の中で各支店がムラどうし営業成績を競い合っている。さらに同じ業界内で企業間のムラ争いをする一方、各企業は一つの家族として同業のムラ社会を構成し団結して業界全体の利益を守る行動をとる。このようにムラ社会の仲間意識が何重にも排除の論理を形成している。同じムラ社会に住む組織や業界の共存共栄をはかる行為は「市場的契約」ではなく「関係的契約」による談合として知られている。イエ集団同様、ムラ社会にもプラスマイナス両面の互助関係がある。

個人主義が支配的で自立志向の強いマチ社会では、こうしたムラ社会の濃密な近隣関係に対する郷愁から本物の「自然村」に似た「擬制村」がつくられてきた（神島 1961）。ここで言う「自然村」は人々が集落を形成しともに暮らしていく自然な単位である。官庁や企業が組織の中に同窓会のようなインフォーマルな集団をつくり共属感情を強くするなど、「擬制村」のある都市のほうが村落以上に閉鎖的なムラ社会を生み出す場合もある。ムラ社会が近代化し互助関係が希薄になればなるほど、現代人はその等価物をマチ社会の「擬制村」に求める。望ましいのは個人志向のマチ社会と集団志向のムラ社会双方の特性がバランスよく機能する健全な互助社会である。ムラ社会がもつ相互扶助のよい面を引き出し、マチ社会でその現代的な活用を考えることが必要である。

「シマ社会の原理」——排除と包含

「シマ社会の原理」は島嶼地域という風土に基づく閉鎖性と開放性という社会特性を示す。イエとムラ両原理が社会システムの内部環境の特性とするなら、シマのそれは島嶼の地形から生まれた社会システムの外部環境に関わる。北海道、本州、四国、九州に住む人は普段島に住んでいることを意識することはない。しかし多くの人は諸外国との関係を考えるとき初めて島国であることを意識する。離島に行くとシマ社会を強く感じるのは日本的な原点がそこに見出されるからで、島のゆったりとした生活リズムと自然の厳しさを体験して改めて日本が島国であると実感する。島が地理的な位置から内陸部の「防波堤」の役割を果たしたのは異質なものから固有の生活様式を守る防衛本能とも言える。この閉鎖性がグローバリゼーションの波から地域独自の個性を維持し、それが島内の強固な団結力をつくった。その一方で狭い世間では異なる行動が取りにくい。これに対して開放性は新しいものを受容する柔軟な姿勢に表れる。この点国境の島はグローバリゼーションの「前線基地」として国際化の先兵の役割を果たした。この閉鎖性（排除）と開放性（包含）の共存という相矛盾した特性をシマ社会はもっている。離島では本土以上に伝統的な互助慣行が色濃く残る。親島の属島を共有地として生活困窮者の救済地にするなど、島という隔絶した自然空間と人々が肩を寄せ合う社会空間から強い相互扶助が生まれた。

移住による歴史の浅い島では島外に対して開放性はあっても、南大東島のように八丈島と沖縄の両出身者の間で開拓や製糖労働をめぐり社会階層の見えない壁が残るところもある。このため一致団結の機会となる祭りでは全体で取り組む姿勢に欠けるという声も聞く。また小笠原諸島のように一八三〇年以降入植した欧米系島民（在来島民）、明治以降八丈島から移住し戦前から住む旧島民、返還後住み着いた新島民という社会構造に加え、赴任族として期間限定の居住者、マリンスポーツなどレジャー志向の若い世代からなる混住社会の「ミニ東京」もあれば、母島のように一体感がまだ残るシマ社会もある。母島の島民からは他者との関係が希薄で統一性に欠ける「父島化」を危惧する声を聞いた（二〇一一年三月聞き取り）。父島はシマ社会というよりマチ社会的な要素が少なくない。しかし移住者が多い父島でも戦前の旧島民や欧米系島民はその生活単位でお互い助け合いながら生活してきた[53]。このように帰属社会により互助慣行にも違いが見られる[54]。

シマ社会は地域の個性を守るローカリゼーションと同時にグローバリゼーションにより最新のものを取り込むグローカリゼーションを体現してきたと言える。外部との接触が少なく視野が狭い独善的な点は「島国根性」として批判される。しかし離島では実際開放的でむしろ進取の気性に富むところもある。シマ社会がもつ排他的な面と外部のものを受け容れる包含的な面は仲間意識に基づく冷たいウチ向きの拒絶と島外の人も受け容れてもてなす温かいソト向きの包容に示される。後者は国籍を問わない海難救助や漂流者への対応に見られ、島が中継基地として域内交易や域外貿易を通して他の国や地域との関係を築いてきた。「辺境」の島も外部世界との接触からヒト、モノ、カネ、情報が伝播する刺激に満ちた「辺要」の島になることがあった。沖縄本土復帰前の与那国島のように台湾との密貿易で繁栄したところもある。同じ列島でも本土との交通ルートが密な島では生活圏のつながりから開放性は高く、それが不便な離島ほど閉鎖的だが逆にそれだけ諸外国に門戸を開く可能性は大きい。今後閉鎖的なシマ共同体ではなく、グローバル時代にふさわしい島自体が互助ネットワークの結節点となる地球レベルのシマ社会を考える必要があるだろう。

以上イエ集団、ムラ社会、シマ社会が日本の濃密な社会関係としての互助慣行を形成してきた。それではこうした慣行はどのような組織を通して行われてきたのであろうか。

互助ネットワークの形成

組と講

互助行為の多くは村落で自生的につくられた隣保組織を通して見られた。この互助組織は自治組織と重なるところもあるが別のものも少なくない。組合、組内、五人組、講組、講中《こうじゅう》、講仲間、講屋、契約講中、郷中など地方により呼び方は様々で、その多くは組と講がつくことが多い（恩田 2006）。組は行政の末端機構の役割も担ったが、現在の自治会よりも小さな単位で通常「村組」と言われた。土地や面積の単位であるツボ（坪）、屋敷地や耕地、小集落の区域を示すカイト（垣内）など地域区画の名称と戸を単位とした組織の呼称は本来別だが、前者の生活圏が社会関係に基づく近隣集団の呼称となることがあった。組は同志のクム（組む）から転じた多数者の結合を意味する。この「村組」に対して都市の「町組」は商売の自由を求める町民自治の色彩が強く、これも互助組織として機能した。農作業のユイと共同作業などのモヤイが一定のライフサイクルをもつ定期的な行為で、また予定が決まっている祭事や祝儀と異なり、葬儀は突発的な行為として短期間で多くの人手を要するため不幸組や葬式組をつくり備えた[55]。この種の互助組織が現在の自治会とは別組織でつくられ村落共同体を支えた。それは地域社会の秩序を守る共同体規制で維持され、この組織を基に村仕事が割り当てられた。互助組織の組はいずれも近隣集団を単位とし、地域に住む限り参加が義務づけられるフォーマルな組織である。

これに対して講は共通の関心で結びついたインフォーマルな性格をもつ。その代表的なものが特定の生活困窮者を親にしてモノやカネを集める頼母子講で無尽も同様である。メンバーで支払いと受け取りが一巡すると組織は解散する。この経済講と異なり、念仏講や稲荷講などの宗教講は一時的なものではなく恒常的なフォーマルな組織として機能し、その多くは地域社会の一員である限り事実上加入が求められた。講に加入しないと直接不利な扱いを受けるわけではないが、組織への不参加は宗教講では不名誉なこと、経済講では不人情として仲間の信頼や近隣の信用を失うことが少なくない。いずれも参加することで個人の精神的および経済的安定が得られ、地域住民の親睦が深まる準フォーマルな組織と言える。東北地方のユイッコをユイ講が訛ったとする立場もあるが（桜井 1962：424–425）、この点ユイ組の組より講はフォーマル性は薄いと言えよう。島根県では手間替えをブコウ（夫講）とも呼び、五戸から六戸で構成する田植えを夫講（組）植えと言うように組同様フォーマルな組織として講の名称が用いられた。出雲市大津地区では葬式や病気、災害などで助け合う、また婚礼や還暦、古希の慶事を祝う互助組織を無常講と言った。島根県旧佐香《さか》村（現出雲市三津町）では不幸のとき世話をする組織を講式と呼び、町内会長が講式長を兼ねることもあるが組織は町内会とは別である（二〇〇八年七月聞き取り）。

参加を義務としたフォーマルな組織が常に組と呼ばれるわけではなく、またインフォーマルな組織が必ずしも講という呼称で統一されていたわけではない。しかし一般にフォーマル性が薄くなるにつれ講の名称が使われた。組織への加入が世帯単位の組と異なり、その多くが関心に応じた個人単位の任意加入という点は講の特徴と言える。小口金融の頼母子や無尽の講は全戸加入ではなく、親類や近隣、友人でつくる必要に応じた仲間組織である。宗教講が頼母子の影響を受けて経済講を派生させた点はマックス・ヴェーバーの「資本主義の精神」が営利欲と宗教倫理（エートス）という二つの性格をもつことを想起させる。それは経済的な営みが宗教倫理に強く結びつく点、すなわち貨幣を含めたモノがココロから規定されることを示す。いずれにしても講は何よりも組というフォーマルな互助組織を補完した。互助組織としての組も講も本来地域住民の自生的な行為から生まれた点に変わりはない。

統制的な強制互助組織と自生的な共生互助組織

互助組織への参加は世帯や個人の自由意志とはいえ、組ではその強制力が講より強く、生活の約束事である村決めの遵守同様加入が共同生活圏の一員として求められた。相互に支え合う行為は人間が社会生活を始めたとき自然に生まれた行為で、それは為政者から強制されたものではない。しかしそれが近世の「五人組」や戦時中の「隣組」のように、もともとあった自生的な互助組織に覆い被さることがあった。こうして為政者によって互助組織が徴税と相互監視の機能を担う統治手段として利用された。もともと互助組織が土壌としてあったからこそ「上」からの組織化も容易だった。これら統制的な互助組織では為政者の儒教精神が互助思想として支配の根拠とされ、その具体的な儒教倫理が五倫（君臣の義、父子の親、男女の別、長幼の序、朋友の交り）であり「五人組」の規定（前書）で明確に示された[56]。本来この種の規定は「上」からの押しつけではない内面化された行為規範であるはずだが、明文化されていない村民の行動様式を改めて文書で示しその意識化を促した。沖縄の王朝時代ではユイ組が年貢米の徴収手段とされた（知念 1998）。このように「自生的な社会秩序」を活用したのが為政者による隣保制度であった。

明治以降村落の自治単位は統治機構の変更に伴い、毎年あるいは数年単位で大小の行政区域が設置されめまぐるしく変わる。これは近世の「藩政（自然）村」と近代の「行政村」をめぐる明治期の国家体制における地方統制組織の混乱を示している。このような過程で強制的な互助組織の単位も拡大と縮小を繰り返したが、それらの多くは自生的な共生互助組織である組を再編成して生まれた。しかし行政区域の再編にも関わらず、共同生活圏の変わらない単位として自生的な互助組織は機能しその代表者も伍長や組頭、組惣代など各地域で残った。丸山眞男の言葉を用いれば（丸山 1952）、人為的な社会秩序という「作為」の底辺に「自然」としての「生活の知恵」による仕組みが息づいていた。戦時下では互助組織が支配機構の統制組織の「隣組」として再編成されより強化された[57]。近世の「五人組」や戦時中の「隣組」の呼称を残して互助組織として機能するところもあった。現在の自治会や町内会はかつての自生的な互助組織と一部重なるところもあるが、その本来の組織はより小さな生活単位である組や講に基づく。統制的な強制互助組織に対して自生的な共生互助組織がもともと地域社会にあった点を忘れてはならない。

「自然村」単位に機能した互助組織が「行政村」になり範囲が拡大するとその活動単位と互助意識との間に齟齬《そご》をきたすのは当然だった。為政者はその統治を正当化するため儒教など先験的な啓蒙思想を採用し隣保共助や醇風美俗《じゅんぷうびぞく》の精神を鼓舞した。しかし自生的な共生互助組織は「生活の知恵」から生まれ代々地域で受け継がれてきた土着の教えに基づく。それは江戸時代中期の思想家安藤昌益が言う自然主義、すなわち「耕道」（労働）に基づく「自然」（ひとりする）の教えから生まれたものと言えるだろう（安藤 [1752頃] 1966）。組や講は互助組織として村落内外の環境に適応しながら、そのシステムを柔軟に組み替える自律性をもっていたため、統制組織のもとでもユイやモヤイ、テツダイという互助行為が依然として存続し村落共同体を底辺で支えた[58]。相互扶助は血縁関係の強いイエ集団に最もよく表れるが、同じ共通の祖先（同族）につながる集団内の互助ネットワークとして同じ地域に住む地縁関係にまで拡がる。共生互助組織が機能したのは誰もが「生きる術《すべ》」として相互扶助を了解し必要な行為様式を身につけてきたからであった。

3　ムラ社会に見る自由と平等

秩序を維持する工夫

村八分の功罪

日本の社会はどのように相互扶助の仕組みをつくってきたのか。互助システムを支えた地域社会の相互信頼と規則の遵守から考えてみたい。村落では秩序を維持するため様々な約束事があり、この日から海で漁をまた山で狩りをしてもよいという「口明《くちあ》(開)け」(採取解禁日)があった。対馬宗家に代々仕えた祖先をもつ七〇代男性によると、上対馬町の西泊地区ではヒジキやウニなどの「口明け」を厳格に守り操業を続けている(二〇一二年三月聞き取り)。このため自然資源が保護され無謀な資源の枯渇が少なかった。この点フリーライダー(ただ乗り)による資源の乱獲が問題にされたが(Ostrom, 1990 : 29–57)、日本のムラ社会では誰もが当たり前のように共同利用(管理)資源(common-pool resources)として採草地などを鎌止めにして規則を遵守した。当番となるヤド(宿)の寄合《よりあい》で話し合う村決めには慣習やしきたりなど明文化しないものが多かった。地域社会で誰かが抜き出た行動をすると咎める、あるいは特別な考えをすると支持しないのはムラ社会の秩序を維持するためで、法治国家の刑罰に対して独特の罰則(マイナスのサンクション)があった。しかし実際よほどのことがない限り制裁が発動されることは少なく、それは抑止効果として利己的な行動を規制するにとどまる。火事と葬式を除いたいっさいの絶交を意味する罰則の総称村八分は生活規範からの逸脱を抑制する機能を果たした。こうした「村法」(村掟)に対して町人が自治権をもつ町場では「町法」(町掟)があった(59)(森本 1988)。

村落には仲間になるため一定の条件を求める村入りの慣行があり、これが閉鎖的な社会をつくったとされる。しかしその多くは地域社会の秩序を維持するためのものであった。村八分は村民間の信頼や誠実を保つうえで欠かせない行為として、あくまでも逸脱行為への見えない抑止力として作用した。「口明け」を守らない、共同作業への不参加はよくない評判となり、つきあいがしだいにできなくなる。ゴミ収集箱や集会所の使用、役場や農協からの広報誌の配付など、何気ない行為も禁止されると生活できなくなる。[60] 家の前に大きな石を置く、見せしめとして人前にその罪を知らせる行為は狭い社会では刑事罰より効果があるだろう。もちろんこの抑止力がいつも正しい方向に向かうわけではない。たとえば選挙で投票の棄権防止運動と称した票集めの行為を不正として摘発した少女の家が村八分を受け、田植えのユイで協力が得られなかったこともある。村八分が無言の圧力から極端な方向に向かうとそれは共同体から成員を追放することになる。島根県では近世の「五人組」（伍什組合）で秩序を守らない者がいれば改心を誓わせ、どうしても改めない者は「村省き」にした（新大東町誌編纂委員会 2004）。同県川本町の尾原地区で村づきあいからはずされることをイッポンダチと言ったが（島根県教育委員会 1996）、これは誰からも見放され一人で生活していくことを意味した。

このようにムラ社会の掟を守らない者への社会罰は村落共同体内部の凝集性を高めるプラス面がある一方、それは「社会的排除」（social exclusion）として「ムラ社会の原理」のネガティブな面をもつ。しかしそれらが一定の秩序を維持するための「必要悪」であった面にも目を向けたい。ここで村八分を無条件に讃美しているのではなく、またそれ自体単独で意味があるのではなく、村落内の秩序を維持し互助システムを適切に機能させるために存在する点を強調しておきたい。寄合による全員同意型の意思決定に基づく約束事は当然遵守が義務づけられる。そうした決め事を破る者には何らかの罰則が検討され、共同作業に参加しないと過怠金が科されるのは現代の地域活動も同じである。その一方で村落では争い事をめぐり当事者を裁定するとき、是々非々で臨むより喧嘩両成敗で決着することが少なくない。これも波風を立てないムラ社会の秩序を保つメカニズムの結果である。現代では制裁の可否は明文化された法律や条例が多く担う。互助システムを維持する要件として固有の制裁システムが機能するところにムラ社会の特徴があった。互助と制裁の両システムがバランスをとることで誰もがセイフティネットに包含された。制裁がときには排除する強制力をもつが（Crow. 2004）、この「社会的排除」と表裏一体の「社会的包含（摂）」（social inclusion）は一定の義務を果たすことで権利として与えられる。村八分は実際の発動よりもむしろ牽制により村落内の秩序を維持した。村八分のマイナス面だけでなく、同じ地域の仲間意識を醸成する必要な規制（必要悪）の面にも目を向けたい。

現代社会の村八分といじめ

もちろん村八分のマイナス面は直視しなければならない。確かに身内に制裁を科すことを忍びないとする意識がある一方、村の秩序に反した者を皆の前で厳しく罰する残酷さをムラ社会はもち合わせている。個人がばらばらなマチ社会の冷たさはムラ社会のウチとソトを区別する共属感情に基づく村八分に求めることができる。大人も子供もいじめはこの制裁の陰湿な面からきている。集団内の同質性を維持するため一定の規則や約束事を求め、「出る杭は打たれる」ように異質な者を認めようとしない。それは異分子に対する互助ネットワークの切断でありセイフティネットからの排除を意味する。自分たちより劣る者や秀でた者を除外することで仲間の同質性を維持するとき、本来の連帯も共生も成り立たない。セクトの陰湿な内部浄化と称するリンチは仲間の一致団結を維持する村八分の極端な一面を示している。そこでは仲間かそうでないかを峻別する論理と倫理がゆがめられている。異質なものをあえてつくり、それに対する制裁を仲間への見せしめとして集団を維持する行為は人間として許されるものではない。同質集団が前提となるムラ社会では異なるヒトやモノ、コトが出現するとそこに違和感が生じる。それが集団であればムラどうしの対抗意識になるが、集団内の個人では異質性を排除する強力なメカニズムが作用する。

こうした排除の論理をいい方向に転化することはできないのか。村から出ざるを得ないひどい仕打ちを受け石もて追われる者がいる一方、逸脱したメンバーには敗者復活の機会が与えられた。厳しい制裁は寄合で話し合われたが、もう一度仲間集団への復帰の余地を残すことでさらに集団としての凝集性を高める「生活の知恵」もあった。一度こわれた人間関係の修復は難しいとはいえ、村八分にはそうした柔軟性もある。その点いじめには救済の余地がほとんどない。村八分はいじめやリンチの世界と紙一重と言えるが、全体の秩序を乱すよほどのことがない限り制裁は発動されなかった。本来重大な刑罰は司法の判断に委ねるべきで、住民の合意でされる村裁判は司直に委ねない軽微な領域で機能した。村八分は異質なものが突出して臨界点を超えないための抑止力としての自浄作用に他ならない。全体の秩序を維持し互助ネットワークへの参加を促しセイフティネットが正しく作用するためにも、健全な制裁システムの組み込み（ビルト・イン）が必要とされた。

一般に秩序を乱す利己的な行為に対して社会的牽制のメカニズムが作用し、集団の強い凝集性は制裁によって維持される（Hechter, 1987 : 40–58）。行動規範を内面化することで人々の助け合いも強化される。個人の利己的行為が集団の協調的行為に転化するのは全体の意思決定に従うほうが得であるという利得計算の「悪知恵」もあるが、それは「生活の知恵」としての行為様式であり、集団の秩序を規範として受け容れるメカニズムが自生的に作用する点にも目を向けたい[61]。ルールの遵守は連帯と共生の前提である。現代社会は逆にこの点優しさにあふれているようにも思われる。信頼に基づく互助社会は健全な抑止力として規制を必要とするが、それは強制的な行き過ぎたいじめとしての制裁ではない。人間が社会生活をするとき連帯は欠かせないが、この社会的連帯には法律以前に制裁の観念を内包していた（織田 1907）。「自生的な社会秩序」としての相互扶助は制裁システムとバランスをとることで全体の秩序が維持された。

ムラ社会の筋の通し方

ムラ社会の正義

互助システムの恩恵を受けるためには寄合や村仕事など地域活動への参加が暗黙の条件となる。この参加は無限定の自由を制限することで逆に肯定（実体）的な自由を獲得するという、ヘーゲルが『法の哲学』で述べた「自由への前進としての義務」と言えるものだろう（Hegel, 1821）。こうした行為様式を身につけた村民の慧眼《けいがん》がムラ社会の正義を支えた。応分の負担に基づき公平な分配がされることで誰もが納得するムラ社会の正義が村落には浸透していた。他方で厳格な分配にとらわれずに海や山の幸を漁や狩猟に参加しない者にも分け与える寛容さがあった。これは村民の日頃の生業への理解と協力に対する感謝で、互酬性としての「公共財」の供給という視点（Sugden, 1984）では説明できない営々と蓄積されてきた「生きる術」に基づいている。ムラ社会には誰でも恩恵を受ける平等な機会が与えられる公正さがあった。この点の支え合いを現代社会は学ぶべきだろう。しかしこのムラ社会の正義は無制限な互助を認めるものではなかった。慶弔に際して村民の感情は交際範囲に依存するとは言え、多くの村人の仕事に支障があるとまた困る場合もあった。この点鈴木は慣行としての扶助は「村の理性が村人の感情に加えた制限」であり、「共同社会的態度がそのままにして置けば無制限に現われ、それが部落生活の健全な発展のために好ましくない結果となるから、慣行としての扶助の形式が生じたのであって、少なくともこれだけはなすべしというような義務の最小限度の形式を規定したものと解すべきではない」とする（鈴木 1970 : 282–299）。互助の範囲を戸数で規定するなど、ここにも村落の「生活の知恵」がはたらいていることがわかる。この点本来「無目的な扶助」が「目的的な扶助」として機能していた。制限というよりもむしろそれは一定の秩序を保つための慣行であったと言えよう。逆に始めから意図が明確な「目的的な協力」が「無目的な協力」として奉仕（ボランティア）としてされることもあった。

ムラ社会には誰もが手助けを受ける機会均等の「平等な自由」を実現するメカニズムが制度化されていた。その一方であえて有力者（豪農）の存在を通して不平等を容認する「格差原理」が支配し、テツダイにより庇護を受けるタテの社会関係もあった。序章で述べたようにロールズは社会レベルで正義の諸原理として社会的経済的不平等は結果として全員の便益を補正する場合に限られる「格差原理」を唱えた（Rawls, [1971] 1999）。この有力者をあえて認めることで貧しい農民が手厚い保護を受けられるように、ムラ社会はこの「格差」を内包していた。その分小農は返礼として応分のテツダイをした。このようにヨコの支援に対してタテの援助がムラ社会の互助ネットワークを補完した。支え合いは共感に基づく自然な感情から生まれる。それは本来過度に強制されるものでもまた逆に卑下して頑なに拒絶するものでもない。この点現代社会は過剰な要求や過小な遠慮から適切な正義が行き届かない閉塞状況に陥っているように思われる。ムラ社会の支え合いは観念的なものではなく「生活の知恵」として実践的な行動規範である。応分の義務とそれに見合う権利を誰もが了解する共助の支え合いにムラ社会の正義がある。

対馬市上対馬町の鰐浦地区で区長を一回、副区長を二回また消防団長や社会福祉協議会の役職も務めた七〇代男性によると、役場に頼らずお寺や住民センターに集まり話し合いをして住民中心に地域活動をしてきた（二〇一二年三月聞き取り）。年一回の掃除は夏場の前、国天然記念物のヒトツバタの祭りの前に沖の仕事を休み住民全員で海をきれいにする。山は旧本戸五三戸がもつが、磯場は全員のもので組合員また選挙権がない準組合員も平等に獲ることができる。葬儀があると地区全員が休日にして手助けした。頼母子は家の改築や旅行、病気で必要なときに行う。病気で困っている人がオヤになりその人のため講に参加した。同じ生業や交通の便の悪さがかえって共同の輪を強くし、鰐浦は対馬でも人とのつながりや絆が強い地区として知られる。(62) そこは村民誰もが支援を受ける機会が保障される公正な社会であると同時に、各自の能力に応じて給付が得られる公平な社会でもあった。個人の身勝手な行為が全体の不利益をもたらすとき、ムラ社会は集団の意思決定に従うことを求める。これに従わないと制裁が発動され、ときには地域社会からの離脱を促す。それは為政者から強要された「強制の秩序」ではない地域住民が相互に委託した「共生の秩序」である。個人の意志は尊重すべきだが、集団の秩序を維持するため個人のそれが適正なレベルで調整される。ここにムラ社会の正義がある。

ムラ社会の合理性——「貧し過ぎず豊か過ぎない社会」　既に述べたように相互扶助という目に見える表の行為は抑止力として裏の見えない制裁行為に基づく。互助行為の「情の論理」と村八分の「非情の論理」が対になりムラ社会は維持されてきた。日本の村落が単一ではなく多様でまた非合理的ではなく合理的な社会である点は指摘されることが少なかった。是々非々で決着をつけるより誰もが納得するまで議論する全員同意型の寄合では必ずしも物事を理屈で決めない「情の論理」が支配した。しかしこれを非合理的で前近代的とするのは村落の実体を見ていない皮相的な見方だろう。ムラ社会の正義は寄合や村八分のような「非合理の合理」を内包している。一定の生活水準を維持するため極端な貧困者を出さないセイフティネットが張り巡らされていた点でも村落は合理的な生活に満ちていた。ときにそれは感情的で不合理な面もあるが、ユイは等量等質の交換を求める合理的な面をもっていた。もちろんそのマイナス面もありムラ社会をすべて讃美するのではない。

マックス・ヴェーバーは近代社会の合理性を「予測可能性」と「計算可能性」から捉えた。この点でムラ社会は各人の行動が把握されどのような態度をとればいいのか、「予測」と「計算」ができる社会である。それは互助と制裁両システムのバランスという点で、また村民の逸脱行動を規制するメカニズムが作用する点でも「予測」と「計算」ができる合理的な社会と言えるだろう。逆に選挙で誰がどの人に投票したのかわかる「予測」と「計算」もある。他方で村落で近代化とともに村民の行動がお互い読み取れなくなり、個人志向の都市では高齢者の所在不明や児童虐待をすぐに察知できない事態が生じている。これは逆に合理的な行動がとれないことを示唆する。この点高齢者の家族構成を熟知し目配り気配りができたムラ社会は孤独死を迎える「みとりなき社会」ではなかった。

その一方でムラ社会は合理性をめぐる争いの場でもあった。埼玉県富士見市では近隣や本家分家の二軒から四軒でする労力交換が必ずしも対等ではないため、農家の「モヤイは争いのもと」「喧嘩したけりゃモヤイしろ」と言われた（富士見市教

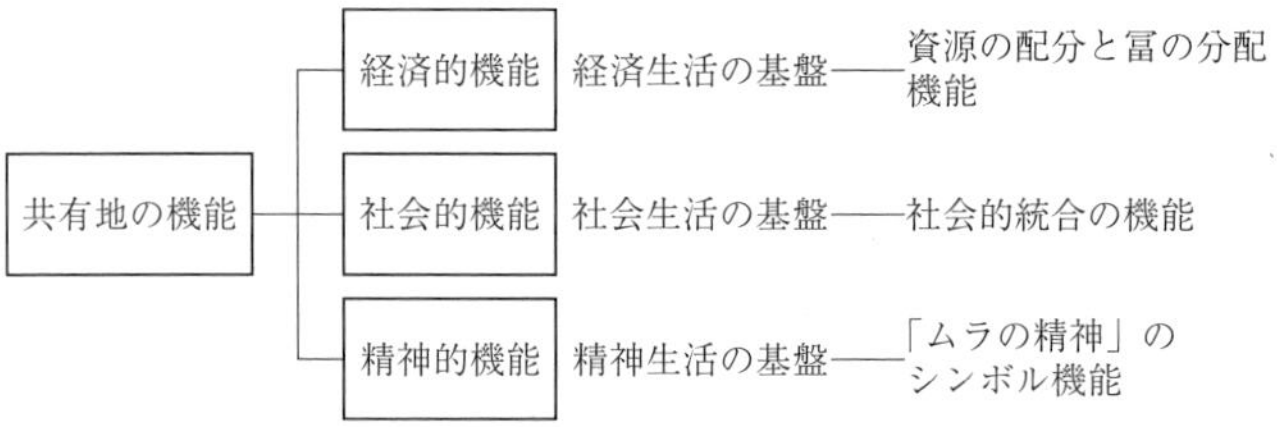

図1-6　共有地（コモンズ）の機能

育委員会 1991）。これはモヤイでなくユイのことだが、提供した労働力は作業量の違いから格差が生じた。しかし多少の諍いはあっても共同作業は良好な人間関係をつくる場であった。ユイの等量等質の合理性を求める一方、もちつもたれつの関係からそれを黙認する寛容なところがあった。同じ境遇にある者どうしが同情し助け合う「相《あい》身《み》互《たが》い」が当たり前であった。しかも一村内の共同生活圏にとどまらず、村連合の組合村として用水や治水の工事、大飢饉の備え、行き倒れ人の介抱など相互に協力することで広域的な互助ネットワークが築かれた。ムラ社会は「最大多数の最大幸福」ではなく「全員の中位の幸福」を求め全体としてバランスがとれていたという指摘は適正水準の生活を維持する合理性を示している（守田［1973］1978）。暮らしが成り立つためには同程度の生活水準にある小農の助け合いが必要で、それで十分ではないとき豪農の庇護などより大きなものに頼る「生活の知恵」があった。この役割を現代社会では公助が果たしている。日本のムラ社会はお互い支え合うことでそれなりの暮らしをする「貧し過ぎず豊か過ぎない社会」であった。

格差をつくらない「生活の知恵」

共有地の役割

村落では共同で使う土地が重要な役割を果たした。この共有地（コモンズ）は資源の配分と冨の分配という経済的機能、地域住民の統合という社会的機能、「ムラの精神」のシンボルという精神的機能を担った（図1-6「共有地（コモンズ）の機能」参照）。共有地は漁村では海産物、山村では薪や鳥獣、農村では下草や用水などを確保して生業を支えた。東京都の三宅島では昭和三〇年代頃まで共有地の山林の一部は入札で高級炭の原木となる立木を伐採する権利を得るが、残りはメンバーで分けた（二〇一五年八月聞き取り）。長野県伊那郡阿智村の浪合地区恩田集落では年一回草刈りを行う部落林で集落の財政をまかない（二〇〇七年六月聞き取り）、また山口県の見島では海女がアワビを獲れる日（津明け）と禁止期間（津止め）を厳格に守り売り上げを神社の経費に充当した（二〇〇八年九月聞き取り）。長崎県の旧美津島町（現対馬市）では一集落で困難な鯨や海豚の漁、海草や真珠貝の採取を村全体で行い収益を平等に分けた。同市上対馬町の豊地区では本戸の四四戸が共有地をもち借地料は共同で貯蓄する（二〇一二年三月聞き取り）。為政者が農民救済のため共有地をつくることもあった[63]。生産活動の基盤として富を生む源泉の共有主体が共同体である。しかし外から来た者は旧住民から認知されるまで入り会いの資格が得られなかった。伊豆大島では椿林は私有地だが茅山は共有地で島民が利用し、村有林は学校給食で必要な薪の伐採地であった。島外者は三、四年住み続けようやく村人として土地の入り会いができた（二〇一一年八月聞き取り）。沖縄の与那国島では、茅山や茅原は他所からの開墾に地元民が難色を示すほど貴重な共有資源であった（笹森 1894 : 291 ; 二〇一七年二月聞き取り）。

入会地のうち入会山はモヤイ山やソーモチヤマ、ムラヤマ、部落山と呼ばれ、用材や薪材、肥草、飼料、屋根萱の採取場所で、その所有には特定集団の共有から村落全体の総有またその中間形態があった。徳島県旧西祖谷山村（現三好市西祖谷山村）の関定《かんじょう》地区では一二軒で茅の山焼きを一カ月かけて行ったが今は五軒でする（二〇一六年二月聞き取り）。この入会地の地名はアイチ（愛知）として残るところもある（早川［1937］1977 : 103）。既に述べたモヤイ田など特定のメンバーが利用する土地は集団の共有地である。土地の占有を入会権で規制し代々世襲したのは荒廃地を開墾した草分けの家で、入会権が限定されたのは既得権益の擁護と狭隘な土地の資源確保のためであった。村民が共同でもつ総有地には他村から来た者の利用は難しく、空きがあれば代わりに権利を得た世帯が利用できた。この入会権を与えられて村人の自覚と責任感が生まれた。村落の人口がほぼ変わらないのは共有地利用による富の分配を一定に保つためで、ここにもムラ社会の合理性が表れている。その一方で私有地でも広く村民に開放することがあった。隠岐諸島の知夫里島ではかつて小豆と大豆による牧畑が行われたが、個人の土地（赤ハゲ山麓）で公共牧野として放牧が自由にできた[64]（二〇一四年八月聞き取り）。これは準共有地と言える。長崎県の的山大島でも個人の土地だが、地主が採った後椿の実を誰でも採ることができた（二〇一五年九月聞き取り）。鹿児島県トカラ列島の中之島では戦前まで青年畑があり、青年たちがサツマイモやカライモ、ショウガをつくり換金し杉を植えて管理した（二〇一三年二月聞き取り）。この他部落畑の売り上げは台風で壊れた家屋の修理費用に充当した。「一島共有地」

と言われたように東西の地区で集落の成り立ちが違うとはいえ相互扶助は強い。

何よりも「口明け」を厳守することで生態系が維持され、自由に資源を利用するフリーライダーや資源枯渇という「コモンズの悲劇」（Hardin.［1968］1998）が回避された。解禁日の「口が明ける」と共同採取して収穫物を均等に分配し、その後個別採取にするなど共有地の利用の仕方は地域で異なる。入会地を複数の村で利用する村々入会では各村ごとに入会区画を決め採取時期や量を調整した。漁業では漁場を決めるのに公平を期すためくじ引きにしている。伊豆諸島の神津島では正月一四日の前日から組の代表者が社務所に籠もり夜が明けるとくじを引いて漁場を決めた（静岡県立下田南高等学校民俗研究部 1962：36）。鹿児島県薩摩川内市の下甑島手打地区では、昭和三〇年代頃まで天草《てんぐさ》（ウド）を一世帯一人出て採取する場所を一九の集落で決める瀬割りがあり、漁協を通して販売した売り上げは集落の共同資金にした（二〇一〇年九月聞き取り）。また九月八朔《はっさく》の日（旧暦八月一日）椿の実を各集落で同様に各世帯から一人出て共同採取して農協や商人を通して販売した代金は集落の資金に充当し、その翌日からは家族で自由に採ることができた。共同採取から勝手採りになっても採取期間は当然遵守される。共有地は地域社会の富の源泉としてまた生物多様性の宝庫でもあった。村落全体の総有から特定の数世帯による共同所有まで様々な所有や使用の形態が「生活の知恵」から生まれた[65]。こうした生活の再生産は現代の格差社会を考えるとき共益という点で示唆に富む。

共有地は共有財産として経済生活のみならず、地域住民の連帯と共生による社会生活を支えた。これはミゾサラエなど各世帯から一人労働力を提供する村仕事を通した集団の凝集性と仲間意識の高揚に示される。ハレの場の祭りと異なる日常のケにおける共同生活の場として、村民の一体感を確認する場が共有地だった。そこは地域に対する愛着と誇りを養う生活空間でもある。逆に共有地が少ないところでは、たとえば北海道の利尻島や礼文島、沖縄の南大東島のような開拓移民の島では始めから土地の私有地化が進み、個人の実力主義から連帯や共生も希薄であった。しかし島全体を一つの共有地と考えるなら、島に対する愛着と誇りから環境保護のために島民がまとまることは可能だろう。島根県浜田市旭町では毎年二月の下草刈りで共有林を維持し材木の販売代金は集会所の修繕やお宮の建て替えに使ったが、八〇年代には課税されるため自治会所有となったものの、そこは地域住民の親睦を深め結束をはかる場でもあった（二〇〇九年九月聞き取り）。

対馬市上対馬町の鰐浦地区元区長の七〇代男性によると、山は険しく土地が少なく貧しいため近海の海栗島《うこ》でヒジキやワカメなどを共同採取することで生計を維持した（二〇一二年三月聞き取り）。家の修理などをカタヨリで行い、海の仕事が休みのとき山の焼畑で「今日はカセイしてくれない」と言い共同作業をした。全集落で決まった時間に収穫したヒジキなど海草類を共同で売りさばき平等に分配した。これは男女関係なく一家から出た人数分もらうことができた。役職や漁業販売など役割を決めたときは日当を出して働いてもらうが、地区の中心的な人が休むと自分たちも休みにして地域の生活のリズムを守った。ここには地域社会集団としての強い共同性が見られる。同市の豆酘《つつ》地区では出漁や農作業を禁じる舟（漁）止めや山止めが厳格に守られ（城田 1973）、「瀬分け」や「口明け」で環境保全をした。人口が五〇人ほどの沖縄県の鳩間島では限られた空間で生活を営むため助け合うことが自明で濃密な社会関係が築かれている。内陸部に近く本土との交通の結びつきが強い島より離島のほうが島全体を共有地と考えるため住民の一体感は強いと言える。

神社もまた地域の共有地である。ムラ共同体の精神的支柱となる氏神が所有する土地がウジガミ（氏神）田と呼ばれる。神社田や神社林は住民が維持管理し労働力を提供しながらその収益を神社の諸費用に充当した。代々課税が免除された免田として寺社が所有する田地に村民が労働力を惜しまなかったのは日頃の加護があるからでその返礼行為に他ならない。この種の共有田が戦後まで残り、寺社の敷地や付属山林を地域の講中有としたところがある。郷全体が所有する郷有田の耕作は全戸あげての作業で住民は団結して結束力を高めた。共有水源の治水管理では各組合村が一致協力して川除《かわよけ》工事に従事した。限られた生活空間をともにする濃密な社会関係から互助関係が再生産されたのは当然だった。共有地は地域住民統合の「原風景」であり、そこを通して地域アイデンティティが形成された。

共有地は「ムラの精神」のシンボルとしての役割も果たした。先に述べた社会的統合は集団レベルの機能だが、ここで言う精神生活の基盤としての共有地は個人中心にムラ意識の顕現と浸透を意味する。共有地に向けて災害防止などの共同祈願がされたのもそこが住民意識の統一の場であるからで、地域社会に対する愛着と誇りを通した精神的なシンボルとして身近に感じることができる場が共有地である。その一方で村落間の共有地は草刈りの「山論」や灌漑用水の「水論」の場となり、特に取水をめぐる文字どおり「我田引水」の対立に見られるように共有地は村落間の争い事のシンボルにもなった[66]。それでも共有地は地域住民の癒しの場になったことは確かだろう。もともと村人の精神的拠り所は郷土神としての氏神であったが、これは明治以降村落が国民社会の一部として組み込まれることで国家神として位置づけられていく（鈴木 1970 : 300–302）。この農村共同体の守護神が国家に奉仕するという国家性への変容にも関わらず精神生活の基盤となったのは、変わらない郷土固有の自然景観としての共有地ではないだろうか。

鈴木によれば、村落の独立した精神として「われら意識」（村の生命がもつ精神）を担ったのは神社で、この精神とは社会意識内容の体系的規範（社会意識作用の自足的統一）とされる（鈴木［1940］1968, 1978）。大きい元（本）村から枝村として小村が分離するとき、その自立とは独立した村人だけで新たに神社が維持できることを意味した。神社があるから「ムラの精神」ができるのではなく、「ムラの精神」があるからその象徴として神社がつくられる。共有地の売却による収益を神社に寄付したのは神社とムラ共同体の一体性を示している。神社が直接には「ムラの精神」を体現するとしても、霊験あらたかな海や山、川、森として信仰の対象になった景観が村民の心象風景として重要な位置を占めた。こうした資源がなくなることは自分たちの地域アイデンティティの喪失にもつながる。

現代人の心の拠り所が希薄なのはこの種の共有地の喪失と無関係ではない。癒しの場となった「原風景」が単なる「現風景」になってはいないだろうか。より便利な生活を求めてマチ社会に移住したムラ社会の人々は自らのアイデンティティを確かめるため「自然村」に代わる「擬制村」を都市につくった。マチ社会の人々も「都市のオアシス」に癒しを求めようとするが、しかしそこに心の拠り所が得られないと再びムラ社会にそれを求めようとする。こうした共有地の存在を改めて問い直す意味は大きい。

セイフティサイトとしての共有地

久高《くだか》島のような字《あざ》所有（旧知念《ちねん》村字久高）の島もあるが、親島が総有者となり共有地の属島をモヤイ島として活用することがあった。その注目すべき事例の一つが長崎県小値賀《おぢか》町の大島で生活に困った家族が近隣の宇々《うう》島に渡り生活を立て直す仕組み（生活更生島）があった（恩田 2006）。この他島根県旧佐香村（現出雲市三津町）の十六島《うっぷるい》湾には共同で海苔を採取する七つのノリ島があり、地元の漁師の話では現在この三浦地区で漁業権のある二六人が四つの島で海苔の採取権をもち、残り三島は入札制で採取を決めている（二〇〇八年七月聞き取り）。後者の三島（三区画が二島、五区画が一島）を買島《かいじま》と言い、毎年春分の日に入札したお金は自治会に納める。この島床代《しまとこだい》は地区の土木事業や警防、防火施設の整備、破天荒の人夫の動員、神社の諸費用に支出される。それでも足りないと各戸の割り当てで地区費を捻出した。このノリ島は産土《うぶすな》御津《みつ》神社の社有だが、地区共有で住民が利用権をもち海苔を平等に分配する点でモヤイ島と言える。(67)

熊本県天草郡旧御所浦《ごしょうら》町（現天草市御所浦町）の牧島近くに困窮島という島がある（御所浦町 2005）。旧御所浦町の地図ではこの島が牧島北側の行政区域内にあり、旧龍ヶ岳《りゅうがたけ》町（現上天草市）の楠森《くすもり》島とダテク島の間に位置する。牧島の人に聞くと地図の島を知らなかった（二〇〇八年二月聞き取り）。近くの横浦島の漁師に聞いたところ、昔は旧龍ヶ岳町民の個人所有の島でその入会権を横浦島の青年団に与えた。この困窮島は登記上は横浦組、今の御所浦町横浦区所有の共有地である。島の周囲で青年がワカメやアオサ、フノリの海草類を採取し薪を伐採した。ここは困窮者を救うための島ではないが、青年団が収穫物を組織の活動資金に充て島民間で富を再分配した点でモヤイ島と言える。このため「青年ヶ島」と呼ばれている。(68) このように利用者名がついたモヤイ島は島根県出雲市大社町の日御碕周辺に「婦人部の島」があり、獲れた海苔は地区の婦人で平等に分けた。沖縄の鳩間島や黒島は西表島で材木を伐採しそこに田地も所有していた。この点明治期に調査した笹森が鳩間島の島民が船で行き耕す出張耕作を「南方習慣」と指摘したが（笹森 1894）、これは水田のない村落にも人頭税が課されたため西表島の水田を利用した慣行であった。資源が豊富な西表島の一部が両島民の共有地としてモヤイ島の役割を果たした。西表島の島民も親戚を中心にこの種の行為を容認したところに近隣諸島間の互助ネットワークが読み取れる。

島嶼地域だけでなく同様の仕組みは本州の内陸部でもあり、生活困窮者が田畑の肥料や牛の飼料用に採草山に入り生活を立て直す「山上がり」という慣行があった。島根県石見地方では困窮者が共有林の片隅に移住する仕組みを「所直り」（山のぼり）と言った。文字どおり村所有の山に上がり自力更生して復帰する制度で、これはモヤイ島同様モヤイ山と言えよう。物品モヤイや金銭モヤイのように困窮者を直接援助する短期的な仕組みに対して、共有地の島や山に行きそこで生活を立て直す仕組みは共有財産を活かして住民の自立を促す間接的で中長期にわたる支援制度である。「生活更生島」と「山上がり」、いずれも共通するのは共有地を活用した困窮者の救済である。短期的なものとして長崎県的山大島の北に位置する二神島（無人島）にはかつて灯台守がいたが、ここには味噌や水（井戸）、米が備蓄され、生活が困ったときあるいは海がしけで船が帰れないとき島に上陸して過ごした（二〇一五年九月聞き取り）。これも漁協の島とは言えモヤイ島の性格をもっている。総有地が島か山かの違いはあるにせよ、これらは生活のため誰もが平等に利用でき、自力更生という各自の能力に応じて生計を立て直す公平な仕組みであった。

かつて内陸部では租税を免れるため谷の奥地に隠田《おんでん》をつくることがあった。これは為政者の圧政に対する農民の自衛策で、それは文字どおり隠された田として利用された。これも非常時に備えた共有地と言えるが、農民が共有するモヤイ田の性格をもつ(69)。このような領主に秘して耕作し年貢やその他の租税を納めない田地は「かくしだ」「ほまちだ」とも呼ばれた。これは辺境の藩ではその分幕府に対して隠れた経済力をもつことを意味した。先にふれた長崎県小値賀町の大島の属島宇々島のような無人島が秘すべき土地で、その「自力更生」の制度が歴史の表（記録）に表れてこなかったことも理解できる。隠畠《かくしばた》という畑もあり、この隠れた土地を隠地《おんち》とも言った。そこは中世から近世にかけて戦乱の落ち武者や戦禍を避けた人々が防衛に適した山間を開き、隠田百姓村の集落を形成したところで落人伝説が多い。これらの土地が特定の個人や集団の所有からやがて村落全体の共有地としての役割を果たしたと推測される。

隠田に対して免税を公に認められたところが恩田であった。横浜市緑区恩田町（旧恩田村）という地名は「日陰になる田」の意味をもつ。近世ここは忍田村とも記されている。この点から日陰のように隠れた秘すべき土地、また年貢を免れて生活が救われたご恩のある田とも解釈できる。しかし栃木県旧小川町（現那珂川町）の恩田村では神社の田（神田）を里人が御田と呼び、後に恩田と改めるなど神の土地からくる呼称もある。この他埼玉県旧大里村（現熊谷市大里町）の恩田は伊勢神宮領の御厨《みくりや》と比定される。これは高貴な方から譲られた土地、すなわち神饌《しんせん》（供祭物）料を献納する所領（御厨）を賜った土地が恩田である。先の横浜市緑区の恩田もこのような解釈がされている。また千葉県富津《ふっつ》市の恩田（旧恩田村）は忍田の呼称から穏田に近く、群馬県沼田市の旧恩田村（現恩田町）も当地の開祖あるいは租税を免ぜられたところから呼ばれてきたと推測される。

このように穏田や恩田という地名からわかることは、それらがいずれも共有地として利用された点である。困窮者の救済や生活の立て直し、また精神的支柱として管理した村民の「生活の知恵」に基づくたくましさ、そのしたたかさ、何よりも強い支え合いがそこに読み取れる。共有地は日常生活の支えにとどまらず非常時の救済地でもあり、また地域社会を維持する諸費用捻出の経済的基盤でもあった。同時にそれは地域住民が一体感を保つ社会的基盤でもあり、あの島がこの山が生活を支えてくれるという相互扶助の精神的基盤のシンボルでもあった。それは地域社会のセイフティサイト（安全地帯）に他ならない。共有地の存在はそれだけ地域社会が豊かであることを意味するが、その開拓は住民のたゆまぬ努力の賜であった点を忘れてはならないだろう。

次章から韓国、中国、台湾の互助慣行について日本と比較しながら検討したい。

注

（1）日本の古い互助慣行は一八八〇（明治一三）年に出た司法省（法務大臣官房司法法制調査部）の『全國民事慣例類集』に記載がある。入会地の村仕事や屋根の葺き替え、家の新築や営繕で「社」（集団）を結《ゆ》う「ゆひの慣行」が紹介されている。全国的な互助慣行の記述はこれを嚆矢とする。明治期の支え合いの行為が読み取れ、その多くが近世江戸の慣行を継承している。なおユイを中心とした民俗語彙は小泉の研究が詳しい（小泉 1942）。

（2）ユイは「結い」として結びつき（結合）の意味をもつが、「寄り合い」とも密接に関係する。話合いのためには集まることが必要で、「よりあい」が「ゆりあい」に転訛し「ゆい」になったと考えられる。ユイ、モヤイ、テツダイの言葉は拙著『互助社会論』（二〇〇六）で詳述している。一部再掲の必要性があるところは重複するが、本書はその後調査した地域を取り上げている。特に島根県立大学で毎年集中講義をしてきた関係から島根県の紹介が多く、また島国日本の原型を探るため離島を多く紹介している。なお本書では村落は都市との対比で、またムラ社会はマチ社会に対して村落がもつ社会関係に着目するとき使用している。

（3）知夫里島では他島出身者をタビ（旅）の人と言い地元のジゲ（地下）の人と区別した（二〇一四年八月聞き取り）。他島出身者に不幸があると遠くから親戚を呼ぶため費用がかかるが、ジゲから嫁をもらうと「千両の値がある」と言われた。田植えや稲刈りが一時期に集中するため大地主はユイで賄えない分労働力をヒヨトリ（日雇い）で調達した。この出稼ぎで来る人が「田人」（タビト、タウド）で他の土地から来る「旅の人」の語源とされる。島根県石見地方でも地元の人を「ジゲ（地下）の人」と言い、それ以外の「タビの人」と区別したが、ジゲは強い仲間意識を感じさせる。「タビの人」でもその生まれた子供は「ジゲの人」となる。伊豆大島でも島外から来た人を「地の者」（ジノモノ）に対し「邦（国）の者」（クニモン）と言った（二〇一一年八月聞き取り）。一九五五年六村が合併して大島町になっても他村を「旅村」（タビソン）と区別した。なおユイが賃金化するヤトイの語源としてユイを一方的に取るユイトイ（トリ）という言葉もある（早川［1937］1977）。

（4）十島村《としまむら》は屋久島と奄美大島の間に点在し、北から口之島、中之島、平島、諏訪瀬島、悪石島、小宝島、宝島の有人七島と無人五島からなる。最初の五島に加え有人であった臥蛇《がじゃ》島と宝島（小宝島は宝島の一部）を合わせた七島と三島村の竹島、硫黄島、黒島三島の有人一〇島をあわせ明治四一（一九〇八）年に十島村《じっとうそん》として村役場が中之島に置かれた。昭和二一年に北緯三〇度以南（口之島以南）がアメリカ占領下に置かれ、現在の三島村地域が分断され、一九五二（昭和二七）年の日本復帰後三島村と分離し七島だけを十島村と呼ぶようになった。

（5）このドゥイはベトナムの互酬的行為のドイコン（*đổi công*）のドイと発音が似ている。

（6）上地島出身の六〇代男性は現在石垣島で仕事をしているが住民票はまだ島にある。人口一三人（二〇一七年二月現在）は夫婦が一世帯で独居世帯が一一で、いずれも六〇代以上の年金生活者である。下地島のほうが早く廃村になり、上地島も中学校に次いで小学校が廃校となった。他の八重山諸島と異なり、伝統的な豊年祭や結願《きつがん》祭の祭事は地元の島民関係者だけで行っている。なおこのパナリは「離れ」の意味で（東恩納 1950: 451）、黒島から見て「離れた島」が訛ったとされる。沖縄は南西諸島の中で奄美大島のある薩南諸島と区別された琉球諸島に位置し、これは本島の沖縄諸（群）島と先島諸（群）島（宮古列島、八重山列島）に分かれる。本書では従来からの呼称として八重山諸島と表記している。

（7）対馬の北に位置し山が多い比田勝の西泊集落では地形的に閉鎖的な社会を形成してきた。この西泊に限らず漁村の家の裏手には穀物や衣装あるいは茶碗の倉庫が多く見られる。どこの家でもだいたい二つほどある。衣装は夏のものを冬に入れ、お客さん用のふとんも普段は保管しておく。これら雑屋《ぞうや》は台風や高波などの被害で母屋の家が浸水したときの備えでもあった。なおこの西泊集落まで富山の薬売りが来たときは無料で泊めた民宿もあった。

（8）豆酘《つつ》の八〇代男性はテモドシは既に死語と言う（二〇一二年三月聞き取り）。

（9）この言及は清水の指摘から得たもので（清水 1951: 430–431, 435）、ビュッヒャーは労力不足を近隣間で補う「自発的共働」（共同労働）（freie Arbeitsgemeinschaft）の労働慣行を「招請労働」（Bittarbeit）とした（Bücher, [1896] 1924: 300）。労働の多くが「賦役労働」も含め音楽を伴うことで一体感を醸成する点を、アフリカの諸民族をはじめ世界の国々の歌を取り上げ実証している（同上: 297–362）。この音楽はユイだけでなく次に述べるモヤイの共同性でも重要な役割を果たしている。ただ作業歌が精神的な高揚感から狂信的な「労働狂」（Arbeitsraserei）を生み支配的規律の補助手段となることがあるのはナチズムやファシズム、全体主義の歴史が示すとおりである。このビュッヒャーの翻訳書『労働とリズム』が戦中に刊行されたという事実がこの点を暗示するが、「訳者の言葉」には日本の「南方諸地方に於ける労働政策及び文化政策」に資するとの記載がある。ただその点が労働と音楽の関係を扱う当該書の学術的価値を下げることにならないことは言うまでもない。

(10) 享和三（一八〇三）年一月から五月にかけて東北地方を旅した菅江真澄《すがえますみ》による羽後の『遊覧記』には、富裕な農家で百刈（一反歩）の田を一人役として、田植えで早乙女を「ゆい（結い）やとい」して、また立人《たちど》（田ごしらえをする人）や小苗打《こなえうち》（苗はこび）などを雇い一日で田植えを済ませた記録がある。

(11) 共有林野（茅山、萱場山）がないところでは耐久年数の低い麦藁を使うため短期的な周期で労力提供が頻繁になり共同作業の調整ができない。このため鳥取県旧赤碕《あかさき》町（現琴浦町）では地域（平《ひら》）ごとに葺き替え専門の職人（屋根屋）に頼むことがあった。この他親戚や隣近所から下働きがあり、手助けのテゴを受けると必ずお返しをした（喜多村 1996）。しかしトタンや瓦が普及すると専門職人化が進み、昭和四〇年代にはユイはなくなる。書簡文範であると同時に南北朝から室町初期の諸事情をまとめた『庭訓往来』から当時の商工業について知ることができるが、この中に「葺主《ふきし》」という屋根を葺く専門職人の記述があり古くから存在した職業であることがわかる。

(12) 宮崎県椎葉《しいば》村では一九四八（昭和二三）年頃まで普請組の組員は所有権がなくても入会権をもち、家畜飼料や炭俵用を除いて茅場で採取できた（椎葉村 1994）。家の葺き替え（大普請）は全村単位で、屋根の一部修繕（小普請）は集落単位だが、一三歳から六〇歳までの男女が普請子として組織された。出役の義務を負う大普請の指揮監督は人格高潔な長老格で経済力と指導力ある者が普請奉行に選ばれ、この代表者が普請の申請に対して実施の可否を決めた。同じ年に複数の普請は無理なため、屋根の傷み具合や普請子の食事の世話（毎日一〇〇名前後）ができるかどうか、また茅の生育具合を勘案して決めたという。さらに興味深いのは他家の普請に対する過去の協力状況や全組員から協力が得られるかどうかが調べられる点で、支援を受けるには日頃の助け合いの貢献度が問われた。機会の平等と公平な判断に基づき、記録に残して貸し借りの等価交換を明確にした。

(13) 島根県旧弥栄村（現浜田市弥栄町）では、機械を個人が所有すると費用がかかるため生産法人をつくり共有化し専属の操作員に任せている。労働するのは農民で生産法人に「地上（利用）権」を譲渡して効率よい農業経営を進め法人から賃金をもらう（二〇〇九年七月聞き取り）。過疎化で後継者がいないため耕作放棄地の活用が大きな課題となっている。

(14) 仕事仲間をモヤイと呼ぶところがあり、イモや麦の共同作業をモヨってするあるいは共有の意味でモヨルを用い、モヤ山など村共有山の伐採を共同で行い平等に分配した。魚釣りでも「モヤにする」とは魚をくじ引きで分け合うことを意味した（橋浦 1935）。山陰出雲地方では共同作業をソウゴト（物事）やブ（夫）と言い、このブがある日をムラビ（村日）と呼ぶ。なおこの「惣《そう》」は「すべる」や「すべて」の他に「共同体的結合」の意味がある。前者はムラの代表者としての惣代《そうだい》に、後者は室町時代の自治が強い惣村《そうそん》に示されている。ソウゴトの村仕事には地域住民の団結心が表れている（恩田 2006）。

(15) 島根県川本町の尾原地区では「仲間牛《うじ》」と言い、小作人や自作農が親方と共同出資して牛を所有することがあった。その子牛の販売代金は出資額に応じて「足二本分（五〇％出資）」「足一本分（二五％出資）」「方爪（一二・五％出資）」で分配された（島根県教育委員会 1996）。この点は第4章で述べる台湾の原住民に見られた同種の慣行と共通する。

(16) 沖縄では地域によって呼び名が異なるが、漢字では「模合」と書き多くの人はモアイと言う。この点モアイが戦前は使われず戦後の言葉だとする見方もある（知念 1998）。小口金融の呼称は沖縄各島で異なるが、本書ではモアイを沖縄全体の総称として用いる。

(17) 小口金融をムエーと言うのかユーレー（ユレー）と言うのか、ムエーは模合の呼称とわかるが、寄り合いからくるユレー（単なる集会はスリー（揃い））と区別してユーレーが「結い」に基づくとする説もある（知念 1998 : 43-48）。これは助け合いの庶民金融として「結い」の心に着目する。ユーレーをユレーの派生語としないで区別する論拠はユの音節の長さと語尾のアクセント（レーは下がる）の違いに加え、沖縄の標準語である首里言葉ではダ行が那覇ではラ行になるため、「結い」が賃労働化したときの「結い代」の「ユキ・デー」が経済の中心である那覇の言葉で「ユーレー」になり、金銭による「結い」として捉える。ただこの「結い説」に対して、第3章や第4章で後述するように中国や台湾では「会」が小口金融としての意味をもつことからユーレー（ユレー）が寄り合い（集会）からきているという「集会（寄り合い）説」も否定できない。ユレーは村民の会議として村ユレーと言われた（与那 1975 : 6）。この点はユレーの「集会説」を支持する。いずれにしても沖縄人がもつ「ユイマールの精神」という助け合いが根本にある点に変わりはなく、庶民の言葉が様々な状況の中で固有の意味を込めて言い伝えられてきたと解釈できる。

(18) 志賀直哉の短編小説「雨蛙」（一九二四）に次の一節がある。「町には昔から一つの組合があり、それで互《たが》いに助け合った。誰がそういうものを作ったか今は知らぬ人の方が多かった。町を縦に貫《つらぬ》く道は県道よりも立派だった。左右へ入る小径《こみち》は冬の霜解《しもど》け、雨期の泥濘《でいねい》は仕方ないとしても、人の歩くだけは一ト筋《すじ》に平石が敷《し》いてあった。たとえば、或《あ》る家が焼け失《う》せる。そういう時それが元のように建てられるためにはおそらく普通《ふつう》の半分の費用も要《い》らなかった。用材は共有の山林からただ得ることができたし、労力も一軒《けん》から何人として寄付されることになっていた」。これは労力モヤイのことを言っている。

(19) 「産廃の島」豊島は現在「アートの島」としてしまおこしが進められている。小豆島出身でフェリーの船長をしていた六〇代男性は、産業廃棄物が問題となり島の将来についてのアンケートで「福祉の島」を目指すべきであると答えたことを聞いた（二〇一三年九月聞き取り）。結局「アートの島」としての方向が決まり今日に至っている。ここは『死線を越えて』（一九二〇）の賀川豊彦が「乳と密の流るる郷」として紹介した島である。

(20) 漁業も多人数の協力が必要で、個別に出漁することが難しい立網では漕ぎ手となる四、五人の船で共同作業をする。網は個人所有で各自網にかかった分を取った（田川 1988：37-38）。なおイッサキ（イサキ）網の収入は水揚げ高から経費を差し引いた残りを網元が三、舟子が七の割合で分配する。

(21) 家づくりのバフヤーは茅の伐採、食事の準備、料理など各班の役割分担があり、女性が鍋に豆腐やアーサー（海藻）、魚を入れて料理をした。竹富島出身の七〇代の郷土史家の話では、お盆の翌日にする清掃は警察署長や村長が先導してその状態を調べた。現在バフヤーはほとんど行われずお祝いのバフヤーが残る（二〇一七年二月聞き取り）。

(22) 八丈島各地区には部落長（コウチガシラ）がいて、三根では広報誌の配布や赤十字の共同募金、部落費の徴収を担当している（二〇一二年三月聞き取り）。近年若者が流出し純粋な島人が少なく島外から労働力を得ることが多い。八丈島の役場職員の三分の一が島外出身者で、三宅島も同様に半分が島外者である（二〇一五年八月聞き取り）。

(23) この弥栄町ではシルバー人材センターに登録した高齢者が草刈りなどで地域を支援している。また「集落組立者制度」として支所の職員が集落（自治会）の活性化で伝統芸能の復活や特産品の開発など地元住民とともに計画を立てている（二〇〇九年七月聞き取り）。さらに中山間地域センターで「地域マネージャー」を置き、行政では対応できないきめ細かい地域の活性化に関するサービスの向上に努めている。なお浜田市では合併で各地域の自立が損なわれないよう「自治区」（浜田那珂方式）が設けられた。

(24) 同県の的山大島では磯掃除や草払いの共同作業で一軒から一人出るが、出ないからと言って過怠金を払うことはない（二〇一五年九月聞き取り）。

(25) 「火山とともに生きる、新たな島づくり」を掲げる三宅島では「あたな（ワレ）が笑顔で暮らす島」を目指しているが、島民は「モヤイの精神で助け合う」ことを聞いた。島の活性化のため様々な取り組みをしたが、噴火で林業がだめになると漁業では後継者育成の研修制度を導入し、何よりも若者が参加するむらおこし推進委員会をつくり地方創生を進めている（二〇一五年八月聞き取り）。

(26) 沖縄石垣島の七〇代男性によると、洋服屋が顧客から毎月一〇〇〇円集めて服を買うモアイを始めたが、これは正月しか服を着ない頃の話で生活水準が向上するとこの種のモアイはなくなった。現在一〇〇〇円や二〇〇〇円の積み立てをして不幸に備えることを葬儀屋が勧めるが、実際の葬儀では積み立て金以上の費用を払わされると言う（二〇一七年二月聞き取り）。

(27) 大正と昭和の初めに『無盡ニ関スル調査』（大蔵大臣官房銀行課 1915）と『頼母子講ニ関スル調査』（農林省経済厚生部 1935）が行われている。前者は会社組織化した営業無尽を含め個人の無尽について資金融通や貯蓄、隣保罹災者救済の目的やその方法などを、後者は回答を得た市町村の七割を超えて見られた頼母子講の現状や出資の対象が金銭以外に穀物や労役、茅、藁・縄・筵《むしろ》で行われたことが報告されている。

(28) 無尽はその後の発展から金融機関としての性格（無尽会社、相互銀行）を強めるため、またより相互扶助の性格が強い仕組みとして言葉の原義から本書では頼母子を主として使う。それは無尽の語源である「無尽蔵」が財宝を中心としているのに対して、頼母子は親がメンバーの子を頼む親孝行の支え合いが含意されているからである。なお山梨県の健康寿命日本一の理由の一つとして無尽が指摘されているが、既に無尽の目的が頼母子同様生活困窮者を救済する仕組みから親睦の集まりに変わり、そこで気晴らしをする機会が他県より多いことから健康増進につながるという説明がある。現在富士吉田市の料亭の看板には「小宴会、御商談、無尽会」と出ている。屋根の改築で共有地の茅場を集めた「かや無尽」や「瓦屋無尽」があり、農業不振者を助ける「お助け無尽」では救済される者の名前をつけて呼ぶこともあった（韮崎市誌編纂専門委員会 1979）。

(29) 仏教の教義では尽きることのない広大な徳や無限の功徳をもつ仏の教えまた菩薩の教化が尽きないことを「無尽」と言い、そこから財宝を納める蔵が「無尽蔵」とされた。なお信者が寄進した金銭を寺院が積み立て貧民救済の機関とする一方、貸し付けて利息をとり寺院の伽藍など修復維持費用を捻出する。この「無尽蔵」は中国では寺院に置かれた金融機関を意味し南北朝時代から行われたとされる。唐代では長安にあった三階教の化度寺に置かれた無尽蔵院がよく知られ、長生庫や解庫などと呼ばれた（笠沙 1988）。無尽の言葉は中国から入った説もあるが、頼母子は日本的な言葉として定着したように思われる。なお同時代の唐では「社」という組織が仏教の僧院の中に置かれ、その会員から寄付金を集めて葬儀や旅行の費用に充当した相互扶助の「追凶追吉」の金融組織があり、この組織のために世話人が寄付金を集める案内状は「社司転帖」と呼ばれていた（陳 2009）。

(30) 室町時代の日常語彙約三〇〇〇語を天地時節など一八門に分けて説明した用語集の『下学集《かがくしゅう》』（二巻、文安元〔一四四四〕年成立、刊行は元和三〔一六一七〕年）には「憑子」が日本の風俗として少銭を出して多銭を取る意味で出ている（143）。これは小口金融の本質的な仕組みを示す。『節用集』（文明六〔一四七五〕年成立）の『早引大節用集福寿蔵』（明和八〔一七七一〕年）では「憑敷」の「憑」にはコウというルビがある（72）。『運歩色葉集』（天文一六〔一五四七―四八〕）年頃成立、二冊本と三冊本）の国語辞典にも記載がある（池田 1930）。頼母子が庶民に拡がるためには文字の普及を必要とした。初めにカタカナが普及しその後室町時代以降ひらがなが普及する（網野［1991］2005）。頼母子は書面に記す必要がないとは言え、大口のものは記録を残すためひらがなを知る必要があったと思われる。

（31）この点は保険制度もまた庶民の相互扶助組織から生まれたとされる（井上 1979 ; Najita, 2009 : 86–90）。一九三八年国民健康保険法成立には内務省社会局（後の厚生省）が九州の旧宗像《むなかた》郡の「定礼《じょうれい》」という互助慣行に着目したことが背景としてある。定札とは「病気に備え収入に応じた定額を医師に謝礼する」という事前払いの仕組みで（井上 1979）、各人が経済状況に応じて一定の礼を尽くすことであった。この前身は捨て子を救済する産子《うぶこ》のための養育田による米と金銭の拠出にあり、その普及には宗像神社の「神郡」としての団結と相互扶助の精神が指摘されている。また「日切り《ひぎ》」（日切銭）という小銭を毎日積み立てて医療費が捻出された（宮下 2006 : 82–85）。これら不測の事態に備え医療サービスを共同行為によって再分配するモヤイで、利子つきの無尽が銀行、利子なしの頼母子を保険の原点として捉えることができるだろう。非常時に備える行為は広く互助慣行に見られる性格で、次章で述べる韓国の契は日本以上に多様なものがある。

（32）壱岐では一回目の掛込金だけを浄罪として神仏に寄進し、二回目以降は講員相互の融通を目的とした「浄罪造成無尽」があった（山口 1935）。物品購入の家無尽や舟無尽、牛無尽、家財無尽の他に個人（団体）名をつけた救済講も多く、相互講や共済講、互助講、同志講などの呼び方があった。浜田藩では窮乏した藩財政を助け金品を調達する頼母子講で、天保や弘化年間領民に加入を強要した融通講や調達講など藩主導のものもあった。この点岩国藩では寛成七（一七九五）年の「封内恵民頼母子」は終了まで一四年かかる三〇〇〇人参加で年二回の会日で毎回百人の落札者がいる大規模なものであった（柳井市史編纂委員会 1984 : 383）。これは長期にわたり農民を救済する仕組みで事実上保険料を払い保険金をもらう機能を果たしていた。柳井市では明治三七（一九〇四）年に始まり昭和四（一九二九）年に満会という長期の頼母子も少なくない（同上 : 753–755）。

（33）小口金融はアジアだけでなくアフリカでも世界各地で見られる仕組みで、一般に英語ではギアツによる先行研究では Rotating Credit Association（Geertz, 1962）、またＲＯＳＣＡ（Rotating Savings and Credit Association）と呼ばれ（Bouman, 1983）、Association を複数にしてＲＯＳＣＡＳ（Rotating Savings and Credit Associations）と言われている（Besley, Coate and Loury, 1993, 1994）。これを日本の地域社会で加入が義務づけられたフォーマルな組織である「組」に対して、任意加入のインフォーマルな組織の「講」という点から見ると、日本語では「回転型貯蓄信用講（組織）」となるだろう。日本の無尽や頼母子に対する研究もされ（Dekle and Hamada, 2000 ; Najita, 2009）、数学モデルによる経済学からの研究も少なくない（Besley, Coate and Loury, 1993, 1994）。

Besleyらの論文ではROSCASは非効率的とするが、そこでは効率性ではない親睦や社交という社会関係が捨象されている。また分配という点でROSCASは最適性に欠けると主張するが、地域社会の限られた資源の共有という意味ではROSCASは住民間で納得が得やすい最適な仕組みである。外部から資金を得るのではなく、住民で分かち合うことがコミュニティの一体感を高めている。さらに経済的合理性だけの観点からROSCASを見ることには片寄りがある。地域社会の連帯と共生という点でROSCASがもつ意味は大きく、金融機関がグローバルな展開をする中で今なお世界に多く見られる点でもROSCASが果たす役割は小さくない。なおゲーム論の立場から進化シュミレーションとして研究するものもあるが（中丸 2011）、人間行動のモデル化ですべて把握できるわけではない。人間の絆や信用にはそれらが育まれてきた集団の性格があり長く蓄積された風土もある。小口金融の研究は経済分析が中心で地域の社会関係に着目した分析は少ない。

(34) 生月島《いきつき》の六〇代女性は過去に返済しない人がいて相当損をしたことを話してくれた（二〇一五年九月聞き取り）。埼玉県の小川町では加入者を多くするため一人一口ではなく二人で一口など半口で加入できるようにし、受取額は口数に関係なく均等にするところもあった（小川町 2003：114–116）。発起人の親が誰であるかを含めて、詳細な記録が『頼母子講連名帳』などに残っている。近世末期に藩の御用商人や地主などが中心となり、その仕組みをその後銀行類似会社（明治初期の銀行名をつけない中小金融機関）に発展させていく。

(35) 福沢諭吉の『福翁自伝』には、家の普請のため一口金二朱の頼母子講で掛金を出したままその後参加しないで受け取らない「掛捨て」をした胴元の回船屋に対して、福沢が母に頼まれその掛金分を返済しに行った記述がある（福沢 1899：246–247）。

(36) 戦前は融資のための積み立てもあったが、戦後の預金講は頼母子講とは性格を異にしている（若林 1959：498–499）。頼母子は特定の物品を必要とするため、瓦タノモシや蒲団タノモシを始め壁や棉（綿）、蚊帳、家具のタノモシがあり、営業目的の融資のための頼母子は拡業会とも呼ばれたが、現在預金講のほうが盛んである。

(37) 沖縄のモアイの具体的な利息計算などは『沖縄の模合』に詳しい（与那 1975）。一般的な入札方式は、たとえば掛金一万円でより多く利息を払う金額を入札で決め一〇〇〇円で落札すれば、受取人は皆から一万円ずつもらうが、次回からは一万一〇〇〇円払い続ける。逆により少なく受け取る金額を提示して一〇〇〇円で落札すると皆から九〇〇〇円ずつもらい、次回からは一万円払い続ける。前者が「積金式」で後者が「割引式」である。

(38) 筆者が石垣島で入手した「模合帳簿」の表紙にはモアイの時期が「自」と「至」、住所と発起人が示され、次の一ページ目には「模合規約」が出ている。これには第一条の「本模合は相互扶助を目的として左記の規約を遵守す」から始まり、事務所の設置、期日、連帯借用の保証人などの規定があり、旅行などで不在のときには一時払いも認めている。二ページ目から参加者の氏名と住所の記入欄が四人分、モアイ日を書いて支払いの印鑑を押す欄が二四回分ある。これは下から記入し六ページある。その次が「連帯借用金証書」で、ここには利息や元金を遅延するときの遅延利息と違約金の支払いが定められ、これが二四ページある。石垣島の七〇代男性によると、この「連帯借用金証書」は金額が大きい入札方式で使い「助け合いモアイ」では受取証書にする（二〇一七年二月聞き取り）。

(39) 与那国島の六〇代女性の話では保証人も必要としないため気軽に毎月一回一人三万円出し、一二人で一番多く払う人が受け取る「積金式」で遅く受け取る人が多くもらい、中には一〇万円出すムエイもあった（同上聞き取り）。これは経済的に豊かなバブル期の頃の話で、もち逃げする人が出た一五年前くらいから入札制はなくなったと言う。

(40) 石垣島に住むフィリピン人の女性がカトリック教会のミサを通して利息のつかないモアイをしている（同上聞き取り）。これも「助け合いモアイ」である。これには日本人の教会関係者も参加する。その仕組みは経済的に豊かな発起人のフィリピン人の世話人が二〇人くらいの各家をまわり一万円を集め、離婚して子供がいるメンバーのフィリピン人女性が生活費に充当する、あるいは母国で貧しい人のために寄付をする。母国と似たシマ社会に親近感をもち沖縄に住むフィリピン人が少なくない。なおフィリピンでは利息がつかないパルワガン（palwagan）と呼ばれる小口金融が見られる（二〇一五年八月、二〇一六年三月聞き取り）。この教会の三〇代の神父によれば、自分も母国に帰る航空運賃のために参加したが、これはフィリピン人だけでする。石垣島の島民と話すときはムヤイと言うが、同郷人の集まりではパルワガンで呼び合う。最初の集まりで番号を書いた札を引いて参加者の受け取りの順番を一度に決めるが、後になった人でも事情を話して受け取りの順番を先にすることができる。この点に「助け合いモアイ」の性格が読み取れる。

(41) アベグレンの『日本の経営』には、日本の大手企業の社宅で洗濯機などを購入するため無尽をしたが、その債務不履行を社員の家族が会社に訴える事例が出てくる。高度成長期に都市でも金銭モヤイがあったことがわかる（Abegglen, 1958）。

(42) 埼玉県富士見市の近世の祝儀では「御祝儀受納覚帳」（嘉永七〔一八五四〕年）に「地八丈小袖　壱ツ　塩野半兵衛、木綿綿入壱ツ　清五郎、金弐朱也　宗八」など、弔事では「御香奠御悔受納帳」（安政六〔一八五九〕年）に「金百疋　半平、ろうそく十七丁　八百や半蔵、米五升　常八、餅三飯台　岩松」など品物と名前が文書に残る（富士見市教育委員会 1990）。

(43) 長崎県の対馬では、一族の長のオヤカタの家に対して庇護を受けるコドモウチが田植えや稲刈りで労働力を提供するテズカイがあった（田川 1988）。これはテヤリ（手遣り）とも言い、奉役《ほうやく》（大庄屋）や下知人《げちじん》（庄屋）に各農家から一日一人出た。

（44）有力者が仮の親（カナ親、ケイヤク親、フデ親など）になり、仮の子供（男子はケイヤク子、コカタ、ヨボシ子、女子はカナ子、カナムスメなど）と擬制的親子関係を結ぶことが少なくなかった。実の親は仮の親に何らかの手助けをする見返りとして子供への庇護を求め、仮の親は成長した子供が将来地域社会に貢献することを期待した。

（45）過度に権力や財力（富）にものを言わせると、それは適切な庇護関係ではなく強い見返りを求める従属関係に転化する。これは現代でも国力の違いから先進国の発展途上国に対する援助で見られ、見返りをめぐる外交関係の駆け引きが展開される。

（46）近年故人の意志を尊重し個別の香典返しではなく、福祉関係の団体への寄付に代えることも多い。また各人の希望を尊重するため、カタログギフトで多様な品物の中から好きなものを個別注文できるお返しも増えている。婚儀の場合も同様である。

（47）鹿児島県下甑島では昔の葬儀を書き留めていた古老から座棺（座式棺桶）の葬列について話を聞いた（二〇一〇年九月聞き取り、下甑村郷土誌編纂委員会 2004）。

（48）都市に住みやがて高齢者となったとき故郷への訪問が難しいため過疎地では墓を移す人が多くなった。鹿児島県トカラ列島の中之島でも近年墓を鹿児島市内に移し、島で亡くなっても鹿児島で茶毘《だび》に付すことが少なくない。子供が島を出ると、島の親が逆に鹿児島まで墓参りをする（二〇一三年二月聞き取り）。

（49）山陰地方のコウロクと呼ばれた行為は労力奉仕で、その多くは「食い出のコウロク」と言い手弁当でする無償の手助けである（山陰民俗学会 1977：192–195）。普請のとき木挽《こび》きや大工、石工、左官という賃金職人とは別に、礎石を据える地固め作業の地搗《じつ》き（ジヅキ）、土ねぎ（こね）、土かるい（担い）、瓦運びなどは無条件で協力するテツダイだった。

（50）神輿の重さを下げて高齢者だけで祭事を行う地域もある。若者による休耕田や耕作放棄地の手入れもあるが、都市志向のインターンシップではない地方の体験が望まれる。

（51）アメリカの戦争映画で新兵を受け容れた中尉が「今日からおれを父親と思い、伍長を母親と思え」と訓示する場面があり、家族主義が軍隊組織に浸透していることがわかる。また古くはジョン・ラスキンが次のように言っている。「商人または製造業者は、かれに雇われている人々の統師者としての役目上、明らかに父親のような権威と責任を負わされているのである。たいていのばあい、商社にはいる若者は、まったく家庭の影響から引き離されているので、かれの主人が父親になってやらなければならない」（Ruskin, 1860：36–37）。商工業組織にイエ集団の原理が浸透している。

（52）企業では昼間のコミュニケーションに対する夜のノミニケーションを通して社員の一体感（感情融合）が維持され、社会化として職場のＯＪＴ（on the job training）や集合教育で一人前の社員を育てる。こうした凝集性の高い集団が「会社人間」を生み出した。会社ぐるみの犯罪で組織優先の非情な論理から企業というイエを守るため個人が犠牲になることもあるが、その代償として子会社や関連会社に別のポストを用意して個人を擁護することが少なくない。年功序列や終身雇用、企業内（別）組合という「日本的（型）経営」がグローバル化で実力主義や中途採用、組合離れに変化したとしても、その根底には依然としてイエ集団の互助関係が良きにつけ悪しきにつけ色濃く反映されている。

(53) 伊豆諸島は人口が減少しているが小笠原では逆に増加している。旧島民、欧米系島民、新島民という区分自体が意味をもたなくなる一方、若い世代が増えているものの将来にわたり長く住み続けるかは不明である。欧米系島民はアメリカの統治下ではグアムで魚を売り高齢者の家にもお裾分けをしたことを、祖父がイギリス出身の八〇代女性から聞いた（二〇一一年三月聞き取り）。旧島民は戦中の本土各地への強制疎開と返還後の帰島でつながりが希薄になったとされる。一方母島の現在の団結力の原点は戦中の強制疎開後アメリカの統治下で無人島となり、復帰後一から出直して土地を開墾した取り組みにあったとされる。

(54) 北海道の利尻島や礼文島など明治以降開拓民が移住した島ではコンブやウニなど個人単位の漁業で競争原理が強く、ユイや金銭モヤイなどの互助慣行はほとんど見られない。しかし開拓当初は青森県津軽半島や秋田県男鹿半島、富山県出身の移民が帰属集団で支え合ったことは想像に難くない。現在も除雪作業や祭り、葬儀では集落単位で手助けしている（二〇一〇年八月聞き取り）。

(55) 山陰出雲地方のユイ組は一〇軒から二〇軒でつくられ、田植えの順番はくじ引きで決めた。葬儀は葬式組や無常組合が行い、一つの組織で対応できないと他の組織やより大きな単位から手助けを受けた。近世ではこの種の組織の規模拡大が一揆につながるため為政者が徒党や暴徒の発生を危惧するのは当然だった。しかし米沢藩の開明的君主上杉鷹山《ようざん》は五人組で対応できないときには十人組で、さらに足りなければ村総出で相互扶助に務めることを唱えた（恩田 2006）。これは互助組織の重要性を見据えた統治者の英断である。

(56) 「五人組」の起源は中国の五保制度とされ、この五という数字は片手を広げたとき数を数える基本となる基礎的な単位の束である。しかしこの五保制度の導入以前から、日本には五世帯に限らず数世帯を単位とする自生的な互助組織が存在していた（恩田 2006）。

(57) 兵庫県の『伊丹市史』によれば、「稲野村区長会協議事項」（昭和一三年七月五日付村長宛）に「隣保協同組織ノ件」が記載され、「隣保ハ、向フ三軒両隣ノ如キ、社会生活上極メテ密接ナル関係ヲ有スル近隣ノ自然的結合ニシテ、我ガ国民生活上、自然ニ発達セル緝睦偕和ノ自主的組織ナルヲ以テ、之ヲ時代ニ適順シテ、更ニ其組織ヲ整備強化シ、以テ我ガ国古来ノ美風タル隣保団結ノ精神ヲ一層涵養・発揮シ、互助・相扶郷土生活ヲ振興シ、自治体ノ健全ナル発展ヲ期セントスルニ在リ」（伊丹市史編纂専門委員会 1970：74）とされた。一九四〇（昭和一五）年九月の内務省訓令第一七号「部落会町内会等整備要領」によって隣保班の組織化が進められる。こうして都市では町内会が村落では部落会が整備され、組の下に隣保として一〇世帯を中心に組織化されていく。その際「五人組」など既に隣保組織がある地域ではそれらを活用した。昭和二二年一一月この訓令は廃止された。

(58) 近世天草の「潜伏キリシタン」の集落では「サンタマリアの組」や「イグナシオの組」という信心会があり、物代や組親、慈悲役が組の掟に従い信仰や布教活動を行い、司祭が追放され不在のときにその結束力を発揮したとされる（二〇〇八年二月聞き取り）。奈良県の旧月ヶ瀬村（現奈良市）では近世以来「与力《よりき》」という相互扶助の制度があり、家の普請や冠婚葬祭の面倒を見るなど同族内で文字どおり力を与える関係を維持した（名勝月瀬学術調査準備委員会 1957）。この本家分家の同族による自生的な「与力制度」は「縁者は一代、与力は末代」と言われる地域社会の結束が続いている。「与力」は必ずしも血縁関係に基づくものでなく他村からの居住者も与力関係を結び村入りを認められた。地縁関係を内包した同族共同体（与力の他に一統や組）の構成員が借用証人あるいは詫証文に連署してもめ事の仲裁人になるなど、村役人とは異なる地域の有力者として互助関係が築かれた。

(59) 町民自治として「町法」（町掟）には、たとえば近世江戸の町（現千代田区）では月行事や防火防犯の心得、火災や祭礼などの諸経費（町入用）などの規定があった（千代田区 1960）。自治を維持するため捨て子や往来行き倒れ人に対する処置や寄合評議、無断欠席や遅刻を慎むことまで細かく定めている（安永六〔一七七七〕年「麹町十二丁目町内定法帳」他）。

(60) 島根県の中山間地域で回覧板が三年間回ってこなかった農家の例があった。これは罰として軽微だが陰湿なところが感じられる。

(61) 利得だけを念頭に行動する「ゲーム理論」的な解釈もある。それは「規範ゲーム」による説明内容に代表される（Axelrod, 1997 : 61–87）。「規範ゲームを支えるメカニズム」には「メタ規範」「支配力」「内面化」「抑止」「社会的明証性」「メンバーシップ」「法律」「評判」があり、このうちのいくつかはムラ社会にも当てはまる。集合（協調）的行為がいかに個人の行為を規定するかという点については規範が制度化されるメカニズムとして捉えられるが（Coleman, 1990）、それは個々の社会構造で異なる。人間社会の秩序とその社会的ジレンマの行動を利得から説明する数理モデルは多いが（長谷川 1991a, 1991b ; 織田 1991）、こうした方法論的個人主義は個人の行為を超えて創られる「創発特性」による社会全体の合理性（規範・制度）やその進化という視点（方法論的集合主義）が希薄なように思われる。「制度」を人間が自己に課す制約とするなら（North, 1990）、ゲームのルール自体の枠組みが問われるべきだろう。道徳的行為が「メタ選好」で決まるとする考えにも（de Jonge, 2005）、人々の歴史的な蓄積という視点が欠如している。利得を問題にするゲーム以前の人間にとって原初的な「連帯と共生の原理」から相互扶助を考えたい。

(62) 鰐浦地区は人口が二〇〇人を割り高齢者が多い。七〇代の男性は地区の特色を出すにはヒトツバタの祭りを活かし、また郷土芸能を後世に残すことが大切だとする（二〇一二年三月聞き取り）。なおこの地区では浜の仕事がわかり体力ある地元の嫁をもらうことが五、六〇年前まであり、女性を外に嫁がせないため一部血縁結婚の弊害があったとされる。

(63) 古くは孟子が提唱したとされる「井田《せいでん》」は田地を井の字形に区画し八つの家にそれぞれ一区画を私田として与え、それらを囲む中央を公田として共同耕作する制度である。中心の一区画が貢納の調整田となり隣保共助で維持された。この「井田の法」は江戸中期の儒学者荻生徂徠《おぎゅうそらい》が『政談』（享保一〇〔一七二五〕年から一二年頃）で一町一村内の相互融和を促す社会的機能として着目した。また橋本左内が藩改革の提言を述べた中根雪江宛の書簡の中でも、田制の変遷で「井田」にふれている（橋本 1856：77）。「井田」の淵源は夏、殷、周時代の田制に求められ、この「井田」から個人のインセンティブを刺激する畦道の開拓による私田の拡張を勧めた「阡陌《せんぱく》」、また唐には一代限り支給する「均田」に変わったとされる。

(64) 隠岐諸島では放牧と畑作を順番に行う牧畑があり、石垣の一斉修理や牛馬の区牧間移動（牧移し）など大きな労力が必要な作業では牧司《もくじ》が指導して集落総出の共同作業を行った。牧司は牧移しの時期の決定と監督、石垣の巡察、牛の水飲み場を管理した。

(65) 戦後共有地の多くは国有地や私有地に移転登記され、分散していた権利地は「入会林野等に係る権利関係の近代化の助長に関する法律」（一九六六）により集約されていく。この官有地と民有地の区別（官民有区分）では行政の効率志向の強制と資源配分の公正を求める「生活の知恵」に基づく村民の共生がかみ合わないことが当然あった。

(66) 共有地がシンボルと言うよりもむしろ争いの場そのものになることがあった。長野県の農村青年向けにつくられた教育機関誌（ラジオテキスト）の『農村青年通信講座（第一巻第七号）』（一九四八）を読むと、この入会地をめぐる問題が出てくる（農村文化協会長野県支部 1948・49）。もともと刈草が肥料や牛の飼料中心であった頃、入会山は薪よりも草を取るため利用された。ゆるやかな傾斜地である野に開けた村落では、沢水や小川の水源地となる水ノ目林と薪を取る薪山入会地が上流にあり、その村の下流に草刈入会地があった。ところがこの草刈野に用水路が開け新田開発で村落ができると、草刈場が少なくなり薪山と接したところにそれが移動した。このとき原や谷地、沼が開かれても用水不足になれば、最初に開墾した「草分け百姓村」など入会地に近い旧村落とそれから遠い新村落の間で水や草、その通路をめぐり村々で争いが生じた。特に下流は災害の水損が大きく、上流域から下り水を利用するとき、上流の村（井元《いもと》村）と下流の村で水争いになった。

(67) ノリ島では一一月から翌年三月末までが採取期間で、生海苔は一一月から一二月、乾《ひ》海苔は一月以降女性がもっぱら採取する。海が荒れる頃始まる海苔の採取は危険な仕事で、年々高齢化が進み後継者がいない。旧簸川《ひかわ》郡佐香村（平田市を経て現出雲市三津町）では三浦と坂浦、小伊津の三つの大字（部落）があり、惣代が共同財産である岩礁のノリ島を管理し必要な動員を行った（石塚 1949：8–15）。三浦では一家から一人出るが、老人や子供の家ではその取り分の権利を買い一つの家から複数出ることもあった。

しかしその人数は全体の家数を超えることはない。この平等取りとは別に隠れ岩など組ごとの割り当てで残った区画を一年間の入札制で占有させることもあった。この入札取りの権利購入費は部落費に充当された。小伊津では一つの島を部落民が平等に分け合う。若者がその能力に合わせて多く採取するがこれも全体で分配する。年寄りになれば世代の順番としてもらう側になる。

(68) 青年が島の資源を独占利用したため横浦島では「青年ヶ島」と呼ぶ人もいるが、旧龍ヶ岳町や牧島、横浦島の一部で困窮島と言うものの その由来は不明である。横浦島から見える困窮島に船で行くと、なだらかな丘陵地帯とはいえ人が住めるところではない。

(69) 奈良・平安時代には、不作の年に人民救済の目的で諸国に設けられた賑給《しんごう》田や賙急《しゅうきゅう》田、惸独《けいどく》田という租を徴収しない不輸租田があり、また困窮者の救済費用を調達するため設けられた救急田もあった（世界大百科事典〔第2版〕）。

第2章　韓国の互助慣行

1　朝鮮半島の代表的な互助行為

互酬的行為——「プマシ」

朝鮮のプマシ

朝鮮と日本の民俗には類似する点が多く、たとえば神域を画する禁縄と注連縄との比較などに見られる（秋葉 1954）。これは互助慣行にも言える。戦前戦中の互助慣行の先行研究は少ない(1)。日本のユイにあたるプマシ（품앗이）は自家の労働力で足りないときにする等量等質の労力交換で、五、六人あるいは二〇人から三〇人になることもあるが普通は二、三人の労力交換が多い(2)（鈴木［1943b］1973：67–68, 1958）。このプマシは草刈り、薪取り、屋根葺き、垣根の修築、麦刈りで行われ、最も多いのは田植えである。織り仕事（織機の準備作業）、畑作の手入れ、漬物づくりなど女性だけのプマシもある。日本のように味噌や醤油づくり、粉ひきは朝鮮では少ないが家事全体で行われた（同上：［1943d］1973 445–455）。牛一頭は二、三人分に相当し男女に違いはなくまた成人（壮丁）も未成年の若者も同じ扱いだが、男女間のプマシはなく牛一頭が男性一人分など地域による違いがあった（同上［1944］1973：311–327）。プマシは食事の饗応を伴い同程度の食事を提供できる者で組む。この食事には各自が自宅で食べるマルンチョリ（乾いた食事）と労力提供を受けた家が食事を出すジョズンチョリ（濡れた食事）の二種類あり、プマシでは後者が多い。これは麦飯しか食べられない農民の生活

水準を示している（同上［1943c］1973：107–135）。

プマシはもともと相互扶助（상호부조）の内容をもつ。それは「結耦《ゆいごう》」とも書くが（鈴木［1943a］1973：26）、「耦」は「二人並んで耕す、二人組、ともがら、相手、つれあい、向き合う、合致する」という意味がある（『新釈漢和辞典』）。この言葉は日本のユイ同様行為の互酬性を示す（恩田　2006）。韓国の二〇代の若者によれば、小学校の国民共通科目「正しい生活」や「道徳」の教科書にプマシが出てきた（二〇一七年七月聞き取り）。それは単に田植えや稲刈りの手助けだけではなくお互いに尊重し合う行為で、助けられたらまた助ける行為でもある。現在の北朝鮮（朝鮮民主主義人民共和国）を含む戦前戦中の朝鮮の農村事情は鶏や牛、羊を育て農村開発を進めた重松髜修《あきなお》の『朝鮮農村物語』でわかる（重松 1941：45）。戦時体制下で朝鮮農民が内地日本の農業報国青年隊員として実習に参加し隣保共助の精神を鼓舞する内容が描かれている[3]（同上：326–337）。重松の農村指導が人間開発の取り組みでもあった点は注目される（恩田 2001）。

朝鮮半島に対して済州島の互助慣行は戦前に泉の研究がある（泉 1966）。一九三〇年代の調査では日本のユイに相当する「手を貸す」意味をもつスノ（ヌ）ルムがあり、これは半島南鮮のプマシと北鮮のチェに当たる行為とされる（同上：153–156）。この他「順々に」の意味をもつチョチョあるいはスヌルプム、スヌムとも呼ばれた。播種期や収穫期で四家族くらいまでが相互に労働力を提供しご馳走でもてなしをした。小家族を超えた洞あるいは二つの洞全体に関わる共同作業にもこうした呼び方がされた。なお海女の漁村では二月頃から朝鮮半島や日本に出稼ぎするため、その不在の労働力を補うため播種や除草の作業をスノルムとして家族間で行った。遠海出漁者が陸地でまた日本の船に雇われて労力不足になるときも、同様に山村から女性の労働力を得たがやがて労賃化する。

韓国のプマシ

以下韓国のプマシについて全羅南道の島嶼地域を中心とした現地調査から明らかにしたい[4]。珍島は一九八四年に大橋が開通し全羅南道の半島とつながるが、伊藤が七〇年代に調べた当時は農繁期の労力不足を補うためプマシが行われた（伊藤 1977b）。親族間の手助けや雇用で労働力は確保されたが、近隣の家との労力交換も欠かせないため田植えや稲刈りではプマシの相手を見つけ日程の段取りをした。その相手は後述する互助組織としての契《ケ》の仲間がほとんどで信頼関係でプマシは支えられ、七〇年代はまだ田植えではカジュ（牛耕役）も重視された。長期間の集団による約束事が中心の契と異なり、田植えや稲刈りという短期間のプマシでは個人（世帯主）間の関係で取り決めがされる。同じ珍島郡の智山面細方里《セバンリ》ではプマシはあるが、それは米やネギ、白菜をつくるときで、伝統的な家をつくる屋普請のプマシは今はない(5)（二〇一一年九月聞き取り）。同島義新面のカゲ里ではアワビ養殖の容器掃除や販売で労力交換をする（二〇一二年三月聞き取り）。韓国も日本同様過疎化と少子高齢化が見られ、家と家との距離もあり新しい生活様式が入り込む過程で人間関係が希薄になり労力交換も少ない。

　新安郡黒山島のアワビ養殖の漁村ビ里では、五〇代男性によると米や麦の農業、家を建てるときや修理の手助けをプマシと言う(6)（二〇一二年三月聞き取り）。今でもこの言葉を使うが、現在はプジョ（扶助）の言葉を使うことが多い。黒山島郷土研究保存会の五〇代職員の話ではプマシは農業のときだけ使う言葉で、漁業では船に乗る人数が限られ個人の利益中心でプマシは使われない(7)（同上聞き取り）。同じ黒山島の六〇代女性によれば、アワビの大きさを選別する作業や養殖の容器をきれいにするときプマシで手助けした。同郡の都草島《トチョド》ではほうれん草や米、麦の農作業をプマシで行い、塩をつくるときも労力交換した(8)（同上聞き取り）。莞島《ワンド》郡生日面の徳牛島（里）ではアワビの養殖が中心でプマシはしない(9)。新安郡荏子島《イムジャド》（面）デキ里の五〇代女性によると、トウガラシを採るときプマシをし、同郡安佐面者羅島《チャラド》（里）と安佐島の敬老堂にいた七〇代の女性たちからトウガラシ、ニンニク、タマネギでプマシをすることを聞いた（二〇一二年八月聞き取り）。荷衣島（面）六〇代の元婦人会会長の話では、機械化されているとはいえ米の運搬ではプマシで協力する（同上聞き取り）。このようにまだプマシが広くされている。しかし同じ郡の飛禽島《ビグムド》徳山里の八〇代男性によれば、一九六〇年代から八〇年代頃まで水田や塩田でプマシをしたが、若者が都市に流出し労働力不足を機械で補ってからはなくなった(10)（二〇一四年九月聞き取り）。この徳山里の七〇代里長の話では、プマシはニンニクを植えるときに言ったが今は使わない(11)（同上聞き取り）。

　莞島郡青山島（面）のグォンドク里の八〇代元里長によると、四〇年から五〇年くらい前まではプマシという言葉を使い、棚田は石で平らにするが山の畑の地ならしを隣近所でした(12)（同上聞き取り）。なお八〇年代農民の自助意欲に基づく生活改善を目指したセマウル運動（セマウルは「新しい村」の意味）で耕作地が拡張され土地が拡がったと言う(13)。同じ青山島新豊里の八〇代男性の話では、機械を使わない稲刈りの手助けでプマシをした(14)（同上聞き取り）。米以外にはトウガラシ、豆、ニンニクをつくっているが、ニンニクの収穫では人を雇う。高興郡の外羅老島《ウェナロド》（蓬莱面新錦里）の元水産会社勤務の六〇代男性によれば、父の農業で自力でできないときプマシで手助けを受けた[15]（同上聞き取り）。同島の七〇代元里長の話では、農業は米以外にサツマイモやニンニクもあるが耕耘機を借りて農作業をしたためプマシはない[16]。

麗水《ヨス》市華井面の沙島（沙島里）では、野菜やタマネギの農作業でお返しを伴うプマシをするが、返礼を期待しないで手伝うこともあった[17]（二〇一一年九月聞き取り）。麗水近郊の橋でつながる突山邑ユンソン里ソユル村の七〇代男性によると麦とサツマイモの農業でプマシという言葉を使い、またサワラやカタクチイワシ、タチウオなどを獲る漁業でも力を必要とするときプマシをするが、今は個人でするため一〇年くらい前から使われていない[18]（二〇一二年三月聞き取り）。同じ市の白也島（華井面白也里）の九〇代元里長の話では、米の少ない島ではトウモロコシやサツマイモを植えるとき、また収穫でプマシをした[19]（二〇一四年九月聞き取り）。済州島では米が穫れないため麦やみかんでスノ（ヌ）ルムをしたが（二〇〇七年八月聞き取り）、この言葉は行ったり来たりすることも意味し労働力の交換を示すことがわかる。収穫では大勢の人手がいるので賃金を払い出稼ぎ人を雇うことがあった。この他ジャガイモやにんじん、ねぎ、胡椒でも行った[20]。二〇年前までは畑の耕作を牛でしたが、機械で種を蒔くようになり現在スノルムは見られない。しかしまだみかんではこのスノルムが行われ、タマネギやニンニクの農業では今も使われている[21]（二〇一二年三月聞き取り）。金寧里の六〇代海女によれば、タマネギやニンニクなどの作業で力を必要とするときスヌロやオウリョという言葉を使う[22]。巨文島では漁業でも一人でできない仕事を二人でするときや網をつくるときなど広い意味で相互扶助の行為にプマシという言葉を使った（二〇一七年七月聞き取り）。

全羅南道内陸部の海南郡玉泉面永信里で農村開発に従事していた七〇代の男性によると、プマシは田植えや稲刈りのとき行い、日本同様機械化でその必要性がなくなり現在ほとんど見られないが、ニンニクや白菜をつくる畑作では機械化されていない分プマシがされている[23]（二〇一一年九月聞き取り）。労力交換のときだけでなく皆が集まり仕事をするときもプマシという言葉を使う。古い城壁と茅葺き民家が残る順天市楽安面の東内里（楽安邑城）では、米と麦の農作業で牛がない家がある家から借りて労働力でお返しをするプマシがあった[24]（二〇一二年三月聞き取り）。村内で行う茅の屋根葺きは今は二人が屋根の上で五人が下で茅をさばいて作業するなど、茅を買って専門職人を賃金（日当七万ウォン）で雇う。同じように伝統的な家屋が残る慶尚北道の慶州市江東面仁洞里良洞村道でも八〇代女性の話では、屋根の葺き替えで知り合いが協力するとプマシをしたが今は行わない（二〇一四年九月聞き取り）。慶尚南道河東郡の青岩面黒犬渓里青鶴洞《チョンハクトン》の九〇代男性によれば、この山間部の集落は初め六世帯だったが寺ができてから三〇世帯に増えた。以前はトウモロコシや豆、麦、米をつくったが、今は水が冷たくキャベツを育てている。三〇年から四〇年くらい前までは水田の作業や建前の木の伐採でプマシをした（二〇一四年九月聞き取り）。このように各地の事例から判断すると、全体として機械化されていないところでまだプマシが行われていることがわかる。

再分配的行為――「ドゥレ」「ブヨ」「契」

朝鮮の共同労働――ドゥレ

朝鮮の共同作業には道路整備に代表される夫役があり、自発的な慣行夫役と地方税の額に応じた賦課夫役が行われた（善生 1933：74-76）。後者は「上」から共同作業として道路や衛生、勧業で住民の団結心を刺激し部落間の競争を通して統制が進められた。これに対してドゥレ（ツレ、두레）と呼ばれる共同作業は村落の全耕地を一つの共同耕作地とみなし必要な労働力を提供する（鈴木 1958）。洞単位で行う水田除草作業が中心で田植えから収穫まで数回行われた。プマシは全朝鮮の畑作地帯でも見られたが、ドゥレは主に中南部の米作地帯で行われた（鈴木［1943b］1973：64-65）。親しい人との間でする私的な行為のプマシに対してドゥレは公的な村仕事に当たる。一組約一〇人の単位は集団的なプマシと言える。これは男子の制度で大人組では田の除草、小人組（一三、四歳から一七、八歳）では堆肥の山草狩りに従事した[25]（鈴木［1944］1973：316-327）。小人組から大人組への所属変更には儀式（チンセ、進鍬の儀）を伴い大人が認めて二〇歳の者が入ったが、小人組は日本の若者組に近い。プマシは年間通した水田稲作（田鋤、田植え）や麦作、屋根の葺き替えや修繕など多岐にわたるが、ドゥレは大規模な作業の草刈り中心で田植えの後に行われた。農耕儀礼として早乙女が出て盛大に行った日本の田植えのように、ドゥレも作業集団の行進で旗を掲げ鼓をもつ楽器演奏（農楽）を伴い作業の最終日に洞宴があった。これは娯楽が少ない農民の一大行事になり農村文化の発展に貢献したとされる。

個人経営の小さな土地ではそれに応じた労働力の提供で済むが、大規模農地では提供できる労働力よりも多く労力提供を受けるためその差額分を賃金で払う。逆に自分の土地に必要な労働力以上提供すればその分労賃をもらう。各農家の耕作面積が平均していれば貸し借りは発生しないが、保有面積以上の労力提供に支払われる賃金は大規模農家が担う。それは雇主と被雇人の関係ではなく地域全体の共同作業となる点に特徴がある（鈴木［1943b］1973：64–65）。余分に提供した労働量で得た労賃は洞の財産として寄付することもあった（同上［1943a］1973）。このように各戸の人数と耕作面積に応じた出役日数があり、自家の耕作面積以上に出役すると賃金が支払われ逆に少ないと労賃を払う。土地を多くもたない貧農はその分賃金を得たが、これは労力提供を通して収入を再分配する地域全体で支援する互助システムと言える。個別農家ごとに総決算で正確に労賃を算定する点にムラ社会の合理性を見ることができる。等量等質の互酬性に基づくユイと異なり、全体の労働力を中央に集約しそれを個々の田畑に応じて再分配する方式はモヤイの行為特性が表れている。

　近代化の過程で機械化による省力化や都市化による人口流出のためドゥレは衰退する。この慣行は黄海道（北朝鮮）など地域によっては見られない（鈴木［1943d］1973：445–455）。このため必ずしも全朝鮮的な慣行とは言えないが、農村がもつ典型的な共同意識が表れている。全員参加の村仕事は労働力を全体でプールする点で共同体的な合理性を示す。そこでは社会意識の強制力に基づく強い共同性から全耕地が自他の区別なく一つの経営地とみなされた。ただその労力提供の対象地が共有地（コモンズ）ではなく個人の土地で、それらをあたかも村落共同の土地とみなして労働力を提供する点は日本と異なる。しかし共有地がまったくなかったわけではない。共同耕作地があったことは重松の『続朝鮮農村物語』でわかり（重松 1945：168）、また墓地を購入できない者には共同墓地がありその位置形状も風水によらずに決めたとされる（小田 1913）。朝鮮の村仕事には井戸の掃除、道普請、崖崩れの修復、堤防の補修などあるが、各戸に割り当てがあるのは日本と同様である（鈴木［1943c］1973：107–135）。この共同作業は各世帯一人出ることが原則で、出ないと賃金相当分を取り参加者にそれを分けまた部落の修繕費に充当する。ドゥレの不参加に罰則はないが、参加しないと信用を失い仲間はずれになることが少なくない。なお一九三〇年代の済州島の調査では全村の共同作業がスヌルムと呼ばれていた（泉 1966：153–156）。

韓国の共同作業（ブヨ）と共有地　現代の韓国では、新安郡の黒山島ビ里で海産物を共同で採取する行為（扶役）をブヨ（プヨ、プヨック、부역）と言う（二〇一二年三月聞き取り）。また一世帯で二人出すとき一人しか出せない家の代わりをする

ときもブヨを使う。なお岩海苔やウニなどの海産物は地域社会の財産なのでお互いに分け合うが、アワビは個人が育て収益も各自が受け取る[26]。同じ黒山島の六〇代女性によれば、海岸の掃除など一世帯から一人出たが今は賃金を払い人を雇う。ただし教会の人たちはボランティアで作業をする[27]（二〇一二年三月聞き取り）。同じ郡の飛禽島徳山里の八〇代男性の話では、里長が声をかけて皆が空き地の雑草刈りに参加する（二〇一四年九月聞き取り）。同じ徳山里の七〇代里長によると、共同作業は一年に数回雑草を刈るときぐらいである。珍島の細方里では、草刈りや道路補修の共同作業や共同で何かをつくるときにブヨという言葉を使う（二〇一一年九月聞き取り）。同島義新面カゲ里でも掃除など自発的な共同作業をブヨと言ったが、現在面の事務所で賃金を得て行うのでこの言葉は使わない（二〇一二年三月聞き取り）。共同作業はそれなりの労働力を必要とするが、同じ珍島でも細方里は若者の流出が多いのに対して、カゲ里ではアワビの収入があるため若者が都市から戻ってくる。

莞島郡生日面の徳牛島（徳牛里）でも海岸の清掃など共同作業をブヨと呼び、里長が必要に応じて指示をする（同上聞き取り）。夏は特に海岸のゴミが多く掃除も人手を要した。同郡青山島（青山面）のグォンドク里の八〇代元里長によると、共同作業は強制ではないが一世帯から一人出て、台風が接近すると里長が声をかけて皆で船をつなぎ止める（二〇一四年九月聞き取り）。同島新豊里の八〇代男性の話では、ゴミ拾いの作業はないが、一二月に白菜工場で女性が集まり共同作業をする（同上聞き取り）。高興郡の外羅老島（蓬莱面新錦里）の六〇代男性によれば漁村契（会）が漁業権をもち、アサリを共同採取しその収益で漁場を浄化し残りを分配する[28]（二〇一四年九月聞き取り）。麗水市華井面の沙島では里長を中心に、夏は毎日トイレや海岸の清掃をする（二〇一一年九月聞き取り）。突山邑ユンソン里ソユル村の七〇代古老の話では共同作業は麗水市から賃金を得てするため村としてはないが（二〇一二年三月聞き取り）、掃除などの共同作業はブヨと言う。同市白也島（華井面白也里）の九〇代元里長によると、アサリは個人収入で採取日を厳守しているが、共同意義が強いわけではない（二〇一四年九月聞き取り）。内陸部の全羅南道海南郡の玉泉面ではウーリョク（腕力）という言い方で共同作業をし、順天市楽安面の東内里では草刈りや植栽の手入れなど市から資金が出るため共同作業は少ない（二〇一二年三月聞き取り）。総じて行政から報酬が出るため自発的な作業が減り地域の共同性は希薄である。

済州島の金寧里では海苔や海草類は平等に分けたが、ナマコやサザエ、ウニは個人の取り分となる。[29] 西帰浦市のポパン里では海女がウニやサザエの共同販売をするが売り上げは各自の収入になる。[30] 全体の採取量を決めて獲るときは皆で分配することもある。帰徳里の漁村では海岸の清掃は共同作業でするが、組合で海の監視をするとき参加しないと罰金が科された。漁獲物は海女仲間でアワビやサザエを分け合うこともあった[31]（二〇〇七年八月聞き取り）。金寧里の六〇代海女の話では「海女の会」という組織の支部が東西にある（二〇一二年三月聞き取り）。この組織で海産物を売り海神への共同祈願も行う。大きな道路は行政から助成金を得て整備するが、普段は海女たちで掃除をする。共同作業は住民の義務であり、職場集団も一定の作業を通して地域と一体感を保つ役割を果たしている。

共有地はどうなっているだろうか。朝鮮では婚葬具や墓地、倉庫、水車、消防器具、石臼、弓射場、集会場などの共有が行われ、山林や池沼などの共有地が維持管理されてきた（善生 1933 : 76–78）。新安郡の黒山島郷土研究保存会の五〇代男性によると、高速船で三〇分ほどの距離にある紅島ではその近くの無人島を小学校に与え獲れた海産物を売り、学校に通えない子供たちの学費や必要な学用品を購入したことがあった（同上聞き取り）。この無人島は紅島の属島と言える。なお現在ワカメの区域を二、三年の周期で決める割地もある。同郡飛禽島徳山里の八〇代男性の話では、洞と里単位で田畑をもち一九六〇年代から八〇年代は収穫物を住民で分け合った（二〇一四年九月聞き取り）。現在敬老堂でジャガイモやサツマイモを煮込み貧しい人に与えている。砂混じりの風を防ぐ防風林の松の木がある海岸の土地をマンと言い成長した木は伐採して燃料や舟の材料にしたが、行政の単位が大きくなりマンが機能しなくなった。ここの七〇代里長によれば、八〇年代頃まで共有地の豆やサツマイモ、ほうれん草、白菜を住民で分けたが今は私有地化され、マンは国有地から郡や区の所有になり里が所有している。松の伐採で燃料や販売金を区費にしたが、八〇年代頃から燃料が新しくなり活用していない。都草島（面）では学校塩田が子供たちの体験学習の場になったが、管理を業者に任せ収益を学校に寄付してもらい奨学金に充当している[32]（二〇一二年三月聞き取り）。新安郡でも半島の拠点となる木浦《モッポ》と距離的に近い荏子島（面）、安佐面の者羅島や安佐島、荷衣島《ハウィド》（面）では周辺の無人島が個人所有で共有地の属島はほとんどない（二〇一二年八月聞き取り）。

高興郡の外羅老島（蓬莱面新錦里）の六〇代男性によると、国立公園の無人島は近い里が管理するが日本のモヤイ島のような慣行はない（二〇一四年九月聞き取り）。同じ島の七〇代元里長の話では里全体で近隣の島をもつことがあった。近年ソウルの資産家が島を買うことが多く共有地的な利用はない（同上聞き取り）。しかし麗水から陸路で行く突山邑の漁村ではモヤイ島があった。ユンソン里ソユル村の六〇代村長によれば、困窮者を救済する仕組みではないが、この漁村の正面に位置する栗島《バム》をかつて四つの村（一つの里）で共有し、カキを中心に海苔やアワビなどの海産物を採り教員の給料を含め小学校の必要資金を捻出した(33)（二〇一二年三月聞き取り）。これは村長が小学校二年生の頃で、現在は別の村がこの島を所有している。採った魚は個人のものだが、村の海産物として少しは地域社会のために使う。毎年その分漁業契に海産物を獲る権利金を支払う。同じ麗水市の白也島（華井面白也里）の九〇代元里長の話では、無人島は近い里が所有しそれを売り里のために使うこともあるが、不動産目的の転売が問題になっている（二〇一四年九月聞き取り）。

莞島郡生日面の徳牛島（徳牛里）では島の周囲に里が所有する無人島が八つあり、五つのグループが順番に毎年海産物を獲る区域を里長が決める（二〇一二年三月聞き取り）。収穫が少ない島もあるので一つのグループで二つの島を割り当てることもある。一二人で一つのグループを構成し実質五人から六人で仕事をする。獲れた海産物は各グループで平等に分け合う。七〇代の古老によると、これは島に人が住み始めたときからのやり方で「自生的な社会秩序」としての互助慣行と言えよう(34)。同じ郡の青山島（青山面）グォンドク里の八〇代元里長の話では、同じ姓で共通の祖先につながる男系集団の門中がもつ土地は墓地や共有田畑としてあるが村民の共有地はなく、無人島周辺は里が漁業権を所有するもののモヤイ島のような仕組みはない（二〇一四年九月聞き取り）。一般に門中は普通墓を共有する（李・張・李［1983］1991: 67–73）。この父系血縁集団がもつ「宗中畓」と呼ぶ財産は土地の収穫物を販売し祭祀の費用に充当した(35)（高 1998）。珍島の義新面カゲ里では生活困窮者に米を分けたが、今はアワビの収入が多く生活が安定している(36)。新安郡の押海島（面）の五〇代男性によれば、四〇年ほど前にトンゲサン（地域の山）として共同で買いオンドルの燃料の木を伐採して分けた（二〇一二年八月現在）。これはモヤイ山と言える。全羅南道の麗水市華井面の沙島に共有地はないが隣の狼島に沙島の門中の墓がある（二〇一一年九月聞き取り）。これは狼島からの移住者が沙島に多いためと推測されるが、世帯数が五〇以上と多いときは狼島の土地を耕して沙島の生活を維持した。この点は沖縄で土地が少ない近隣の島が共有地として西表島に入り会って生活した点と共通する。

互助組織としての契

契（ケ、계）は団体（集団）をさす言葉でその多くが互助組織と言える。それはまた金銭や物品を出して再分配する行為を内包する点で日本のモヤイに近似する行為でもある。一度に準備することが困難なものを少しずつ事前に用意する点でも備蓄の共同性が見られる。この朝鮮の契の研究は日本統治期にされている。朝鮮総督府の嘱託であった李覚鍾が行った契の種類（公共事業、扶助、産業、娯楽、金融）、契の機関（契長〔契の代表〕、有司〔契の実務代表〕、掌財および書記〔現金出納や文書管理の担当者〕）、契の財産とその解散についてまとめた『契に關する調査』（朝鮮民政資料）が最初である（李 1923；伊藤 2013：309）。契の起源は高麗朝末期以来地租以外に戸布という税（布による納税）を求められ（軍役の代償としての納税では租庸調の庸）、農民が不測の事態に備えて組織した貢税《ぐぜい》組合としての軍布契（貢物契）という団体に始まる（李 1923：2）。これが何らかの有事に備える組織として拡がり、その後李朝になると公共事業の洞里契、書堂経営の学契、婚葬儀の婚喪契、農事の農契、金融の殖利契などが生まれた。「契と云うは古来部落に於て同志談契合して相互扶助の精神に基い《ママ》て組織する一種の團體の事である」（同上：1）、また「一種の組合契約に基いて一定の財産を以て利殖を為し、以て地方公益又は契員の親和公益を圖ることを目的とする團體である」（同上：3）。庶民が生み出した「生活の知恵」の産物が契であった。

日本人では同じく朝鮮総督府嘱託の善生永助が先の李の調査を踏まえ契の性質、分布、組織、現状、取り締まりについてまとめた『朝鮮の契』（調査資料第一七輯）を嚆矢とする（善生 1926）。契は「同一目的の下に一定の規約を設けて組合を作り、互いに多少の金品を拠出して資本と為し、或は経済上の福利を増進し、或は社会共同の利益を計る」[37]（同上：1）。その目的は殖産興業の発達、地方自治の改善、教育知識の普及、風教道徳の向上、勤倹貯蓄の奨励、金融物品の融通、隣保相互の扶助、同族同宗の和親、同郷同業の協調、趣味娯楽の一致にある（善生 1933：590–607）。善生は公共事業（六三）、扶助（一〇七）、産業（五八）、金融（三二）、娯楽（一三）、その他（四）に契を分類したが扶助目的が最も多い（善生 1926：5–26）。契の名称から組合に変えるものも少なくない。契は社会生活に必要なあらゆる領域にわたり、個人では対応できない行為を複数で処理する互助組織と言える。利殖目的の金融契（ドォンケ、トンケ）では契員すべてが受け取ると解散するが、公共や共済、娯楽目的の契は存立期間を決めないことが多い。

一九四三（昭和一八）年朝鮮総督府発行の『調査月報』に執筆した鈴木は戦後当時の資料をもち帰り新たに書き起こした論文で、朝鮮の契と日本の講を比較している[38]（鈴木 1958）。その組織と機能で圧倒的に朝鮮の契が多いとし、座首を中心とした契の取りまとめ、永久に存続する契、男子中心の契、支配階級の両班《ヤンバン》儒林の契など日本にはない組織を指摘した。両班だけ入る学契もあるが、両班と常民《サンミン》が入る洞契がある一方、死装束や喪服に使われる布を用意する庶民の喪布契（サンドッケ）もあった。娯楽に関する契が最も古く同族が祖先祭祀のため組織する宗契や門契が次に古い。その分類は既存の調査同様洞契、宗契、婚葬契、金融契、殖産契、娯楽契に分類した。泉の済州島での一九三〇年代の調査によれば、部落林や私有林の保護を目的に出資し苗を購入するまた炭を焼いて共同販売する愛林契があった（泉 1966：156–158）。この組織は山火事の見回りや盗賊の監視も契員が共同で行うが、島庁が設置した官設の契であった。契員が共同出資して種馬を購入する馬契、飢饉に備え米や麦、粟、稗を貯蔵し必要に応じて契員に穀物や資金を貸した米契や扶助契、米や麦を精白する碾磨《てんま》の維持費や修理費を共同で出資管理した碾磨契があった。

洞契は洞の全世帯が加入する契で、公共事業や社会事業を目的とし旧洞里（自然村）すなわち李朝末期の洞内の住民中心の相互扶助的な性格をもつ[39]。洞有財産は必要な村祭りや面税の支出に充当し、冠婚葬祭の扶助にも使われ学校建設にはその財産が寄付された（鈴木［1943b］1973）。共有地を管理する松契は部落全戸の加入が条件で、部落有林を維持する組織（入会山総有団体）の共同作業を通して一体感が醸成された。水利契は部落内の洞契の一事業部門として貯水池を維持する組合の性格をもつが、用水では当事者の私的な団体と言える洑《ふく》契や堰堤《えんてい》契があり、土地改良組合や水利組合の発展とともに消滅した[40]。井戸を維持管理する井戸契や修井契などもあった。この他学契では資産家が資金を出して書堂を建て招聘した先生から洞内の裕福な両班の子弟教育を行った[41]。両班儒林の契には詩契、射亭契、郷約契などがあった[42]。同甲契や老人契は年齢階級別の契である。宗契や門契は祖先祭祀のための契で、沖縄の門中を除いて日本では祖先崇拝の組織は少ない。この他親睦友愛、貯蓄奨励、消費節約、勤勉励行、学事奨励など広く生活改善の振興契もあった。これは日本では生活改善運動を推進する組織に類似する。

以上は日本の組として地域住民（世帯）の加入が求められるフォーマルな組織と言えるが、冠婚葬祭に関わる契は準フォーマルな互助組織として重要な役割を担った。婚葬契では葬儀の道具類を共同で使用する葬式契（為親契、葬具契）と婚礼衣装に出資して借りる祝儀費用のための結婚契がある。葬儀では必要な布や酒、豆腐が集められた。為親契は親の葬式費用捻出のため毎月出す（鈴木［1943c］1973：107–135）。この契では代表者の契長や副契長の他に資金管理の財務担当が預り金を高利で運用することがあった。洞喪契は各戸から成人男子一人が労働力を提供し米を徴収して葬儀費用に充当する。これらは日本の不幸組や葬式組に当たり、不幸があった家以外の地域住民が葬儀の一切を仕切るが、このように事前に資金を集め運用する組織は日本では少ない。葬具の共同利用は日本にもあるが、喪輿《もこし》契のように契員以外の者に有料で貸すことはない。いずれも地域住民が対象だが郷約契や門契など地域を超える組織もあった。契の規約は明文化されない不文律が多い(43)。

これに対して講として任意加入のインフォーマルな組織と言える金融契は日本同様直接資金を運用するものと特定の物品購入のものがある。前者の共同基金を積み立て高利で貸す採利契、共同出資による利殖目的の取引契は日本の親なし頼母子（営業無尽）に相当する（恩田 2006）。金融契は集めた資金を契員に低利で融資するか、契員外に高利で融資して利子を契員で分配する。特定の物品購入のために資金を集める日本の畳頼母子や自転車講同様、平等に出資して牛一頭分の資金をつくり購入後抽選で契員に牛を与え全契員に牛が行き渡るまで続く牛契もある(44)。鈴木は日本のように特定の困窮者を救済する契は少なく契員相互の扶助目的が多い点を指摘している（鈴木［1943b］1973：62–63）。殖産契は肥料や魚類、農具の共同購入や共同施設の事業を目的とする。鈴木によると各戸から出資して生活困窮者に貸与し、その利子を洞全体の必要費用に充当する洞中契が日韓併合前の旧感情を表すとするなら、日本の農家小組合にあたる殖産契は朝鮮総督府による近代化を進める農村開発の感情を示している（鈴木［1943b］1973）。この殖産契は旧洞里（自然村）を単位に構成され契長の多くが区長や国民総力部落連盟理事長と同一人物で、また部落共栄会の名称で貯蓄や共同経営、土地改良、学校経営を行う組合組織でもあった。本来自生的に生まれた互助組織の契が植民地統制で保護奨励されていたことがわかる。この他農契や小作契、漁業契、鉄店契など同業者の契や日用雑貨を売る商人がつくる褓負商《ほふしょう》（金属器や冠、笠、筆墨などを扱う褓商と木器や土器、草むしろなどを扱う負商）の契もあった。

現代韓国の契

一九七〇年代の契は伊藤の珍島での調査が詳しいが（伊藤 1977a, 1977b）、一定の財産を運用し仲間の親睦をはかる組織原理として平等と互恵の原則を強調している（伊藤 2013：334）。以下特徴的な点を述べると、洞契は村有林や村の地先海面、共同井戸、祭事道具の維持管理、喪輿《もこし》を収納する小屋の屋根葺きを行った[45]（伊藤 2013）。喪布契は父母の葬礼に備え世帯主の成人男性が世代別に組織され、嫁や主婦は実家の父母のため準備した（伊藤 1977a）。葬儀がないとその積立を田畑の購入に充てまた他の契の資金として貯蓄した（伊藤 1977b）。婚礼で客人に飲食物を提供する濁酒契、婚礼の祝い物で欠かせない豆腐の豆をもち寄る豆腐契、米や籾、餅の契もつくられた。特に注目したいのは毎年一定額を出資し契田（共有田）を購入し共同耕作や小作料で得た収入を分配する契である。これは日本のモヤイ田に近似する（恩田 2006）。生活水準の向上から金属食器を購入する食器契や茅葺き屋根からスレート屋根に改良する屋根改良契、発動機つき脱穀精米機を共同購入する発動機契も登場した。軍隊仲間の軍友契、日帝時代の班長でつくる班長契もあった[46]。煙草契は禁煙者が煙草代を積立て水田などの共有財産を購入した。忘年会の忘年契、同じ年齢（同甲）で構成する甲契、独りっ子が集まる独身契もあった（伊藤 1977a, 1977b）。

筆者が聞き取りをした珍島の細方里では、子供の誕生や結婚式、親の六〇歳七〇歳という節目の祝い金に備え親戚とする親睦契（チンモッケ）、また親が亡くなったときに手伝う喪契（ホウサンケ）があった（二〇一一年九月聞き取り）。後者は親と同居していないため都市で金銭を集めることが多い。金融契は落札契（ナクチャルケ）で最初に受け取る人が多く払い最後に受け取る人が少なく払うが[47]、もち逃げが多くなり今はほとんどしないで銀行に預ける人が多い。冠婚葬祭の契だけは行われているが、喪契もしだいに慣行が薄れやがてなくなるものと思われている[48]。同島義新面では金融契はなく、親が亡くなると村民が墓穴を掘り料理の世話をする喪布契はあったが、今は病院で業者が葬儀の手はずを整えるようになった（二〇一二年三月聞き取り）。旅行積み立ての旅行契（ヨヘンケ）は現在もある。珍島は架橋で都市化が進み互助慣行の衰退もそれだけ早いと言えよう。

新安郡の黒山島ビ里では喪布契はあるが、これは韓国の伝統的な文化の中で全域的に見られる（同上聞き取り）。生活に一番困っている人が最初に受け取る親睦契や旅行契もある。この他アワビなど海産物に高い値をつけた人がせり落とす落札契もあったが今はない。金融契（ドォンケ、トンケ）は今も行われている。さらに貴金属の金だけを集め入札をする指輪契（バンジケ）もある。同島の六〇代女性は喪布契があるくらいで、貴金契（ハンジケ）、金融契も旅行契も少なくなったのは銀行に預けるほうが利回りがいいためと言う（同上聞き取り）。同郡の都草島では金融契はないが喪布契の他に農民が米を出す穀物契（コンブルケ）はある（同上聞き取り）。これは最後に受け取る人が一番多く米を得る仕組みで日本の物品モヤイにあたる。莞島《ワンド》郡生日面の徳牛島では金融契はなく旅行契も今は少ないが、葬式の契だけは残り必要なお金や米を出し棺をかつぐのに協力する（同上聞き取り）。同じ新安郡の荷衣島（面）の六〇代元婦人会会長によれば、春にニンニクやタマネギを秋は米を売った後行う春秋契（チュンチュウケ）が島の南のほうで行われ、一四ある面のうち一番貧しい地区では農作物を拠出する契がある（二〇一二年八月聞き取り）。同郡の飛禽島徳山里の八〇代男性が言うには、一世帯米を二〇キロもち寄りその集めた分を結婚式や学校の費用に充当したが、一九七〇年代頃から現金を出している（二〇一四年九月聞き取り）。一〇代二〇代の若い人も希望契と言い毎月いくらか出してくじで最初の受取人を決めた後、その人が利息相当分として一〇％ずつ払う仕組みもある。同じ徳山里の七〇代里長の話では、一九六〇年代にあった大洞契（テドンゲ〔ケ〕）は新年の初めに一回開かれのろしをあげて知らせる大きな集まりで、村の行政事務の協議機関の集まりでもあった。この他最近まであった土葬の段取りを話し合う喪布契では大洞契が四つの村組に分かれ葬儀の手助けをした。利息目的で少額のお金や米を拠出する契もあるが、大金を出して一〇人以上の入札制でする落札契もまだある(49)（同上聞き取り）。

莞島郡の青山島（面）グォンドク里の八〇代元里長によれば(50)、海苔やワカメなどを祭祀のとき村全体を対象に拠出した大洞契があり、一年に一回村への居住を審査する集まりでもある（同上聞き取り）。葬儀の行列に参列する運葬契（ウンサンケ）もある。貧しい人には村が少しずつ現金を出し、また水産物の収穫もそれなりにあるので落札契はここではしない。同じ青山島新豊里の八〇代男性の話では旅行契はあったが今はしていない。また巫女の祈りのとき集めた賛助金を村のために使うこともあった。高興郡の外羅老島（蓬莱面新錦里）の六〇代男性によると、女性がする指輪契ではくじ引きで指輪の受け取りを決める（同上聞き取り）。漁閑期の一月から二月になると専業漁師たちが貯金した旅費で旅行に出る。同じの島の七〇代元里長の話では、旅行積み立ての観光契（カンカァンケ）で仲間と都市に行く。また葬儀に備えた運葬契もあったが今は都市でするためない（同上聞き取り）。全羅南道の麗水市華井面の沙島では契をしようとしたが、皆で相談してやらないことにした（二〇一一年九月聞き取り）。これは持ち逃げにより人間関係が壊れるためで、人口が少ない島ほど小口金融は見られないのは日本の沖縄先島諸島と同じである。麗水近郊突山邑ユンソン里ソユル村の七〇代男性によれば、三〇年くらい前の話として村の信頼できる者二〇人くらいで二〇カ月かけて金融契をしたが、もち逃げがありまた銀行の利回りがよくなるとしだいになくなった（二〇一二年三月聞き取り）。麗水市の白也島（華井面白也里）の九〇代元里長の話では、かつて親睦契があり不幸のときや困窮者を支援したが金銭契は今はない（二〇一四年九月聞き取り）。済州島の金融契（ファンダンケ）は現在行われていないが、二〇年くらい前まではあったことを聞いた（二〇〇七年八月聞き取り）。それでも船や別荘を買うとき資金を拠出する契がまだ少しあり、女性が美容のためにする契もある。金寧里では飲食して親交を深める親睦契と積み立てをする旅行契がまだ残るが、銀行預金をすることが多くなった（二〇一二年三月聞き取り）。六〇代の海女によると、海女仲間で金融契や旅行契をしたが最近はしていない。巨文島でも個人事業が多くなると食事会や飲み会の親睦契があるくらいで、金融契は破産もあり銀行でお金が借りられるようになるとしなくなった（二〇一七年七月聞き取り）。それでも島嶼地域では生活に密着した契が現在も多く行われている。

釜山のような都市部でも契が隣近所や同窓会、アパートの住人、職場で行われ、その多くが利殖目的で利息が二割のときもあった（二〇〇六年九月聞き取り）。商店街では金額が大きく投資目的が少なくない。結婚式のとき友だちで祝金を集めるときも契を利用する。ソウルでもたとえば若者がペンションに泊るため毎月契でお金を集め、仲間で不幸があるとそこから弔慰金を出す。高校生でも少額を出して服やバックを契で買うが、これらは利息とは無縁の積み立ての性格をもつ（二〇〇八年五月聞き取り）。慶尚北道慶州市の江東面仁洞里良洞村道の八〇代女性によると、両班や畑をもつ人が中心に契を行っていた（二〇一四年九月聞き取り）。逆に契は生活に余裕がないとできないことがわかる。さらに持ち逃げで信頼関係がなくなると継続は難しい。契の減少は人間関係がそれだけ希薄であることを示す。

農村部ではセマウル運動で契が衰退したとされるが、標準的な生活が満たされた後でする娯楽や遊び中心の都市の契と異なり、農村では生活に密着した相互扶助の契や計画的な出費や突発的な支出に備えた共済型の契が主流で存続していた。慶尚南道河東郡の青岩面黒犬渓里青鶴洞の九〇代男性によれば、新しく村に来た人のために村全体で契を行い食事を提供し、生活困窮者がいれば米や麦を提供した（二〇一四年九月聞き取り）。この男性は読み書きを書堂で学んだと言う。金融契は利息目的の利殖型が多い都市に対して、地方では困窮状態を改善する救済型や生活を維持する共済型が多い。この里では農協があるためまた都会に出た息子が送金するなど生活の向上とともに金融契は衰退した。

全羅南道の海南郡玉泉面永信里では一九五〇年代頃は米で契を行い、結婚式や病気、けがをしたときなど金属の金を集めて契をしたが、現在契は行われていない（二〇一一年九月聞き取り）。金利が高いと銀行で運用するが、低いと金属の契が有利で利用した。親睦契は親戚以外に同窓生や同年齢で結婚式など特別な日のために行い、家族が亡くなると世話をする葬式の契もあったがいずれも今はない。それでもこの里では冠婚葬祭ではつながりが強い。順天市楽安面の東内里（楽安邑城）では、米を預けて生活困窮者が最初に受け取る契もあったが、今はお金を銀行に預けて運用する（二〇一二年三月聞き取り）。都市に近い内陸の農村では島嶼地域より互助慣行の衰退が早く、極端に貧しい場合は契が必ずしも行われているわけではない。

支援（援助）的行為――「コンクル」「プグン」「ブジョ」「ドゥム」

朝鮮の労働奉仕――コンクル、プグン

相手から見返りを求めないテツダイに相当する言葉は日本同様多岐にわたる。鈴木によれば朝鮮であったコンクル（共社〈会〉、共屈）は有償でする除草の手助けで、これには労賃が出た（鈴木 1958）。同じコンクルでも重病や初喪のとき必要な労働力を無償で提供することもある。京畿道安城地方では寄付を意味するプジューは不幸があると贈り物をするが、僧侶や寺にも行われた。同じ行為は全羅北道全州地方ではコジョと言った（鈴木 [1943b] 1973 : 445-455）。コジョは無報酬の手助けで部落内の有力者の家を建てるときにも行われた。この他下雲面明川洞ではヒヤンド（郷徒）という祭事のとき各戸から出る労働奉仕もあった[51]。

プグン（附近）は家の新築や病人、困っている家に対する無償の奉仕活動である。これは日本のテツダイで返礼を伴わない。この支援を指導する尊位がいて洞の長老格の人がなり、その補佐役が若い公員である。このプグンはもともと「附近」

として部落あるいは洞の意味をもつ（鈴木［1943a］1973：456-459）。プグン単位で山をもつことが多く、これが共有地として維持管理された。村仕事には道路や橋梁、井戸、洞舎（寄合場所）、イドサラエなどの作業があった（鈴木［1943b］1973：84）。これらの作業は洞祭り前後に開催される区長あるいは部落長を中心とした洞会で決めることが多かった。こうした作業への参加は地域住民として当然の義務で、個人的な手助けというよりも共同作業である。

一九三〇年代に済州島を調査した泉によれば、日本の若者組に相当する青年会の組織があった。それは二〇歳から四〇歳までの男子のみの組織で、相互扶助に加え知徳の修養、体育の奨励、巫女の撲滅など弊風の矯正を行い、青年契では当時月に一〇銭集め会員やその父母が亡くなったとき弔慰金を出し書堂の改修費用も捻出した（泉 1966：158-160）。同様に婦人会が海女の裸潜漁場の保護、内紛を調停し、他村との紛争では一致団結して対応した。なお海女の収入は漁場の管理や用水井の修繕費用などにも充当された。

韓国の手助け――ブジョ、ドゥム

現代の韓国では珍島の智山面細方里の元里長によれば、コンクルやプグンという言葉は聞かないが、見返りを期待しない手助けはドゥンダ（助）という言葉を使い[52]、廟をつくるとき集まって手助けした（二〇一一年九月聞き取り）。現在は家ではなく病院で亡くなる人が多いので、四、五年くらい前から業者に任せることが多い。結婚式は若い男性が都市に出ているので彼らの好きなところで式を挙げるが、珍島に戻って披露宴をする者もいる。今では業者が町から食事を提供するが、皆で集まる食事が楽しみで契とは別に祝い金を出すことがある。この行為は互酬的なプマシの一つとされる。総じて地域社会の結束の弛緩、伝統に基づく拘束からの離脱傾向は日本の村落と変わらない。しかし釜山のような大都市でも見舞金や祝い金を出す場合は「ブジョ（プジョ、プジェ、부조、扶助）をした」と言い、それなりの手助けをする（二〇〇六年七月聞き取り）。

新安郡の黒山島ビ里では結婚式を木浦で行い、葬儀は病院で亡くなった人は都市でするが地域で行うこともある。いずれも喪布契で必要な手助けをした（二〇一二年三月聞き取り）。黒山島郷土研究保存会の五〇代職員によると、同様に今も喪布契で葬儀の手助けをする（同上聞き取り）。同郡の都草島では農業以外に海産物もあるので特に生活に困る人は少なく、農業をする青年が多く機械を使い高齢者を支援している（同上聞き取り）。その場合収穫した米の六割を高齢者が受け取り若者が四割をとる。飛禽島徳山里の八〇代男性の話では、朝鮮時代から続く伝統的な結婚式もあったが今は都市で簡素化してする人が多い（二〇一四年九月聞き取り）。葬儀は儒教に基づき生前のままの姿で葬る土葬から火葬が増えている[53]。同じ徳山里の七〇代の里長によれば、冠婚葬祭で少しずつ現金を出して手助けするときはプジョという言葉を使う。七〇年代くらいまで地元で行った葬儀は現在木浦で行い、結婚式も昔ながらのやり方を踏襲しながらも都市ですることが多い（同上聞き取り）。莞島郡の青山島（青山面）のグォンドク里の八〇代の元里長は、毎年旧暦一月元旦に土地の神が怒らないよう怒りを鎮めるため喪主が草（藁）で棺の遺体を巻いて編むが、そのまましばらく置き二、三年後骨を土葬にする島の草墓について語ってくれた（同上聞き取り）。この草葬の跡が島内に草墳として残っている。同じ青山島新豊里の八〇代の男性によると、この骨になる状態まで死体を置く方式は五、六年前まであったが今は火葬が多い（同上聞き取り）。結婚式も嫁の家ではなく現在は式場でする。また高興郡の外羅老島（蓬莱面新錦里）の六〇代男性の話では、棺を載せる輿を出した葬儀もしだいになくなり結婚式同様都市で行うことが多い（同上聞き取り）。麗水の都市部に近い突山邑ユンソン里のソユル村の七〇代古老の話では、葬儀も結婚式も今は麗水でする（二〇一二年三月聞き取り）。同市の白也島（華井面白也里）の九〇代元里長によれば結婚式は都市でするが、為親契で里の者が親の葬儀の手助けをする（二〇一四年九月聞き取り）。順天市楽安面の東内里では伝統的な結婚式もあったが地元でする人はいない（二〇一二年三月聞き取り）。巨文島では一〇年ほど前まで島で葬儀をしたが現在麗水で行い結婚式も同様である。なお先祖の土地（先山）がない人は共同墓地に埋葬される（二〇一七年七月聞き取り）。

済州島では結婚式を新郎新婦の家で三日ほどかけてする（二〇〇七年八月聞き取り）。葬式は土葬と火葬が半分で三日から四日かける。契員が葬儀のいっさいを手伝うが、この点は日本の伝統的な地方の葬儀と同じである。帰徳里の一里という集落では結婚式は式場でするが、住民がお互い手助けをする。なおプジェは現在現金のやりとりで使うが、かつて麦をもち寄ることもあった。金寧里の里長によると、葬儀は業者に任せるが結婚式はまだ地元で行うことがある。六〇代の海女の話では自分は結婚式を地元でしたが、今は都市でする人が多い（二〇一二年三月聞き取り）。ポパン里の四〇代女性職員によれば、青年会（チョンヨンへ）と女性（婦人）会（プニョへ）で祭りや一人暮らしの高齢者にキムチや米を提供し、また両親のいない子供たちの手助けをする[54]。こうした手助け（ドゥム）はどの里でも行われ、また半島の都市部でも青年や女性組織の活動が行われ、日本の若者組同様互助組織の担い手になっている（同上聞き取り）。

2　日本と韓国の互助慣行の比較

日本のユイと韓国のプマシ

日本のユイと戦前戦中の朝鮮および戦後韓国のプマシを比較すると、韓国では田植えや屋根の葺き替えをはじめ、除草や麦刈りなどの作業で行われ、一部養殖アワビの容器の掃除や販売など漁業でも見られた（**表2-1**「韓国（朝鮮）の互助慣行」参照）。プマシは隣保組織とは関係なく行われることがあり、日本のユイの組織は永続するが朝鮮のプマシは必要に応じてつくる短期のものが多い（鈴木［1943b］1973：67-69）。特にプマシの精神が助けられたら助けるという「礼」にあり、この礼儀を制度化したものがプマシと言える。ここに儒教倫理が表れ、人間の労働力が皆対等であるという「人間平等の仮定の上に立つ協力の合理性」が見られる（鈴木 1958：28）。この合理性の論理は日本のユイも同様で、そこに男性と女性、成年と少年、人間と動物の労力基準の違いはあっても、お返しをするという対等な交換行為が基本にある。ここには村落の共同生活を支える規律（社会的合理性）が貫徹している。プマシも等量等質性を求めたが、相互の信頼関係に基づき労働力の種類や能力、時間で過不足があっても許容したとされる。この点日本のような厳密さはない。集団の凝集性に加え、日本のほうが経済的合理性が強いと言えるだろう。

日本のモヤイ（組・講）と韓国の契

講の特徴として地域的制限、共同社会的性質、冷徹なる合理性、各自出資の負担、対等の権利を鈴木は主張したが、これらは契にも当てはまるとする（鈴木［1943b］1973：49-54）。一部日本の頼母子や無尽、朝鮮（韓国）の門契のように村落間にまたがるものもあるが、自然村内で見られる地理的な制限、洞契や松契など全戸を契員とする点は伊勢講など多くの世帯が講員となる点と共通する。また講と契の制度的な側面すなわち財物処理（財力による協力）の方式と地域の対等な社会関係に

表2-1　韓国（朝鮮）の互助慣行

互助行為	内　容
互酬的行為	• プマシ——礼節としての労力交換（社会的合理性），短期的行為 　• 田植え，稲刈り，屋根の葺替え，麦刈り，除草，薪取り 　• ニンニクや白菜，トウガラシ，タマネギなどの畑作 　• アワビ養殖用容器の掃除など
再分配的行為	• ブヨ，プヨ（韓国）——各家から一人出る村仕事（扶役） 　• 井戸の掃除，道普請，崖崩れの修復，堤防補修，海岸清掃など • モヤイ島 　• 漁獲区域の割当て（割地）による合理的な資源配分と公平な富の再分配 　• 共有地として地域のため属島を活用（小学校の学童支援——学校塩田） • ドゥレ，ツレ（朝鮮）——共同作業 　• 合理的な労力配分と富の再分配 　• 超過労働への賃金支払い 　• 田植え後の草刈り，堆肥用山草刈り
	• 小口金融——契（フォーマル，インフォーマル）
支援（援助）的行為	• ブジョ（プジョ，プジェ）——無償の手助け 　• 不幸があった家への贈与 　• 有力者宅新築の手助け • ドゥム（ドゥンダ，ドゥプタ）——無償の手助け，助力 　• 儒教精神に基づく青年の高齢者への手助け（青年会や女性会の活動） • コンクル（朝鮮）——有償，無償の助力 　• 除草（有償），重病や初喪（無償）の手助け • プグン（朝鮮）——無償の助力 　• 病人の家，困窮家庭への支援

基づく分配も類似する。講と契両者の共同社会的性格は信頼と相互理解が秩序維持の基礎をなす点に示される。冷徹なる合理性は財物をめぐる処理の公正と各自出資の平等な義務をさすが、「人間協力の合理的秩序」として平等実現の理想が両者に認められるとする。しかし日本の講がその後農家小組合、特に同業組合として発展することを述べ、公共事業や社会事業的な性格が少ないことを鈴木は指摘する。この点朝鮮の契と違うが、日本では村組がその分村落自治の機能を担ってきた。日本ではユイ組や若者組のようにフォーマルな組織が互助組織として機能したが、インフォーマルな任意加入の講もまたそれを補完した。朝鮮ではフォーマルだが私的な門中契の父系血縁集団が共有田をもちその収穫を契の必要経費に充当するなどフォーマルな性格をもっていた。韓国の契は日本の組と講の二つの性格を合わせもっていると言えよう。

伊藤は一九七〇年代の契で村への居住の条件として世帯単位に加入がなかば強制される契と加入が任意の契とに分類している（伊藤 1977a）。地域社会に住む限り事実上加入が求められる自治組織や年齢階梯別組織、血縁組織など特定の集団を基盤とするものと慶弔事で祝儀や不祝儀を出して契員相互の親睦をはかる親睦契のような個人の任意参加による分類だが、前者は日本の組に後者が講に当たる。特に任意加入集団で相互扶助が強く見られるとするが（伊藤 1977b）、いずれも最末端の行政単位とは区別された伝統的な互助組織である。契を集団（組合）として捉えるのか、それとも行為様式から考えるのか。モヤイ同様行為の特性に着目するとその性格がさらに浮き彫りになる。契はユイやプマシの双方向性とは違う中心性の行為で、日本のモヤイ同様いったんモノ（物品）やカネ（金銭）を中央に集めそれを再分配する特性をもつ。しかし行為様式は同じでもその表れ方は儒教倫理の強い韓国と日本で異なる。現代の契は将来の出費に備えた積み立ての契と利息目的の契に大別される。貯蓄契も契員が穀物などを一定量を出して順番に受け取り換金するが、毎月あるいは毎年受給の順番と出資額を事前に決める点で入札制と異なるものもある。また契員外に高利で融資しその利子を契員で分配する点はメンバー以外に資金を貸すことがない日本の頼母子とは異なる。さらに一世帯一人入る漁村契は漁業権の取得だけでなく漁村の道路補修の費用を出すなど、契が村落共同体の維持に貢献している点も注目される。

以上まとめると、フォーマルな組織として公的な性格をもつ組とインフォーマルな任意性の講双方の要素をもつ再分配的行為に基づく互助組織が契と言える（**表2-2**「日本の組・講と韓国（朝鮮）の契」参照）。一人が複数の契に加入するのは日本の講と同じだが、日本に比べ喪礼や婚礼のように長期的なライフサイクル上の支出に備えた契への参加が多い。集団内の行為特性としてはヒト（労力）、モノ（物品）、カネ（金銭）を中央に集め、それを契員に分配する中心性の行為が見られる。韓国の契には儒教倫理が反映され、特に門中関連の契は集団としての凝集性が強い。ただしそれを為政者の支配倫理の視点（梁 2000）から見るのではなく、「自生的な社会秩序」として庶民の生活防衛の手段という側面も忘れてはならない[55]。契は何よりも契約組織としての契であり、地域住民の信頼が基本となる社会関係によって支えられている。日本では会がつく様々な組織があるが、契もまた数多くの組織として一定の目的を果たす機能集団である。

表２−２　日本の組・講と韓国（朝鮮）の契

日本の組・講	韓国（朝鮮）の契
• 組――フォーマルな互助組織 　• 地域住民として加入が求められる組織 　• ユイ組，葬式組，不幸組，若者組，娘組など • 講――インフォーマルな互助組織 　• 地域住民として加入が事実上求められる準フォーマルな組織 　• 宗教講（伊勢講，冨士講など） 　• 経済講（金銭モヤイ――頼母子・無尽，メンバー内の分配中心，物品モヤイ――膳講，ふとん講，自転車講，畳講〔頼母子〕，布団頼母子） • 集団内の行為特性 　• ヒト（労力），モノ（物品），カネ（金銭）を集約する再分配的行為 　• 組織内の互助中心	• 契――フォーマル性とインフォーマル性双方の要素をもつ互助組織 • 目的――公共事業，産業振興，貯蓄，親睦，娯楽 • フォーマルな契 　• 洞契，宗契・門中契，松契，水利契，学契，殖産契，同業契（漁業契，農契）など • インフォーマルな契 　• 婚葬契（洞喪契，為親契，喪輿契，喪布契，婚姻契），金融契（契員内外に融資し契員で分配），貯蓄契，親睦契（甲契，独身契，軍友契，禁煙契），穀物契（米，麦，豆），物品購入契（牛契，食器契，発動機契）など • 集団内の行為特性 　• ヒト，モノ，カネの集約と再分配的行為 　• 儒教倫理に基づく集団の秩序 　• 組織内の互助と組織外の地域社会への貢献

日本のテツダイと韓国のブジョ、ドゥム

韓国（朝鮮）の村落は相互扶助を通して社会の秩序を維持したが、この互助システムが制裁システムによって支えられている点は日本の村落と同じである。慶尚北道の安東市郊外の村落では刑罰を科された人が払う罰金は村の共同募金として村民のために使われる（二〇〇七年八月聞き取り）。日本では村落内の格差をあえて容認することで有力者から庇護を受けることがあったが、この点は日本のほうが韓国より個人の有力者を容認する度合いが強いと言えるかもしれない。韓国ではむしろ組織（集団）として有力な門中が機能している。誰でも平等に手助けを受けられる社会では相手から見返りを求めないテツダイがその中心的役割を担う。互助慣行の衰退とともに使われなくなった言葉がある一方、現在トウム（도움、手助け、助力）などを中心に手助けするトップダ（돕다）という一方向の支援（援助）的行為に関わる言葉が広く用いられている。

表2-3　日本と韓国（朝鮮）の互助意識の比較

日　本	韓国（朝鮮）
• 集団主義（硬い集団主義） ——個人の論理より組織の論理が優先される（滅私奉公）。 • 互助社会の秩序 ——儒教，仏教，神道が融合した「日本的倫理」に基づく集団志向 集団の単位を通した地域社会の維持 村決めによる規則制定	• 個人主義（柔らかい個人主義） ——組織（契）の論理に対して平等互恵の契約関係に基づく個人の論理も尊重される。 • 互助社会の秩序 ——儒教倫理の生活規範に基づく個人志向だが，地域社会全体の秩序にも配慮する集団志向（柔らかい集団主義）も見られる。 郷約（洞約）による規則制定

3　韓国の互助慣行の特徴

儒教精神に基づく相互扶助

郷約（洞約）に見る互助意識　日本は共生互助組織が為政者の強制互助組織になることが多かったが、前者は地域社会で「自生的な社会秩序」として機能した(56)（恩田 2006）。鈴木は戦前の朝鮮での調査を踏まえ、日本の農村のほうが感情的融和や一体性が強く、朝鮮のそれは個人主義的であるとした（鈴木［1943b］1973）。この点日本のシマ社会の集団主義と朝鮮の半島社会の個人主義を対比できる。しかし韓国のそれは中国で見られる大陸の個人主義ほど強くなく、契という言葉からわかるように契約組織と個人が結ぶ関係は日本のように個人が集団の中に包摂される集団主義と異なり、また個人対個人の固い個人主義でもない個人と集団の契約関係という柔らかい個人主義をもっているように思われる（**表2-3**「日本と韓国（朝鮮）の互助意識の比較」参照）。日本では個人の論理より組織のそれが優先されることが多く、これは私を滅却して公を優先させる「滅私奉公」と言われる。韓国では組織（契）の論理に対して平等互恵の契約関係に基づく個人のそれが尊重される。

韓国の契は集団内部の一体感は強くても個々人の置かれた位置（位座）を守るという点で個人主義の色彩が強く、その分感情融合や一体感の意識は低いとされる。この点鈴木は次のように述べている。「個人の位座がいちじるしく固定し個人の位座が厳に守られている意味において個人主義的である。冷徹な位座の組織が村人等の社会過程における情熱の興奮に常に制肘を加えているようである」（鈴木［1943b］1973：88）。

このため生活協同体としての集団の統一性が日本よりも低い。しかしその多様性からわかるように公的な制度的保証がないところで生まれた「自生的な社会秩序」として契は広く地域社会に貢献している。この秩序を維持する倫理が儒教に他ならない。この点日本は儒教、仏教、神道が融合した「日本的倫理」が互助社会の秩序を維持していると言えよう。

地域社会には一定の約束事があり、それは郷約や洞約と呼ばれた。里では自治法とも言われる（二〇一一年九月聞き取り）。地域の規則を定めた郷約は中国宋代のものが移入された（鈴木［1943b］1973 : 80–86）。これは「徳業相勧《すすむ》、過失相規《たすけ》、礼俗相交《まじわる》、患難相恤《あわれむ》」によって風俗の良化と隣保共助を進める規約で、それがまた相互扶助を奨励した。李朝では日本の五人組に相当する五家統（五戸を一統とする行政単位）がつくられたが、これは連帯責任と相互監視の官制組織でもあった[57]。郷約を維持するための規則は洞約と称したところもあるが、戦前戦中の朝鮮では儒教の実践道徳を示すものとして重要であった。それを励行する道徳的な自治組織である郷約契は両班儒林の有力な門中が中心となり、洞約は郡より下の単位で機能し一般の村落でも郷約が制定された。珍島では上に立つ者が下の意見も聞きながら物事（郷案郷約）を決めた。これは一八世紀（一七七〇年代）から記録が残り「一郷一面」として面単位にあった（呉・朴 1988 : 347–348）。郷約には罪人の罰則規定もあり、日本の村落同様互助システムが制裁システムと対になっていることがわかる。村落の秩序を維持する郷約の精神が様々な制裁を通して浸透していた。

相互扶助と儒教精神

両班だけが入る学契、両班と常民がともに加入する洞契、庶民の喪布契などいずれも儒教倫理に支えられた。一般の住民にとって郷約は儒教倫理の生活規範として社会意識を拘束するために機能し（郷村社会史研究会 1996）、強固な互助システムがつくられた。一九六〇年代には『農村指導論』（蔡・趙・金 1966 : 43, 422, 441）などを精読した者が地域社会のリーダーとして活躍し、農業技術中心の農業開発だけでなく郷約に基づく生活改善の指導など社会開発的な取り組みがされた[58]。これは同年代に国連が提唱した社会開発の流れに沿うが（恩田 2001）、この種の本が農村開発の教科書の役割を果たしグループ学習を通して互助意識も浸透したと推測される。この時期の本はまだ漢字とハングルの併用だが、その後ハングルのみが奨励され民族意識が高揚する[59]。こうして儒教とエスニック・アイデンティティから韓国式の隣保共助が維持されていく。

鈴木は戦前朝鮮の農村社会では儒教文化と同族組織が重要な役割を果したとするが、それは自然村である洞（旧洞里）を超えた旧郡の社会的統一性を規定すると考えた。すなわち朝鮮の契が儒教倫理を実践し儀礼と契約を重視する農村で自然に発生してきた点に着目している（鈴木［1943b］1973）。男女の別や長幼の序（原理）をめぐる厳しい道徳観から血縁関係を中心に地縁関係でも相互扶助が強化された。一方伊藤は一九七〇年代の珍島の調査から契が家庭および村落生活を安定させる役割に注目した。しかも契への参加が複数である点またあくまでも個人の自由意志に基づく点を指摘している[60]（伊藤 1977b）。なお既に述べたように韓国の契は日本の村落のようにフォーマルな義務として加入を求める世帯単位の組とインフォーマルな任意参加で個人中心の講に分かれているわけではない。この点韓国には日本のような硬い集団主義よりも柔らかい個人主義の浸透を見ることができる。しかしそれは日本の集団主義に基づく「わが村意識」同様、ウリマウル（わが村）やウリトン（わが洞）意識を否定するほど強い個人主義ではない点に留意したい。

強い儒教精神は喪布契で子が親の葬儀の支出に備える目的意識に表れる（伊藤 1977a）。韓国の本家分家関係では長男が父の祭祀、次男が母のそれを受けもつとされる。日本では子が親の葬儀に備えるというよりも、葬式組や不幸組として一般的な葬儀の組織がつくられた。それは親に限らず不慮の死に対する地域社会全体の備えで、この点でも日本の集団主義に対して韓国の個人主義的な対応の違いが認められる。また長幼の序は日本も重んじるものの、韓国のほうが年功序列に基づくタテの社会関係が互助行為を規定する度合いが強いように思われる。両親にひざまずいてする最上級の挨拶のクンジョル（큰절）などにもそれは表れている。なお韓国では村外への互助関係は限定され、村内では特定の少数よりも多くの人と関係をもつことが一般的とされる（同上）。この互助圏の広狭という点で村落が単位になるとしても、村落外に対するウチとソトを区別する共属感情はむしろ日本のほうが強く、韓国は個人間の互助ネットワークが支配的と言える。こうした互助意識は世界の人間に恩恵を与える「弘益人間」という韓国の建国の理念に照らしても理解できる[61]。

同族意識と隣保意識に基づく相互扶助

タテ（血縁）の互助関係

韓国の村落は同姓のタテの系譜で結びつく特定の門中が中心で流動性が少ない同族部落と雑姓でいくつかの門中からなる村落外との流動性が高い雑姓部落に大別できる（伊藤 1977a）。門中が相互協力の単位となるが、さらに小さな単位（派）が門中契のメンバーを構成する。契員がそれほど多くないのは給付を常に一定に保つ目的もあった（同上 1977b）。これは日本の村落が共有地を維持するため持ち株数を制限した事情と類似する。戦前戦中両班と常民では前者の同族意識が強く、同族部落では門契が書堂の運営を始め様々な事業を行った（鈴木［1943b］1973：75）。それは互助組織として貧困子弟の奨学金を出すなど、また扶養者がいない遺児の養育や困窮者を救済し、さらに敬老活動も行った。この他同族の集会所や共同の倉庫、作業場、販売所、井戸、浴場、洗濯所などを設け村落共同体を維持した。このように門契が地域社会のセイフティネットの役割を果たしている。その基底には儒教の強い精神が作用し、後述する地縁組織の互助システムを補完する血縁組織による重層的な互助社会の構造が見られる。

珍島には門中の共有地があり、同じ門中内で生活に困った人に土地を貸して支援する仕組みがある（二〇一一年九月聞き取り）。その土地を借りた人は無償で耕す代わりに祖先の廟（墓）の維持管理など一定の義務を負う。門中が強固な互助ネットワークをもつことがわかる。この種の土地を借りて利用する人をサンジキ（산지기、山直）と呼ぶが、漢字から類推すると山の宿直者として「山を守る人」と解釈できる。[62] その土地をサンジキタ（山直田）と言い、現在もこの制度は続いている。珍島では全体の六割が門中の土地とされ、サンジキの土地の利用期間は決まっていない。これは一定の生活のめどが立つまで借りられることを意味する。同じ珍島の義新面でも門中が共同でもつ土地を貸して山と墓を守るサンジキのことを聞いた（二〇一二年三月聞き取り）。これに対して村（里）がもつ共同の土地もあるが、門中の土地に比べ小さく借りると里長に収穫物を地代として納める。順天市楽安面の東内里の七〇代女性も門中の土地を同じ門中の人に貸して生活を立て直すことを知っていた（同上聞き取り）。墓所が遠方にある場合サンジキに貸した土地の小作料で墓の伐草と墓祭の経費に充てることがあった（伊藤 2013：262）。この制度はどこでもあるわけではなく門中の系譜を守り続ける地域で見られる。[63]

海南郡玉泉面の永信里でも門中の土地を借りる人をサンジキと言う（二〇一一年九月聞き取り）。家僕（召使）への土地の貸与もあったが、貧しい者に土地を貸す仕組みは都市に住む人が普段離れていて墓地の管理ができないため門中外の人にも土地を貸す代わりに一定の務めを課した[64]。江東面の仁洞里良洞村道でも八〇代女性によると、サンジキは今はないがかつて両班が墓を守るため他から貧しい人を雇い田畑を貸した（二〇一四年九月聞き取り）。新安郡飛禽島の徳山里の八〇代男性の話では、サンジキが今も掃除をし雑草を刈り墓地を管理している[65]（二〇一四年九月聞き取り）。それは土地をもつ豊かな人が貧しい人に墓地を管理させ、木の伐採も認めその販売で生活を支える貧者救済の制度でもある。その一方で同郡都草島の六〇代男性は門中で一番上の者としての個人的見解として、サンジキはあまりよくない響きをもつ言葉だと指摘する[66]（二〇一二年三月聞き取り）。門中の中でも有力な家で家僕として働いていた者が墓地や山を管理した。このため見下す言葉のサンジキよりも今は「門中（ムンジュン）を守る人」の意味をもつムンジュンジキミの言葉が多いと言う。もともとサンジキには門中の土地（門中山）、村の共有地、個人の土地をめぐり、それぞれ特定の門中の共有財産である門中山を守る人、村有地を守るため雇用された生活が貧しい人（奴属）、個人の土地を守る人の三つの意味がある。この貧者救済の互助慣行としてのサンジキの制度は木材が燃料として利用されていた頃多く見られ、墓地だけでなく貴重な木が伐採されないよう見張る役目をする代わりに土地が与えられた。なおこのサンジキが多く暮らしていた土地からサンショク（山尺）がついた地名としてサンショクリ（山尺里）がある。しかし燃料としての重要性が薄れ墓地の維持管理の役割だけは残ったものの、経済的な豊かさの浸透とともにこの制度もしだいに衰退しつつある。

ヨコ（地縁・類縁）の互助関係

サンジキの制度に示される門中内外のタテの支援関係に対して、契は平等で互恵的なヨコの互助関係を示す。前者の門中の場合血縁を中心に長幼の原理に基づくパトロン・クライアント関係が見られるのに対して、後者は門中とは別の親しい仲間の組織が中心である。この親縁関係に基づく契は隣保共助の地縁関係のムラ社会の互助ネットワークと地域を越えた同窓や職場などの類縁関係のマチ社会のそれで異なるものの、いずれも親しい関係が契機となる。門中のタテの互助ネットワークと契を中心とした親縁のヨコのそれは補完関係にあり、門中内の結束とは別のヨコの互助ネットワークとして親縁の範囲は拡大する。仲間でつくられる甲契は親睦と和を適正に保つ目的で数カ村にまたがることもある。複数の契に重層的に入る者が互助関係の結節点としてネットワーカーになることが少なくない。契はあくまでも「親しい間柄」（チチンサイ）で非血縁関係が中心で、父系親族への帰属を前提とした「近い関係」（カッカウンサイ）とは異なる（伊藤 2013：350–352）。また近年ネット社会では多様な情縁関係の契も生まれている。[67]

地縁関係のムラ社会の互助ネットワークはその内容（質）とも関連するが、範囲（量）は一般に限定されていた。鈴木が調査した戦前植民地期の朝鮮部落は日本のそれよりも小さいため、隣保共助が部落のさらに下の集落単位でより強くなる日本とは異なり、部落（旧洞里）それ自体が一つの強固な隣保圏を形成していた（鈴木［1944］1973：315–316）。また朝鮮では日本ほど小地域の社会的統一を基礎とした信仰対象がないとする（鈴木［1943b］1973）。当時江原道原州郡の地正面良峴洞では世帯数六〇戸が八つの小地区に分かれ日韓併合まで続いた五家統の名残に基づく集落が形成され、八つの組で節句などの贈答が行われたが、弔事では組内を超え洞内各戸から一人出ることがあった。プマシもまた必ずしも組内単位ではなかった。結局行政単位に限定されない統一的な社会意識を保つ範囲で隣保共助がされる。既に述べたコンクルでは洞内全員が重病者や初喪の家の耕作の手助けをし、葬儀や婚儀の道具類も洞単位で保管し全洞民が共同利用した。こうした隣保共助の範囲から鈴木は日本では村落（自然村）内の組が互助単位であるのに対して、朝鮮では村落（自然村）自体すなわち部落としての洞が一つの互助集団を構成しているとした。しかし必要とする相互扶助の内容によってネットワークの広狭に差が出てくるものと考えられる。

ムラ社会の隣保共助は旧両班層からなる同族部落で強く見られたが、儒教倫理に基づく長幼の序を重視する門中を超えた対等な契のネットワークが機能していた点に留意したい。[68] このヨコのネットワークが逆に門中間の利害関係や緊張関係を緩和し抑制する作用もあったとする[69]（伊藤 1977a）。「自生的な社会秩序」としての契が村落内のセイフティネットとして果たした役割は大きい。またこの平等原理に基づく契には突出した個人の存在を抑制する効果があり、ここには集団主義的な性格が読み取れる。この点先に述べた硬い個人主義ではなく柔らかい個人主義であることがわかる。それは異年齢また異世代の意思疎通にも貢献した。葬礼や婚儀のしきたりは自分の家だけ簡素にすることもできず、社会体面上からも契に加入することで不測の事態や人生節目の行事に備えた。このように韓国の互助社会は門中を中心にしたタテの系譜に基づく共属感情が強いフォーマルな血縁関係（階層原理）に対して、契というヨコのインフォーマルな非血縁関係（平等原理）からなる社会システムをもっていると言えよう。

注

（1）　韓国の互助行為あるいは互助組織の研究は戦前は鈴木榮太郎が先鞭をつけたが、戦後は伊藤亜人が中心で、本書もこの二者の知見を参考にしながら、筆者の聞き取り調査による新たな知見として二者に欠けていたと思われる行為の志向性から韓国の互助社会を浮き彫りにする。朝鮮の農村事情を記録したものは少ないが、志雲生（野村新七郎）が一九二七年から三七年まで合計一〇〇回にわたり愛知県農会報誌に掲載した『朝鮮往来』（志［1927-37］2005）、また板谷英生の『満州農村記（鮮農篇）』の調査もある（板谷 1943）。

（2）　地方で呼称が異なるのは日本と同じだが、たとえば鈴木が戦中調査した朝鮮の黄海道瑞興郡月灘里の部落ではソンバヌムと言った（鈴木［1943d］1973：453）。またプマシではなくホラシという言葉も使われた。ここでは統一的な呼称としてプマシに代表させた。

（3）　この記録が印刷事情の悪い中で続編『続・朝鮮農村物語』まで刊行されたのは、日帝時代の「農村振興運動」の一貫として植民地朝鮮における日本の指導者による農村開発が朝鮮人にとって大いに役立つことを広く知らしめる意図があっただろう。それは続編の奥付に「承認番号第四四号、発行部数八〇〇〇部」と記され、本文中に「皇国日本の農民」として戦時下の朝鮮農民を指導していることからもうかがえる（重松 1945：68）。そこには農村集団の凝集性や住民の一体感を高めるねらいもある。国土を耕すことは日本農民として光栄ある責務とされ、また農作業が翼賛の大道であることを奨励するものであった（同上 385）。この農村開発が『朝鮮総督府施政年報』の昭和八年版から取り上げた「農山漁村ノ振興・自力更正事業」を踏まえた事業であることがわかる。日帝時代の金融組合による農村振興運動の影響があるとはいえ（山辺 1971：48-51）、こうした記録から当時の農村事情がわかる。またそこに政治、経済、社会、文化の各分野で日本の朝鮮支配を認めるとしても（朴 1973）、重松のような朝鮮人思いの開発があったことも事実である。

（4）　戦後の先行研究は伊藤の調査があるのみで、韓国の互助慣行の体系的な研究は少ない。特に日本の互助慣行との比較を念頭に置いた研究は皆無である。このため筆者は二〇〇六年七月に釜山、九月にソウル他で、断片的ではあるが本格的な研究の事前準備として、また二〇〇七年八月安東の河回《ハフェマウル》村で民宿関係者と済州島で漁村出身者に聞き取りをした。その後日本学術振興会の科学研究費助成事業（学術研究助成基金助成金）で二〇一一年九月と翌年三月全羅南道の島嶼地域を中心に調査を実施した。なお通訳とハングルの日本語カタカナ表記で本務校の留学生に加え、慶應義塾大学総合政策学部（当時）のソンユンギ君、また二〇一四年九月の調査では同大学経済学部（当時）のパクミンウ君、さらに二〇一七年七月の調査では釜山大学大学院生のジョンチャンジン君のお世話になった。なおハングル全体については元早稲田大学大学院生のパクチンヨンさんにアドバイスを受けた。

(5) 珍島郡智山面細方里で三期（一期二年の選挙）務めた七〇歳の元里長によれば、智山面は二四二の里からなり細方里は四四世帯人口八九人である（二〇一一年九月聞き取り）。里（大里）の下に班（小里）がある。同島義新面カゲ里は三〇世帯一二〇人である（二〇一二年三月聞き取り）。都市部の市・区の下にある洞は日本の市における町名・大字に、また地方の郡の下にある邑《ゆう》・面は町村に、邑・面の下の里は大字に相当する。

(6) この三〇世帯八〇人くらいの漁村は黒山島の港から一五分くらいのところにあり、アワビの養殖で生活はそれなりに安定している。黒山島には二五の里（行政村）があり三六の自然村がある。地区のまとめ役が里長で、ここでは任期が一年で話し合いで決めている。

(7) 木浦に戻る船が暴風のための欠航になり、さらに一日滞在したため港近くの文化会館で五〇代の黒山島郷土研究保存会の男性からたまたま話を聞くことができた。

(8) 都草島では都草面議員の議長をする六〇代男性から聞き取りをした。一七〇〇世帯、人口三五〇〇人ほどの島で、行政村（里）が一〇あり自然村が三三ある。漁業よりも農業中心で綿も採れる。なおこの島名の由来はハリネズミの形をしているのでつけられたとされるが、このネズミの発音が島の名前の発音に似ているとも言われる。現在島で困っていることは交通手段が限られていることで、保健センターがあるものの医療が十分ではない。また小中高が一校ずつあるが、若者がよりよい教育を求めて島を出て行くことが問題だと言う。

(9) 徳牛島は六二世帯人口八五人である。生活はアワビ養殖の収入があり貧しいわけではないが、保健センターはあっても病気になると島では対応ができない。近くの青山島から見ると牛がすわっているように見えるところから島名がついたとされる。島には五、六年前まであった小学校が今はないため母親は子供と莞島で暮らし父親が島で働く。なお莞島の莞は笑う意味で、島名はふるさとを思うと自然に心和み笑みがもれるためついたと言われている。

(10) ここは飛禽面徳山里邑洞だが、住居表示は里を省略して洞のあとに「道」をつけて邑洞道になった。これは「地番表示」から「道路標示」への変更で二〇一四年一月一日に施工された。社会学的には地域住民の居住単位が重要で、それ以前の聞き取り調査の

「地番表示」と変更後の調査での新住所表示の「道路表示」で特に区別して示していない。なお島の問題では一九六〇年代から七〇年代頃はまだ児童生徒も多かったが、中学校がこの島で高校は都草島の学校に統合された点が大きい。

(11) 飛禽面には一五の里があり、人口四〇〇人ほどの徳山里には四つの村がある。里長によれば若者がいなくなり生活様式がしだいに都市化していくのは仕方ないとしても、一万六〇〇〇人ほどいた人口が約四〇〇〇人になった点が問題である。しかし他の島に比べると、塩田がある分まだ雇用があるので多いほうとも言う。離島がしだいに橋で半島や島につながることは交流が増える反面泥棒が多くなることも聞いた。なお飛禽島の地名はその島の地形が鳥が飛んでいる姿に似ているところからついたとされる。

(12) この元里長は大阪生まれで小学校五年生まで日本にいたが、その後この島に来た。里の人口は三〇人ほどで高齢者が多い。畑作は豆やサツマイモ、ニンニクをつくっていたが、高齢者には手間ひまがかかるため今は休耕し米しかつくっていない。海岸沿いに行政が建てた共同作業所はあるが、現在民宿として使われその収益は村で分けている。なお四〇代の地元男性によると、島がテレビや映画のロケ地になって以来民宿が急に増え、もともと民宿業を営んでいた施設が大きな影響を受けている。青山島はスローシティ、スローロードの島として知られ、美しい景観と調和した生活が特徴とされる。

(13) セマウル運動は日本の大正から昭和初期の生活改善運動や戦後の新生活改善運動と同様の取り組みと言えるが、その源流は朝鮮総督府の農村振興運動にあるとされる。特に「勤勉・自助・協同」の精神啓発の要素が強く、中国の儒教からの脱却という両班層への批判的な取り組みと見なされてきた（伊藤 2013：456–457）。それは「協同」で伝統的な相互扶助としてプマシやドゥレ（ツレ）、契などの活用をあげている。また親族以外の非親族の隣人を助ける運動も展開された。この「上」からの行政中心の運動には現場からの批判を許さない状況があった。中央から鉱山物資が農村にもたらされるとそれに群がる勢力が末端の地域社会に浸透し、契はヨコの社会関係を前提にするためしだいに衰退しその分上下の関係が維持された。模範的な村落では中央とのブローカーの役割を果たした指導者への聞き取りはあったが、セマウル運動の実態についてはかならずしもその成果の詳細が明らかではない。こうした点を筆者は伊藤氏から聞いた（二〇一二年二月聞き取り）。

(14) この新豊里は五〇年ほど前は五七世帯いたが、今は二三世帯と半分以下である。この島出身の男性は国民学校で日本語を習った。なお青山島では田に石をオンドルのように敷きその上に土を盛るオンドル石水田が見られるが、これは雨が降ると地盤が弱いため石で田を囲む。ここは傾斜地のため棚田も多い。平坦な土地にする農業政策もされたが、棚田の保存に合意した経緯があった。ここでアワビやサザエを獲る海女の多くは済州島出身者である。この島の一番の問題は交通が不便なことで、保健所はあるが急患がいても船が出ないと困る。聞き取り調査が日曜日であったため、里長が「食事の用意ができたので食べてください」とアナウンスし、村民が食堂に集まり親睦を深めていることがわかった。

(15) 島には宇宙センターがあり、当初島の活性化につながると島民は期待したが、現在はその効果があると思う人は少ない。島と半島に橋がかかりそれ以前倍以上の値段がした白菜が下がり、雑貨商もよく来るようになり生活はよくなったとされる。

(16) 漁業ではアサリの収穫が大きく売り上げは里全体のために使われている。地区の問題点として若者の人口減少が大きく高齢者の島になり蓬莱面全体で島が維持できるか心配で、この点政府の支援がほしいことを聞いた。

(17) シル島、秋島、沙島、長沙島、ナクッ、ヨンモク、真台島など七つの島から成る沙島里の島で六〇代の女性から聞き取りをした。平均年齢七〇代の島で二三世帯人口四二人である。

(18) この七〇代の男性によると、ソユル村は六五世帯で一〇〇人ほどである。この小さいユル（ソユル）の隣村に大きいユルを意味するテユル村があり七三世帯二八〇人ほどいる。

(19) 島と半島の架橋が現在韓国で進められている。この点は風俗習慣が薄れることもあるが、水産物の販売ルートも増え生活水準が向上することはいいことだとしながら、人口減少の対策はしっかりしてもらいたいという意見を聞いた、なお現在九四歳の老人は島の空気がおいしく食べ物もいいので長生きしていると言う。

(20) 大阪に住んでいたことがある済州島帰徳里出身で現在飲食店を経営し農繁期には農業もする五〇代の男性に聞くと、若い人が内陸部の済州市や半島に出ていくため人手不足で、ゴルフ場の開発で薬をまくためおいしい水が心配だと言う。

(21) この聞き取りは金寧里の四〇代里長に対して行った。里は一一七〇世帯人口三〇〇〇人の大きな行政村で海女の村として知られる。海岸に出ると海女たちが出かける前の準備をして軽トラックに乗り込むところだった。四キロから五キロと里の範囲が広いので、年配の海女は体に負担がかからない東の海岸に行く。一番困っていることは若い人が済州市内に行くことで、島の人口六五万人に対し四〇万人が一都市に集中している。

(22) この女性は一七歳から始めて五〇年間海女をしている。七時から一七時頃まで働くが、今は体をこわしてしばらく休んでいる。日本の対馬まで行く海女もいるが、対馬以外のところにも行く。海女になる若い人が少なく後継者不足が問題であることも話してくれた。済州島では裸潜漁業者のことを潜嫂（チャムス）、潜女（チャムニョ）、海女（ヘニョ）と呼ばれてきた（金・梁 1988：222–239）。既に『日本書紀』には五世紀に海女が日本に来ていたことが記されている。日本人海女が済州島はじめ黒山島などの全羅南道、慶尚南道などに一九世紀末には出漁し、その一方で済州島の海女が朝鮮本土や下北半島から三宅島、大島、千葉、神奈川、静岡、三重、徳島、高知、鹿児島、対馬などに二〇世紀初頭前後出稼ぎに出るようになる。戦後は房総半島など一部で定住して海女を続ける者もあった。

(23) 慶尚北道安東市郊外の河回村では農作業が機械化されてからプマシは行われていない。ここの伝統的な瓦葺きや藁葺きの韓屋《ハノッ》は国から補助を得て現在も両班《ヤンバン》の子孫が家屋で暮らす。なお二〇一〇年にはユネスコの世界遺産に指定された。

(24) この七〇世帯一四〇人くらいで住む東内里で聞き取りをした七〇代の女性は二〇歳のときから東内里に住み始めたが字も書けず読めない人だった。

(25) 二〇一二年八月木浦大学島嶼研究所で聞いたところ、二〇歳以上の大同組（テドンベ）と二〇歳未満の小同組（ソドンベ）がいて、プマシは田植えと稲刈りのときするがドゥレはその間にした。鈴木は小人組を一七、八歳としたが朝鮮の数え年で言えば二〇歳と推測される。一時期大量の労働力を必要とする組織で毎年する堆肥用の山草刈りでは体力の違いから収穫に差が出るため収穫後全体で配分を調整した。女性の織物ドォレもあった。なおドゥレ（ツレ）は漢字では「社」とされる（鈴木［1943d］1973：25）。このドゥレに類似した制度としてコジ（雇只）がある（同上［1943b］1973：65–66）。これは窮乏した農民が集団で農業経営者と労働請負の契約を結び、労賃の一部を前借りして農繁期に労働力を提供する。

(26) 今から一五〇年ほど前の話として、生活困窮者ではなく不当に高い税金を訴えて安くするなど地域に貢献した人に島の海産物を獲る権利を与えることがあった（二〇一二年三月聞き取り）。この島はテソンと言い、今も個人がその権利を受け継いでいる。

(27) 同郡の都草島ではプヨはあまり使わない。生活困窮者に仕事を与え賃金を出すことをコンゴンクルローと言った。都草面議会の議長によれば、一九五〇年から五四年北朝鮮がこの島を支配したとき、上の者が命令して働かさせるときプヨと言ったため、自分の意志ではなく強制的な共同作業を思い起こさせる言葉でもある。

(28) この水産物協同組合には島全体で二〇の漁村契（会）があり一四〇〇人ほど参加している。農業をしている人もいるので必ずしも全世帯の加入ではない。

(29) これは金寧里の漁業協同組合（漁村会）の五〇代の組合長の話である。なおこの地区には一三〇人くらいの海女がいて、年齢は五〇代から八〇代までで一〇月から五月下旬頃まで働く。車で移動する海女は海外近くの水深三メートルから四メートルくらいのところで、船で移動する海女は一〇メートルから一二メートルくらいの海で潜る。なお現在日本に行く海女はいないが、四〇年から五〇年くらい前には対馬に行く海女がいた。毎年一〇月に海女の祭りがあり日本の海女との交流もある。年々高齢化し今は装備なしで仕事しているが、将来は装備を使ってしか仕事ができないと言う。なお黒山島の六〇代女性によれば、済州島から海女がシーズンになると来るが、黒山島に定住し毎年日本に行く海女もいた（二〇一二年三月聞き取り）。

(30) この西帰浦市ポパン里の漁業協同組合の四〇代女性職員によると、六〇人くらいの海女がいて五〇代が一番若く八五歳の人が最高齢である。五時間以上働くが、八〇代の人は三時間くらいになる。年間働くが二月は寒く、また夏は海産物を保護するため仕事をしない。この時期に船と契約をして技術のうまい海女が日本〔三重県〕に行く。東日本大震災の前までは福島の周辺にも行く海女がいた。ここから対馬には今は行かない。二〇年前は一〇〇人以上海女がいたが、趣味でする若い人はいるものの将来仕事で海女をする人はいなくなると言う。このため海女の組織が他地区の海女と意見交換をして後継者を育てている。

(31) 海女は潜女や潜嫂として済州女性の強靱性と勤勉性の象徴とされ、戦前は日本だけでなく中国、ロシアまで出稼ぎに行ったと言われている。

(32) この都草島で六〇代の面議員に聞いたところ、生活に困った人を救済するのは島（村）ではなく国がすることで公助の勤めと考える。これは面議会の議長としての見解だが、現在共助よりも公助への依存が強くなっている。

(33) 村長が言うには地域の生活水準はよく魚もいい値段で売れるが、一番の問題は高齢者が多く若者が少ないことで、必要な農機具も不足し水を引くにもお金がかかる。

(34) 同じ莞島郡の生口島（面）では属島ごとに海苔やワカメの採取区域を毎年公開抽選で決め、たとえば一〇人で採った海産物を一三に分けてそのうち一〇を一〇人で取り、残り三を島の生活困窮者に分ける慣行が木浦大学島嶼研究所の調査チームによって報告されている（김 2010：116–122；二〇一一年八月聞き取り）。分けた区域をジェビと言い、貧しい家はエホ（哀〔愛〕戸）と呼ばれた。日本の代分けに類似するジェビの制度は今も行われている。このような共有地の棲み分けは海外でもロブスターの漁場などで報告されている（Acheson, 2003.）。

(35) 門中（宗中）がもつ共有財産は位土、祭位土、祭田、墓田、墓位土、宗土、義荘、宗中沓、宗中田、宗位、門位、祭位、墓位、香炭土と言われたが、このうち墓山・宗山・先山と呼ばれる林野（墓地）と先祖の祭祀費用の財源となる宗位土、門位土、墓位土（略称では位土、宗土、祭田）と称した土地が重要な財産である（高 1998：239–240；嶋 2008：32）。土地を貸した小作料で先祖の祭祀を行い、その残りは宗員の共益のために使われた。なお両班層中心の門中の発祥地は本貫（地）と呼ばれ、宗族そのものを示す言葉でもある。門中中心の村落では、村民は出生と同時に父親の門中の成員となり、長幼の序や世代間の上下関係が重視される。

(36) 周辺の無人島の多くが個人所有で、ソウル居住者に海産物の権益目的で転売するなど都市化による開発の波が大きい。聞き取りをした荏子島のデキ里が七〇世帯、者羅島の者羅里が五〇世帯、安佐島のウップドン（洞）が一五〇世帯、荷衣島のフクァン里が四〇世帯、同島のデ里が一三〇世帯、押海島のシンジャン里が一〇〇世帯ほどある。

(37) 契の起源には日本のような経済講に派生する宗教的なものはなく、先に述べたように高麗朝末期に戸布の負担に応じるため住民が組織した軍布契の納税団体として普及し、共同で納税に備えた仕組みで李朝期には生産力が乏しい商工業者や同業者の組合として発達したとする（善生 1926 : 3–4）。その後洞里契のような行政区画の一単位の互助組織としても発展していく。しかし娯楽や集会機関としての契はさらに古く、新羅や高麗の時代からあった記録が残るところから「自生的な社会秩序」としての組織と言えるだろう。

(38) 実際の金融契がどのような計算根拠でされているのかその仕組みを明らかにし、日本の植民地期に導入された無尽と比較した研究もある（Campbell and Ahn, 1962）。この無尽は日本の統治によって朝鮮半島に導入されたが、設立主体は朝鮮人よりもむしろ日本人でその利用も集団居留地内の営業無尽にとどまったとされる（Lee, 2006）。制度としての無尽はその後組織の変遷を経て現在の「国民銀行」として発展する。

(39) 鈴木は日本の旧幕府時代の村を自然村とし、その等価物を日韓併合後の洞ではなく李朝時代の旧洞とした（鈴木［1943b］1973）。ただし地方によっては里と呼ぶところがあるため旧洞里（里洞）として示している（牧野 1973 : 504）。この旧洞里（一九一二年の区画改正前の里）が自然村としての社会的統一性をもっていたとする根拠は共同祭祀と洞契にあった。しかしこの里が時代によりまた地域によって変化していた点に留意する必要がある（山田 2007）。なお珍島の細方里では細方洞里という言い方もする。

(40) インドネシアのバリ島で見られるスバック（水利組合）が同様の組織と言える。

(41) 一九七〇年代の珍島では子弟の学業を支援する学契が農地を所有し小作料から先生への謝礼や学用品の購入費用に充て書堂を維持した。書物（教科書）の共同購入を目的とした冊契もあった（伊藤 2006, 2013）。また島民が一九五〇年代に寺の再建のため寄進する古蹟保存契をつくりそれを維持する佛徒契を組織した記録も残る。さらに喪服の生地を工面する喪布契や両班の子孫による儒教色が濃い両班契もあり、戦前の契が戦後も継続している。

(42) 郷約とは中国宋の呂藍田の創案によりその後朱子が補訂した儒教に基づく実践的な倫理綱領で、洞民が遵守すべき美風良俗などの条目を定めている（善生 1933 : 607–628）。

(43) 契の役員を面長にする規約を設けているが、射幸心をあおる組織を取り締まるためで、喪契や助婚契のような婚葬儀では拠出金を定めている（善生 1926 : 182–194）。珍島では契長や契財産の管理を決めた契則はあるが、特に喪布契の諸規則だけは非常に細かく規定された（伊藤 1977b）。冠婚葬祭に関わる契は規則を明確にしてきたことがわかる。

(44) 単独では牛を購入できない細農が集まり契金を出して順次成牛または小牛をもつ牛契や日本同様借牛（かりこ）の制度（雇牛）

なども見られた。これは共同で牛を購入する資金を拠出するベトナムやタイの農村で見られる牛銀行の仕組みと近似する。

(45) 一九七〇年代の珍島では、上萬の村(上萬里)で当時まだ長老制度として長老の筆頭に位置する洞長がいた(伊藤 2006)。村の長老を招集して秩序を乱した者に村裁判を行った。私的な契の記録は残されることは少なく公的なそれは村の契(洞契)や学校の契で残り、トラブル防止のため農村振興会の契も資産が記録に残る。この他洞喪契や水利契、振興契、男性(壮年)中心で村の美俗良俗の尊重や社会教化、生活改善を勧める美俗契、石鹸など日常生活品の共同購入と販売を行う主婦中心のソン契(生活改善会)があった。

(46) 軍友契は退役軍人の集まりでベトナムの農村でも見られる。日本でもこの種の組織はあったが参加者の高齢化で解散している。伊藤氏への聞き取りによると、七〇年八〇年代に都市部では梨花女子大学卒業生の同窓で夫の社会的地位を利用して財テクのような契(三割の利息)が親睦目的でされた。その一方で利息が高い農村部の資金をどう経済活動のルートにのせるかが財閥系金融機関の課題になった(二〇一二年二月聞き取り)。ベトナムでも農村部の資金活用が問題となり、中国では資金の吸収を社会主義を徹底して解決したとされる。

(47) 日本では利息を掛金に上乗せして一番多く払う者が受け取る「積金式」と取り分を最も少なくする者が落札し定額を払う「割引式」がある点は第1章で述べたおりである。

(48) 郷土資料を保存する珍島文化院で資料収集を行った。契の記録には集金とその使途が出ている(二〇一一年九月聞き取り)。なお係員の話ではセマウル運動で村落が活性化された点は認めるが、運動を始めるとき古い資料は必要ないとの判断で廃棄されたのは遺憾であると言う。

(49) 日本の頼母子の親にあたる契主(ケジュ)がすべての責任を負うが、「割引式」の場合たとえば一人一〇〇万ウォンを一〇人で出して、より少ない取り分を提示した人が合計一〇〇〇万ウォンのうち七〇〇万ウォン受け取る。これは割引された七〇万ウォンを残りのメンバーが払うのではなく、定額の一〇〇万ウォンを払い残りの三〇〇万ウォンを受取人以外のメンバーが分け合うこともある。この契も金融の自己目的化で変貌する。その一つが契員の面識がない者が集まり投資目的と教育熱心な女性がする「貴族契」である。二〇〇〇年代以降江南地区で多福会やハンマウム会など社会的地位の高い階層からなる億単位のウォンを集める射幸心をあおる契が生まれた。面識もない者の集まりは単なる金融機関に過ぎない。

(50) 沖縄の鳩間島では島への転入者を公民館で審査することがある。島が家族のような地域社会では居住者がどういう人かを問題にするのは日本も韓国も同じである。なお二年任期の里長も大同契で決め選挙をすることはない。この小中学校が一校ずつある島は

「犯罪のない村」として知られ、全羅南道知事と光州地方検察庁検事長の表彰碑がある。

(51) 戦前戦中の朝鮮（平原郡、安州郡）を調査した鈴木によれば、手不足の田主が郷土軍（ヒヤントク）という農業労働奉仕隊に賃金を出した（鈴木［1943e］1973：456–459）。なお朝鮮総督府による冠婚葬祭の調査は『朝鮮総督府施政年報』（大正七、八、九年度版）の「風俗慣習」（30–33）、また『朝鮮総督府月報』の「朝鮮の冠婚葬祭」がある（小田 1913）。

(52) これも地域性のある言葉と言えるかもしれない。全羅南道の海南郡玉泉面ではドゥンダ（助）という言葉は使わない。

(53) 韓国では火葬にすると先祖に罰が当たると言われたが、国の奨励もあり土葬から火葬に変わりつつある。韓国保健福祉部の統計では一九九四年の火葬率は二〇・五％で二〇〇五年火葬が初めて土葬を上回り五二・六％になり二〇一五年では八〇・八％、また韓国葬礼文化振興院のデータでは二〇一六年死亡した約二七万五七〇〇人のうち二二万一八八六人が火葬で八〇・五％だった。

(54) 三〇代半ばまでの青年が中心の済州島の青年会は地域でいろいろな手助けを行い、女性会は結婚式の手伝いをする。高齢者の組織は帰徳里にはない。ポパン里では済州市と異なりＮＰＯのような市民組織がないため若者の組織が活動している。また四つの里が集まり共同で活動することもある。ここでは農業で生活できるため少子化の問題は少ない。

(55) 後述するように朝鮮には五世帯を一つの単位にする五家統という隣保組織があったが（善生 1933：518–521）、契は上からの強制互助組織ではない。またそれは日本統治期に多くつくられた農会や畜産同業組合などの統制組織とも異なる（同上：674–691）。

(56) 日本の朝鮮統治時代の報告書として『朝鮮総督府施政年報』（一九一〇～四一年度）があり、ここに旧慣調査に関するものが出ているが（朝鮮総督府 1912）、それらは国家の皇民化統治の一環で行われた調査であった。その調査では土地、親族、面と洞、宗教と寺院、書房と郷校、両班の各制度、四色の起因その他法典、経済と社会事情が対象とされた。昭和八年度版からは「農山漁村ノ振興・自力更正事業」が設けられ、その後「農山漁村振興運動」（昭和一一年度）、「農村振興運動」（昭和一二年度）、昭和一三年度からは「国民精神総動員運動」が加わり、昭和一五年度から「農村振興」という記述になり、「国民総力運動」として農村運動を統合し物心両面の運動が展開された。国語（日本語）教育の普及もあるが、「窮民救済土木事業」（時局応急施設含む）の取り組みがあった点に留意したい（朝鮮総督府 1936）。『朝鮮総督府月報』では「朝鮮の面洞里名に関する調査」や「朝鮮人と基督教」の調査がある（小原 1915：片山 1915）。本書の伝統的な互助慣行は国策上の調査から漏れるあるいは吸収できない一般民衆の「生活の知恵」から生まれたものに注目するが、これらは記録として残されることが少ない。

(57) 日本の五人組制度や清朝の十世帯を単位とした保甲制度とも比較される李朝時代の五家統という隣保団結の制度は粛宗の時代（一六七四～一七二〇）の「五家統節目」に始まる（善生 1933：518–521）。この規則がつくられていたことは『朝鮮総督府月報』

（明治四四）に出ている（鈴木［1943b］1973）。この制度は日本同様中国からもたらされたが、鈴木が調査した戦前には残っていない。一統は五戸で構成され統ごとに統長（首）がいたが、五家族ではなく部落全体が連帯責任と相互監視の単位として機能した。

(58) 珍島細方里の元里長は伝統的な互助慣行の衰退に対して行政の対応が十分でない、また若者の流出から高齢者が多いシルバータウンになる、さらに移住する新住民の金持ちだけの島になりかねない点を危惧している（二〇一一年九月聞き取り）。その一方で土地を新たに取得することで得られる海産物の入り会いでは新住民も旧住民も良好な関係が保たれ、建前（棟上げ）でも手助けが見られる。セマウル運動は意図的な「大転換」を求めたが、里の道路舗装や島民意識の高まりから生活が向上した点を評価している。

(59) 中学や高校で漢字が教養科目として位置づけられるのは一九八〇年代以降とされる。

(60) 契の基本精神は平等と互恵にあり、その組織と世話役となるリーダーが村落の協調と連帯の維持に貢献した。基本的に一年輪番制の経理担当の任司がいて、一九七〇年代当時出資額と受給額は現物による等額とされた（伊藤 1977a）。メンバーは信頼関係が基本で個人的に親しい同年齢層がを中心で必ずしも親族に限られるわけではない。

(61) 一九四九年公布の教育法第一条は広く人間世界に利益を与える「弘益人間」（檀君の建国理念）を唱え、九八年施行の教育基本法第一章第二条で理念として踏襲されている。

(62) 日本の生活困窮者を救済する「困窮島」（生活更生島）同様一定の義務を伴う点は共通する（恩田 2006）。なお墓を守る意味でミョクジキという言葉もある。日本では近年身内の墓守が絶え墓の無縁化が多く、この点韓国では門中が祖先の墓を維持している。

(63) 新安郡の荏子島面ではサンジキはいない（二〇一二年八月の聞き取り）。莞島郡生日面の徳牛島の里長や突山邑ユンソン里のソユル村の七〇代古老によるとサンジキは聞いたことはあるが今はない（二〇一二年三月聞き取り）。なお慶尚南道河東郡の青岩面黒犬渓里青鶴洞の九〇代男性によれば、サンジキは山火事にならないよう「山を守る人」の意味で使う（二〇一四年九月聞き取り）。一カ月に一回サンジキを選び地区には一〇人ほどいる。このサンジキは山を守る専任職として治安を担う人（番人）の意味でも使われている。

(64) この永信里では農地があっても若者が農村を離れるため利用する後継者がいない。この点日本の農村と共通する。韓国でもかつて一人っ子政策が採られそれが今の少子化につながったとする声もあるが、セマウル運動は農村にとって良かったとする意見が少なくない。今まで外にあったトイレや台所が家の中に設けられ、生活の利便性が高まり農村が近代化した。現在もその効果が持続していることを聞いた（二〇一一年九月聞き取り）。

(65) 新安郡の黒山島ビ里でも門中が共有する土地を信頼できる人に貸して山と墓を管理する人をサンジキと言う。門中で共同基金を設け山の土地を買い墓の管理をした。日本では檀家の寺が費用を徴収して維持するが、韓国ではその役割をサンジキが果たしている。郷土研究保存会の職員の話では、もともと罪人が流された黒山島では門中が都市に比べ少ないがサンジキは全島内で見られた（二〇一二年三月の聞き取り）。なお六〇代の女性によれば、島に保健センターがあり緊急のとき治療できるが病院がないため病気に対する不安が大きい。このため島を出る人が後を絶たない。しかしアワビの仕事があり若い人も島に住みついているが、中国人など外国人労働者に頼るところがある。

(66) 黒山島の六〇代女性の話では門中を大切にしない人が増えてきたのでサンジキもなくなるかもしれない。莞島郡青山島新豊里の八〇代男性によると、五〇年ほど前ソウルの人が共有山を買いサンジキがなくなった（二〇一四年九月聞き取り）。

(67) 韓国では二〇一二年にソウル市が資源の共有から効率的な利活用を進める「共有都市（sharing city）ソウル」を宣言し、その事業の一つとしてネット上で仮想通貨を用いて労働力やモノを交換するe-プマシを始めた。これは人と人とのつながりや絆を回復する運動でもある。また「村共同体事業」による共同保育など住民参加の地域づくりも見られる。

(68) 『朝鮮農村物語』によれば、両班部落は古い家柄を誇りとし気位が高く徒食を誇りとするところがあり、また因襲と姑息の殿堂に立て籠もり排他的思想に満ちている（重松 1941：121）。しかも諸官公署の指導も厭い、若い役人が両班部落に行くとしかられて帰ってくるなど始末の悪いところもある。こうした点を重松は養鶏事業で農村の生活改善を目指そうと両班部落を訪問したときの感想として指摘している。

(69) その一方で伊藤は調査した珍島の村でセマウル運動が普及しなかった理由として、契が利己的活動の抑制に作用し有力なリーダー出現の素地が少なかった点を述べている（伊藤 1977a）。こうして強力な運動指導者による近代化が遅れたとする。

第3章　中国の互助慣行

1　中国の代表的な互助行為

互酬的行為——「換工」

農村社会の互酬性

黒竜江省斉斉哈爾《チチハル》市の富裕県塔哈《ターハー》郷大高粱村では、一〇戸から一三戸くらいで一つのグループをつくり協力して生産する単位を「聯（連）産」と言う[1][2]（二〇〇九年三月聞き取り）。土地全体を家族の構成人数によって分け与え、その使用権を認める制度が省で行われている。たとえば全体が三〇〇の単位で五人家族なら、三〇〇分の五の面積で使用する権利を得る。このため使用する田畑にばらつきはあるが、家族人数に応じた耕作面積であるため労働力は家族内で済み日本のユイのような労働力を交換する互酬的行為は少ない。もともと農地は使用権のみを認める集団所有である。米以外のトウモロコシや牛の搾乳、大豆では厳密な労力交換ではないが相互に労働力を提供する。同市の鉄峰区扎龍《さつりゅう》郷扎龍村土木可屯では五グループからなる生産チームがある[3]。各土地のリーダーがいて、同様に人口の増減に応じて土地の使用権を分ける（同上聞き取り）。助け合いは親戚でするため同規模の土地の生産チームに限定されない。一九七八年まで人民公社時代は共同作業であったが、今は個人の土地で葦を収穫するため共同性は低い[4]。

遼寧省荘河市栗子房鎮の五〇代男性によると、かつてトウモロコシなどの農作業では親戚でお互い協力し合った慣行は現在ほとんど見られない（二〇〇九年三月聞き取り）。麦の刈り入れには賃労働が多く、世帯収入の一部として定着している。[5]ここは地方都市の農村で都市化の波が大きく都市的ライフスタイルの浸透が互助慣行にも影響しているが、社会主義という国家レベルの制度的公助が強制互助を促し地域住民の自発的な共助意識を希薄にしてきた点も無視できないだろう。

福建省福清市の沙埔鎮坑北村の五〇代男性によると、一九八五年以前はピーナッツの種植や収穫で手助けしたが今は賃労働で処理している（二〇一二年九月聞き取り）。これは八五年に農産物の強制拠出制度が廃止され自由取引が増えたことも影響している（中兼 1999）。政府の固定価格では明確な対価という概念は希薄だが、自由生産が労働需要を生み労力交換に代わり必要量に応じて労働が増えた。自由取引により生産対価が明確になると、買い取り価格とは異なる厳密性が賃労働にも拡がったと考えられる。なお福清市では水質が悪く米が獲れないので工業に力を入れてきた。このため農村社会の互助慣行がそれほど残っているわけではない。

労力交換の「換工」

田植えや稲刈り、屋根の葺き替えなどで労働力を交換する等量等質の互酬的行為として中国では日本のユイに相当する「換工」（huàn gōng, ホワン〔ファン〕ゴーン）がある。[6]これは農家が自発的に労働力を交換して助け合う行為である。「換」は交換を「工」は労働力を意味する。農業協同化の初期の形態とされるが、これは伝統的な互助慣行の一つとして捉えることができる。この労力交換には一時的なものと永続的なものがあり、「換工」は前者とされる。吉林省徳恵市迺新村一社の五〇代女性によれば、現在ハウス栽培を行っているところもあるが、ナス、セロリ、ジャガイモ、ピーマンなどの野菜の植え付けや刈り入れのとき「換工」で助け合う[7]（二〇〇九年三月聞き取り）。

吉林省楡樹《ゆじゅ》市の環城郷福安村福安屯の八〇代男性の話では、現在稲作は五キロほど離れた土地の低いところで行い、自宅の周囲は高粱やトウモロコシなど畑作中心でその枯木は暖房の燃料にする[8]（同上聞き取り）。田植えや稲刈りまた屋根の修理では土で煉瓦を作るとき親戚や親しい者で手助けしたが人を雇うこともあった。先に述べたように農作物の自由取引が普及するにつれ労力交換もしだいに賃労働化してくる。環城郷の福安村福安屯では近郊で働き口があるため人口は減ってはいないが、田畑の作業で労働力が必要なときは人を雇う（同上聞き取り）。このように雇用することで他者の生活を助ける面があり、必ずしも「換工」によらない支え合いがあることにも留意したい。

上海市近郊の青浦区陳東村では主に餅米をつくるが、農作業の多くで外部から人を雇う[9]（二〇一三年三月聞き取り）。以前は身内の家族だけで農作業をしたが、畑作では収穫のとき「換工」という言葉で季節労働者に農作業を手伝ってもらった。これは賃労働だが、一時的に必要な労働力を工面する使われた方であろう。なお高齢者の土地は若い労働力で維持されるため休耕地や耕作放棄地は比較的少ない。福建省福清市の海口鎮前村村では、山間部は水が少なく労力交換するほど水田の作付け面積が大きくないことを六〇代の女性から聞いた（二〇一二年九月聞き取り）。このためピーナッツなど多く水を必要としない作物がつくられた。秋の米の収穫以外に冬はニンニクやチンゲン菜の畑作でお互い手助けする。ピーナッツや大豆で労力交換をしたが、一九八五年ぐらいからその対価を米で支払うようになった。純粋な意味で賃金を伴わない労力交換としての「換工」が多いわけではない。

再分配的行為——「義務工」「合会」

共同作業と「義務工」

遼寧省荘河市栗子房鎮の農村では共有地（コモンズ）がなく、その維持管理の共同作業もない（二〇〇九年三月聞き取り）。国有の土地は借りることが原則で各家族が使用権にこだわるあまり地域全体の共同意識は希薄であるように思われる。道路にゴミが散乱していても清掃を共同作業ですることはない[10]。しかし少しずつ資金を出して整備した道路整備は村民委員会で金銭に余裕があればするが、この種の公共事業を基本的に地域住民はしない。しかし少しずつ資金を出して整備した福建省の福清市では、寄付者の銘板が道路脇に設置されていた（二〇一二年九月聞き取り）。吉林省徳恵市の迺新村一社の五〇代女性が「自分が小さい頃ここで泳いだ」と言う土地にはゴミが散乱していた。個人の使用権が及ばない政府の土地は行政が処理することを期待して誰もきれいにしようとしない（同上聞き取り）。黒竜江省斉斉哈爾市の鉄峰区扎龍郷扎龍村をはじめ、どの農村社会でも道路整備の問題がある（二〇〇九年三月聞き取り）。大きな道路は国家で対応するが、村の小さな道路は整備費用を住民で出さざるを得ないのが現状で、この村では道路整備に一五〇万元必要としたとき国が一〇〇万元出し五〇万元を村が出した[11]。生活困窮者がいれば国や区が支援するが、それでも対応できないとき農民が助け合う。ここでは農民が個人で融資を受けられる農村信用社がある。

江蘇省塩城市の塩都区藩黄鎮仰徐村では近代化を進める「社会主義新農村」の取り組みで道路の多くが舗装されている(12)。同市同区の葛武鎮董伙《ドーンホオ》村では五〇歳以下の者は工場で働くが、その他の者は農業に従事する（二〇一二年九月聞き取り）。米と麦が中心で豚を飼育する公営施設が二カ所ある(13)。相互扶助について聞くと、七〇代の女性の話では一九五〇年代以降合作社と人民公社の時代には農民で分配することもあったが、それは自発的なものではなく国の指導によるものであった（同上聞き取り）。ここでも直接住民がする共同作業は少なく公助への依存が強い。上海市近郊の青浦区陳東村では道路補修などは国が対応するため村民ですることはなく、自分の家のことだけを考える（二〇一三年三月聞き取り）。地域住民が作業員を雇い道路清掃やゴミを処分することはあるが、住民間の共同作業は少ない。公有地と私有地（長期の使用権対象地）の峻別がかえって共有地の存在を希薄にしている。福建省福清市の沙埔鎮坑北村では道路整備を国が半分出すが、残りは地域住民で対応する（二〇一二年九月聞き取り）。共同作業は個人の利益にならないのでしない。他の地区同様社会主義が浸透している分住民の共同性が損なわれているように見える。

吉林省楡樹市の環城郷福安村福安屯の八〇代男性によれば、冬の雪かきを共同で行う（二〇〇九年三月聞き取り）。日本の共同作業のモヤイに相当する行為は「義務工」（yì wù gōng, イーウーゴーン）という言葉で示される。これは各世帯から労働力を提供する共同出役で、東北部では厳しい冬の除雪作業に代表される。これに出ないと日本同様過怠金を科せられ五〇元払う。この金額は農民の一日の給料に相当する金額で、共同出役に対する村民の義務意識の高さがうかがえる。都市では賃金を払い国が除雪車を出すことが多い。なお人民公社時代の農閑期に大隊、公社あるいは県の各種建設事業で「義務工」という賦役があったが、これは国家から所属生産隊に応分の賃金が支給される「民工」とは異なる（中兼［1980］1992）。人民公社時代の「義務工」という言葉は現在も使われるが、一家からの労働力は地域社会の共同性から当然の義務として提供される。これは一九五〇年代から始まる農業集団化に伴う強制的な共同作業とは異なるそれ以前からの共同性を踏襲した行為と言える。ただ強制力の桎梏がとれたとき元の互助行為の表れ方はその強制度の強弱によって異なる。強制が強いと容易に表れないことがある。人民公社による大躍進運動は生産力向上のため農業インフラの改善として水利事業や肥料づくりを重視し多くの労働者を徴用した（石田 1994 : 125–126）。山間部では農業用水のみならず飲料水が貴重で、鄭義の『古井戸』の老井村では井戸掘りの共同作業に、村長《むらおさ》が家族の人数と田畑の面積に応じて掘る深さを各戸に指定する（鄭 1985 : 27）。これは共有地（共有資源）としての井戸を確保する共同作業の割り当てで、個々の農家の生産力（必要度）に応じて労力負担を求める合理性を示している。

小口金融の「合会」

日本の頼母子（無尽）に相当するものに中国では「合会」（hé huì, ホーアホゥイ〔ホーフェイ〕）がある（恩田 2013）。地域で多様な呼び方がされたが、小口金融の代表的な言葉として「合会」を中心に検討する。江南農村の社会構造を研究した福武によれば、経済的な支援の仕組みは「銭会」（qián huì チェンフェイ〔ホゥイ〕）と言い、地方により「講会」（jiǎng huì, ヂャンフェイ〔ジャーンホウイ〕）、「銭社」（qián shè, チェンシェ〔ショーア〕）と呼ぶ[14]（福武［1946］1976 : 136）。また単に「会」や「社」と言うこともある[15]。鈴木は日本の講に相当する中国の「合会」について、唐時代既に存在し合理的な集財協力の慣行として特に華僑に見られるとした（鈴木［1957］1977 : 557–558）。この点天野は「合会」を「たのもし」と捉え農業経済の観点から指摘し、日本と比べ期間が長く近隣の同族親戚の支え合いが多いとした（天野 1942 : 293–308）。

黒竜江省斉斉哈爾市の富裕県塔哈郷大高粱村では毛沢東時代に利息がつかないものもあったが、現在「合会」はない（二〇〇九年三月聞き取り）。吉林省楡樹市の環城郷福安村福安屯の八〇代男性によれば、困っている人がいれば必要に応じて現金を出すことはあるが、この地域で「合会」はない（二〇一二年九月聞き取り）。華南では遠くに出稼ぎに行く人（農民工）も多いが、この東北部では遠いところには行かない。春に野菜づくりでロシアへ行く人もいるが秋には戻る。こうした出稼ぎで資金を得るため「合会」はしない。同省徳恵市の逦新村一社でも都市の企業や市役所、学校でする金銭を積み立てる互助的な組織はない。

上海市近郊の青浦区陳東村では、お金を借りることはあっても「合会」のような仕組みはない（二〇一二年九月聞き取り）。福建省福清市の沙埔鎮坑北村下海の七〇代男性によると、一九七〇年代頃「合会」はあったが、もち逃げが多くなりなくなった（同上聞き取り）。今は麦や野菜、ピーナッツなど作物の収穫があり生活が豊かなため、この種の小口金融は少ない。同市近郊の海口鎮前村村の六〇代女性の話では、現金ではなく米を出すことがあった。これは食料が足りない頃でもう四〇年くらい前の話である（同上聞き取り）。当時生活に困っているとお互い米を出したが、今は国が救済することだと考え個人でおすることは少ない。しかし福建省でも都市では多く「合会」がされている。

一九七〇年代末の改革開放以降、都市では社会主義の公助以外に共助も見られるようになる。ただ商品経済が著しい発展を遂げるにつれ、「合会」は経済的合理性の強い性格を帯び、しだいに互助的な性格から変容する。その中心が農村ではなく都市の「合会」、すなわち「標会」であった。メンバーは地縁や血縁が中心で一〇人から五〇人くらいで行う。婚礼や葬式、学費、家の建築、生産手段などの資金を集めるため一定の期日に集まり一人ずつ順番に受け取る。これは恒常的な組織ではなく、最後のメンバーの受け取りが終わると解散する。その仕組みは日本同様「積金式」の「標進」と「割引式」の「標退」の二つに大別される。浙江省の温州式の「標会」では入札金額（入札金利の「標息」）を給付済の者が定額掛金にプラスして支払うのに対し、福建省の福清式では入札金額（入札掛金割引額の「標金」）を未給付者が給付者に支払う方式である（陳 2004）。これは前者が「積金式」で後者が「割引式」に他ならない。

なお「標会」は開催月が一回の「月標」、毎日ある「日標」、さらに時間ごとにある「時標」もある（波平 2006）。落札者が支払えない破綻（倒会）も少なくない。一般の主婦も射幸心に刺激され破綻に巻き込まれることがある。「標会」の出資者である会脚の債務不履行を肩代わりする会頭がさらに高利で貸すと、それだけ倒会になるリスクも大きくなる。メンバーの会脚間の信頼関係よりも会頭と会脚の信頼関係によって成り立つと言われている。この点日本の安定した互助ネットワークとは異なり、メンバー間の関係が希薄でその分特定多数のネットワークの拡がりはあるものの信頼性と安定性に欠けると言えよう。

筆者の聞き取りは限られた地域のためか「合会」は少なかった。共助よりもそれだけ公助が行き届いている証左かもしれない。その一方で福建省を始め浙江省や江蘇省、広東省など南部では小口金融は多いと一般に言われ、この地域からの移住者が多い台湾では「標會」がそれだけ見られる。広東省は入札の意味をもつ「標会」の発祥地とも言われ盛んに行われてきた[16]（池田 1930：61）。小口金融は農村では互助合作が強いため受取金額が固定したものが多く、都市では射幸心を刺激する入札で受取金額が異なる。

支援（援助）的行為――「帮忙」

冠婚葬祭の手助け

　吉林省楡樹市の環城郷福安村福安屯の八〇代男性の話では、葬式では皆手助けし結婚式では布団をつくり新婚生活に必要なものを用意する（二〇一二年九月聞き取り）。困っている人がいれば手助けするが、寝たきり老人の世話をする人がいないことが問題だと言う。国が医療費の九割を負担するが残りは個人が出す。この地区では井戸水を使うが、水道水は国の負担だけでなく個人負担もあり導入が進まず実現していない。電気で汲み上げる井戸水に対して、水道水は夏の水が冷たくないことも導入反対の理由とされる。ここは昔ながらのライフスタイルが維持され団結力もある。祭りも寺に集まり新住民と旧住民一体でまとまる。同省の徳恵市迺新村一社の五〇代女性によれば生活保障は公助だが村民がよく助け合う（同上聞き取り）。結婚式は地元ではなく都市のホテルでするが、三日間する地元の葬式では楽器演奏で悲しみを分かち合い病気のときは見舞金を出す。

　遼寧省荘河市栗子房鎮の農村では隣近所で葬儀の手助けをする（二〇〇九年三月聞き取り）。江蘇省塩城市の塩都区葛武鎮董伙村の七〇代女性の話では、結婚式では赤い紙に礼金を入れて祝福し男性は女性の実家で食事をして祝う。葬儀では七日の日曜日に故人を偲ぶ（二〇一二年九月聞き取り）。高齢者福祉は地域で異なるが、介護が必要な高齢者や子供の世話を受けられない高齢者には老人院（敬老院）が対応する。[17] 福建省福清市の沙埔鎮坑北村では親戚で葬式や結婚式の世話をするが、タバコ一箱出すなど生活水準に応じて気持ちを表す（同上聞き取り）。他方で生活格差は祝儀不祝儀の違いに表れ、特に不動産の多寡に表れる。[18] しかし困窮者がいれば人を集めて助ける。

　福清市沙埔鎮坑北村の五〇代男性の九六歳の母親には毎月一定額が国から支給される。身寄りのない高齢者は施設に入ることは可能だが、公的な施設でないと費用がかかり入りづらい面がある。それでも極端な生活困窮者や身体障害者に対して最低限の衣食が保証され、保険制度も一九八五年以降多くの保険公司ができて整備された。同市の海口鎮前村村の六〇代女性の話では、自分で食事がつくれない人にはお金を出して料理人にお願いするが、それ以外ではお互い手助けしてきた（同上聞き取り）。世話人は女性に限らないが、男性の高齢者には男性がトイレや風呂の力仕事で支援する。高齢者を支える仕組みができたため都市に住み地方の親の世話ができない人はヘルパーを雇うようになった。

見返りを期待しない「帮忙」　黒竜江省斉斉哈爾市の富裕県塔哈郷大高粱村では土葬のとき皆が協力して墓穴を掘った（二〇〇九年三月聞き取り）。このような葬儀や婚儀で相手から見返りを期待しない日本のテツダイに当たる行為は中国では一般に「帮忙」（bāng máng, バーンマーン〔バァンマァン〕）と言っている。これも「帮助」や「帮手」など様々な呼び方がある。この行為は葬儀や結婚式などの手助けが中心で、吉林省では「落忙」（luò máng, ラオマーン）と言う。

中国人の互助精神は家族や親族を中心に強く見られ、こうした身内志向の互助精神を池田は相助ける意味をもつ「帮」の字に見ている（池田 1931：37-49）。これは人の力を集める集合人力としての「帮」が個人中心で、それが縁の遠近に応じて使い分けられるとする。もとより同郷同業はそれだけ人力の集合も強くなる。この点は先に述べた集合財力としての「会」と対照的で、「会」は同郷同業よりも個人の信用に重きを置いた財力が優先される。いずれにしても個人志向の国民性に基づく互助精神と言えるが、婚葬儀では喜びと悲しみを分かち合い相手から見返りを期待しない「帮忙」が各地で見られる。

上海市近郊の青浦区陳東村では生活困窮者に対して年収三六〇〇元以下になると国が補助する（二〇一三年三月聞き取り）。従って地域住民が金銭面で助けることは少ないが、それでも服を提供したり食事や買い物を多めにしてお裾分けをすることがある。親族が近くに住む場合慶弔事の連絡をして食事をともにし、わずかな金銭を出して気持ちを表す。既に共同作業のところで述べたように、道路補修など国が対応すべき分野で地域住民が協力することは少なく自分の家のことだけに関心があると指摘したが、隣保共助の精神は冠婚葬祭ではまだ残っている。しかしこうした互助精神が社会主義という強制力によって変容する点は聞き取り調査から判断する限り、共助より公助に強く頼るところに表れている。

2　中国互助慣行の変容

社会主義建国以前の相互扶助

満州国時代の村落——多様な互助慣行　ここで現代中国の互助慣行を社会主義建国以前と以後という歴史的な位相の中で捉え直し、「自生的な社会秩序」としての相互扶助の変容について考えたい。社会主義以前の農村は中華民国また満州国として日本の統治下に置かれた地域もあるが、少なくとも強制的な国家の枠組みが十分浸透していないという意味で互助慣行の原型をまだとどめていたと言ってもよいだろう。イギリスによるインドの植民地のような間接統治であればそれはいっそう明確だが、日本による韓国での創氏改名やフィリピンでの隣組の強要など直接統治ではその残滓はより少ないと考えられる。しかし満州国は傀儡政権による間接統治であり、広大な土地の掌握が十分でなかったため地域社会固有の互助慣行が残存する余地があった。もちろん清朝末期の残滓から強制互助組織が共生互助組織を統制した面もあるが、両者の拮抗は中央集権制や封建制に関わらず統治者と被統治者の関係として普遍的に見られる。

こうした前提から社会主義体制下ほど強制度が大きくなく、より「自生的な社会秩序」が見出しやすい点に着目して互助慣行の原型を取り上げる。社会主義建国以前の農村と言っても、満州の農村と支那のそれは異なる。しかし満州は漢民族の移植地として清朝以後山東や河北の諸省から流入が多く満州農民も同化しているため中国農村として扱うが、地域名から固有の社会特性が明らかになる。満州の農村生活は満州国臨時産業調査局の「満州農村実態調査」から知ることができ、『満州評論』に掲載された「農村雑話」が『満州農村雑話』(一九三九)として刊行されている。そこでは屯の防風と匪賊から自衛するため「一屯城郭」として部落全体が城郭に囲まれている点などが出ている。またこの他米田の『生活習慣』が北支那、南支那、中支那の各篇をまとめている(米田 1941a, 1941b, 1941c)。北支那の農村では相互扶助が強く、また当時五戸を隣一〇戸で牌としその代表が牌長で、一〇牌で甲として甲長を置きこの一〇甲を保として保長を設けた「保甲制度」があった(米田 1941a : 117–119)。中支那篇は里の村正や族正による部落の自治制度を紹介している(米田 1941c : 230–231)。

この他南満州鐵道(以下満鉄と表記)の『調査月報』を中心に、学術的な資料として貴重な東京帝国大学社会学研究室が行った戦中の農村調査も参考にした[19](福武 [1946] 1976)。前者は広く満州国の植民地統治のための実務志向の研究調査であるのに対して、後者は社会学的知見を明確にした華中の江南農村と華北の河北山東農村の調査研究である。互助慣行という視点から見ると、前者は東亜新秩序建設のため満州と支那の古い社会的慣行の排除に目的があったとされ、また後者も東亜社会の究明に力点が置かれた政府委託の調査(華中農村)とは言え、逆に伝統的な共同生活圏の現状あるいはその残滓をそれらの調査から読み取ることができる。以下満州国の互助社会を概観する。

『調査時報』（一九二三）の「東支鐵道付屬地に於ける過去十五年間の都市及村落自治制」（第三巻第七号）によれば、わずか一五年間とはいえロシアが東清鉄道を敷設した際その沿線の都市と駅周辺の村落に自治権を付与したことがわかる。ハルビンは一九〇七年に自治が認可され、以下満州里、ハイラル、チチハルと認可されていく[20]。この翻訳を通して自治権付与によるロシアの間接統治が読み取れるが、同時にそこには互助慣行を含めた村落の社会秩序が維持されていたことが推測される。『調査月報』（一九三三）の「大泉眼部落調査報告」（第一三巻第一一号、第一二号）では、懐徳縣第三区安家窩棚村の一地域である大泉眼（大いなる泉の穴の意味）では地主兼小作人および畑作小作、水田小作の家族員数が平均それぞれ九・七三人、一一・七八人、三・七五人で、このうち畑作小作では家族数が二四人、実際の自家労力数が七人という大所帯もあった。自家労力が大きいため、日本のユイのような他家との労力交換は少ないことがわかる。ここで経営様式として地主兼農業労働という区分があるが、これは土地を所有しつつそれを小作させ自ら農業労働者として他家に雇用されて小作収入と労働収入により生計を営む世帯である。単独の農業労働という区分から判断すると多くが雇われているため、労力交換としての互酬的行為は多く認められない。三作物の大豆、高粱（コーリャン（ガオリャーン））、粟を含め、陸稲でも労力交換がされたという事実は読み取れない。日本では豆腐や味噌の製造でもユイが見られ、また精白や製粉でも行われてきたところもあるが、この種の作業でも労力交換は見られない。

しかしその一方で『調査月報』（一九三五）の「熱河省凌源縣十五里堡に於ける土地慣行（一）（二）」（第一五巻第九号、第一〇号）によると、蒙古人村落が廟地を共有地とし、廟地の収益を廟の住持《じゅうじ》（寺を管理する主僧）その他の生計費に充当している。また共同財産の項目から判断すると、蒙古人の村落では家族共同体内の労力協同的融通として耕作の手助けや村道の修繕がされ、農具の共同使用も行われていた。また五家族で共有する井戸もあった。さらに祭田があり交替で管理し収益を祭祀に支出した。こうした共同管理が村民の共助で行われている。『調査月報』（一九三七）の「錦州省錦縣に於ける農村行政組織と其の運営現態」（第一七巻第三号）では、県と村の中間機関として区が設けられたものの廃止され地域住民掌握に関わる保甲事項が村制に吸収されたが、村公所（村役場）が自治団体の機関というよりは官治の一機関ないし県公所の派出所として機能した実態が記録されている。そこでは「一村一保主義」が目標とされた。特に注目したいのは錦縣緬羊合作社という協同組合活動で、飼育や販売、購買を兼営し必要な資金の斡旋をした点である[21]。綿花耕作組合は同様の業務を行ったが、共同精神の高揚をはかるため共同棉花場を設置し病害虫の共同駆除も実施している。この共同駆除は耕地一天地当たり一人の割合で出勤する。こうした県の産業別経済組織以外に農会組織があり、一村一〇人が強制的に加入している。『調査月報』（一九三七）の「海城縣に於ける農村行政組織と其の運営現態（二）」（第一七巻第四号）でも、綿花耕作組合や綿花協同組合の共同事業、農会の活動を紹介しているが、いずれも行政の補助機関の性格が強い。なお村落の公課として農民の賦役があり、集家部落の建設や警備道路の修築という治本工作で村民の自発的なものとは異なる。

『調査月報』（一九三七）の「濱江省阿城縣の保甲行政組織と其の運営状態（一）（完）」（第一七巻第一一号、第一二号）は阿城縣に漢族が移住し満族が同化した地方を紹介している。その人口は漢族が最も多く、満族、日本人（内地人と朝鮮人の合計）、回族（ムスリム）が続く。一家族の構成人数は二〇人以上の大家族が存在し、日本のユイが発生しないのは家族内の労働力で十分なためで、その分構成人数は使用人も含め多い[22]。社会事業施設では震災救恤事業として宏済慈善会、私立施粥廠、公立私立の庇寒所があり、また非常時に備え粟を積穀する義倉（本倉）もあった。匪賊に対して一八歳から四〇歳までの男子からなる自衛団を組織する目的で保甲行政を設けたが、それらは県行政の補助機関として機能し官民一体の隣保共助の精神が強調された。県の下に保、保の下に甲が、さらに自然村として屯があるが、保甲事務は広く治安だけでなく産業や教育の面も含み、農村合作社（協同組合）の建設もされた。こうして集団部落の建設、保甲学校（小学校）の設置、保甲道路や電話の開設、県農会の設置により行政村が整備されていく。『調査月報』（一九三九）の「滿州農村に於ける血緣關係」（第一九巻第六号）によれば、支那の同族部落が南支那で多く、南満州では一村一族的村落の同族部落が見られるものの北満州の新開地ではそれが少ない。宗族として同族内で生活困窮者がいれば余裕ある者が扶助し、共同の財産に基づく収入で共通の祖先の祭儀を行うことが一般的であった。この点韓国の門中内の相互扶助も同様である（恩田 2012）。入植者の互助慣行は未開の土地を共同で切り開く開拓時代では元の土地のそれが継承されただろう。これは日本人の満州開拓団でも内地各地の互助慣行が移入されたものと推測される。

『調査月報』（一九四二）の「舊滿州に於ける郷村統治の形態」（第二二巻第一一号）では、官治補助の地方組織として成立した傜役徴収を目的とした里甲制と治安維持を目的とした保甲制を紹介し、もともと村落自治とは相容れるものではないが、むしろ伝統的な地縁団体がそれらの肩代わりをしてきたとしている。郷村は行政から見た村落の区分をさすが、この調査は明代の里甲制清代の社甲制という強制組織に対して、その制度が弛緩すると郷村がもつ自然結合の村落自治体が蘇生する点を指摘している。この過程で民国の保甲制下でも村民の相互教化と勧善懲悪目的の郷約がしだいに郷職という指導者の名称（郷約）として定着した経緯も述べている。ここで注目したいのは徴税を促す催徴と治安の事務を担う強制組織が自然村の自治組織に重なるように機能してきた点である。もちろん郷村自治機関の弊害もなかったわけではないが、ここではその共生組織がまだ健在であった点に着目したい。

清水はこうした村落（郷村）共同体を自律的結合として捉えた。『支那社会の研究――社会学的考察』は同族をはじめ支那社会の構造を詳細に分析している[23]（清水 1939）。その研究は同郷団体の結束の強さを指摘し、それが風俗習慣の類似性による地縁的村落結合と同一である点、また戸籍を家（本籍地主義）に基づく里甲および人（住所地主義）に基づく保甲という他律的自治と社会意識から統制された協同関係としての自律的自治、さらに村落内部の階級分化が自然結合としての家族主義的連帯に対する影響を指摘し、支那社会の同族団体として宗族の分析で有効な知見を提供している。特に宗族の相互扶助では義田（義荘）（倉）や学校を設け、医療を行い吉凶禍福に際して互いの慶弔を奨励する睦族親族の規定をあげている。義田は相互救恤の物的基礎の族産であった。その一方支那の国家が血縁的民族統一の社会意識を欠く点を指摘し、家族主義のうち君臣父子一体の尊尊主義（父子関係、君臣の秩序――タテの関係）が親親原理（父母の義務――ヨコの関係）よりも強く、これが上下従属にあたり下属の「操縦道徳」として国家原理になった点を述べている。また経済団体との関係では成員の同郷性と団結の封鎖性が家族主義の親親原理の血縁意識として郷土愛と結びつき、すなわち集団内で養われた社会的相互依存関係に満ちた血縁共同体としての家族が郷土愛と結合することで相互連帯の意識が生まれたと考える。なお個人商店ではそれは雇用者と被雇用者の家父長的関係に投影される。

この家族共同体をめぐり『調査月報』（一九四〇）の「北満農村に於ける家族共同體の形成と解體（上）」（第二〇巻第一〇号）では、一世帯の家族数が数世代すなわち単婚家族から構成される平均三一・七人の大家族が大農経営を支える点を指摘している。この大家族制と土地の家族的共有、家族的協業を特徴とする家族共同体では、既述したように家族内の労働力で十分なため労力交換を必要としない。むしろこの大家族が一つのユイ組を構成していると言える。家父長制家族共同体は牧養地など族田も所有していたことから、この共有が成員相互の強固な相互扶助を生み出したことがわかる。ただこれらが家族単位の共有地で地域社会のそれではない。このことから村落共同体は家族共同体でもあった。もともと支那の村落が自給自足の村民自身の運営によることが多い点は指摘されてきたが、それは統治者が十分統治できていない状況も背景としてあっただろう。こうして清朝末から一九一二年の中華民国成立、一九三二年の満州国建国に至り、末端の官治機構が前統治の遺制を残しつつも、その底辺には家族を中心とした共生自治と互助組織が息づいていた。それは社会主義体制下による過去の遺制の完全な払拭とは異なる。この遺制こそ家族主義に基づく村落共同体の相互扶助、換言すれば村落共同体を支える家族主義の相互扶助に他ならない。

強い家族主義の村落共同体

福武の『中国農村社会の構造』は農村の構成単位として家族集団の重要性を指摘し、同族内の相互扶助に言及している（福武［1946］1976：126–127）。水牛の共同飼育では耕地面積に応じて飼育に関わる購入費用がすべて按分されるが、同族間では厳密な合理性を求めない。しかし血縁関係の親族ほど基準がゆるいわけではない。同族よりも家族の結合が強いことはそれだけ家族外では個人志向が強いことを示す。それでも地方の大家族主義の豪族では同族の数家族から構成され城壁を設け全体の治安を維持した（米田 1941a：120–122）。その一方華北山東の農村では同族でも農業の共同や相互扶助が強いわけではなく、一族内の貧者に耕地を提供するときも低利とは限らない（福武［1946］1976：357–360）。村落の集団性は村廟を営む結集作用や村有財産による村民の恩恵、対外的な脅威に対する共同防衛という点でいずれも強くない（同上：500–503）。この村落の共同性よりも分離性すなわち共同体的性格が消極的にしか認められない福武説に対し、清水は清朝以前の資料を駆使して村落の結合と分離という二面性を指摘した（清水 1951：643–659）。一部の富裕農民による共同生活の排除という階級的側面に加え、共有地が少ない点でも分離の面が強い。しかし本書は中国の村落が地縁共同体として結合しつつ分離しているという清水説を支持したい。それは「自生的な社会秩序」という点で結合（相互扶助の奉仕性）と同時に分離（私的な合理性を求める受用性）の両者を内包し、時代とともにどちらかが強く表れるという進化発展説である。限られた筆者の調査であったが、分離は既に述べた機械化に伴う「換工」の衰退や共同作業の小規模化またその欠如に表れ、結合は後述する社会主義以前の農地の共同防衛や治水と灌漑の組織などに見られた。

中国村落の結合と分離という点で「平野・戒能論争」が知られている（旗田［1949］1973：35–49）。二人とも一九四〇年から四四年まで行われた中国農村慣行調査のメンバーでありながら、平野義太郎による強固な村落共同体論に対して戒能通孝の村落共同体否定論は対照的である。平野は「大東亜共栄体」というアジアの一体性による大アジア主義を唱え相互扶助にも注目した。この点で平野を支持するというより互助慣行の視点から共同体の存在を考えたい。ただここで共同体を歴史概念、コミュニティを分析概念として捉えるつもりはない。共同体を共有地をもつ村落の共同生活圏として歴史を超えた分析概念として捉えるなら、村落の共有地が不透明という点で確かに中国の農村には共同体意識が希薄である。このため共同体的土地所有をめぐり村落共同体の否定的な見方も出てくる。しかし後述するように必ずしも共有地が存在しないということではない。共有地の資源に加え何よりも共同体意識が共同作業を通して表れるかどうかが重要である。これは家族を単位として、さらに家族が集まった宗族内の結束が強く、この同一宗族から構成される村落は一体感もあるが、そうでない村落では宗族の単なる集合体に過ぎず希薄である。もちろん同一宗族でも個別家族の独立性が家産の所有で示され、統一性に欠ける場合もあるだろう。

この点、清水は生命（血）の連続性を本質とする共同的行為が見られる家族を家産に基づく「経済的家族」と義田や祭田を宗族として共有する「宗教的家族」に分け、支那家族の特徴を親和と共同関係がその親密度の広狭に応じて重層的に表れる点を指摘した（清水 1942）。この二つの家族は最も親密な経済の共同を中心として家産を管理する家長がいる家族と各家族からなり祭祀を中心に結合する宗族の違いである。家族内は個別性が弱く全体性は強いが、同族もその血縁の距離に応じて共産意識をもつ。従って相互扶助も家族の財産（家産）に基づく場合と宗族の義田など同族の財産（族産）による場合で異なる。家族内は当然だが同族内の扶助から同族間になればそれだけ扶助は弛緩する。地縁関係の村落では家族間の共同性はきわめて希薄で家族単位の個人主義が表れる。この点で中国には村落共同体が存在するのかという疑問が提示される。中国の生活共同社会は「一が多となりつつ、しかも多は一をなす」と言われてきた（同上：364）。この「一にして多、多にして一」という点が中国村落共同体の本質を示している。罪を犯したときの家族が負う連帯責任の「縁座の制」や父の債務を子が償還し祖名を傷つけないようにする「父債子還」は家族内の強固な関係を築いた。その一方で宋の時代に始まり困窮した同族の給米や婚葬儀の費用を扶助する義田は家産の大小に応じた寄付が求められ、また教育面で宗族への支援は義学や義塾の創設に同族扶助の慣行が表れている。家族が集まり集落をつくりそれが村落を形成する日本のムラ社会は同族の一体性を築いても家族の独立性が強い中国の「家族的個人主義」の村落とは異なる。従って中国では義田や祭田は村の財産ではなく同族の財産であり、家産の「私」に対して族産が「公」として意識されるところに村落共同体の意識の違いがある。中国では日本の「村八分」ではなく「族八分」の罰則がされてきたと言える。

先に述べた「平野・戒能論争」には共同体をめぐる存在の有無と意識の強弱の混乱が見られる。村落の基底に家族があるのは日本も韓国も共通だが、中国では家族の自立度が強い。この点家族が様々な集団に見られる「家族主義的共同体」が指摘されている（旗田［1949］1973：15–16）。これは村の団結力よりも家族が活動の単位になることを意味する。しかし家族の中でも個人意識が強いとされ（村松 1949：226–227）、経済組織のギルドも成員との関係が個別的で私的な利害に基づくため血縁共同体ではない。こうして家と家のゆるやかな結合関係から生産と消費の基本単位は小家族志向（零細自作農）とされるが、農業以外の経営で家族的情宜と言ってもそれは個別家族の集合体（家族的個人主義）と言える。この点家族が独立し村の境界がない点が共同体否定論の有力な論拠とされるが、共同生活がまったくないわけではない。治水灌漑では「水の社会性」から強力な地縁的共同体が形成された（清水 1951：518–560）。共同井戸の所有という地縁的小集団、また灌漑用水の維持管理では一村あるいは数村単位の共同性の重層構造が見られる。また通力合作の守堅相助による郷村の防衛でも共同体の存在が認められる（同上：610–641）。土地境界の不分明が村落共同体の否定にはならない。地形的な画定がなくても共同体意識は住民の中に浸透している。

農村慣行を調査した村落では他村との争いごとがそう多くない点から、むしろ地域社会の連続的な一体性が指摘できるだろう。河北省昌黎縣侯華営（『慣行調査』第五巻村落篇）では、牌を立てて村落の境界（交界）を明示しているところがある。その一方で山東省歴城縣冷水溝荘（『慣行調査』第四巻村落篇）では他村の祭りへの参加や防衛で匪賊に共同対処した。また同省同縣の旧家荘（『慣行調査』第四巻村落篇）では他村の生活困窮者が一〇人から三〇人ほど来たとき皆で糧食を提供したとある。このように村落を超えた共同性が見られる。境界という外形的な村落の基準ではなくウチとソトを区別する共属感情の有無が村落形成の要因で、自村の者を「本村人」（〇〇村的人）他村の者を「外村人」（△△村的人）と区別するところに共同体が成立する。山東省の旧家荘では煉瓦や壁土に使う土を共有地の採土地から採る権利、家の修繕で使う足場用の板や梯子、地ならしの道具、臼、砥石などを使う権利、墓地がない生活困窮者を埋葬する共同墓地（義地）の利用権、採土地でできた水坑の肥料溜や廟周辺の空き地の土糞置場、脱穀場の利用権などが村民に与えられ、その義務として村廟の祭礼や雨乞い行事への参加、村費（金銭、現物、力役）の負担を求め村落内の互助ネットワークも機能している。この他老年の村長を若者が甥と呼び村長が若者を伯父と呼び合う「街坊の輩」や「郷間輩」という擬制的親族関係があり（旗田［1949］1973 : 120–174）、これは村民の間だけに見られるものだろう。

先に紹介した山東省歴城縣冷水溝荘（『慣行調査』第四巻村落篇）では、保甲制という強制的な自治組織（民国以前は甲、以後は区）が導入されてもそれは共同の防衛や監視にとどまり、それ以外では地域住民の自発的な共生互助組織が容認されていたことがうかがえる。また河北省昌黎縣侯華営（『慣行調査』第五巻村落篇）では保甲規約が村規として村民を規定したものの、甲長が門牌（番地）順に管轄するのに対して会頭は門牌順ではなく姓に基づき離れていても管轄し戸数が不定であるように自生的な自治組織が遺制として併存している。その一方で冷水溝荘のように共同耕作や井戸の修理が少なく共同性が希薄なところもあるが、婚葬儀では飲食物や金銭を贈る「帮忙」が見られる。特に注目したいのは以前は廟の土地であった公会地を借りて小作できる権利が本村人に優先的に与えられた点である。これは公有地というより共有地で、利用できる村民が村落共同体を形成するのは日本の農村も同じである。ただ日本では入会地と言っても限りなく私有地に近く株をもつ者だけが利用できる場合もあった。先の共同体論争で戒能は家族、同族、同族村落における非共同体的性格を主張したが、韓国や日本より個人主義が強い点は共同作業が少ないという聞き取り調査から筆者も感じた。それは村落よりも家族（同族）の凝集性が強いことを示すが、この点は家族単位で村落が分離していることを必ずしも意味しない。

共生的互助行為から見た農村社会

前述した満鉄の現地調査や共同体をめぐる論争はいずれも広く中国農村社会について述べたものだが、より直接互助慣行を扱った資料から中国の互助社会を浮き彫りにしたい。満鉄の『調査月報』（一九四一）の「支那民事慣習問題答案（一）（二）（三）（四）（五）――支那民事慣行調査資料」（第二一巻第五号〜第九号）に互助慣行の記載がある。[24] 河北省覇州では各家の喪葬のとき相互扶助の便宜をはかる老人会や各家から人夫を出して防火をする水火会が紹介されている（第二一巻第五号）。しかしより詳細な農村慣行は一九四〇年から四四年まで約五年間調査し戦後刊行された『中国農村慣行調査』（全六巻1952-58）で、この村落篇に互助慣行に関する第一級の貴重な記録が残っている。これは村長や前村長などに聞き取りをした質問と回答をまとめたものである。なお民国一九（一九三〇）年中華民国司法行政部が刊行した『民商事習慣調査報告録』（上下二巻）を翻訳した『支那民事慣習調査報告（上）』（一九四三）、『支那満州民事慣習調査報告（中）』（一九四四）もある。この現地司法官や行政官による調査報告も必要に応じて参考にした。[25] また郷村社会の共同性の研究から宋、元、明、清時代の文献を精査し「通力合作」という相互扶助について実証また傍証した清水の『中国郷村社会論』（一九五一）も欠かせない。[26] 以下互酬、再分配、支援（援助）という互助行為に即して社会主義以前の農村社会の互助慣行を見ることにする。

互酬的行為

日本のユイにあたる「換工」はユイ組のような明確な組織をもたない。賃金を支払う雇用という経済関係が強く、互酬的な社会関係が希薄である点は聞き取り調査からも指摘できる。それでも近隣の同族、特に兄弟関係で「換工」が見られたことを江南農村調査などは示している（福武［1946］1976：165）。しかし親族とは限らない日本のユイのように等量等質の厳密な交換が少ないのは家族関係の強固な結束によるものと思われる。なお既に満州国の頃から伝統的な双方向の労力交換が少なくなってきた点が指摘されているが、これは貨幣経済の浸透によるところが大きく既に農村での賃労働化の流れが強かった。

既述した『調査月報』（一九三五）の「山東の一農村（張耀屯）に於ける社会経済事情（上）」（第一五巻第七号）によれば、高粱や粟、大豆、小麦《こむぎ》、甘藷、落花生を主要生産物とする農家では、自家の耕作面積が小さいと労力交換の必要はなく自家労力で済むが、繁忙期は同一部落内の雇用で補った。年間月間の日数単位に雇用されたが秋の収穫期には日雇いが多くなる。

共同耕作は牛馬（驢馬）の蓄力を基本とし、一戸一頭の飼育農家では播種作業に必ず二頭必要とするため耕作面積がほぼ等しい二つの農家間で「換工」がされた。ときには二家族以上の場合もあるが、一族間で組み合うことが多く双方の気質が合うことが共同耕作には欠かせなかった。隣接耕地で順に作業を進めるが、家畜がいない小規模の農家では有畜農家に人力を提供することで家畜を借りた。家畜牽引の農具をもたないさらに零細な過小農では家畜とともに農具を借りたが、この場合さらに労働力を提供することで代償を果たした。

山東省歴城縣冷水溝荘（『慣行調査』第四巻村落篇）では、「換工」とは除草や刈り入れの農繁期に二戸の農家が一時的に組み合い相互に助け合うことをさす。ほぼ同じ面積の畑であれば問題ないが、違うと後日超過労力が相殺される。役畜と人の場合もあり、馬一頭を一日借りると一日労働力を、ときには二、三日提供することがある。親しい者には代償を求めない点は日本のユイに比べ等量等質の厳密性は薄く、中国ではユイ組をつくる継続性にも欠ける。こうした臨時で一時的な結合に対して、「合具」や「合夥《ごうか》」（hé huǒ ホーフォ〔ホーァホオ〕）は農具や家畜など自家で不足するとき同程度の農家が農具や家畜を出し合って共同作業をする。組合としての「合夥」は二、三年から一〇年かかる永続的なもので、一時的な「換工」と区別される。二組の一〇畝くらいの小農間でするが、二〇畝以上だと農具も家畜も十分あり、また五畝以下だと農具や家畜が十分でなく逆に共同作業の対象にならない。この冷水溝荘で互酬関係にあるのは三七五戸中三〇組から四〇組くらいで、農閑期になると一年の長工や数カ月単位の短工として他地域に出て行く者が多かった。

河北省順義縣沙井村（『慣行調査』第一巻）では農繁期に長工や短工として人を雇うが、農民間で手助けしてご馳走の歓待をした。各自の畑を輪番でする共同耕作もあるが、これは同族間に限らない。この共同作業を「搭套」（dā tào ダァタォ〔ダータオ〕）と言う。「搭套」とは縄を鋳型に結び合わす意味があり、車があっても馬がいないため馬を借りるとき、また驢馬が弱いため強馬を借りるときもこの言葉を使う。驢馬がいる家といない家二軒で普通行うが三軒ですることもある。「搭套」は特に家畜を介した労力提供の手助けだが、農繁期で多く播種を共同ですることもあり、農事だけでなく日常生活でも行われた。言葉の語義では船と船を繋ぐモヤイ（舫）に近似する再分配的行為になるが、双方向性をもつと考えると互酬的行為と言える。この他人が手助けするときは「帮工」（bāng gōng バァンゴン〔バーンゴーン〕）と言い、特に家を建てるときに使われる。土地が少ない貧農が一〇軒くらい集まり豚を共同で飼う「猪会」もある。[27] これも老人会や婦女会、銭会同様互助組織である。また河南村では廟関連の「会」が多く、各会がもつ土地を小作に出しその収入でろうそくや供物の費用を捻出した。この「会」は日本の組や講、韓国の契同様広く組織の共通名称と言える。なお祝儀不祝儀の手助けは既に述べた「帮忙」と言うが、これは新築や家の修繕のときにも使った。別の東府村では家畜と農具を相互に利用し合う行為を「夥養活」と言い、また王泮村では家畜のある者とない者との協同耕作を「打具」と呼ぶ。

河北省欒城縣寺北柴村（『慣行調査』第三巻村落篇）では、家畜のない者が家畜のある人と共同作業することを「工換工」と言い、前者は労働力を後者は家畜を提供する。この他播種や収穫物の運搬のときにもこの言葉を使う。肥料を共同購入することもあるが、これは「夥買」と言った。この「夥」（huǒ）は共同、組むことを意味し、この字のつく言葉は共同作業に多い。なお現代では「合伙」（hé huǒ ホーフォオ）が使われている。同族間の相互扶助として建前や耕作以外に土地の貸借もある（捐地）。同調査の家族篇によれば年老いた親を養うための養老地があり、親のためその収穫に子供が責任を負う。同省昌黎縣侯華営（『慣行調査』第五巻村落篇）では、牛馬の貸し合う関係を「串換」（chuàn huàn ツァンファン〔チュクンホクン〕）や「穿換」（ツァンファン）と言い、「傳換」（同音）とも書く。種子播きの助け合いは「打具」で、耕作の場合は「搭套」である。この他相互扶助は搭炕（オンドルやかまどの設置）、上房（上棟）、抜麥子（小麦を抜く）、打稗子（稗を打つ）のときにすることが多い。

清水は力を合わせる「通力合作」として宋の「弓箭《きゅうせん》社」と元の「鍬社」を取り上げ、後者が一〇家を一鍬社として農耕作業をする互助合作について述べている（清水 1951：392–442）。前者の「弓箭社」は共同自警団体で、「火」という各家からの人力を単位とした火田耕作の相互扶助として「相助刀耕」の記録が残る。明、清では互助合作の「換工」をはじめ「伴工」「工班」「集工」などがあった。「換工」は耕種や雑草刈りでの相助で「伴工」も同様だが、「工班」は隣家数十軒で人を出して一つの班をつくり、「集工」は治田のため多数の労力を集める行為である。前の二者が行為の相互性、後の二者が労働の集約性を示す言葉で内容的に変わらない。これらは農耕だけでなく農閑期の築堤や採薪でも行われた。田植えでは楽器の伴奏と歌唱があり労働に規律と統制を与える能率性と同時に農民の慰撫という娯楽性の要素がある点は日本と共通する。

この他家畜の共同購入による飼育、共有に基づく耕牛の通借、農具の共同利用もあった。このように労力および生産手段の交換がされた[28]。かつての「通力合作」は数家族あるいは十数軒で行ったが、現在の「換工」はその近隣関係が縮小している。「通力合作」は耕種、除草、収穫いずれも短期間で完了する作業の労力不足を補う「生活の知恵」に基づく慣行である。

以上互酬的行為には地域や相手の農具の状況、提供内容から多様な呼び方があった。言葉の語源からは労力交換を意味する「換工」が最もよく双方向の行為特性を示している。

再分配的行為

農具を共有した共同の脱穀や飼育が多くされたが、農具や役畜の貸借では同族親戚間だけでなく他人との間で金銭や日工の労力提供もあった（福武［1946］1976：166）。『調査月報』（一九三五）の「山東の一農村（張耀屯）に於ける社会経済事情（下）」（第一五巻第八号）で注目されるのは牛や驢馬の所有者に対し家畜を見守る自警団費として一頭につき〇・一元負担させそれを部落で雇用する自警団員の賃金にする点である。部落内の共同作業は聞き取り調査でも明らかだが、日本同様一家から一人出ることが原則で道路修繕や河川の浚渫作業などに従事した。別の調査では棺台や椅子、卓などまたお椀や皿、箸などを共同購入して婚葬礼に際して賃貸料を取り出資した会員で配当した。後者の組織は椀会や椀社と呼ばれる（Smith. 1899；福武［1946］1976：1470）。固有の共同作業には以下のようなものがあった。

看青

華北の農村では作物を保護する「看青」（kān qīng カァンチン〔カンチーン〕青田の番をする）という協同事業があった[29]（旗田［1949］1973：175–232）。これは青物を看るすなわち匪賊による盗難や四月、五月から霜降《そうこう》の畜害期に看青会や青苗会などの団体が人を雇いまた農民が交替で作物の監視をする仕組みである。村政の自治機関（公会）が人を雇う場合もある。いずれも村民が共同ですることで家族間の協力から地域社会全体の協力へと進み村落の共同性が高まる機会となった。山東省歴城縣冷水溝荘（『慣行調査』第四巻村落篇）では、農作物の監視をする「看坡的」と呼ばれる雇い人が夕方から夜一二時まで行う防衛制度があった。この「坡」は坂のことで高所から低所を看る行為を意味する。この成果が上がらないと「義坡」として所有地面積に応じて農民が出て村内の作物を監視したがこれは無報酬である。拍子木を打ち鳴らす村の夜回りは音を出すため「打更」（dǎ gēng ダァゴェン〔ダーグオン〕）と言い、保甲の兵士（白衛隊）を使わず農民で行った。河北省昌黎縣侯華営

（『慣行調査』第五巻村落篇）では、隣村と自村で互いに土地をもつ双方が「看青」をすることもあったが、この村落間の共同作業を「連圏」と言う。「看青」の担当は生活困窮者が多く雇用機会になる点で共助の仕組みと言える。現在も東北地方ではスイカやマクワウリ、果物などを植える農家で「看青」がされている。山東省荷澤縣では牛や羊の放牧をさせない「看青会」もあった（清水・張 1943：241）。同様の組織に秋作物の収奪を防ぐため土地に応じて人を集め看守させた義坡會がある（同上：61）。

清水もスミスの文献（Smith, 1899：161–168）に言及し作物の共同監視である「看青」について述べている（清水 1951：560–610）。この名称は闌青会、看青会、義坡会、青苗会、義坡社、看青舗のように多様な呼び方があった。またその目的は既述したように農作物を人畜の被害から守ることで、青苗を盗取した貧民への罰則規定（社規）を設け田地の多寡に応じて自主防衛でなく会費を出して看視人を雇用した。これは天災防止の治水灌漑に対する人災への対応で、農民の自主的な共同看守の組織であると同時に徴税と治安維持（防衛）を担う行政組織（保甲）の一貫として機能したとされる。その範囲は土地と所有者の所在が違い隣村にまたがるときでも、原則土地の所在（属地主義）で「看青」の組織がつくられた。特に注目されるのは後述するように落ち穂拾い（棉、荳麥〔麦〕、芝麻、蘆荻《ろてき》など）の優先権を貧農に与えた人倫上の救済で、落ち穂以外の作物の盗取を防ぐねらいもあった。蝗《いなご》の害を防ぐ共同駆除と予防の組織もあるが、災厄や疫病を退散させる神蟲と考える地域では祈禱を伴う祭りがされた。こうして村落共同体は地縁的な「通力合作」で維持された。この点にも中国村落共同体の分離だけでなく結合の側面が示されている。

河北省欒城縣寺北柴村（『慣行調査』第三巻村落篇）では蝗退治を平素仲のよい農家でする。また県の命令もあったが、積穀会が天災による生活困窮者を救済するため日頃から穀物（粟）を貯めた。基本的に全村民が会員で豊年のときさらに拠出穀物の量を増やした。また父子会では事前にお金を出して清明節や元旦のとき同族の廟への墓参費用や会食に備えた。さらに誰でも取ることができる畑の落ち穂拾いがあり、生活困窮者が高粱の根を取り薪にすることを認めた。共同性を示す「夥」の字は共用井戸の「夥井」にも見られ灌漑用で利用したが、一軒が井戸を掘ると八〇人工必要とするため村内の協力が欠かせない。二、三軒で馬を共同購入し三日や五日ごとに馬を借りて作業する「夥喂牲口」（ホォウェイションコウ〔ホオウエイシュヨンコン」）もあり、「喂」はえさを与えること「牲口」は家畜を意味する。これは同族間だけでなく富農と貧農の間で多かった。

開葉子

地域住民の共同性は「開葉子」（kāi yè zi カィイェヅィ〔カイイエズー〕）という慣行にも見ることができる（旗田［1949］1973：233–245）。これは高粱の葉を誰の畑に入っても一定期間自由に採ることができる総有地的利用の制度である。それ以外の期間は取ることが許されず、これを守らないと制裁が科される。これは日本の「口開け」（採取解禁日）を遵守した共有地（コモンズ）の維持管理に近似する。しかしあくまでも個人の土地の集合体が共有地とされる点は日本と異なる。生活困窮者ほど採取解禁日を待って自由に採ることで生活を支えた。高粱の種子は飯や粥、団子また茅台酒《まおたいしゅ》や汾酒《ふんしゅ》の原料になるが、葉の用途は家畜の飼料や燃料で高粱稈（茎）や高粱根は採暖や炊事の燃料に使われた。土地を多くもつ者は高粱の伸びた葉の刈り取りに好都合だった。河北省昌黎縣侯華営（『慣行調査』第五巻村落篇）では「開葉子」が六月頃一回だけで、普段の維持管理は所有者が行うためこの慣行だけ見ると一体感はそれほど強くないが、多様な共同作業を通して村民の連帯と共生が醸成された。この高粱に限らず収穫後の畑地で燃料や肥料、飼料となる落ち穂拾いや紫草《むらさき》の採取もあった。個人の畑地の集合体が共有地の役割を果たし、「開葉子」という私有地の総有地的利用が貧富の格差是正に貢献した。家畜で回すローラーの碾《てん》子《し》（ニエンズー）は誰でも使うことができ、飲料用の井戸も共同利用することが多かった。

治水と灌漑

治水と灌漑という水の利用管理では「通力合作」が多かった。これは共通の利害はあっても共同の利害にはなり得ない個人や家が相互に支援し合う行為とは異なる。すなわち個人レベルの「通力合作」ではなく広範囲にわたる集団（地域）レベルの共同保全がされた。この治水灌漑の組織には堰《せき》灞《は》会などがあった（清水 1951：518–560）。その共同治水の規律と秩序が既に明の時代に「築圍事宣」として示され、一〇件ごとに田甲を置いて工務を監督させた。これは一村に限らない事業で民だけでなく官指導の大規模のものもあった。逆に規模が小さい隣里や隣伍単位の井会という地縁的小集団による灌漑用井戸の設置や池の共同作業もあった。この他龍神に雨乞いをして霊水をもち帰る取水の「祈雨」の儀式、過剰な雨を止める「止は水の利害共同圏が村落共同体と一致することを示す。

雨」のそれもあった。これらは水をめぐる「通力合作」の必要性を示すが、同時にそれは日本同様渇水期における灌漑用水の確保をめぐる水門の位置で異なる高田と低田の「水争い」も示唆している。この争いは一村間だけでなく上郷と下郷に位置する数村間にまたがり武器を伴う「械闘《かいとう》」もあり、同族の地方では異姓間の争いとなった。この敵対関係が逆に村落内の閉鎖性と共同性を高めた。清水はこれを「水の社会性」と捉えた（同上：548–559）。この「水争い」の防止や解決策として村単位と灌漑面積に応じた公正で公平な使水を説いた「分水」の法が定められた。ただし水利施設の修築は数村が協力し、水の利用と確保、使用をめぐり共同作業は「通力合作」として行われた。水は村落の地域的共同性の一つの契機であり、それは水の利害共同圏が村落共同体と一致することを示す。

郷土保全

兵乱賊盗に対する防衛を共同でする郷土保全があった（清水 1951：610–641）。そのための組織が先に述べた宋の「弓箭社」や元の「鍬社」であった。これらは農業集団でもあるが、後者の鍬に対して前者の弓箭は弓矢を取る武士を意味するだけに戦闘態勢の違いが読み取れる。「弓箭社」は一村一社が原則で家を単位とする「社」（五家を軌、十軌を里、四里を連、十連を郷）と人を単位として家ごとに一人出した実働部隊の「火」（五人を伍、五〇人を小戎、二〇〇人を卒、二〇〇〇人を旅）から構成され、「社」には社頭以下の頭目《とうもく》（代表）が置かれた。数村単位の共同防衛や臨時の組織もあった。この自治的防衛団体としての「弓箭社」は軍隊に劣らないあるいはそれ以上の武勇で防衛をした。これは後に保甲に改編され公的な戦闘団体の性格を帯びる。しかし「通力合作」の守堅相助は保甲法という為政者の指示によらない自生的なものである[30]。清水が言うように、郷村統治に表れた治安維持組織は民衆自身による村落防衛意識の法制化に他ならない（同上：640）。

共有地

農村共同体はもともと共有地を前提にしているが、この点で家族単位の生産体制では自律性が強く、村落共同体という概念では捉えきれないという主張も出てくる（旗田［1949］1973：167）。清水が言う雑姓村落に対する同姓村落での郷村の結合性に関わらず、家族を単位とした族産がある限り自家本位主義としてそこに村落の分離性の契機が読み取れる（清水 1951：655–656）。清朝以前の資料からうかがえるように、既に述べた中国郷村がもつ結合と分離の二面性がある。自然村としての共同性は私的な交換（換工）あるいは村落全体に関わる生活防衛などの「通力合作」を通して維持された。その一方で雑姓村落の存在また同姓村落でも個々の家産に基づく強い独立性が見られる村落では支援的な結合だけでなく打算的な合理性に基づく分離性を内包している。しかし部落民であれば維持管理の勤めを果たすことで自由に入り会える土地があり、氏族共同体が所有する総有地は部落民全体の共同財となった。古代では血族ないし氏族団体として土地に定住し村落が形成されたが、多くは初め共同経済を営み共産的農業を行った。そのため村落に必要な土地を占有し皆で開墾した土地が住民全体の共同財となり、さらにその余力として個人が自力で開墾した土地もあっただろう。しかし共同で家畜を放牧する牧養地、建築用泥土また堆肥に混用する培土などを採取する泥場または土坑、自家用燃料となる柴山および農耕用牛馬の飼料になる乾草を採取する秧《おう》（苗）土、共同墓地など多くが総有権の対象である。これらの維持管理は部落の首長の指示また部落民相互で担った。少ない共有地はそれだけ村民全体の利益という観念が希薄なことを示すが、上述したような共有地的な利用が見られた。

『調査月報』（一九三六）の「満州国土地制度の現状と土地政策（一）」（第一六巻第八号）によると、土地は私有、公有、国有の三種に大別される。当時私有地は民籍に属する一般の民地と旗籍に属する旗人（満州人中心の支配階層）の旗地からなる属人主義の土地制度が基本であった。後者は王公荘園と一般旗地がある。公有地は地方団体の土地で寺廟地や学田、義地、善堂地が含まれる。これらは事実上の共有地あるいは準総有地と言える。寺廟地は神仏を祀る堂宇維持のため、学田はその租税が学事の費用に充当される土地である。義地は孤独死や窮民、行路病死者の埋葬のため公私で寄付された土地で、官地の利用と私有地の供与がありいずれも公課が免除された。善堂地は養老や救貧、孤児の収容施設の土地である。支那中央集権官人統治下の土地を調べた『調査月報』（一九四二）の「支那農業社会の一考察」（第二二巻第一一号）では、公田、官田、民田という区分のうち公田には倉田や学田が含まれ、これも共有田として共有地的な利用がされた。この共有田はモヤイ田と言ってもよいだろう。『支那民事慣習調査報告（上）』（一九四三）によれば、河北省保定市高陽縣では同族がもつ祭田は同族の公田として維持管理された（清水・張 1943：20–21）。山東省の新泰縣では村民数人が共同で土地を購入し年々の収穫穀物を積み立てその利息で土地を買い増し拠出額に応じた配当を行う積糧社があった（同上：240）。

『調査月報』（一九三七）の「海城縣に於ける農村行政組織と其の運営現態（一）」（第一七巻第三号）によると、耕作物を備《び》荒貯穀《こうちょこく》するため設けた村の共同耕作地の備荒田は共有田として各村一〇畝以上の土地を用意し保甲の自衛団員が交替で耕作した[31]。これは奉天省公署の指示とは言え、既に全国的に義倉制が普及していることから中央政府により縣の管理下に置かれた義倉制と地方機関の創案により村が管理した備荒制の併存を示す。海城縣の義倉は一年目が一畝当たり七合の拠出で、備荒は村有地もあったが多くは民有地を租借した土地で高額な小作料も少なくない。義倉は社倉とともに日本に輸入された。しかし満州農民は入会地の利用には慣れていても、共同耕作や共済機関に対する関心が希薄なため実利を得なかった点が指摘されている。上からの強制互助組織である義倉や備荒の両制度が地域に根づいた総有地の寺廟地や学田、義地、善堂地と違うのは後者の土地には準強制的な面もあったとはいえ、村民の生活を支える共助意識が強い点にあると言えよう。このように社会主義建国以前の強制互助組織はまだ「自生的な社会秩序」を活かす余地もあったが、建国後それは国家の公助として地域の共助に大きな影響を与える。

小口金融

既に述べた江南農村の銭会は都市の貯蓄目的に対して農村では互助的性格が強い。この銭会には金銭の必要度に応じて受け取る順番を決め、その受取人が他の会員である会友に饗応する認会、受け取りを入札（投票）で決める貯蓄あるいは投機色が強い標会、最初の受取人である会主を決めた後はサイコロで決める揺会がある（福武［1946］1976 : 136–139）。日本の頼母子や無尽同様必要度の高い人が親として最初に受け取りその後は入札あるいは始めから入札やくじで決めるなど様々なやり方があった（恩田 2006）。『支那満州民事慣習調査報告（中）』によれば、急に必要な金銭を會首となり仲間を募る山東省の齊遙會がある。歴城縣を始め各縣で行われ、抜會、請遙社、積金會、協済會、雲遊會、幇會、請錢會、銀錢會、搖錢會など多様な名で呼ばれた（清水・張 1944 : 54–55, 72–73, 110, 251–252, 501）。山西省の黎城・昔陽両縣の請銭會ではより多く利息を払う者が落札する仕組みである。安徽省の天長縣では七賢會と言い、會首を除いた七人で出金して順に受け取る（同上 : 213–214）。陝西省の葭縣では利息が固定した請會もある（同上 : 494）。同省の華陰縣では祭祀の時期に金銭を集める畫會があった（同上 : 499–500）。小口金融は信頼関係が基になるため親戚や近隣者で行われ血縁や地縁の互助精神に基づく点は共通する。

日本と異なり会期が長く必要とする農民が多い場合、半期に一回収穫時に米を拠出すると長い返済や順番待ちに耐えきれなくなる。このため江南農村では満州事変の前には衰退したとされる。なお生産合作社に対して公的な金銭支援として信用合作社が民国一〇（一九二一）年頃から活動したが、同一八年には正式に農村の経済状態を救済するため組織化された（福武［1946］1976 : 140–141）。実際は対象が中農以上の社員で成果が得られなかった。

山東省歴城縣冷水溝莊（『慣行調査』第四巻村落篇）では、歴城縣の旧家莊で官の指示による義倉で穀物ではなく金銭を拠出した。また銭会が婚葬儀の費用また農具や家畜、肥料購入のために行われた。これには老人の棺桶用の費用を出す亡社会、子供の結婚式に備え金銭を積立てる喜社会があり全社員が資金をもらうと解散する。河北省昌黎縣侯華営（『慣行調査』第五巻村落篇）の香火会では、寺の参拝に備え金銭を出し、受け取りの抽選では当選者宅で会員が馳走を受けた。『調査月報』（一九三三）の「大泉眼部落調査報告」（第一三巻第一二号）によると、一二〇戸一三一人が個人所有の井戸を皆で共用するが、この維持管理費はイドサラエや家畜飲料用の水槽の修理代として使用者が毎年一回出した。多いときは一元少ないときは二、三角くらいの支出負担である。なお水田開発で移住した同部落の朝鮮人五戸二五人が「大泉眼農務契」という組織をつくったが、これは朝鮮の伝統的な契で朝鮮人戸主に限定した契員は毎年籾一斗および金一〇銭を出資し、三人一組の連帯責任を負い契員に対し低利で貸した。この契は相互福利のため農耕地借り入れの斡旋や農耕用品、日用品の共同購入も行った。このように出身地の互助慣行が移住先でも見られる。河北省順義縣沙井村（『慣行調査』第一巻村落篇）では、少額の金銭を村民相互で貸借するとき「浮摘」（fú zhāi フージャイ）と言い期間が短く無利子で、期間が長く紹介人が必要な「借銭」と区別された。『支那満州民事慣習調査報告（中）』によれば、山東省荷澤縣の油蝋年貨會は会員が集めた資金を運用し利息を得て線香やろうそく、肉などを購入する（清水・張 1944 : 57）。豚や牛を購入する組織もあり、親牛を借りて生まれた子牛で利息分を返済する。牛の共同所有では田畑の株数で決めた出資金で購入する（同上 : 207–208）。牛や井戸掘削用物品の購入その他必要な作業のための集金組織は唐の時代からあったとされる。

清水によれば明・清の時代には既にあった金銭収受の使徒を限定しない互助合作があり、銀会、糾会、集賢会、積金会、協済会、雲遊会、請会、領会、打会、約会など多様な名称で呼ばれた（清水 1951 : 487–518）。これらは一人の会首（発起人）

と一〇人から三〇人程度の会員から構成される。先に述べた福武同様、清水も会金の取得方法から三つに大別した。池田も同様な分類をしている（池田 1930）。輪会は利息分を含めた受け取り金額と順番があらかじめ決まっている（同上：502–513）。揺会は最初の受取人である会首を除いて骰（サイコロ）で受け取る順番が指定される。これには受取人が元の会金に利息をつけて払い続ける堆積会と受取人が利息を払う分会員の出資が少なくなる縮金会がある。これは日本の「積金式」と「割引式」に対応する。標会はこの堆積会と縮金会で会首を除いて入札（投票）で決める方式である。清水はいずれもすべて親がいる頼母子で、最初から入札をする親のない頼母子が少ない点を指摘している。このような小口金融は郷村では互助合作が強いため受け取り金額を事前に決めるが（Smith, 1899：152–160）、都市では射幸心を刺激する入札で受け取り金額が異なる経済的動機が強い。現在小口金融の「合会」など「個人間直接貸借」の存在は最高人民法院（最高裁判所）から容認されていない（陳 2017）。

以上共同作業、共有地、小口金融という点からヒト（労力）、モノ（物品）、カネ（金銭）を集約して成果を分かち合う再分配的行為について見てきた。

支援（援助）的行為

婚喪儀礼に見られる「通力合作」は為政者の郷約などに記録として残されているが、記録に残らない庶民レベルの相互扶助も当然あった。清水によると、元の社規では勧農が中心だが明では朝廷が郷村の風致を維持するため婚姻死葬の際に里民百戸間の輪流賙給《しゅうきゅう》、すなわち人倫の意味から交替でヒト（労力）やモノ（物品）、カネ（金銭）の給付を相互に求めた（清水 1951：442–442）。この奨励は北宋の呂氏郷約（郷村教化団礼）にも記載がある。こうした互助合作は義社、死亡社、結婚社、葬親社などの「社」、また大同会、葬会、烏青葬会、永安会などの「会」という組織で四宗や八宗の小集団に分かれ代表の宗首や宗（副）佐を通して行われた。生誕の慶祝をする老母会もあり、銭会は小口金融の「合会」ではあるが、集めた資金の使途は会員の自由で三分の一が婚喪葬に使われた（同上：481）。なお華中では結婚の祝い金の範囲より葬儀の見舞金のほうが相互扶助の範囲が小さい（福武［1946］1976：162–164）。幸不幸いずれの手助けも庶民の共感から、「老幼相愛」による親和関係の人倫が基本にある。

『調査月報』（一九三五）の「山東の一農村（張耀屯）に於ける社会経済事情（下）」（第一五巻第八号）では、劣悪な環境で生まれた子供に近親者や隣家が三日目に紅砂糖や粟、卵を持参して出産祝いをする。また結婚で男性が女性の実家に払う婚約の祭礼は相当の金品負担になるが、それらは嫁入り道具や衣装の購入に充当された[32]。当事者の家族が近隣の家に結婚式当日接待飲食を依頼するが、この費用は伝統的に隣家が負担する。葬儀の出棺では楽隊の音楽と肉親者の慟哭が一大絵巻をつくる。いずれの行為も相手から見返りを期待しない行為で、将来順番で支援を受ける互助ネットワークが機能している[33]。『支那満州民事慣習調査報告（中）』では、既述した山東省歴城縣はじめ各地で老親の葬儀費用に備えた長壽会があり葬儀の都度会費を納入するが、会員の老親がすべて亡くなると会は解散する（清水・張 1944：53）。結婚式では紅禮社がある。これらは日本の葬式組や韓国の契同様の組織である。山東省の臨沂縣では親を葬る資金がない貧民のため金銭を融通する儲恤會、荷澤縣では社員の貯蓄を貸し付けその利息で棺木を購入して不幸に備える板社がある（同上：55–56, 474–475）。この他同省平原縣では家屋の修繕でその都度八軒から一〇軒で一つの組合をつくり出資して工事を手助けする房社もある（同上：64）。

『調査月報』（一九三三）の「大泉眼部落調査報告」（第一三巻第一二号）では、新生児誕生で出生祝いとして小麦粉五斤か一〇斤または卵二〇個程度が親族近隣から届けられる。葬儀では親戚知己が紙（死者が金銭に困らない疑似紙幣として燃やす「焼紙」や「紙銭」）、金銭、饅頭などの供物を持参し、香典料は合計で五〇元程度集まったとされる。また旧暦二月の春節前と刈り入れ前の八月に引っ越しがあると、親戚が「温鍋」と称して菓子を贈る習慣があった。総じて冠婚葬祭は生活程度に応じてつつましく質素に行われた。なお先に述べた秋の収穫運搬のとき落ち穂拾いが認められ、これは大豆や高粱を入手する機会で村民相互で了解した困窮者への配慮であった。河北省欒城縣寺北柴村（『慣行調査』第三巻村落篇）の結婚式では帽子や障子、衣服材料、鞋、書籍、花瓶など日用品を、また村全体あるいは数人で書画を贈る。婚儀の手助けを「帮喜事的忙」、葬儀のそれは「帮喪事的忙」と言う。山東省歴城縣冷水溝荘（『慣行調査』第四巻村落篇）の葬儀では棺を担ぎ墓穴を掘り弔問客の接待をする。また建前は「修房子帮忙」と言い同族中心だが足りないと村内の他族も労働力を提供するが、三五、六人のうち一二、三人が同族である。こうした行為は馳走で返礼を受ける。

相手から見返りを期待しない支援的行為はヨコの社会関係が基本で、タテのそれは富農の援助的行為に見られ、いずれも喜怒哀楽をともにする行為である。相互扶助は社会主義により公助の領域に吸収され、新中国建国を契機に共助が脆弱にな

表3-1　中国の互助慣行

互助行為		内　容
互酬的行為		• 換工――労働力の交換 　• ナス，セロリ，ジャガイモ，ピーマンなど野菜の植付けや刈入れ
再分配的行為	共同作業	• 義務工――無償の労力提供 　• 雪かきなどの共同作業 • 民工――有償の労力提供 • 伝統的な共同作業 　• 看青――作物の共同監視 　• 開葉子――高粱葉採取の容認，貧農救済の共有地活用 　• 治水と灌漑――村内外の通力合作
	小口金融	• 合会（標会） 　• 受取方式――標進（積金）と標退（割引） • 伝統的な小口金融 　• 輪会――利息受取人事前決定 　• 搖会――骰《さいころ》で受取決定 　• 標会――入札式 　• 受取方式――堆積（積金）と縮金（割引）
支援（援助）的行為		• 帮忙――婚葬儀の手助け • 伝統的な帮忙 　• 帮喜（慶）事的忙，帮喪（弔）事的忙 　• 修房子帮忙（建前） 　• 銭会――婚喪葬費用への支出 　• 長壽会――葬儀費用の積立て

る。互酬、再分配、支援（援助）の各行為について限られた地域であったが現地調査した現代中国の互助慣行と社会主義建国以前の伝統的なそれは別表のとおりである（表3-1「中国の互助慣行」参照）。

社会主義建国後の相互扶助

農村互助社会の変容　一九四九年中華人民共和国の成立以降始まった土地改革は国家が地主を通した間接統治の農民支配ではなく直接統治の支配に変わったことを意味した[34]。遼寧省海城市感王鎮石橋子村の八〇代女性によれば、一〇戸単位で相互に生活を支える「互助組」は一九五〇年代のことで必ずしも一〇戸とは限らず五戸から七戸の単位もあった[35]（二〇〇九年三月聞き取り）。その後の変遷も含め土地を均等に収穫を分けたが、均等化より各自の能力に応じた収穫のほうがいいとする者が少なくない[36]。「互助組」は農業合作化の初期段階に位置し、数戸あるいは十数戸の農家が自願互利、等価交換の原則で共同作業を行った（北山 1954）。これは社会結合が経済結合として人為的に組織化された仕組みだが、もともと自生していた互助組織を活かしたようにも思える。「互助組」は互助組織の名称として象徴的な意味を暗示し、それが農繁期に行われた短期の労力支援の「換工」や長期間行われた農具や家畜の支援である「合具」や「合夥」という伝統的な互助慣行を踏襲した制度化であった点に注意したい(37)。前者は臨時的互助組に後者は長期的互助組に対応するだろう。収穫物は個々のもので農家間の労力交換で得られることから、日本のユイをユイ組として制度化したとも解釈できる。その意味では統制色ある準強制互助組織と言えるだろう。しかしやがてそれは共生互助組織に覆い被さり共助をゆがめる。

その後「互助組」の生産単位は「初級農業生産合作社」（協同組合）となり、さらに土地私有の性質を残していた合作社を自然村よりも大きな単位となる「高級農業生産合作社」（協同組合）として土地の所有権と使用権が集団所有となり、一部の自留地を除いてほぼすべての土地が合作社のものとなる。こうして村落の中で家族（同族）共同体の経済的基盤の族産が崩壊し社会的基盤の結合も揺らいでいく。日々の賃金は男性が八（工）分、女性が六（工）分など「分」単位で精算された(38)。なお労働力を提供できない高齢者などは「五保戸」とされ、賃金以外の食事や衣服などの保障を受けた。個人からの徴収をやめて農業集団化の合作社によるまとめて収受する改革は、もともと家族主義の個人志向が強い農村では抵抗感が強かった。それでも自然村内の人的結合はまだ破壊されずに集団化でむしろ利用したという「古い革袋に新しい酒を注ぎ古い木に接ぎ木する」解釈もできるだろう(39)（石田 1994 : 124）。より自生的な組織を活かした合作社は先述したように社会主義建国以前の民国時代にもあった。河北省欒城縣寺北柴村（『慣行調査』第三巻村落篇）では入り会いのとき股份（株）を二圓（円）出資し毎月二〇銭納めたことが出ている。社員が買物をするときは合作社員の代表がまとめて買った。しかし社会主義下の合作社を互助慣行から見ると、強制互助を強めるに従い共生互助がしだいにゆがめられていく（図3-1「中国農村社会の強制互助組織と共生互助組織の関係」参照）。

「互助組」当時は省県区村屯の単位だが、合作社時代には区を郷にし、村を大隊、屯を小隊に再編成した。一九五八年には郷が屯となり急進的な農業集団化を進める人民公社が設置された。こうして「同じ鍋で食べる」社会主義が徹底される。互助合作運動は個人の生産モチベーションを低下させ逆に経済的停滞はこの人民公社化運動で頂点に達する（何 2002）。こ

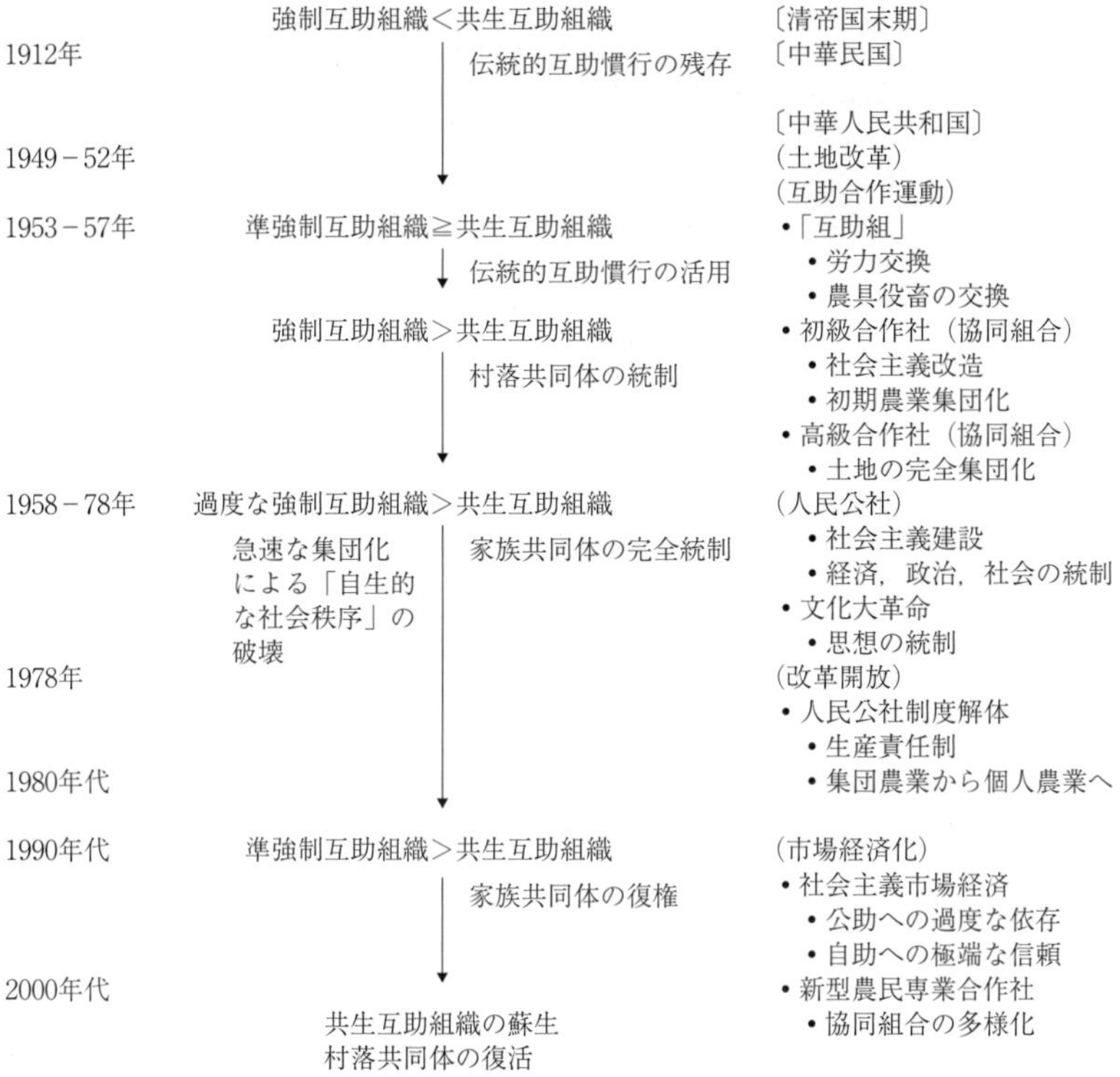

図3－1　中国農村社会の強制互助組織と共生互助組織の関係（不等号は勢力の強弱を示す）

れは経済のみならず政治や社会、文化（思想）まで含む強制互助組織による過剰な発展を目指した。社会主義の急進化でかえって「自生的な社会秩序」として自由意志に基づく互助慣行が弱くなり、公助に頼り過ぎて「個人の利益にならないことはしない」という社会主義の矛盾がやがて露呈する。その後五九年から六一年の大災害を経て、一九七八年の生産責任制の導入と八二年の憲法改正で人民公社の制度は終わる。農業生産方式は「農業生産請負制」から「新型農民専業合作組織（社）」に転換する。この新型合作社は農業生産上の各段階の当事者が技術、情報、資本、購入と販売、加工、貯蔵運輸面で、「互助組」同様「自願互利の原則」に基づき互いに助け合う組織である。ここで人民公社時代の過剰な強制互助が「互助組」時代に戻ることになり、準強制互助組織として機能する。しかし都市への食糧供給という農村の役割は農民を村落に固定化し都市への人口流入を阻止する（一九五八年の戸口登記条例）。こうして都市中心の社会主義改造によって農村との格差が拡がる（石田 1994 : 124–125）。それでも現在は自主経営の個別小農家単位から合作社をつくり自発的な組織化で生産材料の「購入難」や農産物の「販売難」を解消しようとする動きもある。(40) この点に共生互助組織の蘇生を見ることができるだろう。

強制互助組織と共生互助組織の「周流」　満州国の保甲制下でも隣保友愛を維持する目標が唱えられた。宋代の保甲法に淵源をもつ一〇戸で甲とし一〇甲で保を構成した行政の最末端機関として保甲制度は社会主義建国まで続いたとされる。これもまた伝統的な自然結合の地縁関係の上に築かれた強制組織で、もともとある自生的な組織との乖離が拡がると自治意識も希薄になる（福武［1946］1976 : 132–133）。『調査月報』（一九三五）の「山東の一農村（張耀屯）に於ける社会経済事情（上）」（第一五巻第七号）によれば、張耀屯（人口約七〇〇人）を含む耕楽郷では五戸を隣とし、二五戸すなわち五隣を旅とする行政単位に分かれ、納税通知や道路修理の賦役が各隣長から各旅長、郷長間で伝達され実施された。これら強制自治組織に伴う強制互助制度も本来の「自生的な社会秩序」と齟齬をきたす矛盾を内包していた。その一方で村公所（公会）があるところは一部の有力者（会首）によるとは言え、それなりの自治の独立性が保たれた（旗田［1949］1973 : 250–262）。保甲制度下でも村民の土地所有額に応じた出役を課すなど治安維持の独立性が見られた。これは村落内部の慣行的秩序が継続していることを意味する（村松 1949 : 241–242）。共生自治組織が一定の役割を果たしたが、それは既に示した「看青」などが中心でそれ以外の機能は強くない。それでも家族単位の共生互助組織の活動には自由裁量の余地があった。ただ村落共同体より家族（同族）共同体のほうが強かった。それは自立した家族のゆるやかなまとまりとしての村落であった。

もともと家族単位という意味で大家族主義に基づく個人志向が強いところに、あえて強制的に「互助組」や合作社、人民公社のように家族や親族という血縁の帰属集団を無視した急速な集団化を推し進めると、それは「自生的な社会秩序」を乱すことになる。帰属集団以外でも個人志向が強い中国では「集団の中の個人」としての互助ネットワークは弱いと思われるが、同郷（地縁）集団レベルのそれは華僑のつながりとして一定の範囲内で強いという面がある。(41) 社会主義は自然村よりも大きな集団化を通して人為的な互助ネットワークを推し進めたことで「集団の中の個人」の自由な行為様式を壊すことになり、それがかえって集団と個人のバランスの上に成り立っていた自生的な互助ネットワークをゆがめることになった。これは強制互助組織の共生互助組織に対する勢力の過度な浸透を意味する。

既に一八五一年洪秀全による太平天国の乱で「自生的な社会秩序」としての相互扶助以上に田畑の私有を人為的に禁じて田地の提供による「共済主義」（天朝田畝《てんちょうでんぽ》制度）を徹底した時期もあったが、これも家族主義に基づく個人主義志向（家族的個人主義）と相容れるものではなかった（米田 1941a : 119–120）。いつの時代も為政者は自らの組織を正当化するため「自生的な社会秩序」を利用する組織化を進めてきた。このため地域住民は自生的かつ自立的な組織の中における個人の関係にとまどう。中国はこの強制互助組織と共生互助組織の勢力関係による主導権の交替である「周流」が他国以上に激しく揺れ動く側面をもっていた。満州国以来の強制組織は必ずしも適合していたわけではないが、まだ自生的な共生互助組織との接合がそれなりにあった。しかし政治や経済のみならず社会と文化で強制力を強めた社会主義は公助によって共助のもつセイフティネットを過度に損ねる方向に進む。

3 「社会主義市場経済」の互助慣行への影響

共助の弱体化

社会主義による公助への過度な依存

一九五〇年代末に数個の「高級合作社」からつくられた政経一体の農村行政単位の人民公社はその一つに五〇〇〇戸あまりが所属し、十数個の生産大隊に構成された当時の農村は鄭義の『古井戸』の小説に老井村《ラオチン》として描かれ、集団管理体制の実態は井戸掘り班による井戸浚い（イドサラエ）をめぐる人民公社の書記や生産大隊支部の書記あるいは県の井戸掘り部隊の動向からうかがえる（鄭義 1985 : 77–96）。舞台は太行山《タイハン》の奥深いところを流れる青竜河《チンロン》が汾河《フェン》に合流した山麓の谷にある老井村で、かつて一家族ごとに小旗をつくり森の縄張りを決め火を放ち山を焼いては畑地にして種を植えた。その旗は切り開いた土地を自らの所有とする目印で、春の鍬入れや種まきで畑の中央にたきぎの灰をまいて「口」や「井」「田」の字を書いて所有を明確にした。これは先祖が切り開いた土地慣行の描写だが、農業生産協同組合としての合作社が導入されるまでこの慣行が見られた。

遼寧省荘河市の栗子房鎮では農家周辺の道路にゴミが多く散乱していたが、自分たちで拾わないのはゴミを拾う人たちの職を奪うことになるからという理由を聞いたとき、社会主義のマイナス面が如実に表れているように思われた（二〇〇九年三月聞き取り）。自分の土地には注意を払っても共同の土地に関心を示さないのは「共益」が理解されていないためで、これは社会主義による「公益」優先の反動として「私益」を求め過ぎた結果であろう。吉林省徳恵市の迺新村一社の五〇代女性によれば、娯楽は農村部でも増えてきているので問題ではないが、既に述べたように一番困っているのは分別しないでゴミを捨てる行為である[42]（二〇一二年九月聞き取り）。国有地の土地は行政が処理することを期待し誰も気にとめないのは公助への過度な依存を示し、逆に社会主義による共同性の喪失を招く。

日本でも国家や地方自治体の公助は欠かせないが、中国のように集団至上主義による強制互助組織が過剰なまでに個人の自然な共感に基づく自発性を損ねることはない。もちろん日本にも近世の「五人組」や戦中の「隣組」のような強制組織はあった。同じ社会主義を唱えるベトナムの相互扶助が日本のユイに相当するドイコンなど農村でまだ色濃く残っているのと中国の場合は対照的である[43]（恩田 2008a, 2008b）。農業生産合作社による共同生産システムの制度導入は同じとはいえ、その廃止をめぐる自生的な互助慣行への影響は聞き取り調査から判断する限りベトナム村落では少ないように思われる[44]（二〇〇七年三月聞き取り）。それは人民公社廃止後そのまま急速に市場経済化した中国とは異なる漸進的なドイモイ政策の違いでもあろう。この点合作社が人民公社のように自然村を超えた範囲ではなく、家族単位を活かした村落共同体の機能に代替したという指摘もある（岩井 1999）。ベトナムでは農業生産合作時代も家族単位の報酬を認めている。

資本主義による自助への極端な信頼

聞き取りをした農村では公助への依存が強くそれは社会主義では当然だが、その一方で市場原理に任せる資本主義の自助が対極にあり、その中間領域の共助が脆弱な点は地域社会にほぼ共通する。この点自助が強すぎることで生じた格差を是正しようと市民力の共助が見られる日本とは異なる。この格差には経済的格差（所得の格差）にとどまらず、様々な選択の機会が少ない社会的格差（機会の不平等）も含まれる。共同作業のインセンティブが働かないほど公助が強く自助に頼ることで共助の意識が覆い隠されていると言える。清水は互助合作が郷村社会の人倫的基礎になることを強調したが（清水 1951：420, 427）、農民がもつ人倫が他者への共感を欠いた自助の強調で影響を受ける点に注意したい。

社会主義の純化路線は毛沢東の開発路線（一九五六―七六）や人民公社によって先鋭化する。その後一九七八年以降鄧小平による市場型戦略で転機を迎える（中兼 1999：39–73）。この市場経済の浸透によって自助に基づく私益志向の行為が多くなり、相互扶助への意識が希薄化し共助の領域が弱体化したと言えよう。人民公社時代から一九八〇年代以降の各農家単位による生産、分配および経営の個別管理に移行する過程で、市場経済化の波とともにミゾサラエやイドサラエのような共同作業への関心が逆に希薄になった点も看過すべきではない。これは極端な集団化から過度な個人経営化へと向かった振り子の反転と言っても過言ではない。小説『古井戸』（鄭 1985：193）の中で社会主義が「三大差別」としてその解消に努めた工業と農業、都市と農村、頭脳労働と肉体労働との間の格差が解消されないまま資本主義化された。

その一方で市場経済化が進む前の時代では、その小説に出てくる人民公社時代の生産大隊が井戸掘りで亡くなった家族に対して生活保護世帯（衣食住、医療、埋葬の保障）の待遇を与え終生養老手当を給付している。これは当時の公助が食糧、衣類、住居、医療、葬儀の各保障をする「五保制度」（五保戸扶養制度）として一定の機能を果たしていたことがわかる（王・掲・羅 2003）。吉林省徳恵市の逦新村一社で五〇代女性に公助、共助、自助の関係について質問したところ、冠婚葬祭は自分たちで助け合うが年金や病気、道路補修などは公助に頼り、この公助と共助の組み合わせがうまくいっていることを聞いた（二〇一二年九月聞き取り）。ここに自助が加わり必要な支え合いが機能すれば三位一体の互助社会のシステムとして理想的であろう。「社会主義市場経済」を標榜するとき、公助への過度な依存でもまた自助への極端な信頼でもない、公助と自助を媒介する共助の役割は大きい。

近代化の中の伝統的な互助慣行

「社会主義市場経済」が浸透し共助が弱体化していると言っても、農村の濃密な社会関係は社会主義以前と変わらず村落共同体あるいは家族共同体の原型がまだ残るところも少なくない。先の徳恵市逦新村一社の五〇代女性によると、この村のいいところは村民の不満が少ないことである[45]（二〇一二年九月聞き取り）。ここでは農産物の種を蒔くときや肥料を買うとき政府が補助金を出して援助する公助に満足している。この女性は社の代表メンバーで地域全体のことを常に考える立場にあるが、「地球村」という言葉を使ったときにはその視野の広さに驚いた。農産物を物々交換し家の修理で手助けする親類のような友愛関係にある農民は人との間に距離がある都市にはあまり住みたくないことも聞いた。

吉林省の達家溝鎮張家村では稲の刈り入れと収穫の繁忙期で相互に手助けをして食事をともにするが、日頃のつきあいの程度や親戚の交流の度合いによってそれは異なる。七〇代や八〇代の人でも同じ高齢者を支援する「高高（老老）介護」の活動に参加することがある。葬式や結婚式では屯すべての人あるいは周辺の屯から来て悲しみや喜びを分かち合う。そのとき一〇〇元から一〇〇〇元程度の金を各自の経済状態に応じて持参する。重い疾病や災難に遭遇すれば政府の公助があるとはいえ、過去に諍いやわだかまりがあってもそれらを水に流して村民間で支援の手を差し伸べる。金銭が無理なときは着物などの現物支給や労働力で提供する。経済的に困っている場合は利子をつけずに貸すことがある（同上聞き取り）。このように現在も村落共同体の生活が維持されているところがある[46]。

農村は国家の「社会主義市場経済」とは無縁と思われる平穏な生活を続けている。為政者の体制下にありながら、いつの時代もこうした地域の状況に応じて相互扶助という「自生的な社会秩序」を農村は潜在的に維持してきた。それは表面に表れないだけかもしれない。現在社会主義の公助と資本主義の自助という二つの大きな流れの中で、また農産物をめぐるグローバル化と地域社会の伝統の維持というローカル化の中で地域住民の共助のあり方が強く問われている。この共助を考えるうえで人々が営々と築いてきた支え合いの社会システムとして中国の伝統的な互助慣行を見直す意味はけっして小さくない。

注

（1）中国では調査地が当局から特定されることへの懸念があるため地名は当初アルファベットで表したが（恩田 2013）、地域性が重要との判断また調査してから数年経過している点から本書では地名を示した。なお科学研究費助成事業（学術研究助成基金助成金）による研究以前の遼寧省、吉林省、黒竜江省の調査では本務校の留学生に、助成金を受けた後吉林省の調査では島根県立大学大学院北東アジア開発研究科博士課程（当時）の趙氷（チョウヒョウ）さん、江蘇省、浙江省、福建省の調査では本務校の留学生に通訳や情報提供の協力を得た。

（2）中国の地方行政の単位と役職は変わることが多く、本書では各地域で聞き取りをした時点での制度を記載している。一般に地方政府は省級（北京、上海などの直轄市、省、自治区、特別行政区）、地級（市）、県級、鎮級（郷）という四層の行政区からなる。その下に村、屯（組、社）という区分けがされている。大きい屯ではさらに下の単位に組や社が置かれることがある。行政村としての村が農村の末端組織として機能し、村民委員会は共産党支部の書記と村長、会計から構成される。支部の書記が地域社会を統制し村長は総務関係、会計は財務を所管する。自然村としての屯では主任を置き、村民のもめ事や争いごとを調整し、村民委員会から各地区の責任を担う。この主任は農業との兼任である。

（3）タンチョウが生息し国家級の自然保護区がある村は約七〇〇世帯で屯の人口は一四〇世帯五八〇人である。のれんや煉瓦の保護材になる葦の生産が中心で日本にも輸出されている。

（4）一般に人民公社は十数個の生産大隊、この生産大隊の下に一〇ほどの生産隊、生産隊は二〇戸から三〇戸の農家から成り立っていた。

（5）五〇代の男性は生活程度を「中の上」と言う。近郊の農村ではトイレが煉瓦で囲う簡素な非衛生なものでインフラが十分整備されているとは言えない。冬の暖房はオンドルを利用するが、稲藁やトウモロコシの茎を家の周囲に積み上げて使っている。

（6）鈴木はユイに相当する合理的な労力交換の行為としてパンクンをあげた（鈴木［1957］1977：557–558）。ここでは「換工」のピンイン（発音表記体系）のアルファベット（huàn gōng）の原語に近い中国人から聞いたカタカナのホワンゴーンで示した。以下主要な互助行為のみアルファベットとカタカナで表記し、その他必要に応じてカタカナで補足した。なお参照した調査文献では当時の旧漢字を用い、原典のカタカナを尊重したが原音に近いカタカナで併記したものもある。

（7）この社は屯と同じ地域の単位で、ここでは一〇〇〇世帯くらいでこの他五つの社がある。この社の代表でもある女性からは教会関係の仕事をしながら保育園をつくったことも聞いた。ここの村民委員会は書記（共産党）、主任の他に女性主任、治安、衛生、会計担当がいる。各社ではそれぞれ一五人の任期三年の代表が選出される。この代表が住民の意見を集約し村民委員会に伝え委員会が行政と折衝する。

（8）屯はかつて七つあったが今は三つである。屯の代表は村民委員会で選ぶ。村の人口は三〇〇〇から四〇〇〇人くらいで、屯の人口は一二〇〇人の二〇〇世帯以上ある。なお七〇代の元村長によればこの村民委員会は五人で構成され、書記、主任（男性、女性各一名）、治安、会計（年金、医療担当兼務）がいる。女性主任が婦人問題を担当する。選挙で選ばれる三年任期の村長が主任となり、村民委員会は政府からインフラ整備中心の「社会主義新農村」（二〇〇五年一〇月決定、二〇〇六年開始第一一次五カ年計画）などの政策実行を担う。また聞き取りをした八二歳の古老は終戦当時一五歳で満州国の状況も知り得る年齢であるため、日本の開拓団について質問すると荒地はなく土地はすべて地主の良田で開拓団が来たことはないと言う。

（9） ここの人口は七〇人から八〇人ほどで、上海近郊の村落として服の縫製や製鉄の工場があるため若い人が地域に多く定着し、日本のような過疎化はほとんど見られない。

（10） ゴミの散乱は筆者が見たベトナムのハノイ近郊の農村も同じだが、そこでは道路補修など共同作業（*công việc chung*）がある（一九九七年九月、九九年八月、二〇〇二年三月、〇五年七月聞き取り）。

（11） なおこの村で若年労働力が維持されているのは煉瓦の保護材や米の保存に使う葦の仕事があるためで、常に一定の需要が見込める分景気に左右されることは少ない。

（12） この市には一四の地級市があり、農村部をもつ市として省と県の中間に位置する。訪問した村の農家では出入り口正面に仏像を祀る条台があり八仙卓のテーブルがあった。

（13） 筆者はその施設を見学したが、養豚業の発展に力を入れ農業の近代化が急速に進展している。この他地元で採れる植物を活かした自然食のレストランがあり農業視察で来る人をもてなしている。なお一時的に工場がある都市に出て働くときは寮に入るので住民票を移す必要はないが、使用権をもつ土地は都市に住所を移すとそれを返納し住民登録の書き換えをする。豊かな農民が都市にアパートを借りて賃貸収入を得ることもある。

（14） 一六世紀から二〇世紀にかけて徽州地域の「銭会」を調べた研究によれば、その多くが一〇人前後の参加者で一〇年を一つのサイクルとする金融共済組織である（熊 2003）。なおこの地域を含め次章で述べる台湾の大陸出身者が多い福建省と広東省の都市部では「標会」の言葉が浸透している。

（15） なおこうした小口金融で多く使われる「会」を行政組織の単位として用いる「社」と比べると、「会」がインフォーマルな組織として任意加入にとどまるのに対して「社」はフォーマルな組織で近隣関係を中心に加入が事実上強要される性格が強い。台湾でも同様である。この点日本の「講」がインフォーマル「組」がフォーマルな組織に対応するが、韓国の契はこの両方の要素をもっていると言える。

（16） この他帮会（幫会）、赊会（賖会）、认会（認会）、摊会（攤会）、互助会、来会、请会（請会）、做会などある（『中国農村慣行調査』他）。「合会」は受け取る順番が決められた輪会（順番無尽）、クジで決める揺会（抽籤無尽）、入札で決める標会（入札無尽）

など（陳 2004）、先行研究を踏まえた同様の分類がされている。

(17) 子供がいる場合は有料で老人院に入ることができる。塩城市の塩都区塩都区葛武鎮董《ドーンホォ》伙村では六〇歳以上で月六〇元の年金がもらえる（二〇一二年九月聞き取り）。

(18) まるで企業の建物と見間違えるようなコンクリートの三、四階建ての個人の家並みがある。お互い競争し合って建物の高さを誇っていると言う。

(19) 日本の大陸進出に伴い設置された南満州鉄道調査課の『調査時報』（大正八〔一九一九〕年一二月〜九年九月、大正一一年三月〜昭和六〔一九三一〕年八月、昭和五年二月〜六年八月までは『満蒙事情』）と同課（経済調査会、資料室、資料課）による『満鉄調査月報』（昭和六年九月〜一九年一二月）を参考にした（以下表題は中華人民共和国成立以前の繁体字〔旧漢字〕で示しその他は新漢字で表記）。『調査時報』は満蒙協会の『満蒙之文化』（大正九年九月〜一二年三月）として一時期発行された。大東亜省の委嘱とは言え東京帝国大学社会学研究室の調査も社会学的分析に基づく点で参考にした（福武［1946］1976）。

(20) 筆者は二〇〇九年三月チチハル近郊のアンアンシ（昂昂渓）駅からシベリア鉄道に乗り、ハイラル、満州里のルートを辿りモスクワまで行きその足跡を垣間見る機会を得た。

(21) 農村合作社は民国九（一九二〇）年の大旱災（干ばつ）に際して中国華洋義振救済総会による合作社組織の勧奨に始まるとされ、救災工作が中心でそこには政治的な意図はなかった（天野 1942）。しかし河北省から始まった合作社も国民党政権が華洋義振会に委託して罹災民に互助社を組織させ資金提供によって合作社へと転換する政策をとり、民国二三（一九三四）年には中華民国合作社法が制定される。その後信用合作社や購買合作社など多様な合作社が生まれるが、農民の生活向上に寄与しないまま推移したとされる。

(22) 『調査月報』（一九四〇）の「北満一農村に於ける家族関係——北安省綏化縣彦鄰村于坦店屯」（第二〇巻第六号）でも、一戸当たりの平均の家族数が七・四人で土地が広くても家族内で労働力を充足できた。当時の日本の家族数が平均四・五人に比べると多い。

(23) 清水の研究は満鉄の職員（産業部資料室）として『満鉄調査月報』に昭和一一年から一三年まで発表したギルドや専制権力、村落自治、家族についてまとめたものである。

(24) 一九四一年の濱岡福松編訳「支那民事慣習問題答案」（第二一巻第五号、第六号、第七号、第八号、第九号：138–180, 179–209, 167–206, 192–212, 199–221）は「順天府調査民事慣習問題答案」「山東省民事慣習答案」他を写本し訳出している。

(25) 『中国農村慣行調査』は東亜研究所の発案により東京大学法学部関係者と満鉄調査部（慣行班）が協力して進めたもので、村落は旗田巍が担当している（旗田［1949］1973）。満鉄という植民地経営会社が行った調査とは言え、末広厳太郎博士率いる調査団による学術的な内容を否定すべきではないという指摘がある（旗田［1949］1973：263–266）。『中国農村慣行調査』は国立国会図書館の電子媒体で閲覧できる。中華民国司法行政部の『民商事習慣調査報告録』の翻訳は上巻が第一編民律総則習慣、第二編物権習慣、下巻が第三編債権習慣、第四編親族・相続習慣として翻訳される予定であったが、紙数の関係から『支那民事慣習調査報告』を上巻、『支那満州民事慣習調査報告』（第三編債務習慣）を中巻、第四編親族・相続習慣を下巻として訳すことになった。しかし戦局悪化に伴い下巻は刊行されなかったと思われる。なお上巻は商事の記載がないため翻訳では「支那民事」、中巻は満州も含まれるため「支那満州」になった。『中国農村慣行調査』は慣習法というより「慣行」として民衆の生活記述が多く、日本人の調査として日中比較の視点も含まれるためこちらを主として参考にしたが、『支那民事慣習調査報告』と『支那満州民事慣習調査報告』も現地の司法官や行政官の調査だけに当時の事情が豊富で適宜参照した。

（26）清水は満鉄調査部の勤務経験から現地調査をしていたものと思われるが、中国の相互扶助について宋、元、明、清時代の資料まで渉猟して分析した『中国郷村社会論』（一九五一）は第一級の文献として高く評価される。ここで言う「通力合作」は広義には相互扶助だが、狭義にはモヤイの行為と言える。それはヒト（労力）、モノ（物品）、カネ（金銭）を中央に集めそれをメンバーで再分配するからである。清水は広義の意味で捉え農耕作業、婚喪儀礼、金融調達、治水灌漑、看青駆蝗、防衛警備をあげている。農耕作業はユイ、金融調達と治水灌漑や看青駆蝗、防衛警備はモヤイ、婚喪儀礼はテツダイの行為で、モヤイのうち金融調達は金銭モヤイ、治水灌漑や看青駆蝗、防衛警備は労力モヤイになる。

（27）福武も貧農が共同出資して豚を買い年末にそれを屠殺して肉や油を分ける「打猪会」を『北支慣行調査資料』（第六〇輯、河北省順義縣沙井村）から引用している（福武［1946］1976：471）。この『北支慣行調査資料』は『中国農村慣行調査』（全六巻）に含まれる。

（28）第1章の日本の互助慣行の注（9）でも述べたように、清水は「通力（互助）合作」に関連してカール・ビュッヒャー（Karl Bücher）の『国民経済の成立』（*Die Entstehung der Volkswirtschaft*, 1893）と『労働とリズム』を取り上げた（清水 1951：430–431, 435）。ビュッヒャーは労働力が不足する近隣間の共同労働を「招請労働」（Bittarbeit）としたが、為政者が呼びかけると「賦役労働」に転化する（Bücher,［1896］1924：297–362）。これに対し「通借労働」（Leiharbeit）は無償の労力供与である。またマックス・ヴェーバーの『経済と社会』（*Wirtschaft und Gesellschaft*, 1922）でも「招請労働」と「招請通具」（Bittleihe）の相互性として「汝の我に対する如く、我もまた汝に対す」（Wie du mir, so ich dir）が取り上げられている（清水 1951：432–435; Weber, 1922, S.

198）。さらにフィアカントは開墾や収穫、脱穀の作業のとき労力不足の家が求める「招請労働」が集団生活における「援助本能」（Hilfstrieb）に基づく「相互主義」（Mutualismus）で、一方向性の利他主義（Altruismus）とは区別されるとした（Vierkandt, [1923] 1928, s. 384）。いずれも価格決定の市場原理が支配しない近隣の社会関係に言及している点は共通する。

（29）旗田は華北農村を小作人と賃金労働者に近い雇農が未分化の「佃戸《でんこ》」を使う古代家族的土地所有、雇農（長工）による自家経営の富農的土地所有、小作人を使う地主的土地所有から捉えた（旗田［1949］1973：282-304）。佃戸は日本の名子に相当するだろう。

（30）北宋より遡る後漢、魏晋南北朝時代を経た隋の時代を通してこの郷村自衛の形式が見られた点は「塢《う》」の存在から類推される。後漢書に初見される「塢」とは小障あるいは小城で村落の防衛施設である。村では塢場、屯では屯場と呼ばれ、防衛を指揮する塢主がいた。これは戦乱の時代だからこそ聚落の共同生活に欠かせない「通力合作」の一形態であった。この守堅相助は孟子が既に弓道生活の一機能として指摘している（清水 1951：637）。

（31）なおここでの保甲制は戸、牌、甲、保の四組織からなり、原則として一〇戸を牌、屯区域内の牌を甲、村区域内の甲を保とした。

（32）趙樹里の小説『小二黒の結婚』には土地神を祀る「社」、武装委員会、村政委員、婦女救国連合会、青年抗敵先鋒隊が出てくる（趙 1943）。また闘争会という村裁判の様子が描かれ抗日戦線下の農村がわかる。親の反対にも負けず村長や区長（共産党主導の抗日地区代表）の判断で小二黒と小芹が結婚する内容で、秩序を維持するため諸悪を排除する共同体が示される。なお婚姻の卜者占いは満州国からあった（『調査月報』［1933, 1940］他）。

（33）ここには「情けは人の為ならず」という相互扶助が循環している。一〇歳以下の子供が亡くなると葬儀を出さず棺にも納めず捨墓田に埋める。これはある個人が義学により自有地を衆人の墓地として提供したとされる（『調査月報』一九三五、第一五巻第八号）。葬儀では老亡社、老公會、助葬會、孝子社、老翁會、老人會、孝衣會、孝義會、賻老會など、婚儀では紅帽會、義助社、子女會、媳婦會など、また婚葬儀を扱う紅白會もある。

（34）解放後の四〇年間の動向については石田の文献を参考にした（石田 1994）。石田は中国経済の発展を人的結合から見るという経済社会学の視点をもっている。

（35）子供を七人育てた八六歳の女性は終戦時二二歳で日本語を習ったことがあった。この老女に日本のユイに相当する互助慣行について質問すると、「それは『互助主』のこと」という返事があり、「互助主」が自生的組織に関わる言葉だと当初考えたが、後で「互助主」が「互助組」であることがわかった。それは「互助組」の代表者の意味にも思える。

（36）雲南省の元陽縣小水井村では共産党主導の「十戸一体制度」が「党の先進性の教育」を進めるため、末端組織が各地の事情に応じて独自の活動を行っている。これは豊かになった一名の党員が豊かになった三戸の一般農家と結びつき、その三戸が六戸の貧困農家と結びついて助けることでより多くの農家が豊かになる支え合いであった。吉林省では党による「三幇扶」のプロジェクトがある。これは省から村まで各党員が困難な民衆や党員、党の最下部の組織と一対一もしくは一対数戸のチームをつくり農民を豊かにする運動である。

（37）各農村で日本のユイに相当する互助慣行について繰り返し質問したが、合作社の歴史を知る五〇代女性から何度も「それは『互助組』のことだ」という声を聞いた。このため「互助組」が伝統的な互助慣行を踏襲した制度であると理解した。鄭義の『古井戸』にも、単独経営の基礎のうえに共同労働を組織した「互助組」の各戸が畑と家族人数により各自負担して芝居一座を呼び、雨乞いで神様に奉納することを老人たちが提案する場面がある（藤井訳 1990 : 182）。なお生産責任制による生活向上にもふれている（同上 : 227）。

（38）大隊長が一二（工）分、女隊長が一〇（工）分というポイント制で示された。なおこの合作社という言葉は既述したように社会主義建国以前の民国時代からあった。満鉄の調査には合作社が婦女子の農業労働を奨励する記述がある（『満鉄調査』1943 : 149）。

（39）「中国社会主義改造・建設は伝統社会に接ぎ木することにより可能となったのであり、農村での政治闘争や農村社会の実態にすこしでも接近してみれば、そこには伝統社会が強固に存在していることを理解できる」（石田 1994 : 115）が、それが互助慣行の衰退にもつながる。なお生産大隊が行政村、生産隊が自然村に対応する（同上 : 126–127）。

（40）たとえば専業の技術協会、専業の合作社、社区（コミュニティ）型合作社、企業が牽引役として興した合作社、政府支援の合作社など多様化している。規模は数十人のものから数万人規模のものがあり、村の中でつくられた合作社もあれば県をまたぐ合作社もある。所有形態では集団所有制にとどまるものの株式制の合作社もある。

（41）華僑には「幇《ばん》」と呼ばれる互助組織があり、これは郷土別の「郷幇《きょうばん》」と職業別の「業幇《ぎょうばん》」からなる（河部 1972）。地縁と職縁の強固な互助ネットワークを華僑はもっている。

（42）ペットボトルは業者が回収しその分代金を払う。都心部では回収されると、地下鉄のカードにチャージできるシステムが導入されている。

（43）文化大革命のとき母親とともに東北地方の都市から農村に移動し三年間暮らした五〇代女性によると、一九七〇年代初頭家を建てるとき職人に頼らず地域住民で粘土をこねて専用の箱に入れ日光に干して土煉瓦をつくり、それらを積み上げて壁にする手助けをお互いにした（二〇一三年七月聞き取り）。また冬に入る前燃料がよく燃焼するために油煙や灰を掻き出して煙が煙突からよく出るようにする作業を近隣で協力して行った。こうした時期でさえあるいはこの時期だからこそ村落の共同性が示されたように思われる。

(44) ベトナムの「社会」はサーホイ(*xã hội*)で表されるが、これは行政村としてコミューン(commune)の村落であるサー(xã)が集まる(hội)ことでつくられると解釈できる。この下の単位として自然村のソン(xom)あるいはラン(lang)がある。この自然村内の結束力は非情に強く「王法も村の垣根まで」ということわざはムラ社会の自律性を示している。

(45) 徳恵市では農業以外で職があるため若年層の減少は見られない(二〇一二年九月聞き取り)。しかも農業の労力不足を機械化による生産性の向上で補っている。日本の若者組では青年が村落の伝統的な習慣を学び地域社会の相互扶助の中核を担っていた(恩田2006)。中国でもこの種の組織があり地域の諸行事の中心となる点は鄭義の『古井戸』にも出てくる。民国二四(一九三五)年に村で二〇代三〇代の若者が集団生活を行い、ネギやショウガ、ニラ、カラシ薬、ニンニクを断ち、女性を忌み、薄い粥をすすりながら生活し、他村から盗んだ竜神様の前に出て順番に雨乞いをする場面(跪香《きこう》)が紹介されている(鄭義 1985 : 49–50)。

(46) 地域社会の争いごとは親類や友人が仲裁に入るが、人望厚い社の主任が屯の中でオンドルに座り酒を飲みながら話をする。さらに難しい場合は村の幹部が間に入り地域社会の秩序が維持される。地域によっては青年と壮年が農閑期に出稼ぎをする。掛金の少ない賭事もあるが、ささやかな遊びで気晴らしをした。吉林省の達家溝鎮張家村に当初行く予定であったが、後日得た村の情報でこうした農民の平穏な共同生活を教えられた(二〇一二年九月聞き取り)。

第4章　台湾の互助慣行

1　台湾の代表的な互助行為

互酬的行為――「換工」

台湾（漢）人

桃園県新屋郷大坡村の七〇代の女性によれば、農作業の手助けについて二〇年ほど前までは労力交換の「換工」（ホワンゴーン）をしたが機械化で今は聞くことがない[1]（二〇一三年九月聞き取り）。この地域では日本同様若者が都市に出ることが多く、休耕田が増えて野菜や家禽含め農業の後継者不足が問題になっている[2]。新竹県新埔鎮照門里の六〇代の男性の話では、「換工」は梨やみかん、文旦など果物の収穫でお互い労働力を提供し合うとき使う[3]（同上聞き取り）。バナナなどの果物、青物の野菜、竹の子などが採れるが、加齢とともに体が弱ってくると農作業では雇い人の「代工」（ダイカン）を使うことがある[4]。この地区でも後継者不足が深刻で人口流出も大きい。台南市歸仁區民生の六〇代の男性によると、昔は米や竹の子をつくっていたが、三、四カ月前の災害で今は農業をやめている（同上聞き取り）。「換工」は大陸で使う言葉でここでは使わず、手作業の稲刈りでは「幫忙」（バンマン）という言葉を使う。ここは台南駅からバスで三〇分ほどの近郊農村で、機械化が進行しかつての互助慣行は少ない。

八歳のとき日本語を習ったことがある宜蘭県蘇澳《すおう》鎮南成里の七〇代の女性の話では、「換工」についてはあまり聞いたことがない[5]（二〇一三年九月聞き取り）。太平洋に面し近海および遠洋漁業の基地でもある同じ鎮の六〇代の男性は「換工」は農作業で使い、自分たち漁師はしないと言う[6]（同上聞き取り）。日本のユイも農作業を中心に使われ漁村で聞かないのと同様である。台東県海端郷利稲村の標高一六〇〇メートルの高地の丘陵地帯に棚畑が拡がる農村では、三〇代の男性からキャベツとウーロン茶をつくり、粟やトウモロコシ（玉米）も栽培していることを聞いた[7]（同上聞き取り）。山岳地帯では村内の集落が離れ、また家と家が遠いため相互扶助はそれほど強くないが、原住民[8]は葬式や結婚式でよく集まり結束が強い[9]。

澎湖《ほうこ》県西嶼郷小門村の六〇代の村長によると、澎湖島の漁業ではかつて家族中心に一つの船に七人から八人くらいで乗り込みお互いに助け合って漁をしたが、今はインドネシア人、フィリピン人、ベトナム人、タイ人など外国人労働者を雇い個人単位でサワラなどを獲っている[10]（二〇一四年三月聞き取り）。漁業では農業のような労力交換は少ない。同じ郷にある竹灣村の六〇代の小学校元校長の話では、「換工」は農作業で使われた言葉で現在もピーナッツなど自家用の作物づくりではお互い助け合うことがある。ただし漁村ではこの言葉を使わない[11]（同上聞き取り）。漁業では船主がパートナーとして地元住民を船長や船員として雇用するが、近年は外国人労働者を雇うことが多い。他の地区同様漁村内の相互扶助は少なく低賃金の労働者を雇用する点で漁業も資本主義化している。

台東県緑島郷中寮村の六〇代の三〇年以上小学校で教えていた元教員男性によると、緑島は漁業と農業が中心だが「換工」についてはあまり聞かない（同上聞き取り）。同村の六〇代の村長は元漁師として魚を獲っていたが、「換工」という言葉は同様に聞かない。船は三人から四人で乗り、魚の売り上げは持ち主が四割乗組員が六割を取る。澎湖島同様今はベトナムやインドネシアなど外国人労働者が多く、会話ができない点が不便だと言う（同上聞き取り）。金門県金城珍金水里の八〇代の男性の話では、トウモロコシやピーナッツの農作業で「換工」を親戚でする（二〇一四年八月聞き取り）。生活が貧しく他人を手助けする余裕はなかったが、子供がいない高齢者には食べ物を与えたりした。このように「換工」は大陸中国同様の言葉として主に農業で用いられてきた。

原住民

花蓮県玉里鎮東豊里のアミ族四〇代の男性によると、自分の父親の世代には「換工」はあったが、今は現金を払い機械を借りて田植えや稲刈りをする「代工」という言葉を使うことが多い[12]（二〇一三年九月聞き取り）。有機栽培では雑草を取ったりするが、自分のところは農薬を使い雑草がはえないようにする。同鎮楽和里の七〇代アミ族頭目《とうもく》（部族長）の男性の話では、三〇年くらい前は「換工」という労力交換をしたが、今は上記同様「代工」という言葉を使う[13]（同上聞き取り）。同鎮春日里神農の六〇代のアミ族里長の男性によれば、山の畑で竹や果実を植えるとき「換工」をしたが、苗を植えるときや稲刈りのときは言わない[14]（同上聞き取り）。なお平地で雑草を刈るときこの「換工」で労力交換をした。花蓮県の秀林郷富世村の七〇代タロコ族の男性の話では、トウモロコシやピーナッツ、フルーツの播種《はしゅ》で「換工」をした（二〇一四年八月聞き取り）。また友だちの手を借りてする力仕事でもこの言葉を使う。南投県魚池郷日月村のサオ族八〇代女性の話では、「換工」は米の収穫で使ったが、今は畑作もなくなり使わない（同上聞き取り）。

台東県海端郷利稲村の四〇代の男性によれば、ここはブヌン族の村だが自分は別のプユマ族で小学校の教員として五年ほど前に来たと言う[15]（二〇一三年九月聞き取り）。原住民はお互いに助け合うことが多い。ブヌン族の六〇代の頭目はトマト、ピーマン、キャベツまたお茶や米をつくる農作業で、今日はこの家明日はこちらの家というように「換工」でお互い手助けしている[16]（同上聞き取り）。これは一定の組内で労働力を回していく日本の「集団的ユイ」に近似するが（恩田 2006）、手助けを受ける家は大量の食事を用意して饗応するのが普通である。なお稲の刈り入れは「収穫」という日本語を使うなど、台湾統治期の生活用語が部族の中に浸透している。

台東県蘭嶼郷東清村と野銀村の二つの村の村長を兼ねるヤミ族五〇代の男性によれば、蘭嶼島の漁業ではトビウオや深海魚、農業ではイモや白菜などの収穫はあるが、「換工」という言葉は使わない[17]（二〇一四年三月聞き取り）。なおこの島には「青年会」という防災や安全対策などの役割を担う一八歳から入会する若者組があり、台風で被害に遭った屋根の修理などはこの「青年会」が行う。野銀村には一〇年以上前に分校があったが今は東清村の小学校一校だけで、台湾本島の屏東出身の四〇代校長の話では学校の子供たちはすべて原住民で、ヤミ族の言語を含む文化を二割ほど教え後は台湾本島のことを教えている（同上聞き取り）。しかし五割くらい原住民の文化を教え、ヤミ族の男の子なら魚の捕り方や泳ぎ方、女の子なら野菜の育て方などを子供たちに知ってもらいたいと言う[18]。能力ある人がより多くの収穫を得ているのが現状で、その分余剰の野菜や嚙みやすい食べ物を高齢者に与えることで支え合っている。原住民では機械を使わない農作業で労力交換をするが、台湾（韓）人が使う「換工」という言葉は台湾本島で浸透していることがわかる。

再分配的行為――「義工」「志工」「標會」「會（仔）」

台湾（漢）人の「志工」

桃園県新屋郷大坡村の七〇代の女性は地区の共同作業はボランティアの「志工」（ジカン）であると言う（二〇一三年九月聞き取り）。新竹県新埔鎮照門里の六〇代の男性によると、地域で雑草や木の葉を取るとき共同作業はあるが出なくても特に過怠金を取ることはない（同上聞き取り）。逆に言えば、それだけ地域作業に対する義務意識が希薄であることがわかる。すべて私有地で野菜や果物を育てるため共有地（コモンズ）はない。台南市歸仁區民生の六〇代の女性の話では、台風の後道路掃除などを地域社会でするとき女性がご飯を出した（同上聞き取り）。このとき「義（務）工」のような言葉は使わない。なお同じ農村の仲間で一年に一、二回旅行費用を出すがこれは親睦目的が強い。ここでも聞き取りをした範囲では共有地はない。これは一九四八年の国民党による小作料を三七・五％に下げた「三七五減租」とその後台湾総督府、日本企業、日本人の所有地の接収と農民への払い下げをした五一年の「公地放領」、五三年の「耕者有其田」（実施耕者有其田条例）で地主の土地が小作人に払い下げられたことも要因としてあるだろう。これで私有地化が進み共有地的な利用はほとんど見られない。

宜蘭県蘇澳鎮南成里の七〇代の女性は一つの里で週一回順番に海岸の漂着物などの掃除をすることがあると言う（二〇一三年九月聞き取り）。これはボランティアで強制ではない。なお共有地はなく私有地と公有地だけである。同じ鎮の南建里の六〇代男性によれば、八人くらいで船に乗り船長と船員で売り上げを半額ずつ分配する。海岸の清掃は地元の人や漁会（漁業協同組合）のボランティアがする[19]（同上聞き取り）。台東県海端郷利稲村の三〇代の男性の話では、山岳地帯では家が離れているため共同作業は少なく行政に任せることが多い（同上聞き取り）。この地域は高地で生活必需品も車を利用して低地から調達する。学校も子供が歩いて通える距離にないため、バスが一日に午前（八時台）と午後（一五時台）の二便あるが、七キロの道を車で送り迎えしている。こうした交通上の利便性を行政に要望する意見が強い。このような山岳地帯では隣保共助の前提となる近接居住空間が成立していない。

澎湖県西嶼郷小門村の六〇代の村長によれば、海岸の清掃などは村内のボランティアが行うため、必ずしも各世帯から労働力の提供を依頼するわけではない（二〇一四年三月聞き取り）。ここでは採取解禁日があり、六月から九月までウニの採取期間を守らないと五万から六万元の罰金を科せられる。この点は日本の漁村と同じである。なお共有地を地域住民間で活用する仕組みとして、周辺の無人島を村民が共同所有して貧しい人に採取権を与える「モヤイ島」について質問したが、そうした制度はないと言う。貧しいのは漁をする能力の違いで個人の自助努力が重視されている。他の島嶼地域同様共有地としての島の活用は見られない。

澎湖島西嶼郷外垵村の五〇代の村長によると、海岸の清掃など共同作業は一週間くらいかけて自発的に行う[20]（同上聞き取り）。同じ郷にある竹灣村の六〇代の小学校元校長の話では、清掃などの共同作業は自分の家の前はするが各自ですることが多い（同上聞き取り）。ただお寺や公共施設はボランティアが月二回ほど掃除をする。日本のように出ないと過怠金が科されることはない。その一方で地域住民が社区（コミュニティ）の活動として高齢者や貧しい人に食事の世話をしている[21]。

台東県の緑島中寮村の六〇代の男性によれば、自分が小学校のとき各家から出て排水溝の掃除や雑草を刈ったが、今は郷公所から雇った人が清掃をする（同上聞き取り）。かつて三カ月に一回村ごとに掃除の競争をする村民大会があり、お互い共同作業に力を入れていた時期があった。しかし同村の六〇代の村長の話では、郷公所の八人から一〇人くらいで各地域の掃除を行う[22]。ここでは共助より公助への依存が強いことがわかる。

台湾（漢）人の「標會」と「會（仔）」

中国大陸の福建省と広東省はもともと小口金融の盛んなところとして知られているが、この地方出身者の移住により台湾にもその移入がされたと推測される。桃園県新屋郷大坡村の七〇代の女性によれば、五〇年くらい前は米を出して「標會」（biāo huì ビュアフェイ）をしたが、今は現金で行っている[23]（二〇一三年九月聞き取り）。やり方は二種類あり、一万元を出して受取人が毎月その金額に最も高い利息をつけた人が落札し、以後一万元に利息をプラスして出していく「外標」（フェイビュア）と、一万元に対して受け取りを少なくする額が最も大きい人が落札する「内標」（ネイビュア）がある。たとえば掛金が一万元とすると、前者の「外標」は会員から一万元ずつ受け取り自分は一〇〇〇元プラスして毎月一万一〇〇〇元払い続け、後者の「内標」は一〇〇〇元マイナスして会員から九〇〇〇元ずつ受け取り以後毎月一万元ずつ払う方式である。前者が「積金式」で後者は「割引式」に他ならない（恩田 2006）。この「標會」が続くことを「活會」（ホァーフェイ）、終わることを「死會」（スィフェイ）と言う。お互い信頼関係がある者どうしでするが、人数は一〇人から三〇人くらいで最も多いのは二〇人の規模である。なお人が集まるとき一般に「招會」（ジョウフェイ）と言う。こうした利息目的の小口金融が多いのは中国の社会主義を容認しない台湾人の性格にも帰因するだろう。

新竹県新埔鎮照門里の六〇代の男性によると、利息目的で「標會」を一人一万元、夫婦で参加すると二万元出して二〇人くらいでする。受け取りは最も利息を高く出す人が受け取る「積金式」である（同上聞き取り）。とりまとめ役の会頭が逃げて解散する「倒會」（タオフェイ）になることもあった。このため一定の財産があり信頼関係にある親戚や友人、同級生が対象になった。銀行でお金を借りるとき担保（土地や建物）を取られ保証人も求められるが、「標會」ではそれらを必要としない分気軽に小金を得やすい面がある。その一方それだけもち逃げされるリスクも大きかった。台南市歸仁區民生の六〇代の男性の話では、「互助會」（フウジェイフェイ）と言って友だちや隣近所、親戚が毎月一回集まり五〇〇〇元出して二〇人ぐらいでする（同上聞き取り）。弔事や慶事に備えるというよりも利息目的の金銭モヤイが中心で、共済目的のものは少ない。実際にお金が入用のときは親戚から必要な額を借りる。

宜蘭県蘇澳鎮南成里の七〇代の女性の話では自分が小さい頃周囲の大人が「會（仔）」（フェイア）と言ってしたが今はほとんどしない（同上聞き取り）。毎月一回集まり一〇〇〇元から二〇〇〇元くらい出したが、ときには五〇〇〇元になることもあった。現金を必要とする会頭が出資金を集めるが、利息を一番高く出す人が受け取る「積金式」である[24]。同じ鎮の南建里の六〇代男性によれば、「會仔」は漁師仲間で行った、もち逃げをする人が出て「倒會」が多くなり少なくなった（同上聞き取り）。なお魚会（漁業協同組合）で魚の売買を行い貯金をしてお金を借りられる。台東県海端郷利稻村の三〇代の男性は小口金融を自分たちはしないが原住民はやっていると言う（同上聞き取り）。この家の近くに住む九〇代の男性（閩南族、ホーロー人）の話では、ブヌン族の原住民はよくするが自分はしない。これを「招會」と呼び台湾人は「會（仔）」と言う。

澎湖県西嶼郷小門村の六〇代の村長によると、一人五〇〇〇元から一万元出してする「標會」があり、一人で複数入る人もいる（二〇一四年三月聞き取り）。人数は二〇人から三〇人くらいでするが、低い受取金額を提示した人が落札する「割引式」が多い。村長も昔参加していたが今はしない。村内の信頼関係が前提で、得たお金は家や船の修理などに使った。同じ郷の外垵村の五〇代村長の話では、月一回「會」のとりまとめ役（会頭）に一万元出して四〇人から五〇人くらいで行う（二〇一四年三月聞き取り）。竹灣村の六〇代の小学校元校長も月一回集まり二〇人から三〇人くらいで「標會」をする。もらう金額が最も少ない人が落札する「割引式」で一人一万元出す（同上聞き取り）。こうした「會」をするのは手っ取り早く資金が得られ利息がいいからと言う。ここでは貧困者を救済する目的は薄い。過去にもち逃げする者もいたが、親戚や隣近所の信頼関係にある人とする。生活に困る高齢者には毎月七〇〇〇元支給され、無料バスの券がもらえるなど公助が対応している。澎湖諸島の別の望安という島では中江村の六〇代元中学教員の男性から「標會」は人が集まる「招會」また紙に金額を書く「寫會」（シャフェア）とも言い、漁師が船の設備更新や修繕のために行っていたことを聞いた（二〇一四年八月聞き取り）。第一期は会首が呼びかけて二〇〇元から三〇〇元のお金を集め二〇人から三〇人くらいでしたが、第二期以降一番少ない受け取り金額を書いた人が落札する「割引式」で行われた[25]。

台東県緑島中寮村の六〇代男性の話では、「標會」は信頼関係にある農会（農業協同組合）の仲間や親戚で二四人くらいで月一回集まり最低でも一〇〇〇元出して行う（二〇一四年三月聞き取り）。受け取り金額が最も少ない人が掛金を定額払う「割引式」である。最初に受け取る人は最も現金を必要とする人で、不利な条件でも受け取るため高い利息を払うことになる。受け取りが続く「活會」は全員が受け取ると「死會」になる。もち逃げが多いため「會」のとりまとめの会頭はメンバーを慎重に選ぶ。この他さらに少ない金額を出してお互いに助け合う「互助會」もある。同村の六〇代の村長から自分の家内が入っていた「標會」でもち逃げがあり個人的にはよくないことを聞いた（同上聞き取り）。小口金融には明文化した契約がないため法律上の規則も適用できず曖昧なところがある[26]。利回りがよく銀行でお金を借りる際の担保など面倒な手続きがないことが普及の要因と言える。

原住民の「義工」

花蓮県玉里鎮東豊里のアミ族四〇代の男性によれば、田の側溝は各自でするが道路清掃は月一回共同でするなど、この棣芬地区は九割が天主教（キリスト教カトリック）教徒で団結力が強い（二〇一三年九月聞き取り）。特に「共識」（ゴンシー）という連帯と共生の意識が見られる。同じ鎮の楽和里の七〇代アミ族の男性（頭目）によると、安通社区（部落）では道路清掃や環境美化など月一回ある共同作業を頭目が拡声器を使い地域住民に知らせる（同上聞き取り）。一家から一人出るが出ないと一〇〇〇元払う。かつて地域の共有地には天主堂が建ち現在教会の所属になっている。同じ鎮にある春日里神農地区の六〇代のアミ族里長の男性からは、共同作業は「義工」（イーカン）という言葉を使うことを聞いた（同上聞き取り）。これはボランティアでする行為の「志工」とは異なる。自発的な環境整備の共同作業には「環境志工」がある。特に教会のメンバーが周辺の掃除をする。この里では共同作業を通して民族間の融和もはかっている。(27) 共有地が一九六〇年代の初め頃まであったが、そこで穫れた農産物を売って得た現金は住民間で分配しまた旅行費用や集会所の修繕費に充当した。個人の意識ではこうした共同作業は大切だが、若者が減り現在共助が弱くなっているとアミ族の里長は言う。

同じ県の秀林郷富世村の七〇代タロコ族の元牧師によると、共同作業は特に決まりはないが出ないと罪悪感から最高で一〇〇〇元くらい出すことがある（二〇一四年八月聞き取り）。なお山岳生活では早く開墾した人が土地を得るため共有地はなかった。生活困窮者には米やイモを分け与えたが、基督教（プロテスタント）の教会の力を借りて弱者を手助けした。

台東県海端郷利稻村のプユマ族の四〇代男性の話では共同作業では特に災害のとき地域住民の団結力が強くお互い支え合った（二〇一三年九月聞き取り）。同村のブヌン族の四〇代の男性からは台風で被害を受けたときは村中で助け合い、また週一回道路の掃除をすることを聞いた（同上聞き取り）。その際中国大陸のような「義務工」という言葉は使わない。土地はすべて個人所有で、共有地を活用した救貧制度はない。天主堂の掃除も皆でするが、他の地区の天主教の人が来て手伝ってくれることもある。(28)

蘭嶼島の東清と野銀の両村長を兼ねるヤミ族の五〇代男性によると、村の共同作業は郷会所の社区発展協会で告知し、ボランティアで掃除などをする（二〇一四年三月聞き取り）。旧日本軍の跡地を利用した政府の保留地では、土地をもたない人が申請して無料で土地を借りイモや野菜を育てることができる。これは公助としての公有地の有効活用だが、この保留地が事実上地域住民の共有地として生活困窮者救済の役割を果たしていることがわかる。貧しい人がいれば、住民間でイモや野菜、魚をあげて助け合うことがあると言う。蘭嶼島内で見かけた「台東縣蘭嶼郷朗島社区発展協会」の標識はその土地が保留地として島民に活用されていることを示している。この村長に近隣の無人島を活用した日本のモヤイ島のような制度があるか聞いたが、そうした仕組みはないと言う。

朗島村で農作業をしていた五〇代の男性からは隣の土地は郷有地で申請すれば誰でも種を植えて土地を利用できることを聞いた（同上聞き取り）。自分の土地は先祖から受け継いだ私有地で今はイモをつくっている。かつては水源が大きな問題だったが、給水塔ができてからよくなっている。地区の支え合いは困窮者に野菜や魚をあげる行為に見られたが、今は政府が低収入の人に対して道路工事などの雇用をつくり毎月五〇〇〇元から六〇〇〇元の収入を得させている。この農民によれば、自分は台湾本島で靴をつくる技術を身につけ島に戻ったが、二五歳のとき子供たちの安全を守るため「青年会」を立ち上げた創設メンバーの一人で、この島で最初に「青年会」ができたと言う。同島野銀村の六〇代の男性の話では、「青年会」には女性もいるが二〇歳から三五歳くらまでの男性中心で、村内の祭りなどのイベントで中心的な役割を果たしている（同上聞き取り）。なお村では原住民どうしの結婚が多く台湾本島人との結婚は少ないため独自の文化は継承されている。しかしこの男性はやがてヤミ族の文化が失われていくことを心配している。

原住民の「標會」

花蓮県玉里鎮東豊里の四〇代アミ族の男性によれば、「標會」は昔あったがもち逃げする人が多くなりする人が少なくなった（二〇一三年九月聞き取り）。しかし同じ鎮の楽和里の七〇代アミ族の頭目は頼母子という言葉を使い今も「標會」を行っている。二〇人くらいで集まり一万元出す。一番多く利息を払う人が落札する「積金式」で得た資金は生活用品に使うが、信頼できる隣近所の人や同郷の人で月一回集まる。同じ鎮にある春日里の六〇代のアミ族里長の話では、天主教では「互助社」（フウジュシエ）としてお金を貯めて低い利息で借りることができる（同上聞き取り）。その一方で頼母子について聞いたことがあった。今も年二回米が穫れるため六人くらいで年に二回一人二〇袋出してする。同じ県の秀林郷富世村の七〇代タロコ族の元牧師も頼母子の言葉を聞いたことがあり、もともと生活困窮者を助けるために「標會」をしたと言う（二〇一四年八月聞き取り）。今も友人に誘われると一回三〇〇〇元から四〇〇〇元でするが、給料のいい公務員は一万元出している。

南投県魚世郷日月村のサオ族六〇代の女性から、「標會」の仕組みは知っているが、皆生活が貧しく余裕がないからしないことを聞いた（二〇一四年八月聞き取り）。台東縣海端郷利稲村の四〇代プユマ族の男性によれば、必要な現金は親戚から借りるので「會」については聞いたことがない（二〇一三年九月聞き取り）。しかし同村のブヌン族の年配の女性は「招會」や「互助會」のような漢族と同じ名称の「會」のことを聞いたことはあるが、昔も今も自分は行っていないと言う。同じ原住民の六〇代の頭目によると、この集落では農会が農機具を購入する補助金を出してくれるため「招會」はしない。

また、蘭嶼島の東清と野銀の両村長を兼ねるヤミ族五〇代の男性は、東清村では「會」をすることはなく必要なお金は自分で貯めると言う（二〇一四年三月聞き取り）。原住民は小口金融の意義を認める者とそうでない者に二分される。

支援（援助）的行為――「幫忙」

台湾（漢）人

桃園県新屋郷大坡村の七〇代の女性によれば、結婚式や葬式の手助けは「幫忙」（バンマン）で行った（二〇一三年九月聞き取り）。今は土葬が火葬になり、一〇年ほど前から結婚式も業者に任せることが多くなった。新竹県新埔鎮照門里の六〇代の男性の話では、昔は「幫忙」で葬儀も結婚式も地元でしたが、今は業者を利用する（同上聞き取り）。葬儀は遺体を一〇日間安置し火葬と土葬が半分くらいあったが、土葬が面倒なときは火葬で瓶の骨壺に骨を入れてきたと言う。台南市歸仁區民生の六〇代の女性によると、結婚式や葬式を「幫忙」でした（同上聞き取り）。新年で神様にお祝いをするときもお互い手助けする。農村は工業化され、しだいに喜びや悲しみの共有も少なくなった。年長者にはまだこうした喜怒哀楽の共感は残るが若者では少なく、農産物の価格が仲介業者を通すため低く儲からない点、また年々若者の流出が多いことも問題であると言う。このように台湾では相手から見返りを期待しない行為を「幫忙」と言う[29]。

宜蘭県蘇澳鎮南成里の七〇代の女性によると、「幫忙」で葬式も結婚式も隣近所の人が来てお金を出した（同上聞き取り）。これに対して手助けを受けたほうではご馳走でもてなしをする。葬儀では一週間死体を安置した後山へ運び土葬にした。同じ鎮の南建里の六〇代の男性は葬儀や婚儀で「幫忙」は見られるものの、しだいに業者に任せることが多くなってきたと言う（同上聞き取り）。このように婚葬儀はしだいに業者に任せ金銭で処理することが多くなっている。

澎湖県西嶼郷小門村の六〇代の村長によれば、一九七〇年代頃まで葬儀も婚儀も地域住民どうし手助けして行ったが、現在は交通機関が便利になり澎湖県の中心都市の馬公で業者を利用することが多い（二〇一四年三月聞き取り）。同じ郷の外垵村の五〇代の村長の話では、かつて地元で行っていた葬式も結婚式も今は業者を通してするようになった（同上聞き取り）。同じ郷にある竹彎村の六〇代男性の小学校元校長からは葬式も結婚式も昔と違い業者に任せるようになったが、結婚式で変わっていないのはお祝いにクッキーを持参することを聞いた(30)（同上聞き取り）。

台東県緑島中寮村の六〇代の男性によると、「兄弟会」という七人から八人くらいの組織が葬式のお世話をした（同上聞き取り）。結婚式では以前は近所で料理のできる人が島にはない素材を台東まで買いに行きビーフンなどを作ったが、今はレストランで会食することが多い。同村の六〇代の村長によれば、かつては木で棺桶をつくったが今は業者に任せている。結婚式も業者利用が多いが、澎湖島同様ピーナッツでクッキーをつくり隣近所に配ることはまだ行われている(31)。

金門県金城珍金水里の八〇代の男性は若い頃貧しく葬式も結婚式も十分でなかったが、近所の人が手助けしてくれたと言う（二〇一四年八月聞き取り）。家が狭く寺に泊まることもあり、農作業で忙しく人とのつながりも強くなかった。しかし今の生活は余裕がある分近隣のつきあいも多いと言う。

原住民　花蓮県玉里鎮東豊里の四〇代アミ族の男性によると、多くの教会で結婚式や葬式をするとき、皆が「幫忙」という言葉で手助けする（二〇一三年九月聞き取り）。同じ鎮の楽和里の七〇代アミ族頭目の男性から葬儀では米や野菜を持参するが、カセイを「幫忙」と同じ意味で使うことを聞いた（同上聞き取り）。このカセイは日本語の加勢で、年配の人がよく日本語を話せるという事情も加わり、頼母子同様日本統治時代の影響が強く残っている(32)。同じ鎮にある春日里の六〇代アミ族里長の男性によれば、婚葬儀で親戚が多く集まり手助けするが、故人の人脈が大きいほどそれだけ多くの弔問客が集まる（同上聞き取り）。しかし天主教会の式では参列者はそう多くない。同じ県の秀林郷富世村の七〇代タロコ族の元牧師は葬式や結婚式では教会の信者を集めて協力を呼びかけるが、「相互幫忙」（マダダヤウ）の精神で建物の新築や木の伐採で手助けしてきたことを話してくれた(33)（二〇一四年八月聞き取り）。

南投県魚世郷日月村のサオ族六〇代の女性によると、結婚式では豚やイノシシ、牛を殺して檳榔《びんろう》（ヤシ科の植物）を用意したが、今はケーキを準備するなど漢人の習慣に近づいている（同上聞き取り）。葬式では泣かずにむしろ喜んで送り出すと言う。台東県海端郷利稲村の四〇代プユマ族男性の話では、葬式や結婚式に限らず、天主教徒であるため週一、二回は集まり喜びや悲しみをお互い分かち合う（二〇一三年九月聞き取り）。同村四〇代ブヌン族の男性は、葬儀は天主教式で地域住民が手助けする（同上聞き取り）。昔は墓穴を掘り石を載せて埋める土葬だったが今は火葬が一部あると言う。[34]
蘭嶼島の東清村と野銀村の村長をするヤミ族五〇代の男性は結婚式は同じ島出身者どうしの場合地元の教会でするが、そのときの食事は業者に頼ることが多くなったと言う。葬式はまだ土葬が行われ、手間暇がかかる分住民の手助けが多くされている。[35]

2　日本の台湾統治時代の互助慣行

台湾（漢）人の互助慣行

公助としての「義」の諸制度と「公業」　日本の植民地統治の必要性から臨時台湾旧慣調査会がまとめた報告書を通して台湾統治時代の互助慣行を見ることにしたい。台湾人については『臨時台湾旧慣調査会第一部調査第一回報告書』（一九〇三―〇七）に法律を中心に紹介されている。[36] この第一回の報告書（上巻）では義倉の記述がある（臨時台湾旧慣調査会編 1903：452-455〈上巻〉）。中国から日本にも伝えられたが、台湾でも凶作に対して備蓄による貧民救済の制度があった。それは社倉とも呼ばれた。ただし台湾総督府は一八九九（明治三二）年に義倉穀を罹災救助基金に組み入れ、事実上公認された制度としてその後は存続していない。これらは官主導の監督下に置かれたとは言え、出資はあくまでも民間の義捐《ぎえん》が中心であった。

台北地区では義倉だけでなく子弟教育も援助する「義学」も加えた明善堂がつくられた。義倉は毎年新穀と交換し凶作年に騰貴した際に売るが、それも一定の価格以下では売らない規則まで設け貧民救済として万全を期した民設の財団でもあった。

この他特筆される共助の仕組みとして「義渡」がある。これは河川の通行に際して不当な通行料を収受することが多く通行の妨げになっていたものを無料で渡ることを認めた言わば監視制度であった（臨時台湾旧慣調査会編 1903：455-458〈上巻〉）。公共事業の一種として台湾内数カ所に架橋し「義渡」を設立した。さらに貧困者の死体埋葬地を用意した「義塚」もあった

（同上：459–461）。これは身寄りのない死者を埋葬する土地を供与するもので土地は寄付に基づく。さらにこの「義塚」に敷設した土地を田業として活用した「義塚田」の収益は管理費用に充当され、また家屋を併設して医療施設とすることもあった。

「私業」に対する取り組みとして「公業」がある（臨時台湾旧慣調査会編 1903：461–466〈上巻〉）。「公業」は個人で行う「私業」ではなく、複数の力を合わせた享益者が多数ある場合の事業を意味する。たとえばそれは祖先伝来の土地を出捐《しゅつえん》した同族の祭祀事業などで、同族の一体感を保つ目的があった。特に「祭祀公業」では男系同姓宗族が祖先を祭祀するために設立された財産を意味する[37]（呉 1999：55）。この狭義の定義に対して、広義には祭祀事業やその組織（団体）をさす。これは子孫の困窮者を救済し学業支援を行う制度でもある。これらは共助の取り組みと言ってもよいだろう。中国では「祭田」「祀産」と言われるが、韓国の同族の契にも類似した組織があるのは既に述べたとおりである。

共助としての「共業」

既述した「公業」のより強い共益性は「共業」に示される（臨時台湾旧慣調査会編 1903：466–470〈上巻〉）。「共業」は直接には共有の財産をさすが、公業地では特定の管理者がいるのに対して共業地では連名による管理がされる。この共有関係を示す言葉に「公家」「和合」「合股《ごうこ》」「合夥《ごうか》」「連財」「合置」「合建」「公有」などがあった。このうち「公家」は主として漳州人が「和合」は泉州人が用いる福建省出身者の言葉で、その関連言葉の「合股」「合夥」「連財」は合資の意味が強く組合あるいは会社の意味になるが、「合置」「合建」は主として不動産に用いる言葉である。「共業」に最も近い意味をもつ言葉が「公有」とされたが、これも国家その他の団体所有の意味に解釈されている（臨時台湾旧慣調査会編 1903：466–467〈上巻〉）。日本語の「共有」が最もふさわしいが、この言葉は報告書では見当たらない。

「共業」の原因として共同資本の組合、商人の合資組織に加え、船や墓地、水牛、豚の共有という共同取得や隣接する井戸という立地を指摘している。この「共業」による使用収益は平等に分配されるが、股分《こぶん》（もち分）に応じた配当がされ、その処分は共有者優先である。これらは地域住民間というより親戚や朋友、知己の間の共有で、そこには中国本土同様家族を単位とした個人主義（家族的個人主義）が見られる。なお戦前戦中の台湾の家族制度は『臺灣農民生活考』（梶原 1941：79–

96）が詳しい。台湾は大家族主義で「家族はあるが家庭がない」と言われ、男尊女卑の風潮が強く、結婚に際し男性（夫）から女性（妻）側に贈る財貨の聘金《へいきん》制度（結納）や児童虐待を批判的に紹介している。

第二回報告書第一巻（一九〇六）では「共業」に代わり「共有」として資本関係で株を意味する股がつく「合股」、商業組合で用いる「合夥」の他に、地域住民間では漁業関係（魚塩）や土地（田園）の開墾で共有が紹介されている（臨時台湾旧慣調査会編 1906：770–775）。海は沿岸部の土地の所有者に、その土地が共有の場合は海も共有になるが、井戸は隣地に接する者の共有で「公井」と言い、また「水井半口」という言い方は半分利用する権利があることを示す。いずれにしても地域住民全体の共有関係はきわめて希薄で特定の地域住民間の共有であることがわかる。同報告書第一巻には、同族が子弟のために田園その他の財産を提供しその土地から得た収益を勉学や学位取得の費用に充当する慣行が紹介されている（臨時台湾旧慣調査会編 1906：518–520）。この財産を「書田」と言い、そこから生じた収穫（租谷）を「育才租」あるいは「学谷」と称している。これは他人の所有物を特定の人のために利用する人的役権（人役権）の項目で扱われている。同報告書第二巻（上巻）では住民が米や現金で葬儀費用を支援する「父母會」の記述がある（臨時台湾旧慣調査会編 1907：284〈上巻〉）。これらは中国大陸での互助慣行と同類であることがわかる。

原住民の互助慣行

蕃社共同体

原住民については、第一級の資料である臨時台湾旧慣調査会編の『臨時台湾旧慣調査会第一部蕃族調査報告書』（一九一三–一四）と台湾総督府蕃族調査会編の『台湾総督府蕃族調査会蕃族調査報告書』（一九一七–二二）、『台湾番族慣習研究』（一九二一）で各部族別に社会組織、宗教、住居、生活状態、人事（結婚、葬喪）、身体特徴などがわかる。また臨時台湾旧慣調査会と台湾総督府蕃族調査会の『番族慣習調査報告書』（一九一八–一九二〇–二二）には農業の耕作や収穫、共同所有の記述がある。こうした官制の「蕃族研究」に対して、台湾原住民調査の古典とも言える森丑之助の『臺灣蕃族志』（第一巻）も在野研究家の調査による貴重な報告書として互助慣行の参考にした（森 1917）。また生活様式では伊能の『台湾文化史』（上・中・下巻）も参照した（伊能 1928）。

各民族の社会は蕃社とされるが、一社が一つの血縁団体からなる場合もあれば、複数のそれらからつくられることもあった（森 1917：145–150）。蕃社は共姓団体（同族）を原則とするが、頭目、老蕃総代、老蕃、壮丁の四階級からなる社会とされる。このうち頭目は部族の長として知能が優れ、記憶力もよく道理に明るい者が自薦あるいは他薦で選ばれる。その役割は外部には自社を代表し内部には社民の安寧幸福を維持することにある[38]（臨時台湾旧慣調査会編〈第二巻〉1918：144–156）。

『番族慣習調査報告書』の第四巻によると、阿里山周辺に居住するツオウ族では土地が基本的に各部族内の宗族団体の共同所有として管理され、相続権はなく使用権のみが認められる（臨時台湾旧慣調査会編〈第四巻〉1918：210–229）[39]。その土地からの収益は宗族の各家に分配されるが、社の大小でその多寡が生じることがあり、また収益が大きくないときは宗族全体に分配することはなくその土地の使用者だけで分有した。猟場や渓流、山林も同様の共同管理だが、その採取は個人あるいは集団の収益を認めている。こうした住居を含め宗族の共同団体の所有であるところに、共有地をもつ蕃社共同体の生活を見ることができる。しかし戦中の日本統治、戦後の資本主義的な土地所有の制度が浸透するにつれ個人所有の私有地化が進行する。耕す者が土地をもつという原則に基づき地主から土地を政府が買い上げ小作人に払い下げるなど、新生台湾の一連の土地改革が原住民の共同体にも影響を与えたことが推測される。

蕃族の互助社会

森の『臺灣蕃族志』（一九一七）では、かつて狩猟をしていた北部の原住民タイヤル族では数個の血族団体が集まり猟場を共有し出猟に際して一致団結した行動をとっていた。この狩猟団体では猟手が一定の獲物を得る権利を有するが、団員間で平等に獲物を分配し出猟しない者にも獲物を与えることがあった（森 1917：147）。これは日本の漁村で獲た魚を漁師だけでなく漁村内で分け合う「代分け」の慣行と近似するが、それはまた山村の狩猟でも見られた（恩田 2006）。この分配は猟や漁に出ない仲間の日頃の生活支援に対する報酬でもあった。なおこの狩猟団体は非常時には軍事行動をともにする集団である。

アミス族（花蓮）では蕃社の共有地として狩場があり、火入れによる鹿や兎の狩猟を行った。その分配は一社連合や社内同級者の猟団で第一撃を加えた者に野獣の頭蓋肋骨五枚目までの肉、また二番手に前脚一本、獲物を発見した犬のもち主に後脚二本など与え、その他残りは猟員で平等に分配した（臨時台湾旧慣調査会編〈第二巻〉1918：40–44）。この共益志向は海の漁では個人単位の漁獲が多くなるが、河川では社民共同で行うこともあった（同上：44-48）。このように蕃社は成果に応じた分配と同時に共同体として成員の生活を保護する機能を果たしている。それは個人の成果（業績）と集団の分配のバランスのうえに成り立つ公平かつ公正な社会と言えるだろう。

『臺灣蕃族志』の付録として収録された「臺灣蕃族に就て」では、森はブヌン族が最も獰猛な兇蕃とし、逆に最も従順で平和的な民族としてアミ族をあげている（森 1917，付録9：12-13，14）。特にブヌン族は一軒の家に六〇人から八〇人もかつて住んでいた大家族制で、個々人の身体能力が高く長時間の労働にも耐え貯蔵庫（穀物倉）には三年分の蓄えがあるほど部族内の団結力が強かったとしている。日本統治に最後まで抵抗したブヌン族は首狩りの風習を強くもっていたが、それだけ戦闘性に富むことは逆に集団としての凝集性が高く互助慣行も強かったことが想像される。

3　日本と台湾の互助慣行の比較

日台互助慣行の共通点

日本ではユイ、モヤイ、テツダイという言葉で示される互酬的行為、再分配的行為、支援（援助）的行為の三つの互助行為は、台湾では地域によってまた台湾（漢）人と原住民で使われ方が異なるところもあるが、それぞれに該当する言葉が見出せる。互酬的行為は台湾では中国本土同様「換工」（ファンゴン）という言葉が用いられてきた（表4-1「台湾の互助慣行」参照）。この言葉は果物やピーナッツなどの農作業で使われ、緑島のような島嶼地域の漁村では「換工」という言葉は聞かない。これに対して原住民はトマト、ピーマン、キャベツまた茶や米をつくるとき「換工」で手助けしたが、しだいに賃金を払い機械を借りて田植えや稲刈りをする「代工」という言葉が使われるようになる。機械化とともに「換工」は減少したが、手間を要する領域ではまだ使われている。山の畑では竹や果実の植栽で使うが、苗の植えつけや稲刈りのときには言わない地域もある。ヤミ族の蘭嶼島では独自の生活様式が維持されたこともあり、漢人の「換工」は使わない。

再分配的行為では、台湾人は社会主義の中国大陸で使われている「義務工」という言葉を使うことは少なく、「志工」（ボ

表 4-1　台湾の互助慣行

互助行為		内　容
互酬的行為		• 換工――労働力の交換 　• 台湾（漢）人――梨やみかん，文旦など果物の収穫など 　• 原住民――トウモロコシ，ピーナッツ，フルーツの播種など 　• 代工（機械の利用，雇用労働）が多い。
再分配的行為	共同作業	• 志工――無償の労力提供 　• 雑草刈りなどのボランティア 　• 環境志工――自発的な環境整備作業（原住民） • 義工――原住民の共同作業 　•「共識」（アミ族の連帯と共生の意識）に基づく道路清掃など • 伝統的な再分配 　• 台湾（漢）人「共業」――組合組織，船や墓地，水牛，豚，井戸の共有 　　　　　　　書田――子弟の学費充当 　　　　　　　父母會――葬儀費用の捻出 　• 原住民　蕃社共同体の穫物の分有，共有地の蕃社有による活用
	小口金融	• 標會，會（仔）――台湾（漢）人 　• 受取方式――外標（積金式），内標（割引式） 　• 持ち逃げの倒會が少なくない。 • 標會（頼母子）――アミ族 • 島嶼地域の原住民はしない。
支援（援助）的行為		• 幇忙――婚葬儀の手助け 　•「相互幇忙」の精神（タロコ族） • カセイ（アミ族）

ランティア）として共同作業が行われている。道路の補修や海岸の清掃は自主的に行われ、出ないからと言って過怠金が科されることはない。原住民では民族および部族間の結束が強いため、共同作業では逆に「義工」としての参加を求められ、この義務に反して出ないと過怠金が要求される。アミ族では道路清掃や環境美化などの共同作業に一家から一人出るが、不参加の場合一〇〇元払わされる。日本でもこの種の過怠金はあるが、聞き取りの範囲では台湾人にはなかった。都市部の台湾人（閩南族、客家族）では盛んに「標會」が行われ、広く庶民金融としての「互助會」（合会）への参加が多い（陳 2009）。台湾本島の原住民は台湾人と日本の頼母子の言葉の影響があると推測されるが、島嶼地域の原住民は「標會」を行わない。臨時台湾旧慣調査会の蕃族についての報告書にも小口金融の記載はない。共益志向が強い原住民の共同生活では貨幣経済の浸透も関係するが、金銭を伴う再分配的行為はその必要性がなかったと言える。この点は日本の沖縄本島や宮古島、石垣島でモアイはあるが、人口が少なく人間関係が

濃密な鳩間島や新城島など小さな島では見られない点と共通する。もっとも生活が極端に貧しく「標會」をする余裕がない点も指摘できる。

支援（援助）的行為では、台湾人も原住民も結婚式や葬式で「幫忙」の言葉を使い手助けする。相手から見返りを期待しない一方向性（片助）の行為だが、手助けされたほうはご馳走でもてなしをすることが少なくない。いずれも葬儀や婚儀がしだいに簡素化しそれだけ他者の手を煩わせることがなくなる一方、面倒なお返しを避けることもあり業者の利用が多くなっている点は日本と共通する。

日台互助慣行の相違点

共同作業を行政に任せる公助は台湾（漢）人原住民ともに多く見られ、その分地域社会の共助が減少しているのは日本と同じような状況にある。森が『臺灣蕃族志』（一九一七）の付録「台灣蕃族に就て」で述べているように、調査をした明治、大正時代でさえ台湾原住民の生活様式がしだいに失われることに対する危機意識が蕃族調査の一つの動機であったことを考えると、いつの時代も近代化の波が伝統的な慣行を弱体化させてきたことがわかる。時代によりその変容の程度は異なるが、互助慣行もその例外ではない。互助ネットワークを規定する他者に対する共感もそれだけ影響を受けるが、生活様式がどのように変わろうともその基底で不変の感情はまだ見られる。それは大都市よりも地方都市さらに地方の農村でまだ「自生的な社会秩序」としての互助慣行が健在である点は日本と共通する。特に地域住民の人と人とのつながりの回復を目指す社区（コミュニティ）という行政単位の活動は互助慣行の覚醒にもつながることを期待したい。

花蓮県玉里鎮東豊里のアミ族男性から「共識」（ゴンシー）という連帯と共生の意識や秀林郷富世村の七〇代タロコ族の元牧師からは「相互幫忙」（マダダヤウ）という互助意識について聞いたことは原住民社会での共同性の存在を裏付けるものと言えよう。なおかつて同じ漢字文化圏のベトナムでは社会主義の影響にもかかわらず、筆者が調査した山岳民族（ムオン族）の村落では互助ネットワークは依然として強固に残っている（恩田 2008a, 2008b）。しかしその一方で原住民独自の社会や文化が急速に変容してきた。サオ族六〇代の女性が語った「自分たち民族の小米酒の製造技術を漢人が盗み大量に造ってきた」という言葉が印象に残っている（二〇一四年八月聞き取り）。しかし植民地期でも臨時台湾旧慣調査会の『番族慣習調査報告書』では依然として変わらない「自生的な社会秩序」としての互助慣行が原住民の間に残っていた。戦後は漢人化が急速に進み、原住民の独自性は観光地化で逆に維持されてきた面も否定できない。この点日月潭の九族文化村などの施設では原住民の文化がショー化している。それでも既述したアミ族の「共識」やタロコ族の「相互幇忙」という伝統的な互助精神は健在である。

台湾は日本と同じシマ社会であるが、大陸から移住してきた漢人と異なり、シマ社会の特性は島嶼地域から移住あるいは先住していたとされる原住民の民族性に基づく。紅頭嶼《こうとうしょ》と呼ばれた蘭嶼島のヤミ族が戦闘力をもたない穏やかな部族であることを森は『臺灣蕃族志』で指摘している（森 1917, 付録14-16）。難破船の略奪でヤミ族が討伐を受けたことに対して、それが実は救助するために遭難者や物品を自分たちの船に積み込んだ誤解であることを述べ、個々の蕃族の特性（蕃性）について研究する必要性を主張している[40]。ここには外からの刺激を拒む閉鎖性とそれを受け容れる開放性という二つの側面をもつシマ社会の特性が示されている。それは自分たちに危害を加えそうなものに対する拒絶反応と逆に幸福をもたらしてくれる受容反応である。中国大陸から台湾への移住の中継地となった澎湖諸島の台湾人が海賊的行為をしてきた点に比べると、人命救助を自然な行為として行ったのはヤミ族の部族性の表れと言えるであろう。

次章ではこれまで述べてきた韓国、中国、台湾の互助慣行と日本のそれとの相互関係に注目しながら、東アジア全体の互助社会を展望したい。

注

(1) 現地調査は二〇一三年九月と二〇一四年三月、八月の三回行った。その際通訳として台北出身の留学生神奈川大学経営学部（当時）の葉昱廷（ヨウ・イクテイ）君と一橋大学国際・公共政策大学院（当時、その後東京大学公共政策大学院）の謝逸翔（シャ・イッショウ）君のお世話になった。なお大陸中国の簡略化した「簡体字」に対して、台湾は「繁体字」と言われる簡略しない文字が使われる。たとえば日本でも使われる中国の「会」は台湾では「會」が、また「竜」は日本でも使われる「龍」になる。日本語の「帰」は台湾では「歸」が中国では「归」が用いられる。以下聞き取りした地名は原語を尊重し、本書が対象にする互助慣行、特に組織に関する言葉は「會」など台湾の言語表記にしたが、その他は日本語の漢字表記にした。

（2）台湾の地方行政区分は県の下に県轄市・鎮・郷、県轄市・鎮の下に里を、郷の下に村が、里と村の下に隣（鄰）が設置されている。ここは郷で鎮に相当し里という単位はない。郷の中には二三の村が、またこの大坡村には九つの隣があり、聞き取りをした女性は第五隣に住む。村長は四年の任期で選挙で選ばれる。村長は行政職だが、大坡社区発展協会に理事長（四年任期）がいて社区のため尽力している。村の代表である村長に対して社区では理事長という言葉が使われ、両者は同じ人であることが少なくない。村長は政府（県や郷）からの仕事をするが、理事長は人民団体のリーダーとしての役割を果たす。

（3）この箭竹窩三隣に住む男性の話ではこの地名は竹が多いことからつけられた。照門里には三つの社区一七の隣があり、この社区は第一と第三、第四の隣から構成され、第三隣は三三世帯ある。里長は四年の任期で、社区の代表である理事長も社区発展協会の中で選ばれる。隣長も選挙だが自薦もあり、最末端の住民組織として伝達が主な仕事である。この社区がコミュニティで里の単位とされることが多く、台湾の伝統的な村落共同体における人と人とのつながりの回復を目指している（唐 2016）。先の新屋郷大坡村はこれで一つの社区となるが、この照門里のように隣がいくつか集まり社区が構成される場合もある。集落を構成し住民意識の基本単位となる点で隣が実質的な自然村と言えるが、人々の社会意識では複数の隣が集まる社区がコミュニティとして自然村にもなり得る。

（4）この男性は客家族で山仕事は体力を必要とするためよく米を食べる。しかし客家族はあまりおかゆを食べることがなく、閩南族はよく食べると言うが、今はおかゆを高齢食としている。一般に台湾人は中国大陸からの移住者としての「漢人」ともともと定住していた原住（先住）民に大別されるが、一七世紀初頭の明朝から清朝への移行期の政治的混乱と急速な人口爆発により中国南部から移住した「本省人」と一九四九年以降国民党の蔣介石とともに多く移住した「外省人」の区別も知られている。日本の台湾統治という点からは、中華民国の台湾省となった時点で民国の国籍を回復した者が「本省人」であり、それ以降の移住者が「外省人」である。漢人の移住以前からいた原住民は日本統治が終了した時点で台湾籍を獲得した意味で「台湾省の人々」として「本省人」とされたため、「先住系本省人」と「漢族系本省人」の二系統があると言われる。漢族は先に中国大陸から移住し総人口の七割強を占め「台湾人意識」が強い閩南（ミンナン、ホーロー）人と一八世紀初頭に移住した一割強の客家（ハッカ）人に大別されるが、前者は漳州泉州中心の福建省出身で、後者は潮州恵州中心の広東省出身（広東客家）である。この「漢族系本省人」に対して原住民と「外省人」が総人口のそれぞれ約一割強を占める。日本の統治を受けたことで八田與一による烏山頭《うさんとう》ダムの建設などインフラ整備による台湾の発展が「日治」時代に築かれたと考える「本省人」と抗日戦争を戦い不当な占拠として「日據（拠）」と考える「外省人」では対日意識に違いがある。もともとオランダ統治時代台湾の開発を進めるため中国大陸から移住させたホーロー人は労働力として男性が多く、原住民（平地に住む平埔族）の女性との結婚を通して漢人化が促進されたとされる。本章では互助慣行について原住民と区別する意味で漢人（漢民族）を台湾人としたが、特に原住民と対比するとき台湾（漢）人と表記した。

（5）鎮の中には六つの里があり、里が社区を構成する（南成社区）。しかしここでは社区という言葉はあまり使わず隣という単位もない。この点を老人会の事務員から聞いた。

（6）先の南成里同様昭安社区という名称もあるが、地元の人は南建里を使うことが多い。

（7）春（四月、五月）、夏（六月）、秋（八月）、冬（一〇月、一一月）の季節ごとに栽培され、野菜は四月、七月、一〇月の三回穫れる。基隆出身の主人の奥さんは高雄出身で、その母親が三〇年ほど前ここに移住し自分たちも生活のため七年前に来たと言う。畑作以外に民宿も経営している。米酒が入った瓶の中にハチを入れて酒漬けにしているが、これは関節によく効き強壮剤としてハチの巣を卵に入れて炒めて食べることが多い。

（8）台湾原住民は先住民としての民族だが、現地の呼称や少数民族の意見を尊重する意味で「原住民」と本書では示す。移住してきた漢民族の台湾人が西部に多いのに対して東部の山岳部に原住民が集中している。現在の原住民（先住民）は遺伝子研究やオーストロネシア語族の祖型から南方からの移住ではなくもともと居住していたこと、また逆に台湾から南下して太平洋に移住していったとする説もある。

（9）この海端郷は下馬村、利稲村、海端村、新武村、霧鹿村からなり、村長が原住民の言葉で「頭目《とうもく》」と呼ばれ四年ごとに選出される。利稲村の人口は約二〇〇人で台湾人が約一割である。平らなところから来た「平原人」という意味で原住民は台湾人をバイランと呼ぶ。

（10）「雨の基隆、風の澎湖島」と言われるように、澎湖島は風の強い島（風島）で特に冬の東北からの風が強い。平坦な地形で山はなく直接風をさえぎるものがない厳しい自然条件で島民は暮らしている。漁業以外にピーナッツをつくっていたが、今は少なく自給自足の生活が続く。村の人口は約一〇〇人で五〇世帯ほどある。この村長は人口減少が一番大きな問題で若者の流出も多いが、観光業が発展すれば雇用が生まれ若者が戻るかもしれないと言う。

（11）竹彎村の人口は約一〇〇〇人世帯数三五〇ほどある。この元校長への聞き取りは社区活動中心（センター）で行われた。

（12）この里には一四の隣があり、一つの隣の人口は八〇人から一〇〇人くらいで、聞き取りをした地区は棣芬《でふん》五隣である。この地域は六月から七月と一一月の年二回米が穫れる。近隣の精米所では月餅とともに中秋の名月を鑑賞するとき欠かせない文旦（ザボン）の出荷場が併設され日本にも多く輸出されている。

(13) 楽和里には全部で二二の隣があり、安通という社区は三つの隣からなり、ここは第八隣である。社区の人口は一五〇〇人くらいで、里全体では原住民と漢民族が半分くらいいる。頭目の案内で苗木をつくる工房を視察し、そこで社区の女性理事長に会った。社区の住民はすべて原住民で、以前は安通部落という言い方をしていた。日本統治時代に警察官をしていた父親からこの頭目は日本語を習い現在も少し日本語が話せる。自分の日本語名は「みずお」と言うことも教えてくれた。ここでの頭目は部落内の争い事の仲裁などをするが、隣長は行政上の仕事をする。なお大陸中国の清朝から続いてきた保甲制度（一〇戸で甲、一〇甲で保を構成）は日本統治下の台湾でも漢人に対して適用されてきた。

(14) 行政村としての春日里は人口が約一二〇〇人で泰林社区と春日社区に分かれ、前者が七つ後者が一二の隣から構成されている。この社区の理事長は人民団体（ＮＰＯ）で選ばれ隣長は理事長が指名する。隣長会議が月二回ある。この里には原住民が五五％、広東省出身の客家族が二五％、福建省出身の閩南族が二〇％くらいいる。なおこの春日里には北回帰線が通り、日本と同じ名称の派出所の正面中央の地面にはモザイク模様の幅のある線が描かれ、そこが北回帰線であることを示している。

(15) ここは原住民が九割で、この教員は子供たちにブヌン語を週一回教え、普段は標準語で教育している。現在の問題は子供たちが地域社会から出て行き過疎化高齢化が進行することであるが、都市の生活様式が気に入り戻らない若者が多い一方また帰ってくる者もいる。特に狩猟民族としての「射耳祭」のときには都市に住む者も参加する。「射耳祭」は「打耳祭」とも書かれるように、祭典前に成年男子が山で捕獲した鹿の耳を切り取り、子供の健康と狩人としての成長を祈願しぶら下げた鹿の耳を弓で射る儀式である。対象は一二歳以下の男子で祖父や父など親族が男子の弓に手を添えてともに引いて当たるまで順番に行い、その後は鹿肉を焼いて食べる祭事として知られている。また十分な医療を受けられない点も指摘している。一番気になるのは親の子供の教育に対する理解が不十分で、農作業が忙しく勉強の面倒が見られないことだと言う。なお日本のいじめのような問題はなく皆仲よくやっていることも聞いた。

(16) 頭目の条件は皆から尊敬されることで、行政制度が整備され村長は後から設けられたものとされ頭目が重視されている。頭目は選挙で選ばれるが、ここでは推薦で決まる。任期は事実上なくその地位は代々継承されてきた。なおアミ族には民族の字があるがブヌン族には字がないとされる。

(17) 蘭嶼島の二つの村の人口は八〇〇人から九〇〇人ほどで、世帯数は東清村一二〇野銀村で八〇ほどある。島にはヤミ（タオ）族の原住民が多く住み、野銀村では伝統的な半地下式の黒い木造家屋に住む者がまだいる。蘭嶼島はかつて紅頭嶼と呼ばれ首里王府の過酷な人頭税を逃れ島脱出（しまぬけ）した波照間島から見た「南波照間」（パイハティローマ）という伝承の行き先とされ、日本統治下では沖縄の漁民が滞在し漁労に従事した島である（又吉 1990：284-289）。この漁民の居留は火焼島と呼ばれた緑島も同様であった。なお蘭嶼島では一九八二年から核廃棄物貯蔵場が運営され放射線の影響が懸念されている。

(18) 奥さんがヤミ族である校長は島内北部の朗島村の小学校に一八年間勤務した後、この東清村に赴任したと言う。島の教育問題を中心に話を伺った。特に島が観光地化するとインターネットの情報も加わり、親が子供たちに伝統的な文化を教えることが少なくなった。父親は運動会に参加するが授業参観に来るのは母親が多い。小学校は島内の各村にあるが中学校は一つで、高校に進学する者は台湾本島の台東の学校に行く。中学卒業後は仕事につくものが三割で台湾本島に行く者が七割いる。レストラン関係の専門学校に行く者もいる。島に戻る者は少なく本島で仕事を見つける若者が多い。子供たちは必ずしも貧しくないが、島民が自給自足の生活に満足し物質に対する意欲が少ないため依然として貧しい。一〇年ほど前までは現地語で伝統的な生活をしていたが、実際ヤミ族の伝統家屋に住んでいるのは筆者が訪問した野銀村くらいである。本島出身の女性と蘭嶼島の男性が結婚して島から女性が逃げると、昔は残された子供を近所の人は世話をしなかったが、今では大切な子宝として面倒を見ている。島の問題は時間が解決するところもあり自分はそれほど悲観していないが、子供たちには多くの本を読んでほしいことを熱く語ってくれた。

(19) 一五歳から漁師を続ける男性に一番の問題を質問したところ漁業の後継者がいない点で、不足分はインドネシア人などを雇っていると言う。また不安定な天候も大きい。

(20) 人口は二〇〇〇人で約六〇〇世帯ほどの村だが、漁業で十分収入を得ているので若者の流出はそれほど問題にはなっていない。

(21) この竹灣村の社区活動中心（センター）の建物には「澎湖縣西嶼郷竹灣社区相助隊・守望隊」という看板があり、ここが社区の安全を守る組織活動の拠点となっている。隊は一〇人から一六人で構成され現在五つある。

(22) この中寮村には村の下の単位に隣があり、隣長会議で保健衛生や環境について話をするが、問題があれば南寮、中寮、公館の三村長が集まる村長会議で郷公所に伝える。緑島には国民党政権が共産党のスパイを検挙した「白色テロの時代」に容疑者を収容していた政治刑務所があった。村の人口は刑務所の入居者を含めて八〇〇〇人ほどで世帯数は一三九ある。この島では道教を信仰する者が多く、聞き取りをした新暦三月二九日は旧暦二月二九日で穢れたものを排除し地域の平安を願うため激しく爆竹を鳴らす祭りがあった。三つの村で年一回同時に行う祭りで廟委員会が日程を決める。中国の宗教は儒教、仏教、道教の「三教」とされ、仏教はインド伝来の外来宗教、儒教は倫理道徳を説く教学、道教のみが純粋に中国で生まれた固有宗教と言えるが、長生不老という永遠の生命を求めて仙人になることを願う現実的な宗教とされる（劉 1994）。一七世紀の台湾で最初の漢人政権である鄭氏時代に始まり清朝末期まで続いた漢人の大規模な移動に伴い台湾に道教が伝わったとされる。

(23) 小口金融は一般に中国（北京）語では「標會」、閩南（台湾）語では「會仔《し》」（hueya 声調つきピンインは huē-[y]á, hē -[y]à）、客家語では「招會仔」（zeufie 番号表示の声調 zeu24 fi55 e31）と言われている。聞き取りをした限り閩南族では「會（仔）」、客家族では「標會」（biāo huì）と言うことが多く、閩南語を話すホーロー人も客家語を話すハッカ人も既に双方の言葉を理解し、何よりも標準語としての中国（北京）語を共通に話すことから、小口金融の言葉も一般にホーロー人とハッカ人の多くが「標會」の言葉を使う。この点は聞き取り調査でも示されている。本書では漢人の中でも人口が多いホーロー人が話す閩南（台湾）語の「會（仔）」と中国（北京）語の「標會」を台湾の代表的な小口金融の言葉としてあげた。こうした多数を占める台湾語と北京語の標準語は互助慣行全体の言葉にも言える。なおこの「仔」の文字は小さい、細かいという意味をもち仔羊のように動物の子について使われることが多いが、「會仔」や「招會仔」は日本の頼母子同様「子（仔）」がつく点は共通する。これは親（会首、会頭）が子供としての会員を募ることからついたものと解釈できる。親は会がつぶれること（倒會）がないように返済能力がある「よい子（仔）」を集めることになる。

(24) 中国の浙江省温州市と福建省福清市の「合會」（標會）における掛金と給付金の仕組み（陳 2004）、台湾の小口金融（Besley and Levenson, 1996）などの研究が既にされている。

(25) この聞き取りをした六〇代の男性は戦時中望安（島）にあった海軍の回天特攻隊第二四震洋隊の基地について長年調べている郷土史家でもある。

(26) 『臨時台湾旧慣調査会第一部調査第三回報告書』（一九一〇）の「台湾私法第三巻付録参考書〈上巻〉」には一口四元二〇人で行った「會」をめぐり支払いがされないため家具を没収した件に関する訴訟が出ている（臨時台湾旧慣調査会編 1910：264–270）。戦前日本の植民地時代から盛んに行われ、それだけ裁判になるケースも少なくなかった。

(27) この地域で一番大きくかつ微妙な問題が民族融和で、このためお互い交流し協力する機会を設けている。その一つが自発的な環境整備の共同作業として行われる「環境志工」である。しかし漢族の祭りに原住民が参加する、逆に原住民の祭りに漢族が参加するという機会は少ない。

(28) 台湾のキリスト教は基督新教（プロテスタント）と天主教（カトリック）に別れるが、この村のブヌン族は天主教を信じている。

(29) 日本のテツダイに相当する言葉は台湾では「幫忙」だが、中国では「帮忙」である。

（30）この澎湖島の村で一番問題になっていることは若者が都市に出るため人口が減ることである。これは島嶼地域に共通する問題である。

（31）風が強いと船や飛行機が欠航し交通の便が悪い点、台東県の予算が島に十分割り当てられていない点、島の雇用が少なく人口減少が大きい点を緑島の村長は問題として指摘している。

（32）この地域の問題は若者が都市で働くため少ない点、自分も三〇代のとき台北で働き六〇代でここに戻ってきた。地域の人口を増やすためにも若者の就労機会を多くしたいと言う。原住民の土地だった温泉を漢民族が奪った経緯もあるが、現在温泉に力を入れている。頭目自身は台湾人と原住民両者が協力して発展していくことを願っている。なお筆者が泊まった安通温泉飯店はもともと原住民の土地で、日本統治時代は日本人が経営していたことも聞いた。この土地問題については矢内原の文献に詳しい（矢内原 1988［1929］）。

（33）このタロコ族の元牧師によると、結婚式のときはイノシシを一〇頭葬式のときは一頭殺す。葬儀では個人の話をして偲ぶため普段仲が悪い者でも仲がよくなると言う。なお山岳生活から平地に移ったとき、統治上の管理のため部落がつくられたとされる。

（34）ここは高地のため水は山の水を使っている。六〇代の頭目は日本の統治時代は家と家が離れているため不便だったが、家がまとまるよう自分が努力して今日に至っている。現在収入が少ないことが大きな問題で、子供が教育を身につけていい仕事についてもらいたいため、むしろ若者が台東市や花蓮市の都会に出て収入を得てほしいと言う。週末の土日には戻って来る者もいる。医療は関山の病院を利用するので不便を感じていない。毎年六月にある「射耳祭」は弓矢や銃を使い祝っている。

（35）この蘭嶼島の村一番の問題は仕事がなく、若者が台湾本島にいくことで人口が減ることだと言う。これも澎湖島や緑島同様だが、台湾本島内陸部の台東県海端郷利稲村のブヌン族の村落では土地の高低差があっても都市に近いため、行き来が容易な都市への就労を奨励しているところと対照的である。

（36）明治一三（一八八〇）年の『全国民事慣例類集』（司法省蔵版）のように、近世以来の民事慣行が明治期に法体系（民法）の中に整序されたように、植民地期台湾でも現地人を理解しその統治のため様々な慣行を法体系の中に整理する一連の調査が行われたが、その役割を担った組織がこの臨時台湾旧慣調査会であった。それは漢民族の「本島人」と原住民の「生蕃人」に対して「内地人」として日本人が統治する調査でもある。日本の互助慣行が『民事慣例集』に初めて明示されたように（恩田 2006）、台湾でもこの調査報告書が同様の機能を担った。後述する臨時台湾旧慣調査会編（一九一三－一四）と台湾総督府蕃族調査会編（一九一七－二一）の『蕃族調査報告書』も同様である。いずれも台湾総督府時代の台湾人と原住民の慣行を知る第一級の資料で、その多くが国立国会図書館で電子化されている。

(37) 宗族はより大きな血族であり、族はより小さな血族という区別がされている(臨時台湾旧慣調査会編 1907 : 285–290〈上巻〉)。なお「祭祀公業」の改廃をめぐる日本政府の対応を通して、それが改めて台湾の「古き共同体」を意識させるエスニック・アイデンティティの装置として機能したことが指摘され、事実上の「祭祀公業」の廃止が台湾の近代市民社会形成の契機として着目する見方もある(呉 1999 : 66–68)。ただし原住民の村落共同体の考察が軽視されているように思われる。

(38) 頭目の専権事項は祝祭日の決定、道路修繕、社会の軽犯罪の裁定などで、土地係争や犯罪、頭目や老番総代の選任などは老番ないしは蕃社会議で決める。アミス族(台東縣)は蕃社をニャロと称し、社民の階級は老年級、壮年級、青年級、少年級の四階級に分かれる(臨時台湾旧慣調査会編〈第二巻〉1918 : 252–255)。頭目が蕃社内を統括し通常は頭目と老番で決めるが、重要事項は蕃社会議で決定した。その集会所は社民共有の財産である。なお日本での台湾原住民の研究は『台湾原住民研究概覧』(二〇〇二)にまとまっている。

(39) このツオウ族は『番族慣習調査報告書』ではソウ族と記載されている。報告書は漢称ではなく番(蕃)称を原則用いているが、もともと固有の民族名をもたなかったため、その民族のもとにある北ソウ番、タコブラン番、カナブ番、サアロア番の四つの部族が「人」を意味する言葉の類似性から学者がつけた名称を民族名として採用している(臨時台湾旧慣調査会編〈第四巻〉1918 : 1–3)。各部族は言語、慣習が異なるが、他の民族間ほど差異が少ないため同じ民族に属するものとしてソウ族とされた。原住民部族の村落の代表は頭目だが、その下の単位の社には、規模の大きい大社と小さい小社(支社、分社、付属社)があり、この数戸ないし数十戸の氏族単位の代表が世襲の頭人とされた(同上 : 237–258)。大社には頭人がいるが小社にはいない。頭人は頭目同様補助機関の老番と協力して「党」を統括する。この集落を示す言葉として『番族慣習調査報告書』では原住民の言葉がないため「党」にしている。これが共同生活圏であり自然村と言える。北ソウ番には四つの「党」があり、一つの「党」(ルフト党)は大社と一つの小社からなり、戸数二五、人口三一〇人である。

(40) 森は「若し蕃人にして十分の理屈も分り意味も分りますれば、彼等の上には蕃の字は既に無いのであります。彼等が蕃人と云はれて居る代りには、既に夫等のものが理解する十分なる能力が無い為に蕃人と云はれ、それと共に今日では未だ彼等の人格は認められて居ないのであります」と言っている(森 1917、付録16)。また首狩り族としての蕃族については個々の聞き取り調査から彼らの真意を汲み取っている。それは「寧ろ神聖なる行為、男性的の行動として唯一の生蕃魂として一種神秘的の権威を認めて、彼等の心理状態の上に大なる潜勢力を有し之を以て最高の裁判即ち神の審判に依る採決と信じ、之に対する思想に斯かる境遇を脱せぬ為に」としている（森 1917、付録17）。この点から日清戦争後の台湾の割譲により日本領になったことによる日本人への服従と、それ以前の支那人の侵略に対して先祖の土地を守るという抵抗の姿勢がどこまでも持続した結果として「名誉の敗北」を得ても顔が立つことになるという部族性を森は指摘している（同上：18-20）。長年原住民の研究に従事してきた森の思いがここには示されている。慣習なり民族心理を研究する意義を認め、支配者と被支配者という関係ではなく双方が土地（蕃地）の開発に際してパートナーシップの関係を築き、原住民の「誠」を信じてこちらもその「誠」で応えることが大切であるとする。なお蕃人の種族別の性格について、アミ族が最も温厚である点は入江も指摘している（入江［1920］1924）。

第5章　東アジアの互助社会

1　東アジアの互助社会研究の視座

研究の目的——日本との比較、互助制度の移出入、東アジア互助社会の構造

本章では韓国、中国、台湾三カ国の互助社会を東アジア全体の中で日本と比較し、また東アジアの相互交流と稲作（漢字）文化圏から互助慣行の影響（移出入）について考察し、さらに現代社会におけるその変容過程を跡づけながら将来を展望する(1)（恩田 2015b）。これまで「自生的な社会秩序」として相互扶助に注目したが、互助慣行は社会結合の最も原生的な姿を示していることが問題意識の基底にある。こうした研究の目的は三つあった。一つ目は互助ネットワークについての国際比較（日本と韓国、中国、台湾）で、これは行為レベルの研究である。なお本章ではかつての漢字文化園のベトナムの互助慣行も含めて述べている。日本の伝統的な互助行為である田植えや屋根葺きの労力交換などのユイ（互酬的行為）、道路整備や共有地（コモンズ）の維持管理などのモヤイ（再分配的行為）、冠婚葬祭の手助けなどのテツダイ（支援〔援助〕的行為）を韓国、中国、台湾の互助行為と比較し、その共通点と相違点を明らかにすることが目的の一つである。このような互助行為は普遍的な類型として抽出できるが、その行為の実際の表れ方は個々の社会（地域的差異）によってまたその時代（歴史的差異）により異なる。しかしこうした時間と空間を超えた普遍的な互助行為の類型は互酬的行為、再分配的行為、支援（援助）的行

為に集約できると言ってもよいだろう（恩田 2006）。

二つ目は互助制度の普遍性と固有性の解明および「社会的移出入」の仮説検討で、これは制度レベルの研究である。相互扶助は行為の志向性から類型化できるが、既に述べたようにその表れ方は個々の社会構造によって異なる。各国互助制度の普遍性と固有性を分析することで、相互の影響を移転から捉えた「社会的移出入」や土着の制度との融合（制度の相互浸透）という動態的な関係にも着目した。日本では島嶼地域が移転の経路となったが、稲作の伝播とほぼ同じ経路（韓国と対馬、中国と五島列島、台湾と沖縄の各ルート）が想定される。他方で制度の「共生移転」に対して、韓国や台湾では植民地期日本の隣組や日本語の普及による「強制移転」、また中国では社会主義による互助慣行の強要も否定できない。こうした自生的互助制度の変容も研究の射程に含まれる。

三つ目が東アジア互助社会の構造原理の抽出で、これは社会レベルの研究である。日本の近隣諸国で同種の互助慣行が見られることから、東アジア固有の互助社会の構造分析を三番目の目的とした。これは日本と韓国、中国、台湾に共通する互助行為（ネットワーク）と互助制度から東アジア的な互助社会を展望することで、またそれに基づく「東アジア共同体」の可能性について理論的な根拠を与える基礎研究でもある。この共同体は政治や経済ではなく共通の互助制度や互助精神からなる社会の共同体で互助社会として捉えている。

研究の方法――文献調査と現地聞き取り調査

ここで改めて東アジアの互助社会を分析する方法を確認しておきたい。文献調査では、朝鮮総督府の『施政年報』『月報』、南満州鉄道の『調査時報』『満鉄調査月報』、中国農村慣行調査会の『中国農村慣行調査』、臨時台湾旧慣調査会の『番族慣習調査報告書』、台湾総督府蕃（番）族調査会の『蕃族調査報告書』『番族慣習研究』など過去の互助慣行を知る貴重な報告書類を参照した。韓国、中国、台湾の農山漁村での調査は主として二〇一一年から二〇一四年まで実施したが、日本との比較、互助制度の移出入、東アジア互助社会の構造を研究するため行った調査箇所を整理して再掲する（表5-1「現地調査箇所」参照、調査時点での住居表示）。それ以前の断片的な予備調査も本調査の前段階として必要なものを加えた。

表5－1　現地調査箇所

国	調査年月	調　査　地
韓国	2011年9月	• 全羅南道海南郡玉泉面永信里
		• 珍島郡智山面細方里
		• 麗水市華井面沙島
	2012年3月	• 順天市楽安面東内里
		• 珍島郡義新面カゲ里
		• 新安郡黒山島，都草島
		• 莞島郡徳牛島
		• 麗水市金鰲島，突山島
		• 済州島済州市，西帰浦市
	2012年8月	• 新安郡荏子島，者羅島，安佐島，荷衣島，押海島
	2014年9月	• 慶尚北道慶州市江東面仁洞里
		• 慶尚南道河東郡青岩面黒犬渓里
		• 新安郡飛禽島
		• 莞島郡青山島
		• 高興郡外羅老島
		• 麗水市白也島
	2017年7月	• 麗水市巨文島
		• 浦項市南区九龍浦邑
中国	2009年3月	• 黒竜江省斉斉哈爾市富裕県塔哈郷大高粱村，鉄峰区扎龍郷扎龍村
		• 吉林省楡樹市環城郷福安村，徳恵市迺新村
		• 遼寧省海城市感王鎮石橋子村，荘河市栗子房鎮
	2012年9月	• 江蘇省塩城市塩都区藩黄鎮仰徐村，塩城市葛武鎮董伙村
		• 福建省福清市沙埔鎮坑北村，海口鎮前村村
	2013年3月	• 上海市青浦区陳東村
台湾	2013年9月	• 桃園県新屋郷大坡村
		• 新竹県新埔鎮照門里
		• 台南市歸仁區
		• 宜蘭県蘇澳鎮南成里
		• 台東県海端郷利稻村（ブヌン族）
		• 花蓮県玉里鎮東豊里，楽和里，春日里（アミ族）
	2014年3月	• 澎湖県西嶼郷小門村，外垵村，竹彎村
		• 台東県緑島郷中寮村，蘭嶼郷東清村，野銀村（ヤミ族）
	2014年8月	• 澎湖県望安郷中江村
		• 金門県金城鎮金水里
		• 花蓮県秀林郷富世村（タロコ族）
		• 南投県魚池郷日月村（サオ族）
	2017年12月	• 花蓮県鳳林鎮大榮里，壽豐郷豊裡村

日本のユイ（互酬的行為）、モヤイ（再分配的行為）、テツダイ（支援〔援助〕的行為）に相当する互助慣行には韓国のプマシ、ブヨ、ブジョ、中国の換工、義務工、帮忙、台湾の換工、義（志）工、幫忙などがあり、また小口金融では日本の頼母子同様韓国の契、中国の合会・標会、台湾の會（仔）・標會が行われている（恩田 2017, 2018）。さらに頼母子の言葉が韓国の島嶼地域に残り、台湾本島の原住民は今も使っていることが現地調査で明らかになった。これは日本統治期の互助制度の移出入を示唆する。なお類似した互助ネットワークから「東アジア共同体」を考える視点は領土問題もあり難しい面があるものの、たとえば島嶼地域の共有地化などが想定される。以下東アジア全体を俯瞰するために韓国、中国、台湾の調査で得られた知見を整理し日本の互助社会と比較しながら各国の社会特性を明らかにする。

2　東アジアの社会特性と互助慣行

シマ社会としての日本

日本の互助慣行

互助社会の構造を互助行為の結合関係を示す互助ネットワークから見ると、それはタテとヨコの社会関係から捉えることができる。日本では特に同程度の生活様式をもつ小農間の地縁関係に基づく水平的互助ネットワークがその基本にあった。このヨコの互助ネットワークは支援者と被支援者の対等な社会関係が前提にある。そこでは等量等質の交換行為が典型的に示され、各世帯一人出る「村仕事」も対等な近隣関係を基に、出ないときの過怠金も同一金額が科された。また祝儀や不祝儀では気持ちを金品で示して、並列的な社会関係を維持してきた。近世の「五人組」や戦時中の「隣組」など、徴税や治安維持のため相互監視による連帯責任を求める強制的な互助組織が為政者によってつくられてきた。これは水平的互助ネットワークが垂直的なそれに組み込まれることを意味するが、その多くは自生的な互助組織に覆い被るようにしてできた組織であった。その一方で旧制度下では本家分家の血縁関係を中心に、有力地主である豪農が小作人の貧農を支援する親方子方関係、また有力者の庇護を受ける非血縁の擬制的親子関係、さらに主人と奉公人の主従関係など、タテの互助ネットワークが村落にはあった。そこにはあえて従属的な「負い目」をもたせることで社会的紐帯を維持する側面もあっただろう。この種の既存の社会的地位を背景に勢力ある者が困窮者を援助する垂直的互助ネットワークが水平的なそれを補完してきたと言える。そこでは「助」力格差を埋め均衡させる装置（システム）が機能していた。

日本の村落には地域で異なるが、高度成長期を迎える頃まで濃密な社会関係に基づく互助慣行が見られた（恩田 2006）（表5-2「東アジアの互助慣行（日本、韓国、中国、台湾の比較）」参照）。その一つが田植えや稲刈り、屋根葺きなどで労働力を交換する「互酬的行為」としてのユイ（双方向性の行為）である。この行為特性は「双務性」として二人分の労働力を受ければ二人分返すという等量等質の交換行為で、双方が義務を負う対等な社会関係に基づいている。これには単独の世帯間でする「個人的ユイ」とユイ組内の一軒に対して順に労働力を提供してグループ内で回す「集団的ユイ」がある。モヤイ（中心性の行為）は道路補修（ミチナオシ）や溝の清掃（ミゾサラエ）、山や海、川などの共有地を維持管理する村仕事で見られる「再分配的行為」である。すなわちモヤイは様々な行為を中央に集約し、その集合的行為の成果（財やサービス）をメンバーで分配する。それは地域社会の一員である限り集団としての義務を負う「集務性」の行為である。村仕事の不参加者は過怠金を科されることが多い。モヤイには労働力を提供する労力モヤイ、モノに関わる物品モヤイ、貨幣を対象とする金銭モヤイがある。共同作業はその分配の恩恵を村民全体が受ける労力モヤイで、物品モヤイは農産物を拠出して分け合う。金銭モヤイは一定のカネをもち寄りメンバーで順に分配するが、頼母子や無尽として知られる小口金融である。貨幣経済が浸透する前は米などの現物で行われた。なおモヤイ田は農民が共同で借地料を出して借り、毎年交代で田植えや稲刈りの労働力を提供して順番に収穫を得る仕組みで、モヤイ島は困窮者の生活の立て直しや地域社会のために活用する共有地である。三つ目のテツダイ（一方向性の行為）は冠婚葬祭の世話や天災地変の救助活動など、一方が務めと感じ相手から返礼を求めない「片務性」の「支援（援助）的行為」である。ただ葬儀では不幸帳や見舞帳をつくり後日の返礼に備えることが多かった。このテツダイもユイやモヤイ同様対等なヨコの社会関係が基本にあるが、先に述べたようにかつての地主と小作人、主人と奉公人などタテの社会関係から特定の務めに対して見返りの援助を受けることがあった。

こうした日本の互助行為は組や講という組織を通して行われた。前者は主として世帯単位で加入が事実上義務づけられるフォーマルな組織で、後者は個人単位で加入が任意のインフォーマルな組織である。組は近隣の地縁関係を中心につくられ、

表5－2　東アジアの互助慣行（日本，韓国，中国，台湾の比較）

	互酬的行為	再分配的行為	支援（援助）的行為
日本 シマ社会 集団主義	• ユイ • 等量等質の労力交換（経済的合理性） • 永続的行為（ユイ組） • 田植え，稲刈り，屋根の葺替え • 味噌，豆腐づくり，粉ひき，餅つきなど	• モヤイ • 労力モヤイ • 共同作業（1家から1人出る村仕事） • 道路修繕，溝の清掃 • 不参加の過怠金支払 • 物品モヤイ • 共有地（コモンズ）の維持管理と活用（モヤイ田，モヤイ島） • 金銭モヤイ（小口金融） • 頼母子，無尽 • 受取り(積金式，割引式)	• テツダイ(カセイ，スケ) • 冠婚葬祭の手助け • 対等なヨコの社会関係（支援） • 保護被保護のタテの社会関係（援助）
韓国 半島社会 個人主義 集団主義	• プマシ • 礼節の労力交換（社会的合理性） • 田植え，稲刈り，麦刈り，屋根の葺き替え，草刈り，薪取り • ニンニク，白菜，トウガラシ，タマネギなどの畑作	• ブヨ（プヨ） • 村仕事 • 1家から1人出る扶役 • 井戸の掃除，道普請，崖崩れの修復，堤防の補修，海岸の清掃 • モヤイ島 • 漁獲区域の割り当て（割地）による合理的な資源配分と公平な富の再分配 • 地域社会のため属島活用（小学校の学童支援） • 小口金融 • フォーマルな契 宗契，門中契，同業契（漁業契，農契） • インフォーマルな契 金融契，婚葬契，親睦契，穀物契	• ブジョ(プジョ，プジェ) • 無償の支援（贈与） • 不幸の家への贈与 • 有力者宅の新築手助け • ドゥム（ドゥンダ） • 無償の手助け，助力 • 儒教精神に基づく青年の高齢者に対する手助け（青年会や女性会の活動）

中国 大陸社会 個人主義	• 換工 • 栽培と収穫の労力交換 • ナス，セロリ，ジャガイモ，ピーマンなど（吉林省）	• 義務工 • 共同作業 • 冬の雪かき作業（吉林省） • 各世帯から提供する共同出役 • 不参加の過怠金支払 • 小口金融 • 合会（会），標会 • 東北部（黒竜江省，吉林省）農村は少ない。	• 帮忙 • 葬式や結婚式などの手助け
台湾 準シマ社会 個人主義（漢人） 集団主義（原住民）	• 換工 • 栽培と収穫の労力交換 • 農作業中心，梨やみかん，文旦，ピーナッツの収穫など • 漁村では使わない。 • 代工（機械の利用，賃労働）が多い。	• 義工（台湾本島原住民） • 志工（ボランティア） • 環境志向（原住民） • 共同作業が少ない（台湾人）。 • 小口金融 • 台湾（漢）人 • 閩南族——會(仔) • 客家族——招會仔 • 共通——標會 • 原住民（台湾本島アミ族）——頼母子 • 島嶼地域の原住民はしない。	• 幫忙 • 葬式や結婚式などの手助け • 相互幫忙 • 台湾本島タロコ族 • カセイ • 台湾本島アミ族

地域の自治組織の多くが互助組織として機能したが、田植えや稲刈り、屋根の葺き替えなど相互に労働力を融通し合う数世帯単位のユイ組など独自につくられることがあった。特に注目されるのは次章で詳述する主として未婚の男子が加入する若者組で、この組織を通してメンバーは村落の掟を学び一人前の成人としての役割を身につけた。またその労働力は村仕事や災害など非常時に活用され互助組織として機能した。これに対して講は頼母子講の呼び名からわかるように、小口金融の名称（経済講）と結びつくことが多かった。しかしその淵源は宗教的な組織（宗教講）とされ、教団を維持するため集められた資金がやがて信者の救済に使われ、後に有利子あるいは無利子の小口金融の呼び名として転用され、無尽や頼母子の行為と講が結びついた。宗教講は現在も各地で土着の信仰を集め伊勢講や富士講の組織名に残る。なおユイ組ではなくユイ（茅）講は屋根葺きで順番に茅をもち寄り葺き替えが後の者がその分利息として茅を多く受け取る頼母子（無尽）講の性格をもつ組織であった。

シマ社会の原理――開放性と閉鎖性

日本社会の特性から互助関係を考えるとき特にシマ社会の原理を指摘しておきたい[2]。第1章で述べたようにこれは島嶼地域という風土に基づく開放性と閉鎖性という社会特性を示し、社会的包含(social inclusion)と排除(social exclusion)を特質とする。同様に指摘した家族の親子関係を基調とした感情融合(心理的安定機能)と社会化(子供の人格形成機能)というタテの社会関係に示されるイエ集団と村落の近隣関係を基調とした連帯と共生というヨコの社会関係に表れるムラ社会の両原理を互助社会の内部環境の特性とするなら、シマ社会の原理は島嶼という位置関係から生まれたその外部環境の特性と言えよう。イエ集団とムラ社会の各原理が家族や村落の特性から導かれるのに対して、シマ社会は地理的特性に基づく。近世の流刑の地として「流人文化」が形成されてきた八丈島では、島内外の人が同じ墓地に埋葬されるほど多様性を受け容れてきた(二〇一七年八月聞き取り)。実際米軍統治下で小笠原から逃れてきた人が住みつき、また八丈島の男性が大東島出身の女性と結婚するなど開放性に満ちている。

このシマ社会はローカリゼーションという閉鎖性(排除)とグローバリゼーションという開放性(包含)の相矛盾した両特性をもつグローカリゼーションで示される。日本人は「島国根性」をもつと言われてきたが、開放的でむしろ進取の気性に富むところがあった。シマ社会がもつ本土の「防波堤」として排他的な面と外部のものを受け容れる包含的な面は相互扶助においてもウチ向きの仲間だけを対象にしたソトに対する冷たい拒絶と地域外の人をもてなす温かい包容に表われる。それは漁に出ない女性や子供、高齢者にも獲れた魚を配る代分けに表れ、その一方遭難者がいれば国籍を問わず救援活動を行った。特に辺境にある島は中央から目が届かない分外部世界に開かれていた点に留意する必要がある。それはまさしく「周辺」にあっても「辺要」としての生活が営まれてきたことを意味する。シマ社会では本土以上に現在もまだユイやモヤイ、テツダイという伝統的な互助慣行が色濃く残っているところが多い。

小笠原諸島のような移住によって生まれた社会は元の帰属社会によって互助慣行に違いが見られる。明治政府の領有宣言以前の一八三〇年以降入植した欧米系島民(在来島民)の子孫、明治以降八丈島から移住し戦前から住む旧島民、返還後住み着いた新島民という旧社会に加え、赴任族として期間限定で来る居住者、マリンスポーツをはじめとするレジャー志向の若い世代からなる新社会の父島では、単純に閉鎖性(排除)と開放性(包含)の二つの社会特性では捉えきれないところもある。これはシマ社会としての統一性に欠けるからで、父島はミニ東京としてマチ社会的な要素も少なくない。しかしそれぞれの移住社会では戦前の欧米系島民と旧島民間で生活するためお互い助け合うことを誰もが了解していたに違いない。寄港や漂着で島外民に対して支援の手を伸べてきた多くの島の歴史から、島自体がその大きさに応じて互助ネットワークの結節点として機能してきた点にも注目したい。

日本の互助社会――モヤイ島とモヤイ山

日本の社会はイエ集団がもつタテの社会関係（親子関係に基づく感情融合と社会化）およびムラ社会がもつヨコの社会関係（近隣関係に基づく連帯と共生）から規定されるが、ここに地理的な社会特性としてのシマ社会が加わることで互助社会の構造がつくられる。特に「シマ国日本」という点から捉えるとき、モヤイ島は重要な意味をもつ。それは広義には島自体が一つの共有地であることを意味すると同時に、狭義には親島の属島として共有地を資源として分かち合う点である。島という隔絶した自然空間と人々が肩を寄せ合う社会空間から島民の強い相互扶助が生まれたのは当然であった。長崎県小値賀《おぢか》町の大島で見られた自力更生の仕組みはその典型であり、島民の生活困窮者に属島の宇々《うう》島周囲のアワビやサザエなどの海産物や牧草の採取権を与え、同時に島の見張りや親島での葬儀準備の義務を課して生活の立て直しをするモヤイ島は島民の「生活の智恵」から生まれた制度であった（恩田 2006）。親島が属島での独占的な採取権を困窮者に与え牧草地の資源の利用を認める行為は島民にとって必ずしもその順番がくるわけではないが、島民である限りその機会が与えられる点で再分配的行為のモヤイに相当する。宇々島は大島島民の総有地で生活困窮者が自己申告して島に渡る仕組みは近世平戸藩の頃からあったとされる。宇々島を見渡す大島の小高い丘にある「自力更生」の碑が島の生活に対する矜持を示している。それは単にモノやカネを出して困窮者の生活を支えるのではなく、貧者自身が自力で生活を更生する仕組みである。これは誰もが豊かになる高度成長期に入ると衰退したが、「自力更生」の知恵は後世に語り継がれていくだろう。

第1章で紹介した島根県旧佐香《さか》村（現出雲市三津町）の七つのノリ島も既得権益のある四島を除き三島での採取をめぐる入札金を自治会に納め、これが地区の土木事業や警防・防火施設の整備、神社の諸費用に支出された点で地域社会のために活用するモヤイ島と言える。特定の年齢層で所有する島もあった。熊本県天草郡旧御所浦《ごしょうら》町（現天草市御所浦町）の牧島近くの困窮島はその入会権を横浦島の青年団に分け与えてから登記上は横浦組、今の御所浦町横浦区所有の共有地としてその青年団が周囲で漁をし海草類を採取した。青年団が島の資源を独占利用したが、収穫物の売り上げを組織の活動資金に充て島民間で富を再分配した点で、これも共有地の資源を分かち合うモヤイ島と呼べる。沖縄の鳩間島や黒島は西表島の一部に共有地をもち必要な材木を伐採しまたそこに田地をもっていた。両島の地域住民にとって資源が豊富な西表島の一部がモヤイ島として機能した。

島だけでなく、本州内陸部でも生活困窮者が田畑の肥料や牛の飼料のため採草山に入り生活を立て直す「山上がり」の仕組みがあり、これもモヤイの「再分配的行為」として捉えることができる。第1章で紹介したように島根県石見地方では困窮者を共有林の山に登らせ自力更生して復帰させる「所直り（山のぼり）」の仕組みがあり、これはモヤイ山と呼べる制度である。物品モヤイや金銭モヤイのようにモノやカネで短期的に援助するのではなく、共有地を活かして地域住民の自立を促す中長期的な支援制度が見られた。このように地域住民の生活水準を常に一定に保つ互助システムが機能している。島であろうと山であろうと、地域住民が生活のため共有地を平等に利用できる制度を考え、自力更生という各自の能力に応じて成果を得られるようにする公平なシステムが存在してきた点に注目したい。

半島社会としての韓国

韓国の互助慣行

植民地期の朝鮮については朝鮮総督府の文献を精査するとともに、現代の韓国では半島部の農村や島嶼地域で主に全羅南道を中心に聞き取り調査を行った（恩田 2012）。朝鮮半島の代表的な互助行為として互酬的行為のプマシ、再分配的行為として共同労働のドゥレやブヨ、互助組織としての契、支援（援助）的行為のブジョなどがある。これらを日本のユイ、モヤイ、テツダイと比較して特性を明らかにした（**表5-2**「東アジアの互助慣行（日本、韓国、中国、台湾の比較）」参照）。戦前戦中のプマシは日本のユイで見られた農作業以外の味噌や醤油づくり、粉ひきは朝鮮では少ないが、田植えや草刈り、薪取り、屋根葺きなどで見られ、漬物づくりなど女性だけのプマシもあった。婚葬具や墓地、水車、消防器具、石臼などの共有も行われ、山林や池沼なども維持管理された。田植えの後の大規模な草刈り中心に行われたドゥレ（ツレ）は一般的な村仕事としてのブヨ（プヨ）と異なり、自家の耕作面積以上に出役すると賃金が支払われ逆に少ないと労賃を支払う合理的な労力配分と富の再分配の仕組みであった。

第2章で述べたように、全羅南道の島嶼地域の漁村には共有地として属島を小学校に付与して自由に海産物を採らせその販売代金で子供たちの学費に充当する、あるいは共同所有する漁村がその島の海産物を採取して必要な費用を捻出するなど、日本同様親島が周囲の属島を共有地として活用するモヤイ島があった。その一方で互助慣行が生産および生活様式の近代化（機械化、都市化）から衰退している点は日本も同じだが、契は現在も互助組織として多様な形態が見られる。こうした互助慣行は儒教を中心にタテとヨコの社会関係から規定される。その制度的特徴としてタテの歴史的系譜に基づく門中の共助は大きく、サンジキ（山直）の制度による生活困窮者への土地の貸与など門中内の互助ネットワークが強い点は日本と大きく異なる。ただサンジキは門中内だけでなく、広く門中外も含めた生活支援のネットワークとして機能している。また同じ地域社会に住む隣保意識や離れていても類縁意識から多様な契で住民間や仲間内の連帯と共生を維持している。

契は集団をさす言葉だが、それは金銭や物品を出して再分配する行為を内包する点で日本のモヤイに近似する。その目的の範囲は殖産興業の推進、地方自治の改善、教育知識の普及、風教道徳の向上、勤倹貯蓄の奨励、金融物品の融通、隣保相互の扶助、同族同宗の和親、同郷同業の強調、趣味娯楽の一致など社会生活に必要なあらゆる領域にわたる（善生 1933；同上 1933：590–607）。鈴木は朝鮮の契が日本の講によく似ている点を指摘したが、その組織と機能で圧倒的に朝鮮のほうが多い（鈴木 1958）。洞契のように道路整備や学校建設、社会事業、祖先祭祀などの公助から共有地や水利、井戸の管理や冠婚葬祭の準備など地域住民が協力する共助、また各個人の娯楽や貯蓄目的の自助に至るまで様々な生活場面に契は浸透している。道具類を共同で使用する葬式契や出資して衣装を借りる結婚契などあったが、戦後は生活様式の変化に伴い衰退した契もある。しかし依然として人が集まるところで契が行われ人とのつながりや絆を形成している。

半島社会の原理——個人主義と集団主義の併存　韓国の契約組織として個人が契と結ぶ関係は日本の個人が集団の中に包含されるほど強くなく、それはゆるやかな集団としての個人主義をもち合わせている（恩田 2012）。日本では個人の論理より組織のそれが優先されるが、韓国では組織（契）の論理に対して平等互恵の契約に基づく個人が尊重されているように思われる。その一方で子が親の葬儀の支出に備えて契に入るように強い儒教精神が作用している。葬式組をつくり不慮の死に対して地域全体で備える日本の集団主義に対して、韓国では個人間の互助ネットワークで支える。個別集団単位の互助慣行を比較すると、日本は地域社会集団としての共同性が強い。セマウル運動自体地域社会の活性化というより個人の意識改革が優先されたという指摘もある（伊藤 2006：485-486）。この点でも集団主義より個人主義の性格が強いと言えよう。韓国の漁村契の資金は漁業権取得の落札金であるが、これは共同倉庫の修理費や道路改修費、契員の配当にもなる（八木 1992）。日本の漁協が漁業権を共同で統轄することが多いのに対して漁村契は個人の権利主体の要素が強い。逆に日本の漁協は組合員の生活向上に力点を置くが、韓国の契は漁村全体の発展に寄与する村落共同体としての集団主義ももっている。ここに個人主義と集団主義の併存を見ることができるだろう。

ウチとソトを区別する共属感情が村落単位とは言えない点は中国も同じだが、年功序列のタテの社会関係に基づく集団としての互助関係は門中で強く見られる。このフォーマルな血縁関係（階層原理）は同じ一族の者を救済するため墓地の維持管理をすることで共有地を利用できるサンジキの制度に表れている。門中のウチ社会に対して契は門中外という意味でソト社会でのヨコのインフォーマルな非血縁関係（平等原理）を中心に機能していると言ってもよい。日本の組（講）に相当する契への利用状況から判断すると、個人が複数の契に入り様々な互助ネットワークが形成されている。単独では牛を購入できない細農が集まり契金を供出して順次成牛または小牛をもつ牛契など、現在東南アジアの途上国で行われている牛銀行の仕組みがかつて見られ、こうした自生的な互助慣行が地域社会を支えてきた。契は地域住民としてその参加が事実上強要されるものもあるが、あくまでも個人の自発的な意志に基づき、規約の多くは明文化されない不文律でこの点は日本と同じである。親睦友愛、貯蓄奨励、消費節約、勤勉励行、学事奨励など生活改善的な契もあったが、これは日本の村落での風紀改善の生活運動に類似する。このような公助的な契は家族単位の加入も少なくないが、個人のネットワークが圧倒的に多い。今後は情報化によってますますネットを利用した個人単位の契が増えることが予想される。

半島社会では集団としての相互扶助に加え個人単位の互助ネットワークが張り巡らされ、集団の強制を緩和するように自由な個人のネットワークが、また個人では不足する領域で集団のそれが機能している。個人レベルでは利殖を目的とする金融契に代表されるが、共同で基金を積み立て契員に低利で融資し仲間以外には比較的高利で貸し付けて配当を契員で分配する。日本の「親頼母子」では特定の困窮者のために参加者を募ることがあるが、韓国では特定の困窮者を集団で救済する契は少なく契員の扶助を目的とするものが多い。このように韓国は個人主義と集団主義が併存している。これを半島という地理的な特性に着目すると、全羅南道の島嶼地域は集団としての一体感が強いシマ社会だが、半島は大陸に続く分個人志向が強い。この大陸社会の個人志向とシマ社会の集団志向という点から判断すると韓国は半島社会と言えるが、調査した島嶼地域から見ると大陸につながる「半島的シマ社会」として捉えることもできるだろう。これは台湾（漢）人が中国大陸の影響を受けた個人志向が強い「大陸的シマ社会」の台湾とは異なる。

韓国の互助社会——儒教と互助ネットワーク　儒教に基づく長幼有序の倫理が支配的な韓国では、タテの社会関係では目上の者に対する尊敬は当然とされ、ヨコの対等な関係では各自の個人生活が尊重される。ここで同族を広く親族関係とするなら、そのうち同じタテの父系血縁集団につながる門中内の互助関係は強く、地域社会における上下の身分や長幼の関係を重視する儒教意識と結びつきやすい。その一方で双系血縁集団としての同族の帰属意識でつながるヨコの親族意識でも互助関係がつくられた。こうして儒教的道義によるタテの秩序維持に加え、ヨコの互恵意識に基づく共同社会がつくられた。この点日本の同族（親戚）の血縁意識以上に強いものがある。

他方で同じ地域社会に隣保の地縁（同郷）意識あるいは同窓などの類縁意識からヨコの互助関係が生まれている。プマシの労力交換や共同作業、葬儀の手助けなど、様々な生活領域で互助関係が見られ、それらの多くは互助組織としての契を通して行われてきた。広く親族の同族では門中契もつくられたが、門中以外の社会関係では多様な契がヨコの互助ネットワークとして機能している。さらにヨコの互助関係だけでなく、地域の有力者の庇護によるタテの互助関係もあるだろう。血縁の同族（門中）が意識されないところでは地縁（類縁）関係としての仲間意識が様々な契を通して強化されてきた。ムラ社会では地縁関係がマチ社会では地域を越えた類縁関係で契が見られる。

以上のように門中意識と隣保意識にはそれぞれタテとヨコの互助関係が想定されるが、あえてその両意識の特性を際立たせると、親戚関係の同族のうち門中のタテの社会関係と隣保として地域住民あるいは類縁の仲間としてのヨコの社会関係のバランスのうえに韓国の互助社会がつくられていると言える。当然地域によって大きく異なるが、常民層中心の雑姓部落では相互に生活を支える契が重要な役割を果たし、有力な地主層や両班層が形成されることが少なかった島嶼部では階級意識が弱く、それだけヨコの互助関係に基づく地縁意識が強かった。儒教倫理と父系血縁の原理が結びつきやすい門中社会では血縁関係の互助ネットワークが見られるのに対して、地縁関係のムラ社会や類縁関係のマチ社会では住民間や仲間内のセイフティネットが様々な契を通して張り巡らされいる。

大陸社会としての中国

中国の互助慣行

中国では主に東北部と上海近郊の農村で聞き取り調査を行い、日本のユイ、モヤイ、テツダイに相当する「換工」「義務工」「帮忙」があることを確認した（表5-2「東アジアの互助慣行（日本、韓国、中国、台湾の比較）」参照）。過去の調査や資料では地域によってまた歴史的に多様な呼称がされてきたが、これらを代表的な互助慣行に関わる言葉としてあげた。現在家族構成に応じた土地の使用権が付与され家族内で労力を調達できるため「換工」は少なく、必要なときは賃労働による雇い入れが多く、社会主義による公助から地域社会内の共同作業が少ないこともわかった。社会主義建国以前の農村社会には住民間の支え合いとして互助慣行がそれなりに機能していた点は植民地期の南満州鉄道の『調査時報』や『満鉄調査月報』、中国農村慣行調査会の『中国農村慣行調査』から推測される。また清水の『中国郷村社会論』では宋、元、明、清時代まで遡る相互扶助としての「通力合作」が見られた。これらの資料から「換工」や共同作業、小口金融の「合会」、冠婚葬祭の「帮忙」は「自生的な社会秩序」と言える。しかし中国の互助慣行は家族を基調とした個人主義が強く（家族的個人主義）、その後の社会主義の導入に伴い国家の公助が強くなると地域住民の共助は日本や韓国よりもさらに弱くなったが、共同体意識に基づく支え合いは冠婚葬祭などにまだ見られる。

社会主義のもとでは国が決めた公有地とは異なる地域住民の総意に基づく入会地の存在は希薄である。これは土地の自生的な利用があるところで、農業生産合作社という上からの強制的な土地の区分と利用の仕方がもたらした結果である。家族（同族）共同体がもつ地域住民の「生活の知恵」から生まれた土地利用の仕方を考慮しない社会主義の強制的なそれによって共助の物質的基盤であった共有地も消失し、自発的な共助が弱体化してしまったと言えよう。既に第3章で述べたように、農村社会の共助の弱体化は満州国時代の自生的な互助慣行の残滓が至るところで見られた当時と比べると、社会主義建国以降その衰退の度合いが大きいことがわかる。聞き取り調査の範囲では社会主義による公助への依存が強く、個人の利益にならないことはしない意識が浸透している。清時代の農村では利息がつかない受け取り額が一定の仕組みがあった（Smith 1899）。これが社会主義の浸透で「自生的な社会秩序」を国家が肩代わりすることで少なくなり、また資本主義的な風潮の中で利息志向の小口金融が多くなる。公助が共助を浸食し自助が己の利益のみを考える私助に転化しつつある点は他の国も共通するように思われる。

大陸社会の原理——家族単位の個人主義　中国の社会は「家族主義」（家族的主義的共同体）、特に擬制的大家族主義に規定され、共同体を歴史的概念として捉えることが少なくない（旗田［1949］1973）。しかしここでは共同体を階級分化以前の形態としたり、共同体内部に専制主義を見るという歴史的発展から捉えるのではなく、そこに互助慣行の原型が示されるという視点から取り上げたい。中国の村落は個々の家族の結合が強く村落全体のまとまりはそれほど強くないと言われる。第3章で指摘したように、その村落共同体は個々の家族が一つひとつ家族共同体からつくられると同時に、同じ祖先につながる同族共同体が血縁の互助ネットワークとして存在し、この他の家族ともつながる擬制的家族共同体がゆるやかな地縁のそれを構成することで全体が成り立つ。

これは家族、親戚（同族）単位の集団主義であり、他の集団に対しては個人主義と言えるだろう。その集団内の凝集性は濃密な親族関係に示され、他方で特定の共属感情に基づく集団の閉鎖性や帰属集団以外での個人主義が散見される。それはもともとある隣保共助と同時に家族の独立性を保つ結合しながら分離している「結合と分離」という社会関係の二重性を示している。この点を清水は清朝以前の資料を駆使して村落の地縁共同体として結合と分離という二面性を指摘した（清水 1951：643–659）。すなわち「自生的な社会秩序」という点で結合（相互援助の奉仕性の原理）と同時に分離（私的な合理性を求める受用性の原理）という両面が注目される。中国人の自己本位の互助精神は集合人力の「帮」と集合財力の「会」で指摘されている（池田 1931：37–49）。

中国の農村社会ではもともと「個人の中の集団」意識よりも「集団の中の個人」意識のほうが強いように思われる。このため社会主義という人為的な上からの統制による共同作業を奨励した集団化の弊害を是正するため、一定の農産物を納めた後に余剰農産物の自由処理によって私益のインセンティブを高める制度を導入したものの、それがかえって集団的な互助慣行への関心を希薄にしたと考えられる。これに加えて市場経済の導入による個人志向が強まり、「個人の中の集団」意識がさらに弱くなった。このように「個人の中の集団」意識は社会主義によって過剰に強化され逆にその反動を招き、「集団の中の個人」意識は市場経済の導入によって極端に刺激された。今後社会主義による公助と資本主義による自助（私助）への依存が強まる中で、どう共助を取り戻していくかが課題である。もとより共助のみをここで強調しているのではなく、それは健全な互助社会のあり方を問うことでもある。秩序と安定を与える互助ネットワークは公助、共助、自助の健全な三位一体によって成り立つ。

中国の互助社会――「社会主義市場経済」の影響　社会主義建国以前の農村社会では地域住民の支え合いとしての共助がそれなりに機能していた。「換工」や共同作業、共有地の活用、小口金融の「合会」、冠婚葬祭の「帮忙」に見られるように、「自生的な社会秩序」が存続していた（恩田 2013）。「社会主義市場経済」は第3章で既述したように、二重の意味で互助慣行の衰退をもたらした。第一に社会主義による人為（作為）的な強制互助組織の強要による衰退であり、それは自生（不作為）的な互助慣行として共感に基づく人間の自然本性的な行為を義務的行為へと変容させた点である。これは公助の領域が拡大し共助が縮小することを意味した。その後市場型戦略による転機が二つ目の互助慣行衰退の要因につながる。それは市場経済の浸透により財やサービスの購入が進むことで自助による私益志向の行為が助長され、相互扶助の意識が希薄化し共助の領域が等閑視された点である。これらは互助慣行から見た中国社会の変容である。

強制互助組織による変遷は第3章で述べたとおりだが、現在の「社会主義市場経済」では社会主義以上に本来農村社会にあった伝統的な互助慣行がさらに見えにくい。社会主義の公助の対極に市場原理に任せる資本主義の自助があるが、その中間領域としての共助が脆弱な状態にある。聞き取り調査と過去の新中国以前の互助慣行の資料から判断する限り、地域社会の共助の復権が農村社会の新たな発展につながる可能性があるように思われる。現在の合作社（協同組合）の多様化は農村自身の新たな取り組みを示すとともに、伝統的な家族(同族)共同体に欠けていた村落共同体を支える凝集性を取り戻す動きでもあろう。

中国は今ある程度の生活水準が満たされた「小康社会」と社会的格差(断絶)のない「和諧社会」を目指している。このうち和は心を合わせて助け合う「和睦」、諧は衝突がない「協調」を意味するとされる。このため市場経済により個人がばらばらな状態を改善し立て直す、あるいは補完するために社区が設定されている。都市では官制的な共同生活圏としてのコミュニティと言える。農村では村民委員会が社区の役割を担うとされるが、「社」制をとる農村もある。本来自然村の屯(組、社)は一つの大きな家族と言える単位(擬制的家族共同体)で、これが日本と同様濃密な人間関係に支配された共同生活圏である。結婚も村や屯内で相手を見つけることが多いと、それだけ域内婚姻が親戚関係を新たに生み出していく。第3章で指摘したように濃密な社会関係が社会主義以前の農村とほぼ変わらないところもあり、「社会主義市場経済」の体制下にありながら各地域の状況に応じて相互扶助という「自生的な社会秩序」を潜在的に維持してきた点にも目を向ける必要がある。

準シマ社会としての台湾

台湾の互助慣行

台湾では本島の農村、山村、漁村と島嶼地域の漁村の現地調査を通して、また植民地期の臨時台湾旧慣調査会と台湾総督府蕃(番)族調査会の貴重な報告書を参考に互助慣行について分析した(恩田 2014)。その結果日本のユイ、モヤイ、テツダイ、頼母子と台湾の「換工」「志(義)工」「幫忙」「會(仔)・標會」(小口金融)を比較することができた(表5-2「東アジアの互助慣行(日本、韓国、中国、台湾の比較)」参照)。台湾人が大陸への対抗意識から、あるいは資本主義への過信による自助中心で集団としての凝集性に脆弱なところがあるのに対して、原住民の互助ネットワークには強固な集団主義が見られる。特に互助慣行としての小口金融では同じ漢人とは言え中国の「合会」に対して、社会主義の影響を直接受けない「本省人」に比べ、それと相容れない「外省人」の「標會」のほうが自由主義に基づく投機色のより強い傾向があるように思われる。

表5－3　日本と台湾のシマ社会の比較

日　本	台　湾
• シマ社会 　• 集団主義 　　• 閉鎖性 　　強い共属感情——ウチとソトの区別 　　• 開放性 　　強い受容能力——和魂洋才	• 大陸的シマ社会（準シマ社会） 　• 大陸社会の特性をもつシマ社会 • 個人主義（台湾〈漢〉人中心） 　• 大陸社会の特性——「家族的個人主義」 　• 中国大陸からの影響 • 集団主義（原住民中心） 　• シマ社会の特性——閉鎖性と開放性 　• 先住地としての島嶼

第4章で述べたように、台湾（漢）人よりも原住民社会に互助慣行が残る点は花蓮県のアミ族では「共識」（ゴンシー）という連帯と共生の意識、同県のタロコ族では「相互幇忙」（マダダヤウ）の精神で木の伐採や新築の手助けをするなど共同体意識がまだ健在なところからわかる。日本の台湾統治時代の「蕃族」の研究でも、宗族による土地の共同管理があり共同体の生活が営まれてきた。しかし互助慣行は全体として衰退している。なお台湾本島の原住民は小口金融の「標會」をするが、島嶼地域の原住民はしない。この点日本の沖縄本島や石垣島でモアイはあるが、人口が少なく人間関係が濃密な小さな島では見られない点と共通する。生活が貧しく『標會』をする余裕がなかったことも理由としてあるだろう。

その一方で日本統治時代の影響が特に原住民社会で散見され、その生活用語が浸透している。花蓮県の七〇代アミ族の頭目は頼母子という言葉を今も使っている。特に平地の民（平地蕃）で首狩りの風習のないアミ族は日本に早くから同化した民族で人口が多い分日本人と接触が多かったため、日本の風俗習慣の移入も日本語を通してされてきたものと思われる。また日本語のカセイを「幇忙」と同じ意味で用い、ブヌン族では稲の借り入れで「収穫」という言葉を使う。さらにアミ族では道路清掃など共同作業に一家から一人出るとき、それに出ないと一〇〇〇元払う過怠金がある。これらは日本社会に同化したアミ族が隣保共助の慣行を踏襲したと推測される。

準シマ社会の原理——個人主義と集団主義の併存

台湾は日本と同様シマ社会でありながら、中国大陸から影響を受けた点で個人主義と集団主義の双方を合わせもつ「大陸的シマ社会」と言えよう（表5－3「日本と台湾のシマ社会の比較」参照）。その内実は中国大陸的な個人主義と日本のシマ社会的な集団主義の併存である。純粋な集団主義ではないという点で準シマ社会として捉えることができる。朝鮮民族（韓民族）という単一の民族が担う「半島精神」との違いは台湾（漢）人と原住民という二つの民族の差異が反映されている点にある。もともと南の島嶼地域から移住してきたとされる原住民の強固な集団主義の互助ネットワークはシマ社会に基づき、大陸的な個人主義は漢族の台湾人が主として担っているように思われる。このため漢人に注目するなら台湾は準大陸社会と言える。一七世紀以降スペインやオランダの支配、また中国文明による漢人化、その後日本統治下での日本人化、戦後は再び漢人化が進行する。こうした土着化が互助慣行にも影響を与えてきた。

大陸から移住してきた漢人社会と違い、シマ社会の特性は島嶼地域を拠点にしてきた原住民の共同性に基づく。第4章で述べたように、森は蘭嶼島のヤミ族が戦闘力をもたない穏やかな部族であることを述べている（森 1917，付録14-16）。略奪行為に対する誤解や首狩り族とされる蕃族の分析から、外からの刺激を拒む閉鎖性とそれを受け容れる開放性という二つの側面をもつシマ社会の特性をそこに見ることができるだろう。これは自分たちに危害を加えそうなものに対する拒絶反応と逆に幸福をもたらしてくれるものへの受容反応である。

植民地期でも臨時台湾旧慣調査会の『番族慣習調査報告書』によれば、依然として変わらない「自生的な社会秩序」としての互助慣行が原住民の間にあった。しかし戦後は漢人化が進み、原住民独自の社会や文化が急速に変容し、一部では原住民の文化がショー化しているものの、既述したアミ族の「共識」やタロコ族の「相互幫忙」という伝統的な互助精神から判断すると、台湾人よりも原住民のほうが互助慣行が強いと言えるだろう。

台湾の互助社会――個人主義と集団主義の調和

台湾（漢）人の地域社会では日本のような集団の強いまとまりが見られるわけではない。中国大陸の社会主義という公助への依存による互助慣行の衰退に対して、台湾では大陸への対抗意識から資本主義への過信による自助中心で集団としての凝集性に脆弱なところがある。実際会社でも日本のような同期入社の意識は希薄である。既述したように台湾（漢）人と原住民ではその互助ネットワークに違いがある。台湾人のそれは中国文明の影響を受けた「家族的個人主義」が浸透している一方、原住民の村落内の互助ネットワークは強固で強い集団主義が見られる。前者では「標會」に代表されるような私益中心の小口金融の隆盛に示されるが、後者は原住民社会が大陸の社会主義による土地の公有地化とは異なる共有地をもっていた点、また資本主義による土地の私有地化がまだ見られない頃宗族による共同管理が行われてきたことからもわかる。もちろん華僑に代表されるように、客家（ハッカ）人の勤労の精神は強く集団の凝集性も高いが、地域社会における他者との共生では集団主義は強くないと言えよう。台湾にも「祭祀公業」のような共同体があったとは言え、日本統治により近代的な国民国家の意識を強めていく。孫文が『三民主義』で中国には家族主義と宗族主義があるだけで民族や国家としてのまとまりが希薄な点を指摘しているように、大陸中国の家族主義が基調にあることがわかる(3)。

台湾では中国大陸のような社会主義による共助の衰退ではなく、資本主義の経済発展による共助の減少が大きい。もちろん現在中国でも「社会主義市場経済」による自（私）助への刺激が共助の衰退に結びついている点は既に述べたとおりである。それでも原住民の社会ではまだ台湾人以上に結束が強く、その分互助慣行が残っている。台湾総督府時代の旧慣行に関する調査からは当時台湾人および原住民ともに共助がそれなりに見られたが、特に原住民の村落では自然体の精霊と祖先の霊魂崇拝に基づく民（部）族共同体が新たにキリスト教の布教によって宗教共同体としてさらに強化されたと言えよう。聞き取り調査をした原住民の集落では天主教の教会があり、そこでは「互助社」のような貧者救済の制度も機能している。しかし近代的な生活様式の浸透による都市化と漢人との結婚による混血化（同化）によりしだいに個人主義志向が強くなっていると言えよう。

なお第4章で述べた臨時台湾旧慣調査会による『報告書』に労力交換の「換工」に関わる記載がない点は中国の『慣行調査』で紹介されているのと対照的で、この点から判断すると、社会主義の影響を受ける前の伝統的な農村の互助慣行が大陸中国から台湾に移入されたとは考えにくい。またあったとしてもそれは少なかったと思われる。これは清朝による台湾編入後の一七世紀以降大陸から最初に移住した者の多くが非農民であったことからも推測される。単なる小口金融の組織ではない日本の組や講、韓国の契のような互助組織としての「會」が聞き取りをした限り台湾人の中に少ないことから、それだけ住民間の互助意識、地縁の互助ネットワークが希薄な個人主義の浸透が認められる。島嶼地域でも澎湖島の台湾人ではボランティアの「志工」があるものの、緑島の台湾人は道路清掃など公助への依存が強いが、原住民のアミ族では「義工」とい

表5－4　ベトナムの互助慣行

互酬的行為	再分配的行為	支援（援助）的行為
• ドイコン（*đổi công*） 　• 田植えや稲刈り，サトウキビなどの収穫 • ドイティン（*đổi tiền*） 　• 金銭の互酬的交換	〈共同作業〉 • 「公共（村）仕事」（*công việc chung*） 　• 道路補修などの共同作業 〈小口金融〉 • ホイ（*hội*） 　• 土地を多くもつムオン族で家の新築や修理，オートバイの購入，結婚式の準備のために現金以外に米やトウモロコシなどを拠出する。 　• 土地をもたないキン族ではほとんど見られない。	• ジップ（*giùp*） 　• 葬式や結婚式などの手助け • ジップドウ（*giùp đở*） 　• 葬儀の手助け

う言葉で住民間の連帯意識を高めると同時に自発的な「志工」の共助が見られた。総じて原住民の社会は台湾人と対照的で、氏族や部族、民族としての集団の凝集性が強く部族の代表者である頭目を中心に共生が保たれている。台湾は中国大陸の社会主義のように共助を強く引き裂くような影響はなかったとはいえ、今後の急速な経済発展によってはさらに伝統的な互助慣行が衰退する恐れがある。儒教精神と大陸の悠久性、寛容の精神をもって渡来した台湾人は「人を怨まず謙虚で親切で恩義を重んずる人間性」をもち、原住民の高砂族は海洋性民族の勇猛な気質をもつものの、「素朴で純真で人を騙すことをしない」とされる（山口 2007：25）。今後は互助慣行の共通部分を活かした漢族の台湾人と原住民との互助ネットワークの形成による「台湾民族」としての国づくりが重要な課題の一つとなるだろう。

準大陸社会としてのベトナム

ベトナムの互助慣行

等量等質の交換行為として田植えや稲刈り、サトウキビなどの収穫で労働力を交換するドイコン（*đổi công*）がある（一九九七年九月、一九九九年八月、二〇〇二年三月、二〇〇五年七月聞き取り）（**表5‐4**「ベトナムの互助慣行」参照）。ドイコンにはもともと「相互扶助」の意味があるが、ドイは「刷新」を意味するドイモイ（*đổi mới*）のドイである。このドイコンは主として労働力を交換する互助行為で機械化されていない分多いが、土地が小さいと家内労働でできるため労力交換をすることはない。「結」の意味をもつ関連の言葉では、「結社」や「社会」を意味するホイ（*hội*）があり、他に「社会」を意味するサーホイ（*xã hội*）がある。この社会はコミューン（行政村）としての村落（*xã*）が集まる（*hội*）ことでつくられる。昭和三〇年代頃までの日本風の田園風景が拡がるベトナム村落の農作業は依然として手作業で行われ、現地調査したホアビン省タンラク地方の山岳地帯のキン族（狭義のベトナム人）とムオン族（少数民族）では田植えや稲刈り、サトウキビの収穫で等量等質の労働力を交換するドイコン（*đổi công*）が行われていた（一九九七年九月、一九九九年八月、二〇〇二年三月、二〇〇五年七月聞き取り）。また借りたお金を同額返すドイティン（*đổi tiền*）もある（タンライ村のキン族）。日本のユイに相当する行為は必ずしも労力交換だけではない。東南アジアに位置するとはいえ強固な互助ネットワークが見られるベトナムは東アジアと同じ漢字文化圏であった点に留意したい。

日本の「村仕事」に該当する言葉に「公共仕事」（*công việc chung*）があり、これは村落の道路修繕など地域の共同作業で使われている。雨で泥濘する道路の舗装作業では各世帯が一人の労働力を提供する（一九九七年九月、一九九九年八月、二〇〇二年三月、二〇〇五年七月聞き取り）。この義務としての作業に参加しないと過怠金を払うこともあれば、特にそれを必要としないところもある。なお補修に長期間要す大きな道路では一部労賃の支払いもあるが、村が所有するコモンズ（共有地）の一部を売りその修繕費用を捻出する。逆に狭い路地では各世帯五〇万ドン出して自前で補修する（タイ村のキン族）。中国の「会」に担当するベトナムのホイ（*hội*）は日本の金銭モヤイの頼母子や無尽にあたる(4)。土地を多くもつムオン族で家の新築や修理、オートバイの購入、結婚式の準備のため現金以外に米やトウモロコシを拠出して行われている。このホイはお互いに助け合うため集まる日本の「講」に当たるだろう。しかしそれは上述したようにモノ（*của cải*）やカネ（*tiền bạc*）が対象で、労働力（*công sức*）の提供には用いない。

ベトナムではジップ（*giúp*）という言葉が日本のテツダイに相当する。「相互扶助」（*sự giúp đỡ lẫn nhau*）と言うときこのジップが含まれる。これは「手助け」や「支援（援助）」を意味し、ジップドウ（*giúp đỡ*）やジップスク（*giúp sức*）などすべて扶助に関わる言葉とともに用いられる。「支援」（*đỡ*）や「（能）力」（*sức*）を与えることがジップ（*giúp*）で、葬儀の手助けではジップドウが使われる。婚葬儀では金銭や労働力を提供するが、葬儀では各世帯一万ドンの弔慰金の他に二キロの米と地酒一本を持参する（タム村のムオン族）。土地がないキン族では各家で一万ドンの弔慰金や労働力を提供する（タンフォン一村のキン族）（一九九七年九月、一九九九年八月、二〇〇二年三月、二〇〇五年七月聞き取り）。ムオン族や土地のあるキン族は返礼で金銭以外にモノ（米）の提供もある。

準大陸社会の原理——家族単位の集団主義

ベトナムの村落には強固な互助組織のリンザー（*liên gia*）がある。このリン（*liên*）は「結合」、ザー（*gia*）は「家族」を意味する。紅河デルタの農村では一つのリンザーが一二から一五世帯で構成され、複数のリンザーから成り立っている。各家族が全体としての集団主義を支え、このリンザーが家庭問題の相談や村の秩序、メンバー間の金の貸し借り、病気や葬儀のときの手助け、道路の修繕代の徴収などを行う村落共同体として機能している。この点で中国の影響を受けながらも家族を中心とした集団主義が地縁関係の強固な互助組織を支えている。それは大陸社会の個人主義（家族的個人主義）とは異なる。ここではこうした家族単位の集団主義（家族的集団主義）を準大陸社会の原理として捉えることにする。ただ韓国や中国、台湾とともに漢字文化圏として同族の団結力や相互扶助には共通して強いものがあるが、ベトナムの北部でも父系血縁集団のゾンホ（*dòng họ*）が祖先祭祀を中心にタテの血縁（親族）関係を構成している。

なおベトナム人の社会意識について調査を行ったが、[5] 生活意識という点ではベトナムは総じて堅実な生活意欲をもっている[6]（恩田 2008b）。困ったとき家族や親戚に相談するが、「遠くの親類より近くの他人」という日本のことわざは女性や若者、リンザーなど互助組織による生活支援が見られるベトナムにも当てはまる。日本には互助行為を支える村八分の制裁があったが、聞き取り調査をしたベトナムの村落ではこの種の制裁がほとんどなかった。ベトナムではヨコの互助ネットワークがセイフティネットとして強固に張り巡らされ、村民間の社会的距離が近い分共助の意識が強い。この点互助慣行というインフォーマルな制度が事実上地域社会のフォーマルなそれとして機能していると言ってもよいだろう。その公助の伝統は村落共有田に求められるが、日本の南方進出の戦中に出た『東亜社会研究』（有賀喜左衛門編）でもベトナムの血縁村落から地縁村落への移行過程で生まれた近隣集団で隣保共助が指摘されている（内藤 1943）。

しかしその一方で社会主義国家として中央と地方の統制関係が強く、国家や省、地区やコミューンの人民委員会が主導するタテの公助のネットワークも見られる。それは女性組織ではリーダーを通した中央からの指令に表れている。このように自生的な互助組織を全国的な組織に統制し、それらを活用する点はかつての日本や中国の強制互助組織に近似する。他方で貧困家庭の新築では政府や関係機関から資金援助があり、ヨコの互助ネットワークでは不十分なところを国家の垂直的な公助が補完している。この種の行政の公助が強すぎると地域住民の共助は弱くなるが、ベトナムの村落ではまだ水平的互助ネットワークと垂直的なそれとのバランスがとれ、互助社会のシステムが機能している。中国の社会主義のように「自生的な社会秩序」としての互助慣行を覆い尽くしてはいない点に留意したい[7]。

ベトナムの互助社会——公助と共助のバランス

日本で衰退した強固な村落共同体がベトナムではまだ見られる。これがベトナム（抗米）戦争のとき、地域社会や兵士の強固な凝集性を生み出した源泉ともされる。この点明確な戦争目的をもたない米軍兵士のモラールの低下とは対照的である。この集団としての凝集性の根底に互助行為があり、ムラ社会の通底には経済的合理性とは異なる濃密な互助関係に基づく生活における連帯と共生を求める社会的合理性が見られた。それは確かに個人的行為では得られない効果をもたらす協調行動ではあるが（Coleman, 1990）、単なる利得計算（Hechter, 1987）ではない「生活の知恵」に基づく行為である。特に「互酬性」の互助行為は社会システムの安定に一定の役割を果たしている（Gouldner, 1960 : Sugden, 1984）。

ベトナム人の社会意識調査では「返礼内容」の分析で等量等質性をもつ「互酬的行為」が強い（恩田 2008b）。こうした互助行為は「公益」でも「私益」でもない「共益」すなわち共同体の利益を求める行為である。特に「相互扶助はベトナムのよい伝統的な習慣である」「相互扶助は伝統であるため重要で、維持すべきである。それは人々が困難を乗り越えるのを助ける」「相互扶助は国の伝統であり、進歩のために人々を助ける」という意見が示しているように、国民性としての相互扶助が位置づけられている[8]。もともと村落では互助行為が自然でそれだけ互助ネットワークも強かったが、都市では逆にそれが見えにくい。日本、ベトナム両社会に共通するのは近代化に伴う互助行為の衰退であるが、ベトナムの農村ではまだ強い団結力に基づく互助精神が見られる。相互扶助を重視する社会意識の調査から判断すると、ベトナムは公助という社会主義と地域住民の共助のバランスが中国以上にとれた国と言ってもよいだろう。

3 東アジアの相互交流と互助ネットワーク

稲作（漢字）文化圏の互助慣行

稲作文化圏と漢字文化圏　鈴木は日本、朝鮮、中国に共通する講、契、合会について、「この制度はどの民族に始まって、どんな経路で他の民族に伝わって行ったのかの究明も、興味ある問題であるが、甚だ古くからのこの制度が、最近に至るまで甚だ長い間国を別にする日本、朝鮮、中国に共通に存続して来た事の意義の理解は、もっと大きな問題である」と述べている（鈴木［1958］1973: 556）。日本のユイと朝鮮のプマシの類似性を指摘しながら、鈴木は互助慣行が長く存続してきた点に注目し（鈴木［1943a］1973,［1943b］1973）、これを「人間協力の合理的秩序」とした。これに対して互助慣行はその社会結合の最も原生的な姿を示しているという問題意識から「自生的な社会秩序」として捉え何故この種の慣行が共通するのか、この点を「互助慣行の移出入」という点から考えてきた（恩田 2012, 2013, 2014）。播種期に種子（種もみ）を貸与して収穫期に利子をつけて返済する出挙《すいこ》の慣行は八世紀の養老律令で制度化されたが、中国また古代朝鮮の百済でも同種の制度が木簡からわかる。出挙は勧農と租税の性格をもつが、この上からの移転に加え稲作渡来人による移転も考えられる。

なお弥生文化の起源となった水田稲作が東アジアにおける農耕社会成立の基本条件の一つと考える稲作渡来民による歴史観を踏まえると（池橋 2008）、中国揚子江（長江）流域の呉と越の農村共同体では稲作を通して相互扶助がされてきたと推測される。また山東半島への北上と朝鮮半島南部への移動、その後日本への渡来により互助慣行が移転されたと考えられる。もともと互助慣行の移出入ルートについて韓国、中国、台湾と日本との至近距離にある対馬、五島列島、沖縄を想定していたが、これらのルートがほぼ稲作文化の経路に重なる。すなわち朝鮮半島経由、東シナ海経由、南方の琉球諸島経由の三ルートである（同上: 62）。日本のユイをはじめ農作業に互助慣行が多いことを勘案すると、日本と東アジア諸国の互助慣行の関連は韓国・対馬ルート、中国・五島ルート、台湾・沖縄ルートという稲作伝播の経路から捉えることが自然であろう。またベトナムを含めるとそれは稲作文化圏と同時に漢字文化圏に重なる。(9)

稲作ルートが三つに大別されるという仮説から互助慣行の移出入を当初三つのルートから措定した。柳田國男の『海上の道』は海路による風俗習慣の交流と伝播について言葉を基に探求したが、稲作についてはニライカナイという理想郷から伝播される沖縄（南方）ルートを主張している（柳田［1951-54］1989）。それに対して近年の考古学の知見によれば、上述したように稲作伝播のルートのうち韓国からの経路が有力である（池橋 2008）。これらは稲作に基づく互助慣行移出入の経路だが、もともと稲作に手助けなどの行為が投影されたもの、すなわち稲作に限らずどの地域でも人間が生活する限り何らかの協力が行われてきたのは当然であろう。これに対して稲作文化の中からその独自の互助慣行が生まれ、それが稲作伝播のルートを通して移転されたものも考えられる。

稲作文化圏から見た互助慣行の移出入——普遍説と個別説　国を超えた相互影響という点で生活用品や建築様式のようなカタチあるモノの輸出入は特定化しやすく、宗教や思想などカタチのないものもその影響を知ることは困難ではない。しかし生活習慣などの制度（様式）はその伝播の足跡をたどることは容易ではない。その移転は当然人の移動を伴うことで初めて実現する。互助慣行は個別の地域で発生しそれが移転されたのか、それとも人が生活するうえでもともと自然に発生していたのか。この点前者の「個別（固有発展）説」に基づく「移転説」と生活の支え合いに伴いどこでも見られた「普遍（同時多発）説」が考えられる（**表5-5**「互助慣行の普遍性と個別性をめぐる仮説」参照）。特に稲作に伴う生活は東アジアに共通するが、人間が生活するうえで必要な相互扶助が稲作のうえに投影されたものと（普遍説）、その稲作に伴い特定の地域で生まれた固有の互助慣行なのか（個別説）、分けて捉える必要がある。

前者の普遍説は稲作の伝播に伴うというよりも稲作以前あるいは稲作以外の生産様式から生まれたどの地域にも人間が生活する限り普遍的な行為として同時に多発していたもので、もともとある手助けの互助慣行が稲作において表れたものと言える。特に近隣関係に基づく労力交換はビュッヒャーが指摘しクロポトキンが紹介したようにどの国でも見られる普遍性をもっている（Bücher,［1896］1924；Kropotkin, 1902）。貨幣の再分配としての小口金融も世界各地で報告されている（Besley, Coate and Loury, 1993, 1994）。これに対して後者の個別説は稲作文化の中から生まれたもので、たとえば田を九つに分けて中央の田を共有地として活用する「井田《せいでん》」や共同で田をもち順番に田を利用するモヤイ田のような個別の仕組みである。この

表5－5　互助慣行の普遍性と個別性をめぐる仮説

生活のタイプ	互助慣行の内容	慣行の発生と移転
普遍的生活	・どの地域でも見られる互助慣行——生活の支え合い（冠婚葬祭）	・普遍説（同時多発説）
	・東アジア固有の生業に基づく互助慣行 稲作に表れた一般の互助慣行——田植え稲刈りの労力交換，穀物（貨幣）の再分配など	
	稲作に伴う固有の互助慣行——非常時の穀物備蓄（義倉，社倉），土地の再分配（井田），共有田の組持管理など	・個別説（固有発展説） ・移転（移出入）説（強制移転，共生移転）
個別的生活	・特定の生活様式から生まれた互助慣行——共有地の活用，貨幣の再分配（小口金融）など	

種の仕組みは個別の互助慣行の移転として捉えたほうが無理なく説明できる。さらにこの移転も自然に移転したもの（共生移転）と為政者により意図的に移転したもの（強制移転）がある。「普遍（同時多発）説」と「個別（固有発展）説」、またその「個別説」の移転も共生なのか強制なのか、それらが行為様式として浸透し制度化され地域社会で定着してきたと考えられる。

　戦時中の日本と韓国、中国（旧満州）、台湾との関係から日本の統治体制維持のために天皇崇拝などの制度が強制移転された点を考慮すると、互助制度もまたその一翼を担っていたことがわかる。韓国の「隣組」は強制移転だが頼母子などの「移出入」は共生移転と言えるだろう。一九一〇年の日韓併合以前も含め日本が事実上朝鮮を支配していた時期を含めると、また日本の統治下では「輸出入」よりも内国の制度移転の「移出入」のほうが妥当する。このように国と国との財とサービスをめぐる関係では輸出入だが、日本の支配していた地域あるいは大陸中国と台湾との関係のように移住による互助慣行のもち込みや受容という制度（行為様式）から捉えるため「移出入」という言葉を本書は用いている。また互助制度が人を介した「社会的移出入」だけでなく、土着の制度とどう融合したのかという動態的な関係（制度の相互浸透）、さらに互助関係が伝統的な規範として世代から世代へと刻印されていく過程にも注目したい。

生活圏の交流と互助慣行の影響

　互助慣行の移出入を示す日本国内の事例として、日本民族を大和民族、北方のアイヌ民族、南方の琉球民族として捉えたときの生活圏の交流を、北海道アイヌの社会と本土生活圏の交流および鹿児島県トカラ列島の中之島（十島村）の沖縄出身者の地区について取り上げたい。アイヌのうち白老のコタン（部落）はニシン漁をめぐり青森や岩手の漁師が来てアイヌとの交流があった。白老の六〇代女性によると、網から魚を獲るときテマガエという言葉で協力した（二〇一七年四月聞き取り）。第1章で述べたようにテマガエは西日本で使われた言葉で、近世の北前船や明治以降小樽や函館などを主な寄港地としたニシンの積み荷ルートによる影響も考えられる。さらに注目したいのは無尽という言葉が使われた点である。[10] これは明らかに和人（大和民族）からの影響で強固な共同体をもつアイヌのコタンでは物々交換が中心で貨幣概念が希薄なため、この種の小口金融の慣行は和人から移入されたと考えられる。

トカラ列島の中之島では奄美大島から移住した東区では沖縄文化の影響が強くモアイが、また平家の落人集落とされる西区では本土の影響からタノモシという言葉が使われてきた（二〇一三年二月聞き取り）。東区では昭和五〇年代頃まで家を建てる資金のため利息なしのモアイを一〇人くらいで行い、西区では昭和三〇年代頃まで二〇軒くらいで同様に利息なしのタノモシで洗濯機の購入や高校の入学金に充当した。「十島村《じっとうそん》」時代の中之島は島名のとおり鹿児島と奄美の中間地帯として本土の大和（鹿児島）文化と奄美沖縄（琉球）文化との接点にあったことがタノモシとモアイという言葉からわかる。中之島は両文化の緩衝地帯で、平家の落人集落とされる大和文化の西区と奄美沖縄文化の東区で祭りや共同作業も別々にされてきた。ここには互助慣行移出入の縮図が見られる。

中国社会主義の互助慣行の強要は第3章で述べたが、程度に違いはあるものの韓国の農村開発のセマウル運動もそうした側面を否定できない。中国の非常時備蓄の義倉（社倉）はベトナムや日本に伝えられた。日本では稲作の伝播とほぼ同じルートによる移転が想定され、遣隋使や遣唐使など為政者レベルのものもあれば、庶民レベルの互助慣行の移転も考えられる。互助慣行の移出入の仮説検証は限られた調査では明らかにすることが難しい。ただ東アジアに類似した仕組みがあることだけは言える。互助慣行は他の国や地域から影響を受ける場合もあるが、それがやがて他の地域に移出され制度として定着していくのは移入される地域の生活様式に適合する場合である。以下韓国、中国、台湾について互助慣行の移出入について詳しく取り上げる。

韓国と日本の互助慣行の接点

韓国と対馬の生活様式の交流

朝鮮半島と距離のある済州島では済州独自の契の言葉が少ないことから（泉 1966：159）、互助組織としての契が半島から伝わってきたと推測される。契が中国の合会（会）との関連が指摘されていることも、互助慣行が国や地域を越えた普遍性をもつと同時にその仕組みの伝播が想起される。(11)対馬は朝鮮半島から日本への様々な文物の伝達経路となり、壱岐と並び日本への回廊として重要な役割を担った。両国の交流は古く、そのうち中世の外交関係は申叔舟の『海東諸国紀』（一四七一）などに詳しい（宋 1420：申 1471）。日本各地の封建諸侯の動静を田地の大きさ（町、段〈反〉）の記述とともに、「遣使来朝す」あるいは「遣使して来り」「宗貞国の請を以て接待す」いう文言が繰り返し使われ、漂流人を含め外交を維持するため日本各地の使節を受け入れた。こうした為政者レベルの交流を通して各種の制度が導入され、また漂流人を通した庶民レベルの生活様式の受容もあっただろう。近世以降朝鮮通信使の来日に加え、釜山の倭館には日本と朝鮮の外交通商の場、使者の応接所、宿泊所、貿易所として約五〇〇人の対馬人が居留しその任にあたっていた（下蒲刈島朝鮮通信使資料館）。限られた朝鮮人との接触とは言え、日本の生活様式と朝鮮のそれとの交流が推測される。耕作地が乏しく米の生産ができない対馬にとって朝鮮米は輸入品であり、倭館の倉庫へ搬入された後代官が下役や大工たちを総動員して御米漕船《ごべいそうせん》に積み込みの作業を行ったが、これを「米結い」と言う点も興味深い（田代 2011：168–169）。収穫の秋だけでなく年間通して毎月四回くらい「米結い」がされた。(12)おそらくユイ組のようなものがつくられ、順番に作業を行ったものと推測される。

以下戦前から朝鮮との関係が深かった対馬の西泊《にしどまり》と鰐浦《わにうら》の地区を中心に互助慣行の移出入について検討したい。戦前対馬には朝鮮人が炭焼きで住み集落を形成していた。対馬の特性として外から来る人には閉鎖的なところがあり、朝鮮人との交流は多くなかったものと推測される。鰐浦地区の七〇代の男性によると、小学校の頃朝鮮の海女が漁業権を取得し、この近辺で採ったワカメを地べたに並べ乾燥させていた（二〇一二年三月聞き取り）。また今もオンドルを含め居住跡が残る炭焼きの子供たちが小学校にいたと言う。この古老は朝鮮の子供たちが話していたチングイやサロムという言葉を今も覚えている。逆に朝鮮の子供たちは日本語を覚えようとしていた。また豊地区の三人の八〇代の女性によると、小学校の頃炭焼きの子供たちが三〇人のクラスで一割くらいいた（同上聞き取り）。海女が舟をもちサザエやアワビを採りワカメを板に伸ばしていたことを古老たちは記憶している。この地区の須渇の缶詰工場近くの納屋には朝鮮人の家族がオンドルを使い住んでいた。逆に対馬の河内から朝鮮に奉公に行く人もいた。このように比田勝周辺では戦前戦中炭焼きや済州島の海女の子供が日本人名で学校に通ったが終戦と同時に半島に戻った（二〇〇八年二月聞き取り）。

対馬は韓国に近いとは言え、生活習慣という点で交流よりも断絶のほうが強かったとされる。このことはまぎれもなく対馬が日本の文化圏に属することを意味する。しかし地元の八〇代の古老に話を聞くと、韓国からの生活習慣の影響が散見される。豆酘《つつ》地区では樫穴《かしほの》と言い小川近くで穴を掘り食べ物を貯蔵する習慣が韓国から伝わっている（二〇〇六年七月聞き取り）。これはドングリの実などを入れあく抜きをして保存した貯蔵庫で、こうした跡が豆酘に残っている[13]。この他韓国式の井戸なども対馬に取り入れられた。河内の七〇代の女性の話では、小学校の頃まだ半島人が多く住んでいて、自分の兄弟姉妹の上の人はハングルをよく覚えていた。特にチング（친구）という言葉を親しい友人を示すときに使ったと言う。また親の世代がオンドルを使っていたことも覚えている（二〇一二年三月聞き取り）。朝鮮人のオンドルが日本人の生活様式に影響を与えたことがわかる。このように対馬には朝鮮半島からいくつか生活様式も入ったが、逆に対馬から半島にもち込まれたものは少ないとされる。しかし半島に対馬の生活様式というより日本のそれがもち込まれ朝鮮人に影響を与えたことは十分考えられる。ただしこの点は日本語や社会制度含め強制移転が少なくない[14]。

互助慣行移出入の可能性
——タノモシをめぐる仮説

戦前の朝鮮では、自然村（旧洞里）の活用は創氏改名をはじめとする日本の植民地統治の一貫としてされた[15]。そこに互助慣行の強制移転があったことが推測される。日韓併合後の朝鮮の農村生活の実態は資料に乏しいが、陽徳（現北朝鮮）で金融組合に従事し朝鮮人の反乱で足を痛めた「朝鮮で聖者と呼ばれた日本人」重松髜修《あきなお》が記した『朝鮮農村物語』（一九四一）から当時の生活様式を知ることができる。重松はその後江東に異動になりかつての両班部落で養鶏事業から豚や牛の家畜を奨励して農村開発を進めた。その過程で村民のため集会や夜学、共同作業場として利用する会堂（鷲岩青年会堂）をつくり、このとき土地（敷地）代は地元の朝鮮人青年の組合職員が出し、門契の人から建物の木材や木工賃の実費を出してもらった（重松 1941：240–251）。皇国臣民を求め、朝鮮農業移住民の促進、婦人労働奨励や家計簿記帳などを求めた農村振興運動による「日本農地化」がされた（水野・庵逧・酒井・勝村 2012：56–57）。しかし「聖者」と呼ばれた重松は精力的に朝鮮人の中に入りながら活動を拡げていく。二〇日間にわたり砂利や柱石を据える基礎工事は邑内の村民の共同奉仕で、早起会と名付けられた奉仕活動をする青少年は壁土の運搬や屋根葺きに動員され部落の美化作業も行われた。このとき日本式作業が朝鮮の農村にもち込まれ、作業の始めに「君が代」を斉唱し、終了時には「ヨイサ」「ウントツケ」「モッTツケ」のかけ声を出す天突運動や同様に「ウントコゲ」などの声で発憤する「太平洋乗切り運動」の体操をする。これは日本式の共同作業と朝鮮の契の融合による共益事業だが、重松は共同作業など日本の伝統的な互助慣行にも配慮して農村開発を朝鮮で実践したと言えよう。[16]

日本統治期の「上」からの互助慣行の移転とは別に、一般の庶民レベルの互助慣行の移出入はどうだろうか。対馬の相互扶助と韓国のそれとの接点は明確には見出せないが、先に述べたように両国文化圏の交流を示す言葉としてチングがある。親しい間柄はそこに互助関係を内包する。チングは「親友」を意味するが、これは対馬だけでなく五島列島でも使われている。長崎県小値賀町大島の七〇代の古老から聞いたところでは、「あれはチングじゃけん」と言う。これは方言として使われチングの漢字はわからない、また韓国の言葉とは知らなかったことも聞いた（二〇一〇年二月聞き取り）。この語源を比定することは容易ではないが、両国の庶民レベルの交流を知るうえで興味深い事例と言える。[17] なお長崎県生月《いきつき》島でもチングという言葉が使われている（二〇一五年九月聞き取り）。同県的山《あづち》大島でも親しい人を「チングじゃ」と言う（同上聞き取り）。いずれも韓国の言葉とは知らなかった。この言葉に関わる記録がないためいくつかの事実の断片をつなぎ合わせ移出入の検証を試みるしかない。

日本の朝鮮半島への進出に伴う互助慣行の「移出入」という点で注目したいのは無尽である。これは日本の産業支援が背景にあったと思われるが、その設立主体は朝鮮人ではなく日本人で集団居留地内での営業無尽として行われた（Lee, 2006）。しかし日韓併合後は公的無尽が「朝鮮中央無尽株式会社」や戦後は「朝鮮相互銀行」として存続する一方、私設無尽として業界団体の韓国商工互助協会による「韓国無尽金融株式会社」の設立、その後「国民銀行」として発展し現存する。[18] 一般の銀行が庶民にお金を貸さないとき小口金融の存在は大きかった。この場合の庶民は主として担保物件に欠ける中小商工業者だが、朝鮮人にとっては無尽よりも依然として契の果たす役割が大きかった。

公的あるいは私的な無尽が制度として日本から「移入」され土着化され今日の韓国の銀行へと発展したが、庶民レベルでの「移出入」という点で頼母子にも着目したい。これは先に述べたチングとは逆に日本から韓国の漁村に入ったものと考えられる(19)。麗水近郊の突山邑ユンソン里のソユル村では七〇代の男性はドュンケ（金融契）の意味でタノモシという言葉を使っていた（二〇一二年三月聞き取り）。これは三〇年くらい前の話だが、この老人には日本との接点がなかった。また六〇代の村長もタノモシケと言っていたことを記憶している。これは昔からそう呼んできたのでいつからかはわからない、また日本の漁船がこの島まで来たことはないと言う。同じユンリン里のテユル村の六〇代の元村長も五、六人でするタノモシを知っていた（二〇一二年八月聞き取り）。麗水市南面金鰲島《クモド》では、六〇代の男性がいるユソン里では一番小さい二五世帯の村が貧しいときタノモシをしていた（同上聞き取り）。タノモシがいずれも日本語であることを知っていたが、新安郡安佐面の者羅島《チャラド》（里）や安佐島（里）の敬老堂でも七〇代以上の女性たちはタノモシという言葉を聞いたことがあり、それが日本語とは知らなかった（同上聞き取り）。このことからタノモシがいかに自然に使われその浸透度合いが強かったかがわかる。

日清戦争前後の政情不安の中で朝鮮を記録した『朝鮮紀行』によれば、当時日本人の漁師八〇〇〇人が釜山で水上生活をしていた（Bird. 1905 : 39）。他の島嶼地域と漁を通した交流も当然考えられる。日韓併合以前にも様々な日本の生活様式が移出されたものと推測される。終戦時には木浦（府）の人口約八万五〇〇〇人のうち日本人が一万人いた（森田・長田編 1980 : 278）。タノモシ（ケ）という言葉は日本人と朝鮮人の公然としたあるいは隠された交流を物語っている。「公然とした交流」という意味は日韓併合以降為政者レベルの無尽の導入で、「隠された交流」は庶民レベルの頼母子の浸透を意味する。日本の海女が朝鮮半島に進出していたことも興味深い（金・梁 1988 : 222–239 ; 塚本 2016）。これは日本の朝鮮本土や全羅南道、慶尚南道などの海女の出漁や漁民移住と合わせた進出と言えるが、済州島の海女も朝鮮半島や日本に出稼ぎをして日本の海女との縄張り争いをするなど抗日運動の関係も指摘されている。戦後も引き続き房総半島で済州島出身の海女が操業を続けるなど、タモノシをめぐる影響など双方向の交流が皆無とは言えない。ただ言葉だけの移出入にとどまる点も否定できない。

明確に頼母子をめぐり日本人との接点が認められる所は中国、韓国、日本をつなぐ海上交通の要衝であった巨文島《コムンド》である、ここは明治以降漁業移民が多かった（中村 1994；朴・布野 2004）。官制の漁民中心の「補助移住漁村」と商人もいた自由意志に基づく「自由移住漁村」があったとされ、各漁村は閉鎖的な集住空間を形成していたが、日本人の漁具や漁法と漁業経営を朝鮮人が吸収する過程で頼母子という言葉を知ったものと推測される。巨文島はじめ日本人移住漁村には中国・四国地方からの移住が多く、「愛媛村」などの村名があったことから西日本に多い頼母子の呼称も納得できる。この点は先の島嶼地域でムジンではなくタノモシという言葉が知られている点と符合する。巨文島は古島、東島、西島から構成され、日本人は東島と西島の間にはさまれた古島に居住した。この島では既に日本人と交流があった朝鮮人が物故しているため直接聞くことはできなかったが、終戦で日本人が引き上げた頃を知る何人かに当時の話を伺った[20]（二〇一七年七月聞き取り）。

巨文島で生まれ三歳のとき大陸に渡り一〇歳で島に戻った八〇代の老人会の会長によれば、日本人がいなくなっても頼母子が行われ、最初に受け取りたい人が申告する仕組みであった。これは巨文島を一大漁業基地に育てた日本人の遺制の証《あかし》でもあり、数多くある契の中の金融契として行われ、銀行がない時代お互いに頼母子で支え合った。別の戦後生まれの六〇代の男性の話では、頼母子契（タノモシケ）と呼び自分の祖父や祖母がしていた。しかし銀行でお金が借りられるようになると、また何よりも李大統領による李承晩ラインの設置（一九五二年）や竹島の占拠（一九五三年）によるナショナリズムの高揚から五〇年代にはこの頼母子の言葉は使われなくなる。

この島で当時の日本人の生活様式が朝鮮人に浸透していた根拠としてソウル以外で二番目に電気が利用されたとも言われ、また日本人が灯台をつくるなど日本人の技術が評価されていた点、さらに身近なところでは魚のサヨリのさしみ、すき焼きなどの料理法などからもわかるが、このサシミやゲンカン（玄関）という言葉は今も使われている。祖父が巨文島の長門屋旅館で働き終戦時に旅館を受け継ぎ現在民宿を経営する六〇代の男性の話では、日本人は船の遭難など非常時に備え近くの無人島の白島に倉庫を置き食糧を備蓄していた。こうした共有地的なモヤイ島の使い方をした点で互助慣行が当時の朝鮮人に移転した点は確証はないものの、漁業保護区を設け資源の枯渇を防ぐことを日本人が教えたとされる。なお日本人の家屋が今なお使われている巨文島と異なり、修復再建され歴史的位置づけも異なる半島最東端にある浦項の九龍浦にも日本人村があった（李［2009］2012）。この九龍浦でも同様に金融契として頼母子が知られていた点を指摘しておきたい（二〇一七年七月聞き取り）。

中国と日本の互助慣行の接点

沖縄の中の中国

中国と日本の互助慣行の歴史的な接点は稲作伝播のルートから類推したが、技術移転ではなく人の交流という点では遣唐使の派遣ルートが仮定される。この中国・五島ルートは遣唐使開始（六三〇年）当初の朝鮮半島沿いの北路ではなく東シナ海横断ルートの南路に当たる（東野 2007）。こうしたルートを通して生活様式の流入をたどることも想定されるが、その解明は容易ではない。ここでは直接一般庶民の交流があったと思われる沖縄を取り上げ、三山時代含め独立国琉球としての「沖縄の中の中国」に着目して互助慣行の接点を考えたい。沖縄は日本と中国の仲介的な役割を果たし、特に生活様式の浸透では中国からの影響が大きい(21)。沖縄本島と大陸中国との関係に対して、後述する台湾は八重山諸島との関係が深い。沖縄本島には一四世紀末明の洪武帝により琉球王国に派遣された福建省出身の職能集団を中心とした一群の人々がいた（東恩納 1941 : 354–399 ; 田名 1992 : 187–196）。当時は客家族が多かったとされ、記録の中の「舟工三十六戸」という表記は航海だけでなく礼儀や通訳など含めた派遣者も含まれ、その後商業に従事する者もいた（東恩納 1941）。この「三十六」は多数の意味をもち、その住みついたところが久米村で「久米三十六姓」と言われた。

戦前の沖縄本島久米町には中国からの渡来者の末裔が多く住み、農耕や商売の神とは無関係に発達したとされる旧暦三月の「三月遊び」は儒教の影響を強く受けている（『沖縄タイムス』一九七八年三月一八日付）。三十六姓の渡来は、『中山世譜』では一四世紀末閩《びん》人の居住、朝鮮人の琉球漂流記である『李朝実録』では一五世紀後半唐人の居住の記載がある点から久米村の生活が推測される。この点で三十六姓の末裔は首里や那覇系の家譜とは異なる出自の特殊性と職種をもったとされる（田名 1992）。琉球王国の成立以降中国に対する朝貢関係は進貢品以外に商活動があり、沖縄人が私的な活動に従事しやがて泉州などで定住が見られる（Kerr. [1958] 2000 : 59–70）。こうした居留地で中国人との接触から風俗習慣が沖縄に入ったことが予想される。もともと「久米三十六姓」は琉球の海上交易に貢献し、「舟工」がしだいに政治の面にも進出する過程で思想（道教）や制度（氏姓の制定）の影響を与えたとされる（東恩納 1941 : 354–399）。位階を示すハチマキ（八巻）もその慣行の一つである。また同時に久米村が海商から漂流民まで中国人庶民の居留地でもあった（富島 1984；高瀬 1985）。こうした点を踏まえると、庶民金融という点で「舟工」や居留者がもつ福建省一帯の仕組みが伝えられたことが推測できるだろう。しかも朝鮮人の渡来者もいた国際コミュニティを形成していたとなると、朝鮮の契の影響も射程に入る。

近代以降も沖縄は国際化の波にさらされた。一八九五年日本の台湾領有に伴い南方経営の一貫として「琉民、閩民、台民」の交際による那覇から台湾経由の福州や厦門との貿易で来沖する中国人が多くなる（又吉 1990）。この閩民の中国人が茶商を営み地元沖縄人と交流を深めることで、「合会」とモアイの接点が考えられる。[22] 久米系末裔は沖縄人に同化しつつも、久米崇聖会という組織を通して孔子を中心とした儒教の祭祀を行い、明の時代に福建から来た閩人として「クニンダンチュ」（久米村人）のアイデンティティを維持している（李 2013）。それは蔡温や程順則というすぐれた久米人の末裔という誇りでもあろう。

モアイ（模合）の流入と起源

沖縄でモアイが盛んな理由として中国や台湾との深い関係が考えられる。この点先に述べたように沖縄本島は中国大陸との関係、八重山諸島は台湾とのそれで分けて考察する必要がある。福建省を中心に小口金融が盛んな地域からの渡来人が琉球で約五〇〇年間活動していたという事実に着目したい。中国との進貢貿易を担った久米村居住者を通して久米村籍を有する士族に中国本土から小口金融が入ってきたと思われる。また琉球王国の成立後福建省に定住した沖縄人の商活動を通して伝わったとも推測できる。日本本土からの影響は一六〇九年薩摩藩の侵攻以降頼母子の移入が考えられるが、直接の影響は大陸中国のほうが大きかった。ただし本土同様もともと「自生的な社会秩序」の一つとして生まれた救済型や共済型の小口金融が中国の影響を受けてさらに射幸心を刺激する利殖型に発展したと考えるほうが妥当かもしれない。この入札式のモアイに転化したと推測する根拠は「久米三十六姓」の職能集団という貿易実務に従事した商売人の職種からである。この点「模合」という言葉が尚敬王時代に編纂された琉球国正史である『球陽』（一七四三―四五）の中に尚敬王二一（一七三三）年貴家（士族）を救済する「模合法」の中に出ている。これは米の拠出による支援だが、共同拠出によるモヤイと言える。この処置を有能な生活困窮者を救済する「米ムエー」による人材育成とする見方もある（知念 1998, 2：29–32）。これは公助だが、利殖型のモアイとは異なる救済型や共済型のモアイがあったことを示唆している。

現在那覇にある日本沖縄華僑総会の人は福建省出身者が多いとは言え、沖縄人と同じモアイを情報交換の場として活用している。子供が高校に入学するため必要な人が受け取り入札はしない（二〇一七年三月聞き取り）。これは親睦モアイとしての「助け合いモアイ」である。『冊封使録』（東恩納 1941：297–300）のような公的な記録は別にして、「久米三十六姓」の中国渡来人の末裔を通して小口金融が拡まった点を支持する直接の資料はないが、士族以外の庶民レベルで射幸心の強いモアイがしだいに普及したように思われる。沖縄が日本で最も小口金融が盛んな理由も中国からの強い影響があるからだろう。もちろん庶民には多額の金銭を出す余裕はないが、救済型や共済型から利殖型のモアイが浸透したと推測される。近世のモアイに対して近代以降は大正六（一九一七）年に制定された沖縄県条例「模合取締規則」でその期間や口数、金額を制限したことから当時利殖目的のモアイが多かったことがわかる。昭和の初め阪神地方の工場に出稼ぎに行くことが夢だとされたように（知念 1998：4）、沖縄本島は本土との結びつきが強かったが、石垣島や与那国島などの八重山諸島では台湾経由で中国の小口金融や日本の頼母子という言葉が「移入」される。

台湾と日本の互助慣行の接点

生活様式の浸透

日本と台湾との互助慣行の移出入は地理的に近い点で韓国同様説得力をもって説明できる。沖縄本島が中国大陸と日本本土との緩衝地帯として重要な役割を果たしたように、台湾とそれとの関係は八重山諸島が仲介している。このため台湾と与那国島や石垣島との交流史を始めに概観しておきたい。明治期与那国島の漁師が基隆近郊まで漁に出たことが記録にあるが（入江 1933：146）、台湾と至近距離にある八重山諸島との交流が活発になるのは日本統治時代である。明治三〇年代には「台湾熱」と呼ばれ沖縄から多くの渡台者が現れ、沖縄の漆器や反布、砂糖、鰹節を扱う沖縄商店が行商婦人を中心に盛況をきわめた（又吉 1990）。逆に沖縄では農機具や日用雑貨を台湾から移入した。漁業関係者が既に南方澳の裏南方地区や基隆の社寮（和平）島に居住し、沖縄本島や宮古、八重山の漁民が総督府の官営的移民とは別に自由移民として集落を形成した（国分他 1945）。最初に沖縄人の集落が形成された社寮（和平）島では台湾人からの居住地提供に対して、沖縄出身者（久高島民）が漁法や造船、漁具修理などの技術を伝えた。台湾東部の火焼島（緑島）や紅頭嶼（蘭嶼島）でも沖縄漁民が漁獲時期だけ滞在し漁労に従事した（又吉 1990）。台湾各地の居住地は「リトル沖縄」として祭事はもとより相互扶助の慣行（ユイマールの精神）がもち込まれ、サバニ（丸木舟）や家屋、年中行事で沖縄の習俗が維持された[23]。しかし台湾の都市部では内地日本人社会との交流が中心であった。与那国島の七〇代郷土史家の話では、男女とも日本人に奉公し与那国島に戻ると、男性は丁稚時代の技術で店を開き女性はパーマネントの技能を活かした（二〇一七年二月聞き取り）。台湾奉公が本土以上に近い台湾の日本人から学ぶ機会になった[24]。このときゴザを敷く日本的生活様式や日本製商品が与那国島に多く入った。しかし一時的な奉公や内国留学は別にして、台北の沖縄人集落は日本人街の「内地社会」ではなく台湾人街にあった（又吉 1990）。このことから台湾人との混在集落で双方の交流が先の漁村同様あったと推測される。

戦前戦中地理的に近い与那国島よりも台湾との交流や定住が多かったのは石垣島であった。それは与那国島よりも大きく未開拓な土地での受け容れ余地があったからで、沖縄本島や宮古島からも移住者がいたことからもわかる。この点与那国島は漁業中心の交流で農業のような定住の必要性は少なかった。石垣島に移住した台湾人は主にパイン産業関係者だった[25]（野入 2000；松田 2004）。一九四〇年沖縄人による台湾人排斥運動に対して同郷組織の八重山台友会（後の琉球華僑総会）がつくられた[26]。これは台湾人の安全と安寧を求める同郷の互助組織であった。戦中の疎開で渡台した台湾人が戦後中国共産党の大陸からの侵攻に対する不安から再び石垣島に移住する。与那国島は近距離にあるため移住より「密貿易」が中心で、戦前戦中とは異なり本土日本人とともに見下すような態度をとった与那国島民は台湾人とは対等な関係が生まれる。石垣島ではパイン缶詰工場とサトウキビ製糖工場での雇用と沖縄人への技術移転による貢献から、戦後は台湾出身者と島民の共生が進む。缶詰工場では台湾からパイン女工が季節労働者として入る。その後沖縄の本土復帰によるパイン輸入の自由化に伴い本土製の缶詰が入り石垣島のパイン産業は衰退し台湾人の帰国が始まる。しかし青果卸に従事しながら生活を支え合う定住者がいた。

こうした過程で沖縄全体に住む台湾人の組織として琉球華僑総会が組織され、石垣島に住む台湾人は八重山分会をつくった[27]。台湾人の家族志向は大陸中国からきているが、この点は沖縄にも言える。与那国島でも親戚（ウヤグ）の結束が強く一族の中に貧困者を出さない強いつながりがある（二〇一七年二月聞き取り）。本籍地を離れ異国を流浪する華人の意味をもつ華僑はその地縁組織自体が強い互助組織である。この種の組織が八重山島民による台湾人支配という「台湾の八重山化」を防ぎ母国の生活様式を維持する役割も果たした[28]。一般に生活様式の移転は双方の生活水準によって規定され高いところから低いところに移る。台湾と沖縄の関係は農業技術では前者が上でも漁業は後者が上だった。このことが社会的地位を決定するわけではないが、同郷者どうしの支え合いが格差を緩和する。台湾各地から入植し土地（産土《うぶすな》）神がなかったため「土地公」を祀るように、土地公祭ではその神の「福徳正神」が八重山にいる台湾の貧困者を救済する役割も担った（同上聞き取り）。この神を信じて名蔵入植当時の一九三〇年代末頃から一家族の男性人数に応じて少額（灯銭〈テンチン〉）を旧日本円やB円（一九四五年から五八年まで米軍占領下で流通した軍票）、ドル、新日本円から出して困窮者を支援し残りを積み立てた。この基金は地区の生活が安定する一九七〇年代末には解散している。石垣島の台湾人社会では母国の労力交換の「換工」はなく、宮古島から日雇いで来た賃金労働者を雇うことで不足労働力を補完した。また墓をつくれない人が入る共同墓（台湾同郷之公墓）があり、この墓の清掃や地区の共同作業（ミゾサラエ）に台湾人が参加している。この種の共同作業は聞き取りをした台湾本土の調査地ではほとんど行われていない。このことから母国の生活様式を維持しながら、日本の互助慣行に適応していることがわかる。

頼母子の移出入

互助慣行の移出入を先に述べた台湾と沖縄、日本本土との関係（台湾・沖縄ルートの仮説）から、日本人と台湾人（原住民）、台湾人と沖縄人、沖縄人と日本人の交流を通して小口金融について見ることにする。植民地期の日本語教育の普及により生活用語の受容が台湾では多かった（安田 2011）。この言葉は制度の移出入を裏づける根拠として重要である。台東県海端郷利稲村に避暑で来る九〇代男性は日本の頼母子について知っていた[29]（二〇一三年九月聞き取り）。これは日本人から聞いたものと思われるが、この閩南族の台湾人はその言葉を知る以前から小口金融の仕組みがあったと言う（恩田 2014）。中国大陸の福建省（閩南人中心）を中心に広東省（客家人中心）の移住者もいる台湾では小口金融がそのままもち込まれたことは容易に想像される。その一方で島嶼地域では澎湖県西嶼郷小門村の六〇代村長は「標會」という言葉を使うが、頼母子は聞いたことがなかった（同上聞き取り）。台湾統治下の澎湖島とその周辺離島には沖縄出身の澎湖庁長をはじめ官吏や教員はいたが（又吉 1990）、内陸部と違い島自体が要塞としての機能をもつことから日本軍人はいても民間の日本人と台湾人との接触は少なかっただろう。台東県緑島中寮村の六〇代村長も頼母子の言葉を知らなかった。[30]

原住民では花蓮県玉里鎮楽和里の七〇代アミ族の頭目は頼母子という言葉を今も使っている（同上聞き取り）。同じ鎮の春日里の六〇代アミ族里長も頼母子という言葉を聞いたことがあった。このため日本の風俗習慣の移入が日本語を通したアミ族は日本に早くから同化し人口が多い分日本人との接触が多かった。『臺灣蕃族志』（一九一七）で森が最も穏やかな民族としてされたと推測される。[31] 特に東台湾の花蓮の南（現在の寿豊郷中心）は一九一〇年代初め賀田村への移民を端緒に吉野村、豊田村、林田村、瑞穂村という官営移民村がつくられ、暴風雨やマラリアなどの風土病、蕃族からの被害に遭いながらも賢明に開拓したとされる。現地には当時の神社跡が残っている（山口 1999, 2007）。一部台湾人も開墾に従事した。このため内地人だけの集落が形成されたとは言え、漁民同様台湾人との交流があったと推測される。[32] また原住民から「コンニチハ」と言われカボチャやサツマイモ、バナナと村民の衣類や日用品との物々交換を通した接触もあった。また先のアミ族里長から日本語のカセイを「幫忙」と同じ意味で使うことも聞いた。植民地期は「国語」としての日本語と「本島語」（台湾語）、日本語と「蕃語」（原住民の原語）という二つの言語が併用されていた。台湾人と原住民の土地の棲み分けもあるが、台湾人より原住民の間で頼母子など日本の互助慣行の言葉が浸透していたのは原住民が漢語化されるよりむしろ和（日本）語化されるほうを選んだからとも言えよう。この点韓国でも同様に日本語が国語化されたが、朝鮮族に対する日本語の浸透度合いが台湾の原住民のように強かったのはいずれも植民地の直接統治による。しかし島嶼地域の原住民は「會（仔）」をすることが少なく、蘭嶼島のヤミ族五〇代の男性も頼母子という言葉を聞いたことがない（二〇一四年三月聞き取り）。この点先に述べたように火焼島（緑島）と紅頭嶼（蘭嶼島）で沖縄人が漁獲期に季節定住したが、集落を形成することがなかった点からも互助慣行の接点は見出せない。

この他日本の台湾に対する生活用語の浸透という点で、台東県海端郷利稲村のブヌン族では稲の借り入れで「収穫」という日本語を使う。この近くの池上米は有名で「池上便當」はよく知られているが、この「弁当」も日本から入った言葉である。このように日本の生活用語が今もなお浸透している。これも既述したように、この玉里鎮楽和里の安通社区（コミュニティ）では道路清掃や環境美化の共同作業で一家から一人出るときそれに出ないと一〇〇〇元払う。この過怠金の制度が他の地区では見られないことから、これは早くから日本社会に同化したアミ族が日本の隣保共助の慣行を踏襲したと考えられる。逆に植民地期自分たちよりも低く見た日本人と台湾人との交流は少ない。言葉の移入と制度のそれは区別しなければならないが、制度移入の検証として言葉がもつ意味は小さくない。

台湾（漢）人と沖縄人の交流　戦前の沖縄人は漁民として台湾の東海岸や基隆に定住していた。ただ漁業技術の移転はあっても閉鎖的な同郷社会が形成されていたものと推測されるため交流は少なかったと言えよう。戦後石垣島に住む台湾人に対して沖縄人の生活様式が浸透し、パイナップルやサトウキビ産業への貢献から戦前のような「八重山の台湾化」を恐れる感情がなくなった沖縄人に対して、台湾人が共生社会をつくりつつある点は冠婚葬祭の八重山方式の導入に表れている。一五歳で石垣島に来た六〇代男性によると、東京や大阪のイメージが強く台湾の生活様式が遅れていると思っていたが、石垣島の名蔵地区に入植するとランプ生活で山から水源を利用するなど台湾とそう変わらない（二〇一七年二月聞き取り）。こうした安心感もあっただろう。入植当初から「土地公祭」を行う単位で住むと同時に、沖縄社会では公民館単位で地域活動に参加し復帰後は自治会に所属している（二〇一七年三月聞き取り）。

石垣島のモアイは射幸心の強いものではなく生活防衛で行われてきた。しかし同じモアイと言っても福建省出身者が多いとされる台湾人のそれは現在一人一〇万円出して一二人で毎月する入札の「割引式」は母国台湾の方式が踏襲されていると言える。掛金も商売人とは言え、同じ与那国島や石垣島の島民が一万円から三万円ほどでするモアイの金額に比べると大きい。バブル期には一〇〇万円という高額の資金が動き二カ月に一回集まったが、このときはさすがに保証を得るため「模合台帳」に記入していた。しかし必ずしも同郷の台湾人だけでするわけではなく、気のあった石垣島の島民ともする。これは飲み会をして親睦を深める意味があり、こうして台湾人と沖縄人の交流がされている。また頼母子という言葉を台湾人が知っていたのはそれだけ日本人との交流があることを示している。積み立てで旅行に行くこともあるが、受け取り金額は墓の準備金などに使い「助け合いモアイ」と言っている。この点でも共助の沖縄方式が台湾人に浸透している。

戦前石垣島に移住した台湾人は戦後地元の沖縄社会から受け容れられたが、それに伴い生活様式は「台湾の八重山化」が進行する。これは相互の交流が多くなればなるほど、その影響が少しずつ表れることを示す。戦後パイン産業から小売業に進出するとさらに交流が多くなり、逆に射幸心の強い台湾の小口金融が石垣島でその影響を受けたことも考えられる。バブル期には多額の資金が動き、その分「モアイ崩れ」が生じもち逃げがあったことは与那国島や石垣島でも聞いている(33)（二〇一七年二月聞き取り）。こうした双方向の交流という点でも互助慣行の台湾・沖縄ルートが注目される。

与那国島や石垣島から台湾への沖縄人の移住は日本の本土内地人（ヤマトンチュ）の生活に触れる大きな機会であった。既述したように与那国島からは漁業定住者とは別に見習い奉公として本土の先進的な技能を身につけるため渡台した若者がいたが、台北で豚肉やかつお節、黒糖、鮮魚などを販売する行商人もいた（米城 2015）。ともに内地の生活に触れたが、前者の若者は日本内地人から技能とともに生活様式も学んだことは奉公人として起居をともにする暮らしからわかる。商売や手に職をつける技能はその成果がカタチあるモノに示されるが、漁業や農業と異なりカタチのない互助慣行では頼母子という言葉からその移入が推測される。当時与那国島では頼母子という言葉が知られ、七〇代郷土史家の両親は頼母子という言葉を使っていた（二〇一七年三月聞き取り）。しかし現在はモアイの派生語としてムヤイ（ムエイ）が多い。

沖縄人と日本人の交流

沖縄でモアイの他に頼母子という言葉が普及していたことは本土との「内国交流」があったことを示唆する。この言葉の移入は台湾の内地日本人から与那国島や石垣島経由の台湾ルートと本土から来た沖縄本島経由の内国ルートの二つが考えられる。石垣島では特に男性がする掛金が大きい入札制（割引式）のとき頼母子と呼ぶ（二〇一七年二月聞き取り）。八〇代の女性と六〇代の女性は頼母子の漢字を知らなかった。「楽しくモアイをする（しましょう）」あるいは「楽しく盛り上げましょう」という意味で「たのもし」の言葉を理解していた。この同じ意味で理解していた別の五〇代の女性もタノモシという言葉は知っていたが漢字を知らなかった。なお八〇代の女性は小学校の頃「日掛けモアイ」として毎日小銭を入れる箱が回ってきて一カ月に一回開ける積立型のモアイをしていた。

石垣島には明治以降鹿児島や熊本、大阪の商人が来て海産物の商売をしていた（同上聞き取り）。このような商人を通して頼母子という言葉が入ってきたと思われる。石垣島の六〇代女性の話では自分が教えていた宮古島の小学校では本土の名字をもつ子供が多くいた（同上聞き取り）。これは親が炭鉱で働く子供たちで、こうした本土人との交流から頼母子の言葉が浸透したこともあるだろう。この他石垣島や西表島では炭鉱労働者を通して同様に本土から頼母子の移入があったと推測される。なお無尽については別の八〇代女性は銀行と同じ意味で理解し、地元郷土史家も明治以降銀行と同じ意味で使われてきたとする（同上聞き取り）。このように言葉の受容とは言え、人の移動に伴い地域社会での同化の過程で互助慣行の相互浸透が見られる。

4 「東アジア共同体」と互助社会

東アジア互助社会の共同体

東アジア互助社会の構造

互助制度はどの国や地域にも共通の普遍的な形態がある一方、行為の呼び名が違いその表れ方は社会システムによって異なる(34)。この東アジア互助社会は集団内の相互扶助が強い集団主義（志向）と個人単位で支え合う個人主義（志向）、血のつながりを重視する血縁主義と地域のそれを重視する地縁主義から整理できる。また固有の互助行為を維持する伝統（保守性）とそれにとらわれない近代（革新性）という軸からも捉えることができるだろう（恩田 2015b : 2018）。これは互助慣行から見た社会特性を抽出するために東アジアの国を相対的に比較した構造の分類である。同じアジアでも東、東南、南、西で異なるが、互酬的行為、再分配的行為、支援（援助）的行為の三つの互助行為には東アジア的な共通性があると言えるだろう。それは行為の強弱に違いがあるものの集団を軸とした互助制度である。日本の組（講）、韓国の契、中国・台湾の会（社）は互助組織の基本単位を構成している。

日本はシマ社会として集団主義を基調とした地域社会のまとまり（社会意識の自足的統一性）が互助慣行に表れているが（集団互助主義）、中国は家族、親戚（同族）単位の集団主義でありながら他の集団に対しては個人主義の大陸社会として互助慣行が見えにくい（個人互助主義）。この個人志向は社会主義の人為的な隣保組織は別にして互助単位が家族や同族に限定される意味をもつ。この点他国に比べると日本は共同作業が多く地縁集団の凝集性は強いが（地縁互助主義）、社会主義の中国では強制された共同作業はあるものの、聞き取りをした限り少なく地縁関係は希薄で家族単位の行動が多い（血縁互助主義）。

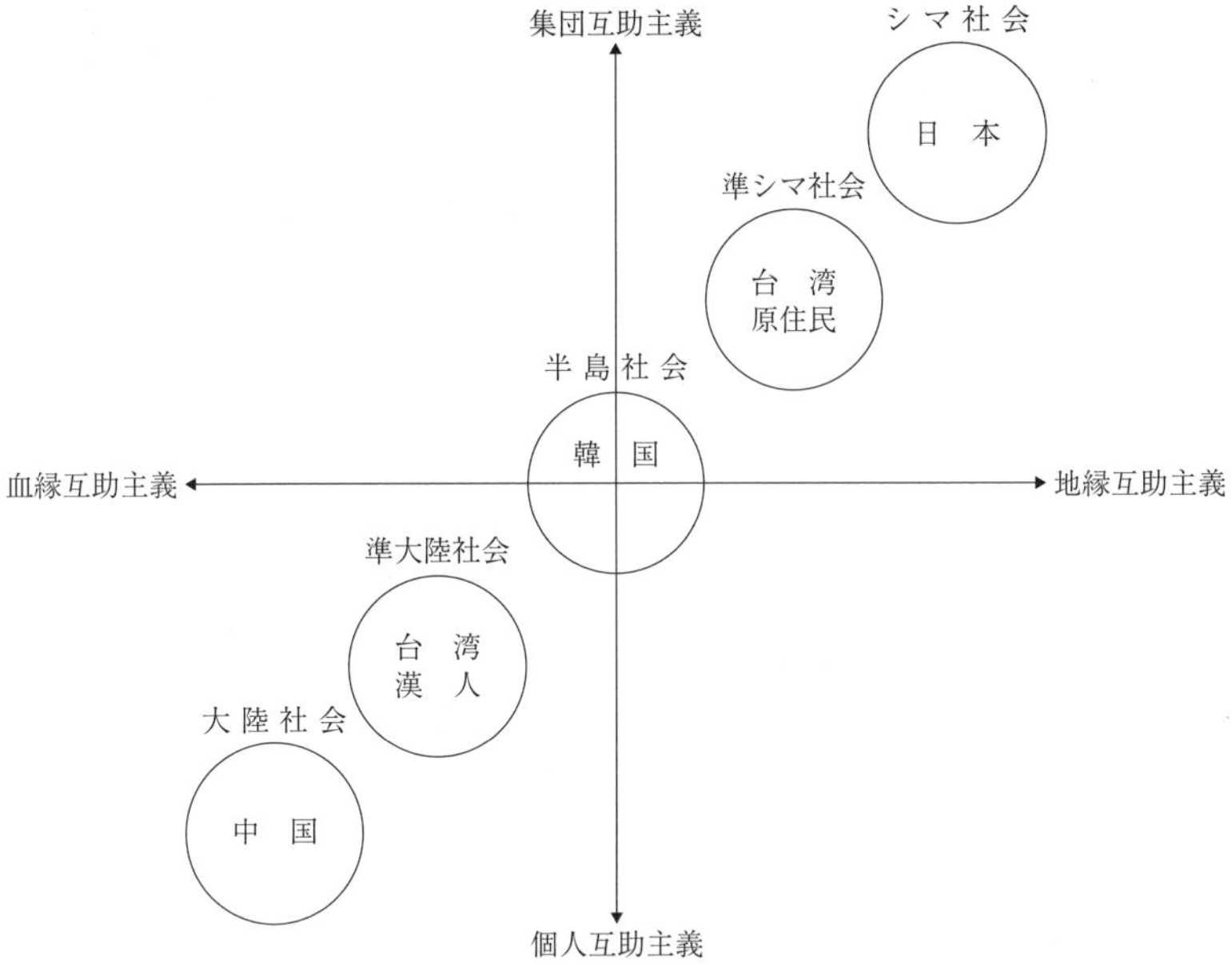

図5-1　東アジア諸国の互助社会の位置づけ

韓国は儒教倫理に支えられ門中など血縁主義が強く、契に代表される集団のまとまりがそれなりにある柔らかい集団主義が見られる一方、契の任意参加による個人主義の特性も表れる点で、大陸的な個人主義とシマ社会的な集団主義が併存する半島社会と言える。台湾は人口の多くを占める台湾（漢）人が大陸中国同様家族単位で個人主義的だが血縁関係を重視するのに対して、原住民は伝統的な互助慣行を尊重する地縁関係のつながりが強い集団志向という点で準シマ社会である。日本は近年人と人とのつながりや絆が希薄になったとは言え、互助慣行の伝統から判断すると東アジアの中では地縁関係に基づく集団志向が強い互助社会と言える（図5-1「東アジア諸国の互助社会の位置づけ」参照）。

互助慣行の継承という点に注目すると、台湾の原住民ではその慣行を維持しようとし、また日本では東日本大震災を契機につながりや絆の見直しがあるのに対して、中国では社会主義を標榜する中で伝統的な互助慣行が人為的な強制互助に埋もれ資本主義の導入でさらに個人志向が強くなっている。台湾では社会主義に反発した台湾人中心に資本主義による個人志向が大陸中国人以上に顕著である。しかし中国では家族、親戚（同族）単位で個人主義的だが地方では社会主義とは別に自生的な集団志向の互助慣行も散見され、台湾も祖先崇拝でまとまる同族は集団志向と言える。こうした東アジア内の相対的な違いに加え同じ国でも都市と農村で異なるが、祖先（同族）でつながるタテの血縁関係と稲作や畑作を生業としたヨコの近隣関係に基づく相互扶助は共通する。この点で東アジア互助社会の構造は全体として広く集団志向として捉えることができるだろう。

東アジア互助社会の地平

東アジアの互助慣行には労力交換で日本のユイ、韓国のプマシ、中国や台湾の換工、小口金融では韓国の契、中国の合会や台湾の標會がある。日本とベトナムを含む東アジア数カ所の調査だけで断定はできないが、また東アジア全体を一括りにすることはできないものの、稲作（漢字）文化圏として共通する集団作業を基調とした互助慣行の類似性は指摘できる。各国で共同体としての凝集性に違いはあっても、家族や地域社会のつながりや絆がそれなりに強く見られる集団性に東アジア的互助社会の特徴がある。そこに東アジア互助社会、特に政治的な外交関係あるいは経済的利害に拘束されないつながりや絆構築の可能性も生まれる。これは東アジアの共同生活圏に着目すると互助社会に基づく共同体が成立し得る余地があることを意味する。日本の近隣諸国でその独自性を維持しながら同種の互助慣行が見られることから東アジア固有の互助社会の構造抽出を試みたが、それは東アジアに共通する互助行為（ネットワーク）と互助制度から東アジアの共同体を考えることであった。この東アジアの互助慣行に着目した社会が「東アジア共同体」構想を基礎づける。

近年言われている「東アジア共同体」は政治や経済という枠組みが支配的とはいえ、アジア固有の互助行為やそのネットワークという社会から構想することも必要ではないだろうか。政治的な共同体は条約を締結することで同盟関係になり、諸外国に対して同一行動をとる二国間あるいは多国間の関係はこれまでの歴史が示しているとおりである。これは同じ規模の国家の関係もあれば、弱小国が強国と連携することでその庇護を頼みとする場合もある。同じ政治信条でつながることはそれだけ国際的な同一行動をとりやすい。経済的な共同体は特定の財やサービスに限定した貿易関係をつくり、TPP（環太平洋戦略的経済連携協定）のような包括的な経済圏の形成もある。言語や民族、宗教を超えたモノやサービスのやりとりはそれほど困難ではない。また政治と経済のリンケージ（結合、連携）から前者の関係悪化を後者の経済協力で改善することがある。逆に北朝鮮による拉致問題が進展しない状況で日本は経済制裁を発動し続けている。

これに対して類似した互助慣行から「東アジア共同体」（漢字文化圏という点でベトナムも広義の東アジアに含まれる）を考える意味は政治や経済と異なる互助ネットワークに基づく社会を強調する。社会の共同体は言語や民族、宗教を共通にすることで結びつきやすいが、グローバル化の中でこれらの差異を超えて市民間の交流によるネットワークも生まれている。こうした「地球市民」によるつながりはインターネットを通して多く見られる。「地球市民」は地球レベルで考え地域から行動する人間であるが、これを東アジアで始める民間の交流はそれが自然なものであればあるほど長続きするだろう。しかし日本と韓国や中国との領土問題から社会および文化的交流が途絶えることがあり、結果として国際情勢に左右され民間交流に国家が枠をはめることが少なくない。政治や経済のような明確な条約や協定を必要としない分社会の共同体は不安定なところもあるが、それだけ柔軟性に富む面があると言える。人と人とのつながりや絆を共通の互助慣行を通して築く「東アジア共同体」は可能だろうか。

「東アジア共同体」と互助ネットワーク

共通する互助慣行を活かしたつながり

グローバリゼーションが地域の個性を喪失させるとき、個々の地域の社会や文化がもつ意味は大きく（Robertson, 1992）、それが「互（共）助力」の衰退をもたらすとき地域固有の互助慣行を見直したい。相互扶助という人間行為の原点から社会の再生を考えることが必要だろう。ここで言う再生社会は「公益」や「私益」ではない「共益」を求める共助に基づく互助社会を意味する。それは地域住民一人ひとりの自助による「助」力の向上から全体の「互（共）助力」を高めることで実現する。しかし共助は年金、保険、医療の制度設計をする行政の公助や民間企業による生活の利便性を求める私助を否定することではなく、それらの健全な補完関係を前提にする。互助社会は公助、共助、自助三位一体のバランスのうえに成り立つ（恩田 2006）。強制互助ではない共生互助は国益に関わる外交関係では相手からの見返りを求めるため難しいが、国政に左右されない市民団体の交流や支援活動を通して「東アジア共同体」を考えることは可能だろう。

どのようにすれば東アジアは共通の社会特性を活かして互助ネットワークでつながることができるだろうか。同じような互助慣行を知ることが「東アジア共同体」を考える第一歩になる。この共同体は近隣諸国の「向こう三軒両隣」の関係に他ならない。大きな自然災害に対して支援の手を差し伸べるのは「地球家族」あるいは「地球村」の一員として自然な行為であり、あえて共同体という枠で考える必要もないが、ここで言う共同体は政治や経済と異なる市民中心のつながりから生まれる。グローバルな交流や支援は日本と韓国、中国、台湾に共通する互助慣行を踏まえたものである。もちろんそれらは日本が支配したあるいはその勢力下に置いた頃の互助慣行の移出入と異なり、一国内で存続してきた普遍的かつ固有の慣行を尊重する。既に述べたように相互扶助は行為の志向性から類型化できるが、その表れ方は個々の社会構造で異なる。しかしその東アジア的な共通性故に互酬性や小口金融など共通の仕組みを活かした互助ネットワークからの連帯と共生が考えられる。

日本はシマ社会として強い集団主義が見られるのに対して、半島社会の韓国はゆるやかな集団主義と個人主義をもちあわせ、中国は大陸社会の個人主義が強く、台湾は準シマ社会として台湾（漢）人の個人主義と原住民の集団主義が見られることを指摘した。同じ東アジアの一員として国内で見られる互助行為を国外に広げることは理念として理解できても、現実には難しく理想にとどまるかもしれない。自治体の姉妹都市間の国際交流などは国政に左右されることも多いが、行祭事やスポーツなどを通した青少年や市民団体の交流活動は活発に行われている。自治体や民間の交流に限らず世界に類を見ない高齢社会に向かう日本の介護や孤独死をめぐる地域の取り組みなど、日本の支え合いの社会システムの移転により近隣国を支援することも考えられる。そのネットワークは国内の血縁、地縁からインターネットなどの情縁を通して既にグローバルなつながりをもっている。この共助による「東アジア共同体」の実現は市民レベルで先行するだろう。

「東アジア共同体」の実現可能性

かつて岡倉天心は『東洋の理想』（一九〇三）で「アジアは一つである」と言ったが、ここでの「東アジア共同体」は共通の互助制度と互助精神から一つになることを意味する。人と人とのつながりや絆という社会的側面に目を向ける点はこれまで提唱されてきた共同体と異なり、政治や経済という枠組みではなく東アジア共通の互助慣行に基づく。ヒト（労力）、モノ（物品）、カネ（金銭）を集め、メンバー間で分け合う再分配的行為は日本、韓国、中国、台湾で共通に見られる。ヒトの共同作業や必要なモノを入手するあるいは共有化する仕組みは近似し、特に小口金融では各国でやり方が異なるもののその仕組みは類似している。しかしこれはあくまでも理念としてまた理想としての概念で、実際の国際関係は国益を反映して難しい。それでも「東アジア共同体」という理念や価値観を共有することは近隣諸国の友好関係を保つ出発点となる。

共同体はもともと共有地（コモンズ）をもつことで生活を支え合った。それはまた領土を超えた東アジアの共有地のあり方を示唆する。ここで言う共有地は海や山、川、森という自然資源だけでなく、広義には伝統的な生活様式も含まれる。しかしそれは国家による共同管理ができる島嶼地域のような対象（モノ）が現実的であろう。こうした共有地の維持管理や運用で支え合う社会システムも「東アジア共同体」の一つのあり方と言える。現在領土問題の帰属をめぐり国際関係の軋轢があるところを共同開発の対象として共有地にすることが考えられる。この東アジアの共有地は隣接する諸外国がその維持管理に責任をもち、共同作業に出ないときは過怠金を科して応分の責任を果たすようにする。これは資源管理と環境保全のため東アジアのモヤイ島として機能し、どの国も必要があれば一時期その島の利用権を付与されて自由に使うことができる。

また各国が一定の資金を出し合い必要な国がそれを自由に使うことができる東アジアのモヤイ基金の仕組みも考えられる。これは日本の頼母子や韓国の契、中国の合会や台湾の標會の国際版で、各国が基金として出資し順番に利用するあるいは入札して落札国が基金を得る方式で、いつでも必要な資金を調達できるようにする。この再分配的行為として各国が参加するモヤイ基金の創設では資金を受け取るだけで返済をしない国があれば当然何らかの制裁が求められる。

このように資源を共同で管理する「東アジアコモンズ」や出資金を募り各国で順に分配する「東アジアモヤイ基金」など互助システムによるグローバルな共助を考えることで「東アジア共同体」の可能性は拡がる。これらは国家レベルの対応になるが、特に後者は現在アジア開発銀行など国際金融機関が活動しているが、その原点的な取り組みは金銭モヤイにあると言えるだろう。東アジアに見られる共通の互助行為や互助制度を活かした連帯と共生による「東アジア共同体」はこのようにつくられる。さらに世界の国が資源を共同管理する「グローバルコモンズ」や貧困問題を解消するため出資金を募りメンバーで順に分配する「国際モヤイ基金」なども考えられる。

次の終章では、現代互助社会の可能性として日本における支え合いの社会システムを構築するための試論を展開する。

注

（1）科研費による研究期間は二〇一一（平成二三）年度から二〇一四（平成二六）年度で、それぞれ韓国、中国、台湾について論文をまとめている（恩田 2012, 2013, 2014）。また学会発表は「日本と韓国の互助慣行の比較」（第九五回日本社会学会大会、二〇一二年一一月四日）、"Reconstructing Sustainable Communities through Mutual Help Networks in East Asia : A Comparison of Mutual Help Networks in Japan, South Korea and China（XVIII ISA〈International Sociological Association〉World Congress of Sociology, July 17, 2014, Yokohama）、「日本と台湾の互助慣行の比較」（第八七回日本社会学会大会、二〇一四年一一月二三日）、「東アジアの互助慣行――日本と韓国、中国、台湾との比較」（第八八回日本社会学会大会、二〇一五年九月二〇日）である。なお中国の現地調査は科研費による調査以前のものも含めている。

（2）筆者はこれまで「シマ国日本」の互助社会を探るため、二〇〇二年から二〇〇六年にかけて沖縄本島や先島諸島（宮古島、石垣島、竹富島、西表島、波照間島、与那国島）、奄美諸島（奄美大島、徳之島）、対馬、壱岐、隠岐諸島、佐渡島などの島嶼地域や本州はじめ各地の内陸部を調査し、全国の市町村史（誌）も参考に『互助社会論』を刊行した（恩田 2006）。そこでは各地の互助慣行を民俗学の地域限定的記述に対して社会学がもつ一般的な概念用具と理論枠組みから分析している。その後も北海道の利尻島、礼文島、奥尻島、伊豆諸島（大島、新島、式根島、神津島、三宅島、八丈島）、小笠原諸島（父島、母島）、島根県の隠岐（島後）、知夫里島、西之島、広島県の下蒲刈《しもかまがり》島、山口県の見島、周防大島、沖家室《おきかむろ》島、香川県の豊島《てしま》と直島、福岡県の小呂《おろ》島、大分県の姫島、長崎県の五島列島、鹿児島県の下甑島、屋久島、種子島、トカラ列島の中之島、熊本県の天草諸島、沖縄県の南大東島、渡嘉敷島、黒島、鳩間島、石垣島、与那国島などを訪問し、第1章の日本の互助慣行で各地を紹介している。

（3）孫文は「民族主義とはなんであるか。中国史上の社会慣習のいろいろな状況にもとづいて申しますと、かんたんにいえば、民族主義とは国族主義だといってよろしい。中国人がいちばん崇拝するのは、家族主義と宗族主義とである。それで中国には、ただ家族主義と宗族主義があるだけ、国族主義はありません。外国人観察者は、中国人はばらばらの砂である、と申します。その原因はどこにあるのでしょう。それは、一般人民には、ただ家族主義と宗族主義があるだけで、国族主義がないからです。中国人の家族と宗族にたいする団結力はひじょうに強大で、宗族を保護するためには、しばしば、家も生命も犠牲にすることをいといません」と指摘している（孫文［1924］1969 : 75）。

（4）この一連のベトナムでの聞き取り調査は東アジアの互助慣行を調査する前に開発問題を中心に行われたもので。その成果は『開発社会学』で述べている（恩田 2001）。データは古いが、同じ漢字文化圏であった近隣諸国の互助慣行と比較するため取り上げた。

ベトナムで調査した農村では利殖目的の小口金融は少ない（一九九七年九月、一九九九年八月、二〇〇二年三月、二〇〇五年七月聞き取り）。このホイは土地をもたないキン族ではほとんど見られないが、土地を多くもつムオン族で行われている。たとえば一人年三〇〇キロの米（年二回収穫）を一二人で毎年持ち寄り、一度に二人がそれぞれ一八〇〇キロ受け取る。残りの人も毎年同じ量の米を受け取り、日本の物品モヤイのように順番が後で不利になる者がその分利息を受け取ることはない。また家の新築や修理、オートバイの購入では資金が必要な人が優先してもらう（クイバイ二村のムオン族）。受け取りは紙に一と〇を書き、一を引いた人がその権利を得るなどくじで決める。ホイのメンバーは友人や親しい人で、経済的な目的だけでなく親睦を深める点は日本と共通する。別の村ではメンバー一〇人で、二〇万ドンのお金を年一回出す場合とトウモロコシを一シーズン（年一回）一〇〇キロ出すホイがある（タム村のムオン族）。この場合受け取りは話し合いで決める。ホイで得たお金やトウモロコシを換金して家の建築、オートバイの購入、結婚式の準備などに使う。しかし逆に貧しい家では供出するものがないためホイには参加しない。

（5）　二〇〇七年三月に行ったベトナム人の社会意識については「村落生活実態調査」としてまとめている（恩田 2008a, 2008b）。これは質問紙インタビューとデプス・インタビューの調査で構成され、後者は前者のプリ・テストという位置づけではなく、前者の調査ではわからない生の声をより多く聞くことに重点を置いた。この調査は平成一八年度（第三三回）日本証券奨学財団の研究調査助成金による研究である。ハノイにある「ベトナム国立人文科学・社会科学センター」（National Center for Social Sciences and Humanities of Vietnam）の社会学院（Institute of Sociology）のスタッフ七人の協力により、ホアビン省では三つのコミューン（行政村）で五村（自然村）、またバクニン省では一つのコミューンで一村を対象に調査を実施した。デプス・インタビュー調査では二一人、質問紙によるインタビュー調査で一四九人に対して行った。なお前者の調査については先行して国際学会で報告した（Onda, 2007）。デプス・インタビュー調査の生活意識では暮らしぶり、生活の問題、生活態度では生きがい、大切なもの、規律やしきたり、相互扶助ではつきあい、生活困難の対応・助け合い、互助行為では他者からの支援、互助組織、共有地（コモンズ）の活用、相互扶助の将来、地域づくりでは開発の現状、将来の方向、国際協力について質問した。質問紙インタビュー調査で同様に生活意識では階層帰属意識、物質的豊かさ（暮らしぶり）、生活に関わる満足度、精神的豊かさ（心の豊かさ）、社会に対する満足度について、生活態度では大切なもの、大切な道徳、生き方、国民性、規範と価値、一番ほしいもの、相互扶民はつきあい、助け合い、互助行為、他者からの支援、共同作業、互助組織、相互扶民の現状・将来と自由意見、地域づくりでは開発の現状、将来の方向、開発の主体、国際協力、自由意見について質問した。特に生活意識では調査時点で直近の『日本人の国民性調査』（二〇〇三）（大学共同利用機関法人・統計数理研究所）とほぼ同じ質問を入れて比較を行った。

（6）階層意識ではほぼ八割のベトナム人が「中」意識を示しているものの、「下」意識が二割あり、日本のような九割を超えるだけの中流意識を示しているわけではない（恩田 2008b）。物質的豊かさをめぐる意識では、ほぼ六割を超えるベトナム人が「ふつう」の暮らしをしていると感じているが、平均より下と考える者が二割強いる。物質面ではまだ貧困状態にあると言える。しかし精神的豊かさという点では、「良い」が八割を超えていた。生活に対する満足度では、全体として六割のベトナム人が満足しているものの、不満な人が四割近くいたが、ここには一定の生活水準が達成されていない発展途上国の違いが示されている。その一方で社会に対する満足度では、ベトナムで世の中に対して八割近くの人が満足し不満が二割を超えるが、日本人は満足する者が三割で不満な人が七割近くあるのと対照的である。これは社会主義の体制に対する現状肯定の態度とも受け取れるが、不満を変革のエネルギーに転化する可能性は逆に少ないように思われる。

（7）ベトナム人の社会意識調査で「一番大切なもの（生きがい）」についての質問では、ベトナムで四割を超え最も多いのは「生命・健康・自分」で次に多かった「家族」が三割であったのに対して、日本では「家族」が四割を超え、「生命・健康・自分」が二割にとどまる（恩田 2008b）。この点ベトナムでは個人志向と日本の家族志向が浮き彫りになったと言える。しかし家族としての凝集性は互助意識に表れ、ベトナムの集団志向が強いことも忘れてはならない。大切な道徳では、ベトナムで「親孝行」が七割を超え、次が「個人の権利尊重」で一割強、「恩返し」が一割弱であった。日本（二項目選択複数回答）では同様に「親孝行」が七割を超えるが、「恩返し」も多く五割近くある点が特徴的である。両国ともに「親孝行」が重要な道徳になっているが、「恩返し」という点で日本では身内の「孝」が家族志向に表れているが他人への「忠」意識も強いことが示唆されている。生き方ではベトナムで「一生懸命働き、金持ちになること」が四割近く、「その日その日を、のんきにクヨクヨしないで暮らすこと」が三割近くあるのに対して、日本では「趣味」が四割近く、「のんきに」が二割強であった。ベトナム人は勤勉志向であると同時に「のんきに暮らすこと」を考える人も多く、これは先に述べたように他の東南アジアの発展途上国にも共通する現状容認の態度が示されているように思われる。途上国の経済的な豊かさ志向は根強いが、先進国日本では仕事以外の領域への関心が高いことがわかる。

（8）ベトナム人の国民性で最も多かったキーワードは「勤勉」でほぼ全員が回答した（恩田 2008b）。「明朗」は回答者の八割が支持し、「独創性」も多く七割に近い。「淡泊」「ねばり強い」「親切」はいずれも六割であった。この結果からベトナム人の性格が勤勉で明るいことがうかがえる。日本でも「勤勉」が六割を超え、「礼儀正しい」と「ねばり強い」が五割近くある。特にベトナムでは日本で少ない「自由を尊ぶ」ことをあげる人が多く、社会主義国のもう一つのイメージとして注目される。「あなたはどのようなとき、ベトナム人としての誇りを感じますか」という質問では、「まじめ（一生懸命）」「勤勉」をあげる人が圧倒的に多く、一生懸命努力する姿勢にベトナム人の矜持が示されている。また規範と価値では、地域社会の団結や協調、結婚式や葬式などの習慣を大切にしていることがわかる。さらに一番ほしいもので「精神的なもの」が「物質的なもの」を上回るほど多くあった点に注目したい。発展途上国が必ずしも物質志向でないことがわかる。これは経済の発展や開発にはむしろ社会的な要因が作用することを示唆しているように思われる。

(9) 東南アジアにもタイのローンケーク（労力交換）やインドネシアのゴトン・ロヨン（相互扶助）などの互助慣行がある。小口金融ではフィリピンのパルワガン、インドネシアのアリサンが知られている。

(10) 白老コタンの六〇代女性によると、自分の母親が無尽をしていたことを話してくれた（二〇一七年四月聞き取り）。白老は早くから和人の影響を受け結婚も含めて同化したためこの種の小口金融の慣行の影響を受けているが、阿寒アイヌは内陸部ということもあり同化がそれだけ遅かったと言われている。

(11) 対馬藩は佐賀の飛び地を入れても三万石であったが、朝鮮との貿易を見込んで一〇万石の石高を算出していた。山が多く傾斜地のため米が多く穫れず、木庭《こば》焼の焼畑農業が中心で、その灰を肥料にして麦やアズキ、ソバをつくった。このため年貢は麦で納めたが、米の不足分は九州各藩からの移入と朝鮮からの輸入に頼っていた。麦が主食で精白した麦をシロメと言った。壱岐に比べると急峻な地形をもち「男島」と言われる対馬は逆に人情はおだやかとされるが、壱岐は博多に近く商売がうまく「女島」と言われ平坦でなだらかな地形が多く稲作が盛んに行われた（二〇〇八年二月聞き取り）。

(12) 朝鮮俵は日本俵（三斗五升入り）よりも大きく一俵は京桝で五斗三升から四升入るとされ、平均の四五〇俵では三六トンにもなる（田代 2011：168–169）。

(13) 八〇代の地元郷土史家によると、豆酘は上、下、浜という三地区に分かれ、行政組織とは別に葬儀組織が機能していた。茶講では困っている人に用立てることがあった。なおソロバエ（聖地）という言葉はソロバル（蘇露原）、ソロバイとして朝鮮半島から対馬に入ったとされる（二〇一二年三月聞き取り）。

(14) 対馬町に勤めていた六〇代の郷土史家によると、朝鮮に対する蔑視意識があり家族としての交流は少なかったと思われる。炭焼きの朝鮮人は定住ではなく、原木を切っては移動する生活を続けていた。パルという「掘る」の意味をもつ言葉もハングル（バダ 파다）から入ってきた言葉とされる。かつて対馬藩の儒者として朝鮮との外交と通商で貢献した雨森芳洲は両国の架け橋として「誠信」を基調にしたと言われる。こうした誠実な相互信頼がお互いの良いところを取り入れる結果にもつながる。それが日本では「韓流」、韓国では「日流」と言える現代の交流の原点かもしれない。

(15) 新安郡都草島の六〇代の男性の個人的見解として、日本の文化がこの島をはじめ韓国に残り、それは悪い面もあれば良い面もあることを聞いた(二〇一二年三月聞き取り)。前者は土地の制度で、かつて土地は国有地であったが日本が統治したとき土地が私有地化され会社をつくり細かく測量して土地を分配した(山辺 1971：32-39)。これは日本に貢献した人たちには土地が多く提供された点を指摘しているが、その土地をまた転売することがあった。この点国が道路をつくるとき私有地であるため島の開発を妨げたと言う。良い面は日本によって電車が導入され近代化された点である。また日本人が造った灯台が残っているが、その技術のすぐれている点を評価している。なおプマシや契も韓国への日本の文化の影響として残っていると言う。日本統治時代私有地化が進み、逆に土地を手放すことで共有地がさらに私有地化する大きな契機になったことを、麗水市南面の金鰲《クモド》島の六〇代男性からも聞いた(二〇一二年八月聞き取り)。

(16) これらはまた鯉の稚魚の養殖事業にも表れている(重松 1941：365-378)。江東の芝里で始めた鯉の養殖事業は一九三四(昭和九)年に放魚され、渇水と結氷対策として行った池の浚渫作業が部落民の協同一致の実地訓練の機会となった。これは更生部落の躍進が日本式の精神によって達成されたことを示していると言えよう。養魚池で育てた鯉や鮒は入漁料として一日一円の料金を収受して部落の基本金として積み立てられた。当時の農村事情がわかる『朝鮮往来』(志 [1927-37] 2005)も含め「内鮮一体」の皇国臣民化の面があったとは言え、農村開発を通して互助慣行の移転もされたように推測される。

(17) 八〇代の地元郷土史家によると、チングという言葉は戦時中に入ってきたのではないかと言うが(二〇一二年三月聞き取り)、確証があるわけではない。戦前戦中に多くの朝鮮人と日本人の接触があったことは間違いない。また既に述べたようにそれ以前近世の倭館時代からの交流もあるだろう。鰐浦地区の七〇代の女性によると、自分は朝鮮に行ったことはないが主人の親が朝鮮の麗水に大工として出かけたことがあった(同上聞き取り)。散髪に行くにも釜山に行った人が少なくない。会えばチングという言葉をかけられ、お互い親しくなりその言葉を頻繁に使うことで定着したものと考えられる。また小学校に通う朝鮮の子供たちが話すチングが日本の子供たちに浸透したことも想像される。

(18) 日韓併合後営業無尽は戦時統制化によって「朝鮮中央無尽株式会社」へと統合される(Lee, 2006)。独立解放後の混乱の中で日本人の帰国と資金流出によりこの無尽会社は破綻するが、政府によって制度としての無尽が銀行業務を兼任する「朝鮮相互銀行」として存続する。しかし一般の銀行が庶民にお金を貸さないとき、かつての私設無尽(大韓無尽など)が登場する。こうした少額無担保の中小商工業者の資金調達に貢献した庶民金融の隆盛に対して、公的な無尽銀行としての「朝鮮相互銀行」は無尽金融部を独立させることで統制を強化する。またソウル市内四〇カ所の私設無尽業者の団体である「韓国商工互助協会」に対して一九四九年

「韓国無尽金融株式会社」として設立するよう監督を強めた。その後六〇年代には国の金融政策によって「国民銀行」として発展していく。

(19) 無尽は組織的な小口金融機関として植民地期朝鮮時代に日本から導入され、それが一九三一年に公的に規制された（Campbell and Ahn, 1962）。この農村レベルでの取り組みは重松の『朝鮮農村物語』（一九四一）などに金融組合の発展として見ることができるだろう。ここでは庶民レベルの「互助慣行の移出入」という点で頼母子の言葉にこだわり聞き取りを行った。それは第1章で述べたように無尽の語源である「無尽蔵」が財宝中心であるのに対して、頼母子は最初に受け取る親がメンバーの子を頼む親子関係に基づく点で本来の支え合いが含意された言葉と思われるからである。

(20) 昭和二〇年三月下関の国民学校（小学校）の卒業式ができずに、戦後四七年ぶりに卒業式に参加した八〇代の男性は巨文島の東島出身で三歳のとき日本に行き中学一年生で戻り、日本人が引き上げた後も長門屋旅館に女性が一人残っていたことを記憶していた（二〇一七年七月聞き取り）。中国大陸や朝鮮半島の引き揚げ者と異なり八月には巨文島の日本人は帰国しているが、その早かった理由として漁師であるためもともと船の確保が容易で朝鮮人との諍いがなかったことがあげられている（中村 1994：148–149）。

(21) 門中という個人を軸とした父系血縁集団は日本本土の本家分家関係という家を軸とした同族とは異なる（中根 1962）。この点で沖縄は中国の影響が大きいと考えられる。

(22) 近代におけるより直接的な相互関係として移住社会に着目すると、戦中の中国への日本の開拓農民から互助慣行の移出入も考えられる。これは「中国の中の日本」に注目する視点である。しかし聞き取りをした中国東北部（旧満州）の農民は当時日本人開拓民との直接の交流はなく、その分日本人の同郷出身者の支え合いが中心であったように思われる。終戦の混乱に伴う苦難の歴史は満蒙開拓平和記念館（長野県下伊那郡阿智村）で知ることができる（二〇一四年六月訪問）。こうした開拓団でも頼母子や無尽が行われていたことが推測される。終戦当時一五歳だった新京（長春）近郊の河野村に単身で開拓団にいた男性（現在八七歳）によると、初めの共同経営では日本人の共同作業はあったが、その後個人経営になり中国人の苦力（クーリー）のまとめ役の苦力頭を通して数人を賃労働で雇うようになった（二〇一七年六月事務局長を通した聞き取り）。無尽（一日講、十日講など）は好きな人がしていたかもしれない。また同じく終戦時一六歳だったハルビンの東方に位置する泰阜《やすおか》村の両親兄弟姉妹含めて九人でいた男性（長男、現在八八歳）によれば、ジャガイモの植え付けや土壌の質も含めて満州式農業を中国人から指導を受けながら行った。共同経営から個人経営になると中国人の苦力を雇った。無尽は少しやっていたが、現金がなくなるとしだいにしなくった。移住先の状況が厳しいほど相互扶助が組織化されると思われるが、貨幣ではない農産物の拠出によるモヤイもあったかもしれない。福島県浪江町の赤字木《あこうぎ》地区は満蒙開拓団が帰国して入植した所とされるが、共通の苦難を乗り越えてきただけに当時の団員あるいはその末裔がいる地区の結束力は強いことが推測される。この点東日本大震災の避難箇所が浪江町全体で郡山市が八・八％、二本松市で七・四％、福島市で一四・八％に対して、赤字木地区の人はそれぞれ一一・九％、一四・七％、二一・一％と他の地区に比べ三市で固まって住む状況からも推測できる（二〇一六年一二月現在浪江町避難箇所別データ）。なお初期の日本人ハワイ移民でも頼母子があり、ブラジルでも組織化されていた（Najita, 2009 : 96–97）。

(23) 花蓮の米崙《べいろん》集落では生活に困窮し子育てできない子供を沖縄人が預かり育てたことから「子供は道に捨てるな沖縄人に預ければ育つ」とまで言われ、周辺の内地人や朝鮮人にも評判になった（又吉 1990）。商売人や漁労関係者だけでなく、大正末期から昭和初期の経済不況期に「興亜建設の基地化」として道路建設や花蓮の築港工事など東部台湾の開発に従事した出稼ぎの沖縄人夫もいた。これに対して官営的移民は農業と漁業、開墾で求められたが、「内地人」としての条件が厳しく沖縄人は少なかった。戦中移住を余儀なくされた自由意志ではない渡台者は「台湾疎開」として知られその後悲惨な歴史をたどる（松田 2010）。本州からも台北州による東海岸の蘇澳南方や台東庁の新港（成功）などへの移民募集に応じた自由移民もいたが、与那国島出身者が多かったとされる（松田 2013）。

(24) この点を示す事実として、台湾の日本人と与那国島の島民がともに台湾人を低く見ていたという状況を指摘できる。これは台湾よりも内地の日本人から学ぶべき点が多いという事実を示し、島民がさらに下の者への意識を通して自らを保つ行為と言えるが、戦後になると「密貿易」を通して台湾人を対等に見るようになったと言われている（二〇一七年二月聞き取り）。台湾での序列は内地人、沖縄人、朝鮮人、台湾人の順であったが、他方で沖縄人、特に行商婦人が内地人と台湾人双方から蔑視されていたことも指摘されている（又吉 1990）。台湾（漢）人からは沖縄の行商婦人がハジチ（入墨）をしているため「日本の生蕃」と呼ばれた。なおこのハジチは針衝（はじち）、針刺（はりつき）からきている（新井 1719 [1996] : 162）。こうした蔑視は一九〇三（明治三六）年の内国勧業博覧会でアイヌ、沖縄、台湾、朝鮮の女性を見世物にした「人類館事件」や沖縄を台湾の直轄地にするという明治末期の南方進出の一環として主張された「台湾直轄論」、琉球と台湾、奄美に南洋道庁を設置するという「南洋道新設」でさらに沖縄人のアイデンティティを刺激することになる。それでも戦前の与那国島の尋常高等小学校の卒業記念旅行先が台湾であったように（米城 2015）、基隆をはじめ「リトル東京」と呼ばれた台北が沖縄人にとっては本土「日本」視察の対象であった。

(25) 一九三五年台湾人実業家による大同拓殖株式会社による石垣島へのパイン産業の技術導入がされ、これに伴い技術者とパイン農園や缶詰工場で働く労働者が移住した。しかしその後急激な台湾人の人口増加と産業支配による「八重山の台湾化」を危惧した石垣島民による台湾人排斥運動が起きる。これに対して台湾人は島民同化の懐柔策で危機を乗り切るが、戦中の戦況悪化に伴い再び台湾に戻ることになる。こうした農業関係者の他に一九三〇年代西表島の丸三炭鉱宇多良鉱業所に従事する賃金労働者として移住した台湾人もいた。なお石垣島における台湾人系移民の研究は多くされている（太田 1997）。

(26) 琉球華僑総会の八重山分会は台湾のどこの出身ということで区別することなく相互に支援してきた。なお葬儀では外交関係がないため遺骨の処理ができず、台湾の外交部を通してすると言う（二〇一七年二月聞き取り）。

(27) 石垣島と与那国島という台湾に近い「国境の島」についてジャーナリストとして深く取材を重ねてきた松田良孝氏から琉球華僑総会八重山分会の関係者を紹介してもらい、何人かの台湾人から石垣島への入植当時また戦中戦後の生活について互助慣行という点から話を聞くことができた（二〇一七年二月聞き取り）。

(28) 石垣生まれの二世や三世は台湾語が話せず、八重山式の法事を台湾人が取り入れるなど日本の生活様式が浸透している。松田によれば台湾人は沖縄の「十六日祭」（ジュウルクニチー）の祖先崇拝の行事を行うため、石垣島では台湾の祖先供養の「清明節」だけでなく一回多く地元の墓参りをする（二〇一七年二月聞き取り）。この「十六日祭」では祖先とともに正月を祝う意味があり、沖縄では新暦と旧暦に加え三回正月があるとされる。帰化した台湾人はパイン産業の斜陽から他の産業への転換もありしだいに分散居住することで地元社会に浸透していくが、帰化が必ずしも沖縄人社会への同化ではないという主張もある（野入 2001）。それは二世や三世の時代になっても上述の行祭事や同郷の結束に示されている。

(29) この高雄出身の大正一三年生まれの男性は台湾統治期に日本軍の速射砲部隊に所属していた。日本の歴史に詳しく日本語ができるのは典型的な統治期の日本語教育を受けた皇国青年と思われる。高地で空気がいいので長生きしていることを語り、この点原住民のブヌン族は酒好きで四〇代や五〇代で亡くなる者が多いと言う。

(30) 緑島の村長の父親は日本の学校で三年間勉強したが、頼母子の言葉を自分は聞いたことがない（二〇一三年九月聞き取り）。

(31) 蕃人の中では平地に住むアミ族が最も温厚で早くから同化が容易であった（入江［1920］1924）。農耕水産に従事し、温和かつ勤勉で文化レベルが高かった（山口 2007 : 67–70）。

(32) 豊田村（現豊山村、豊裡村、豊坪村）では当時を知る人は少なく、聞き取りをした人は終戦時いずれも日本人が去った後入植した人たちであった。客家族が多い花蓮県鳳林鎮大榮里では一〇年ほど前までは一〇〇〇元出して「積金式」で標會を盛んに行っていたがもち逃げが多くなり今は少なく、同県壽豐郷豊裡村では「割引式」で行っていた（二〇一七年一一月聞き取り）。前者で聞いた六〇代の男性はタノモシという言葉を知らないが、日本人村近郊に住んでいた親の世代でタノモシがされていたと推測される。

後者で聞いた戦後新竹から移ってきた八〇代の男性はタノモシという言葉を知っていた。当時の日本家屋に住む男性は日本語で小さい頃の生活について語ってくれた（二〇一七年一二月聞き取り）。また八〇代の夫婦からは同様に日本語で日本人の家屋が残る当時の道路が計画的に整備され便利であったことを聞いた。日本と台湾との関係はオランダやスペインが渡台する室町時代とされ倭寇による貿易から始まり、豊臣秀吉の御朱印船貿易で東台湾からは鹿の革や金が取引対象になった。その後徳川時代には基隆や高雄に日本人町を形成している。家康は日本に漂着したアミ族に引見し台湾の探検を命じている（山口 1999：20–22）。なお日本の台湾統治時代は日本語が台湾人と原住民の共通語として機能していたとされる。現在花蓮駅に着く列車のアナウンスではアミ族の言葉で到着案内がされている。

(33) 沖縄以外で互助慣行の移出入も両国人の交流から見られた。戦前戦中の台湾人の留学生が戦後台湾での「外省人」による「内省人」への圧政もありそのまま日本に残り、都内各地のヤミ市で商売を始めその後繁華街新宿歌舞伎町の発展に貢献する過程で、共同出資以外の資金調達の手段として無尽が利用されてきた（稲葉・青池 2017：197–200）。福建省出身者は新宿、広東省出身者は渋谷というように棲み分けがされていたのは華僑のネットワークとも関係があるだろう。特に新宿のヤミ市の商売では中国人よりも台湾人が多かった。この小口金融は日本の金融機関からの融資が難しく、しかも商売からビジネスとして事業が安定する昭和三〇年代には一口一〇〇万円という金額を集め二四人で行っていたというから大金を集めていたことがわかる。この言葉が無尽で台湾の標會が使われていないのは台湾での日本語教育に加え留学先日本の事情からで、ここには日本人が使っていた無尽の言葉の影響がうかがえる。その仕組みは「積金式」で、これも日本人からの移入が考えられる。資金の融通は家族的な信頼関係に基づいている。組織的な支援として協同組合が設立され、それがその後華僑の同郷組織として組合員の融資や福利厚生を担っている。なお当時の台湾からの留学生は行政職や日本企業への登用は難しいため留学分野は医学や薬学系が多かった。

(34) 特に互酬性という点では、それが長期的に維持されるメカニズムすなわち時間を経た行為の互酬性に着目すると、日本や韓国、台湾の原住民はそれが機能するのに対して、中国や台湾の漢人は少ないと言えよう。公助や自助への依存が強い分互酬性は希薄である。このメカニズムが成り立つのは共助がそれなりに見られるところで、日本では葬式のとき不幸帳に米や野菜など持参した者を記録として残し後で返礼した。互酬性の厳密さや対価という点では日本が一番等量等質性が強く、第2章で述べたように韓国ではそれが厳密ではないのは儒教的寛容さからくるものと思われる。

終　章　現代互助社会の可能性——支え合いの社会システム構築に向けて

1　日本の「有縁社会」の再生

「一村一助」運動のすすめ

「一隅を照らす」

これまで日本をはじめ東アジアの互助慣行について述べたが、これは一人ひとりの互助行為を見つめ直すためであり地域住民の支え合いを強調してきた。互助行為は強制されるものではなく本来一人ひとりの共感に基づく自発的な行為である。この主体的な行為を考えるとき「一隅《いちぐう》を照らす」という言葉が思い浮かぶ。これは延暦寺の開祖伝教大師最澄《さいちょう》（七六七～八二二）が言った言葉で、『山家学生式《さんげがくしょうしき》』に「国宝とは何物ぞ、宝とは道心なり、道心《どうしん》ある人を名づけて国宝と為す。故に個人の言《いは》く、径寸《けいすん》十枚、是れ国宝に非ず、一隅を照らす、此れ即《すなは》ち国宝なり」とある。「径寸」とは金銀財宝、「一隅を照らす」は一人ひとりが一隅《ひとすみ》で輝くこと、これが国の宝であることを示す。[1] また道元（一二〇〇～五三）の『正法眼蔵《しょうぼうげんぞう》』の第五一「面授《めんじゅ》」の一節に「大悟を面授し、心印を面授するも、一隅の特地《てつし》なり」がある。この「一隅の特地」は仏法の中の一隅（一部）だが、それは全体につながる特別な場所の意味をもつと解釈される。一隅は「周辺」（周縁）にあるが「辺要」として要《かなめ》の位置を占める。「一燈照隅《いっとうしょうぐう》、万燈照国《ばんとうしょうこう》」という言葉もある。一つの灯《ともしび》（燈）は一つの隅しか照らさないが、それが多く（万《よろず》）集まると国全体を照らす。これは己が輝きお互い照らすことで支援の輪が拡がること、すなわち一人ひとりが輝くという「自助」が「互（共）助力」につながることを意味するが、市民の連帯と共生を考える互助ネットワークという点で重要な言葉である。「小事を積んで大事をなす」という二宮尊徳の「積小《せきしょう》為大《いだい》」である（斎藤〔佐々井〕［1905］1958：25）。単なる個人の総和以上の性質が新たにつくられる「創発特性」として、一人の力は弱くてもそれが集まると個人の集計以上の力を発揮する。一人ひとりは個性があっても企業の社員には企業風土（社風）が作用し、また日本社会では国民性としての行動様式があり、組織や国家の一員に集団特性が浸透する。互助ネットワークの構築はこの「創発特性」をプラスに転じることが肝要である。

日本人は集団のため己（私）を犠牲にして「公」のために尽くすと言われてきた。それは戦前戦中の天皇崇拝や国家に身をささげる行為、また戦後国家に代わる対象として企業や官庁など組織への滅私奉公の忠誠心に表れている。戦後自由を手に入れ「私」の大切さを教えられたものの、それにとまどい自由の重荷に耐えかねる人も少なくない。「武士道」の精神とも関係するが（新渡戸［1900］1938）、これは常に新しい対象として「公」を求め「私」を犠牲にする集団主義である。「公」か「私」という二者択一の論理には「共」が抜けている。「公私を区別する」という言葉は「公」と「私」の峻別をせまるが、多くの日本人はこの区別を意識するものの、この葛藤を止揚する場が「共」領域であるべきなのにそれを十分確立していない。本来己の力に応じて「一隅を照らす」存在が集まり他者と連帯し差異を超えて共生することで「共」領域が生まれる。ここに欧米流の物まねではない日本の互助精神に基づくボランティア活動を見ることができるだろう。こうした人と人とのつながりや絆をどうつくるのか、この点について一つの運動を提案したい。

「一村一助」運動の提唱

互助ネットワークの再生や創生という理念に共鳴できても実際にそれらを活かすことは難しい。このため互助行為から地域づくりに結びつく「一村一助《いっそんいちじょ》」運動を提唱したい。この社会実験を二〇一〇年島根県浜田市旭町で行った。[2]「一村一助」運動とは一つの地域（一村）で個人がその能力に応じて何か一つ他者を手助けすること（一助）、また集団がそのもてる能力や資源（ヒト、モノ、カネ、組織、情報）から他者を支え地域に貢献すること（一助）、さらに地域固有の資源を活かして社会全体で個人や集団を支援すること（一助）で地域を活性化する取り組みである（恩田 2010）。この個人、集団、地域の各レベルで支え合う運動は「住民の住民による住民のための地域づくり」につながる。「住民の」は地域を住民の共有地（コモンズ）と考え（所有関係）、「住民による」は住民が取り組みの中心になり（主体関係）、「住民のため」はその対象が住民であること（客体関係）を示す（恩田 2008）。

各人が自らの能力にまた地域が固有の資源に目覚め、それらを通して他者や他の地域を支えることで自らの地域を活性化する取り組みが「一村一助」運動である。これは地域の支え合いの運動に他ならない。思いやりとつながりを地域内外に拡げるが、ふれ合いが「ふれ愛」また支え合いが「支え愛」であるように他者の痛みや喜びがわかる共感が基本になる。どの「一助」にも共通するのはそれを提供した人も受けた人も双方が癒されることである。「一村一助」運動は互助ネットワークを通して過疎化と少子高齢化が進む地域を再生する。それは村落なら六五歳以上が過半数を占め地域活動が困難とされる「限界集落」から埋もれた住民の能力や貴重な資源の再発見から発展の可能性を探る「可能集落」にする。[3]この運動は伝統的な互助慣行を現代社会にふさわしいかたちで復活する試みでもあり、欧米の互助制度の輸入でない日本固有の互助慣行を活かした取り組みである。

一般に社会運動はモチベーションが重要で、この取り組みは地域の中で各自が自分の役割を見出し誰でも人の役に立つことができると自覚する点で「一村一心」（意識改革）運動でもある。それは地域に限定された住民意識から地域を越えて拡がりをもつ権利義務関係が明確な市民意識に高めることでもある。武者小路実篤が唱えた「新しき村」運動は協力して各自の天職をまっとうしお互い助け合い自己を完成する理想に燃えた取り組みであった（武者小路 1994）。人類の真心に従い「生長」する「新しき村」運動同様、「一村一助」運動は一人ひとりの共感から支え合いのネットワークを通して自らの可能性に目覚める。それは他者への依存を奨励するのではなく一人ひとりの自助を起点とする。他者や他の地域を助けるためには自己の確立と自らの地域の安定が前提になる。

運動の理念と目標

「一村一助」運動の理念には伝統的な互助慣行の見直しとその現代的な活用がある。地域力という点で互助慣行を再認識する意味は大きい。日本の村落は「お互いさま」や「おかげさま」という気づかいや支え合いが基本にあった。二つ目の理念は地域が誇る資源を再確認することであり、この運動は地元を知る地域学と結びつく。こうして住民の潜在的な能力や地域固有の資源に目覚め（意識化）、それを通して個人および集団の力を高める（セルフ〈コミュニティ〉・エンパワーメント〉。これは個人の能力と地域を代表する資源をオンリーワンとして意識することを意味する。三つ目の理念は「一助」に基づく互助ネットワークの覚醒である。「一助」を通して地域内外とつながり、ほころびた支え合いの縫い目を繕《つくろ》う。趣味や特技など個人の能力や集団の資源を活かして地域内外の支え合いに目を向ける。

こうした伝統的な互助慣行の見直し、地域が誇る資源の再認識、「一助」に基づく互助ネットワークの覚醒という理念を受けて、互助慣行の再生、資源の再発見、互助ネットワークの形成が運動の目標となる。伝統的な相互扶助の精神がもつ共益志向を考え、「一助」を通して自分の能力に目覚めることで地域全体の自信につなげる。よく「何も資源がない」ということを聞くが、地域住民が誇れる資源は外向きの観光資源とは限らない(4)。おもてなしや迎恩というココロも世代で継承する貴重な資源である(5)。ナンバーワンでなくても「自分やこの地域にしかない」というオンリーワンの能力や資源を見出すことが肝要で、地域生活の中に埋もれていることが少なくない(6)。「一村一助」運動を通して地域に対する愛着と誇りを取り戻し人口減少の「消滅自治体」と言われる状態からの再生を目指す。この支え合いの社会システムによる地域再生運動は市民から見ると「一市民一助」運動であり、日本全体では「一国民一助」運動になる。

このような理念と目標を通して地域の「互（共）助力」を回復する。行政の公助でも民間の私助でもない共助は自助の足りない部分を補完する役割をもつ。格差社会ではその是正のため住民本来の「共」領域を取り戻す意味は大きく、それは経済的格差だけでなく連帯力や共生力が弱い社会的格差を埋めることでもある。高齢者がさびしくなるのは身体能力の低下に加え社会との接点がなくなるからで、まだ現役で働きたい活力ある高齢者も含め社会参加の機会を「一助」を通してつくるようにする。人工衛星で潮の流れを読み取り漁場を予測する「スマート漁業」が経験と勘に頼る漁業を過去のものにしているが、高齢者の「生活の知恵」を活かせる分野はまだある。地方では『助』行為者の体力気力がともに弱く、その分行政と互助関連のサービス業に依存している。このため他地域からの「一助」を必要とする。一人ひとりの「一助」は点でも、それをつなぐことで互助ネットワークが生まれ、その線から地域全体の面となるセイフティネットがつくられる。この運動は近代化やグローバル化という地域社会を取り囲む外部環境の変化や、内部環境では自治体の公助や企業の「私助」の拡大に対して地域住民の「助」力の回復を目指す(7)。

運動の推進方策

具体的な方策としてコミュニティ・エンパワーメントのための組織づくり、地域の共同作業の奨励、スローガンの提唱による日常活動の推進があげられる。この種の運動が精神訓的なものにとどまり成果が見えてこないのはかけ声倒れに終わるからである。始めに地域力の向上というコミュニティ・エンパワーメントにつながる組織（事務局）をつくる。[8]具体的な運動の共鳴板となる住民組織の存在は大きく、集団の凝集性と取り組みの継続性、地域住民のやる気が欠かせない。近年自治会や町内会とは異なる地域に根ざした「コミュニティ益」を求めるNPOが市民と行政の橋渡をし、市民事業を通して自治体の協働パートナーとなっている。[9]意思決定や活動の迅速化から市民組織が現代版の組や講として活動することが期待される。何を「一助」とするか住民の判断になるが、地域全体では行政の支援も得ながら市民との協働で決まるがあくまでも住民主導の取り組みでありたい。そのためには日々の行為を積み上げる「積小為大」の組織活動が欠かせない。[10]

また地域の共同作業が「一村一助」運動を促す。水源また自然災害を防ぐ土壌保全から材木や燃料、食糧の調達まで里山は地域住民の生活圏であると同時に「互（共）助力」養成の場でもあった。こうした資源の維持管理は単に自然景観の回復だけでなく、地域住民の連帯力や共生力という共助の育成にもつながる。[11]生物多様性の宝庫として潟をもつ里海も同様である。これらは共有地に関わる共同作業で、住民が参加しやすい「助」行為の一つである。雪国の高齢者世帯で屋根の雪下ろしや歩道の雪かきなど危険を伴う除雪作業で若者がいないために起きる事故が少なくない。地域の共同作業を担う人口が少ない所では地域間の支え合いも必要となる。身近な共同作業を通して変わりつつあるいは失われつつあるつながりと絆を取り戻し、切断された互助ネットワークを再結合してセイフティネットを縫製するようにする。

「小さな『一助』の一歩が大きな『一助』の道をつくります！」「身近な地域活動に『一村一助』運動を取り入れましょう！」「あなたも私も地域社会で必要とされています！」など運動のスローガンが考えられる。この運動は何も特別なことをするのではなく、普段行っている日常活動に「一助」を取り入れることから始まる。環境美化運動や花いっぱい運動、リサイクル運動、あいさつ運動、ふれあい訪問運動など様々な取り組みがされている。より身近な「お互いさまの心」をもつ住民の顔が見える取り組みが大切である。「少し多めにつくりましたので」と言って近所にお裾分けをする「向こう三軒両隣」の関係が希薄化しているとき、食育運動を展開する日本食生活協会では「ふれあい一皿運動」の活動を進めている。これは独居老人を訪問しおかずの一皿を配ることで安否を確認する行為でもある。この高齢者の安否確認では小学校の子供が手紙を出す、新聞や郵便の配達で訪問連絡員として一声かける、カーテンの開閉や照明の点灯で近所の人が確認する「見守りネットワーク」もされている。温もりある「近助」がムラ社会だけでなく過疎化したニュータウンで「買い物難民」が生まれ急速に高齢化が進む「老いる都市」のマチ社会でも欠かせない(12)。防犯防災対策や子供の登下校の安全確保など何かの役に立ちたいという意識がこの運動を支える。「一村一助」運動は日常生活の実践そのものと言える。

運動の社会実験――島根県浜田市旭町

二〇一〇年六月「一村一助」運動を実施した浜田市今市地区（今市、坂本、丸原《まるばら》の集落）と他の地区（都川《つかわ》、市木《いちぎ》、和田、木田《きた》）で聞き取り調査をした(13)（対象者一一六人）（恩田 2010, 2011）。対象者は六〇代と七〇代が多く、八割近い人（七七・六％）が運動の意義を認め、その成果では「一人ひとりが自分にできることを再認識する」「昔の相互扶助の良さを見直す」「地域住民が固有の自然資源、人文（歴史的）資源、郷土資源（伝統芸能・工芸等）を再確認する」「住民が地域に愛着と誇りをもつ」という項目への回答が多かった。この意義を認めた人の七割近い人（六七％）が運動に関心をもち、その関心ある九割の人（八九％）が運動への参加意欲をもっている。五〇代と六〇代は高いが高齢者ほど体力面から不参加が多い。「ことばがきれいすぎて実感がない」（七〇代男性）という意見もあった。公民館の広報誌で告知したが、実験地区での運動の認知度は三割強（三四％）にとどまった。

運動の意義を認める人に「期待される成果」について先にあげた項目に加え「地域住民の一体感が強くなる」「地域社会の活性化に役立つ」「一人ひとりが自分にできることを再認識する」「何でもやればできるという自信をもつ」「地域のことは自分たちでするという意識が高まる」「他者に対する思いやりが増す」「他の地域との支え合いを通してつながりが深まる」の一〇項目について、四段階のカテゴリー（質的変数）のうち「強くそう思う」「そう思う」の反応（1）と「そう思わない」「全くそう思わない」の反応（0）に分け量的変数（0-1型データ）に変換して分類する数量化Ⅲ類の手法で分析した。

これらを1次元の変数スコアで示した尺度グラフから判断すると、成分1は「地域社会の活性化に役立つ」と「住民が地域に愛着と誇りをもつ」に対する反応が強く、「地域社会の再生」に関わる成分とした（図終-1「『一村一助』運動に対する期待についての数量化Ⅲ類による分析（尺度グラフ）」参照）。また成分2は「何でもやればできるという自信をもつ」と「地域のことは自分たちでするという意識が高まる」項目への反応が強く、「地域住民の意識改革」に関わる成分として抽出した。さらに成分3は「一人ひとりが自分にできることを再認識する」と「地域住民が固有の自然資源、人文（歴史的）資源、郷土資源（伝統芸能・工芸等）を再確認する」への反応が強く、「個人および地域社会の『一助』に対する目覚め」に関わる成分と解釈した。こうした成分から住民が地域社会の見直しと自立した意識、各自の能力や地域資源の再発見を期待していることがわかる。

具体的な「一助」では「お花」や「郷土料理」（七〇代女性）、「工芸技術（能面を作る）」（八〇歳以上の男性）、「焼き物体験」（六〇代男性）、「地芝居（農民歌舞伎）」（五〇代女性）や「田囃子」（七〇代男性）などがあった[14]。また「冬の雪かき」（五〇代男性）、「草取り」（八〇代男性）、「子守り、食事作り、家の内外のそうじ、ゴミ出し、買い物」（五〇代女性）、「介助」（六〇代男性）、「病院通いの手助け」（六〇代女性）もある。ここで注目したいのは身体的な支援だけでなく、お互いに励まし合う共助が感じられる点である。この他「昔のことを話すことができる」（八〇歳以上の女性）、「婦人会のボランティア、地域づくりの学校関係のボランティア、交通安全」（七〇代女性）、「住民組織のリーダーで活動する」（六〇代男性）という声があった。

地域全体の「一助」では「神楽のグループの交流」（七〇代男性）、「人情味があるところ」（七〇代女性）、「人があったかい。人間関係が希薄になっていると言っても、まだつながりが深いところは町のいいところ」（四〇代女性）、「田囃子、神楽、盆踊りの三つの伝統」（七〇代男性）、「バラ園、しいたけ」（同上）など地域固有の資源を指摘する声が多く、その一方で「おしつけになると問題がある」「若い人が参加しない。昔は行事など小学校から参加してきた。今は地域のことに関わらなくなった」（七〇代男性）という意見には謙虚に耳を傾けたい。また市民と行政が協働して運動を進めるべきだとする意見が六割を超え（六五％）、「公民館が核となって進めるべきであろう」「行政主導型では実行力がない」（六〇代男性）など協働を求める声があり、住民の意欲が大切であることがわかる。

運動の取り組み（方法）では、「みんなでやることが大切。トップとしてまとめる人が必要」「町でアピールできるものを

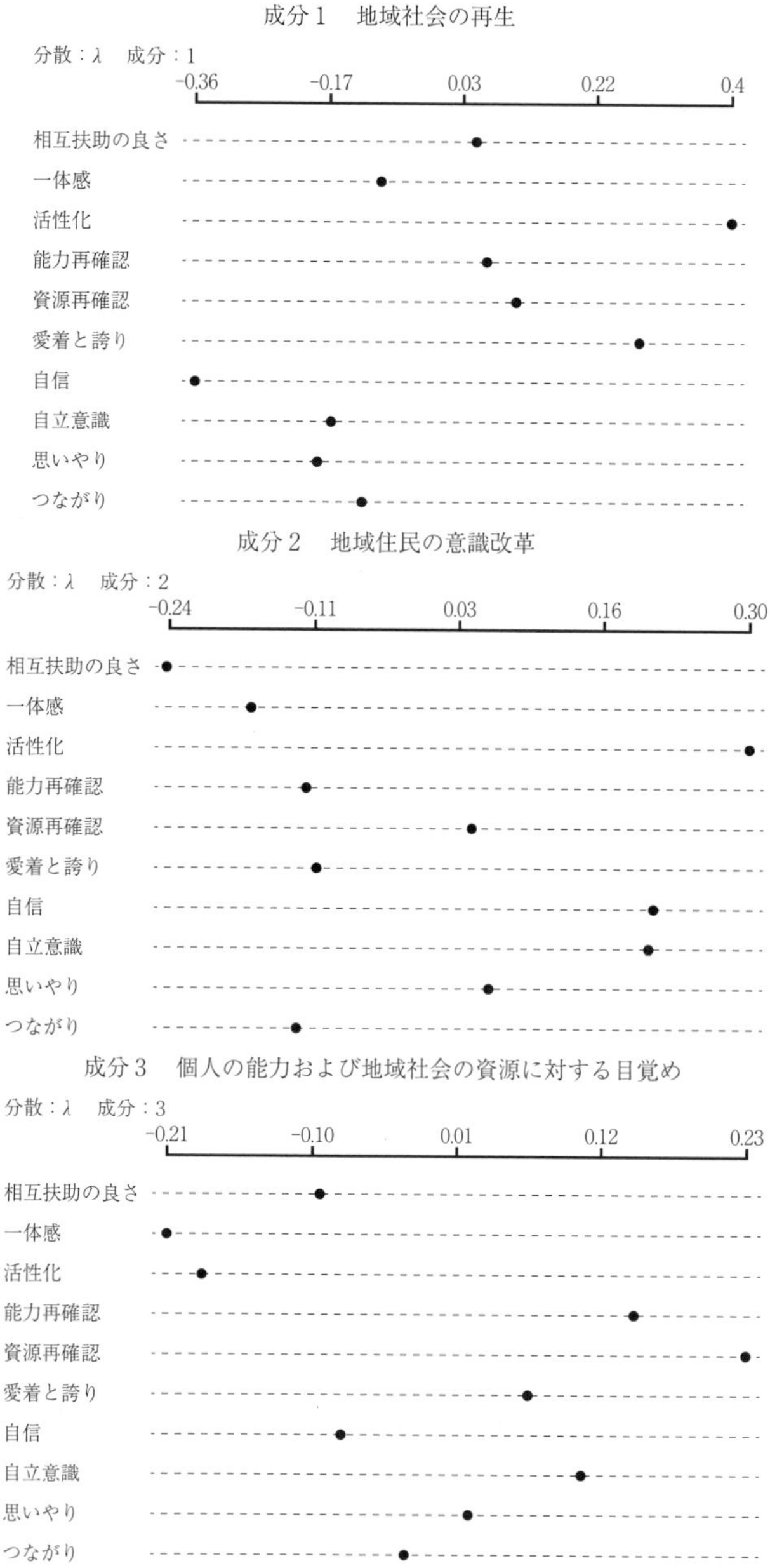

図終-1　「一村一助」運動に対する期待についての数量化Ⅲ類による分析（尺度グラフ）

探し、それを皆で発信すること」「行政、自治会、婦人会、老人会、公民館、PTA、みんなで連携して行う」「まずは聞き取りをして、困っていることなどを確認する」「地域でできることと行政としてすべきことをきちんと役割分担する」意見があった。これらは運動を住民で支える重要性を示している。運動全体に対する自由意見では「地域でできるとよい。足を引っ張り合うのはよくない」という声がある一方、「運動をして終わりではなく、次につながるように改善や反省をしていくべき」「取り組むときの大きなビジョン、目標を掲げてもらいたい」という建設的な意見もあった。高齢者が多い中山間地域では「いい取り組みじゃないですか。それぞれが自分のいいところをもち寄って、それで補える関係ができれば地域はもっとよくなる」「各人のもっている能力を総動員して地域を活性化することはいいことだ」という声を聞き、運動の提唱が無駄ではないことを改めて知り大変励みになった。

「現在の地域の状況をどう思いますか」と聞いたところ、「ふつう」が最も多く(三二・五%)、次が「やや悪い」で三割(三〇・七%)、以下「やや良い」(二一・九%)、「非常に悪い」(一一・四%)、「非常に良い」(三・五%)の順であった。「やや悪い」と「非常に悪い」を合わせると四割を超え地域の現状に対する不満が多い。この人たちに何がよくないか質問したところ(複数回答)、「雇用」が最も多く二五・二%で、職場がない点が若者の地域離れを促進している。二番目が「医療保健」で一七・一%、以下「交通」一三・八%、「産業」一二・二%だった。「その他」では「人口の減少」「外に向かっていない点(孤立している点)」が指摘され、開かれた地域社会を期待していることがわかる。

良くない要因では「国の対応が十分ではない」「県の対応が十分ではない」「市の対応が十分ではない」「行政からの様々な規制が強い」「行政と地域住民との意志疎通不足」「自治会の対応が十分ではない」「地域住民の組織活動が弱い」「地域住民の連帯感が少ない」「地域住民の行動力(参加)が足りない」「地域住民一人ひとりの危機意識(関心)が低い」をあげ、「強くそう思う」「そう思う」「そう思わない」「全くそう思わない」の四段階で答えてもらい、先に述べた数量化Ⅲ類の手法で同様に分析した。成分1が「地域住民の組織活動が弱い」に対する反応が強く、「地域住民の組織活動」に関わる成分として捉えた。成分2は「地域住民の連帯感が少ない」「地域住民一人ひとりの危機意識(関心)が低い」「地域住民の行動力(参加)が足りない」ことへの反応が大きく「地域住民のエンパワーメント」の成分とした。成分3が「自治会の対応が十分ではない」「行政からの様々な規制が強い」「行政と地域住民との意志疎通不足」に対する反応が強く、「地域住民の自治意識」に関わる成分と解釈した。住民の組織活動が十分でなく、住民の団結力が低い点、地域に対する自治意欲が希薄なことが良くない要因と言える。[15]

この数量化Ⅲ類による地域づくりの停滞要因から、さらに成分（因子）間の構造を分析する構造方程式モデリング（潜在構造モデル）を用いて、「やや悪い」と「非常に悪い」と答えた人の地域づくりに対する意識を分析した。すなわち目的変数として地域住民の不満に思う「地域の現状認識」、説明変数として成分1の「地域住民の組織活動」、成分2の「地域住民のエンパワーメント」、成分3の「地域住民の自治意識」として成分間の因果構造を捉えた。ここでは先の一〇項目の良くない要因に対する反応を観測変数、潜在変数である各成分に大きく寄与している項目を代表的な指標とした。[16] 成分1では「地域住民の組織活動が弱い」（地域住民組織）、成分2では「地域住民の連帯感が少ない」（少ない連帯感）、「地域住民一人ひとりの危機意識（関心）が低い」（危機意識不足）、「地域住民の行動力（参加）が足りない」（行動力不足）、成分3では「自治会の対応が十分ではない」（自治会活動）、「行政からの様々な規制が強い」（行政の規制）が代表的な指標である。[17] その結果「地域の現状認識」に伸びた矢印の因果関係をめぐる構造方程式の各成分の係数（パラメータ推定値）を示したパス図から判断すると、「悪い」という現状認識には「地域住民の組織活動」が、次に「地域住民の自治意識」の成分が影響を与えていることがわかる（**図終-2**「構造方程式モデリングによる地域づくりの停滞要因」参照）。[18] 結局住民の組織活動を活発にして自治意識を高めることが必要である。

この地域の支え会いを顕在化する「一村一助」運動では行政は地域住民の日常活動に刺激を与える働きかけはあっても、「上」（行政）からの強制ではなく「カタリスト（触媒者）」（catalyst）としての役割にとどまる。運動を展開すること自体が目的ではなく、運動を通して住民一人ひとりが自信をもち地域で誇れる資源を再認識し地域を元気にすることが肝要である。戦後の村落でカマドなどの住居改良や季節保育所（農繁期託児所）の設置などの合理化を求めた「官」主導の「生活改善運動」や一九五〇年代半ばの虚礼廃止や青少年不良化防止、飾りや贈り物廃止などの簡素化を勧めた「新生活運動」は民間主体とは言え準「官」主導であった。「一村一助」運動は誰もが何らかの役割を担う全員参加型の地域づくりであり、支え合

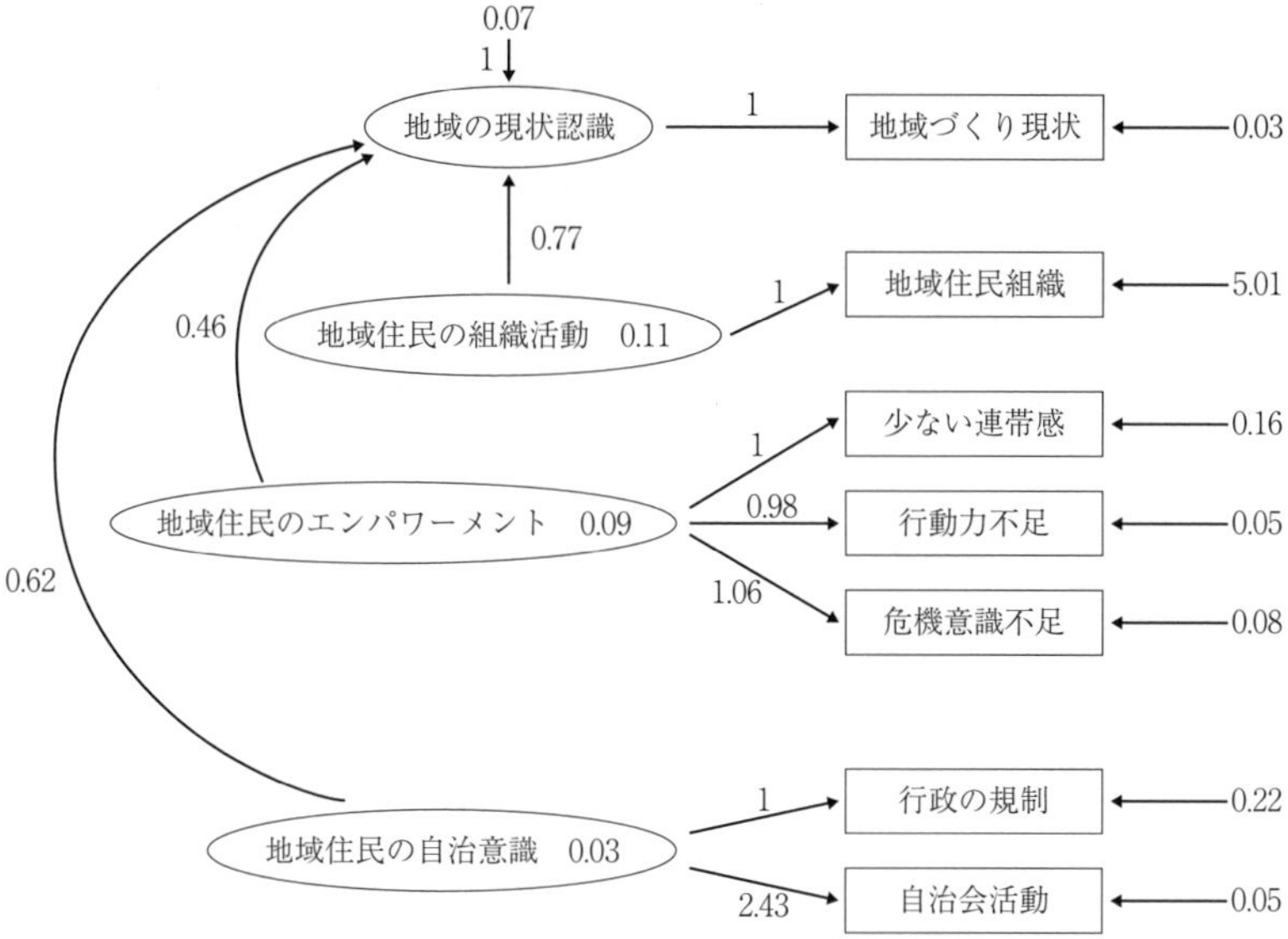

図終-2　構造方程式モデリングによる地域づくりの停滞要因

いの共感を地元住民だけでなく他地域の人と共有することでさらに拡がる。この取り組みは失われた共同体への回帰ではなく、現代社会にふさわしい互助慣行の再生と創生によるコミュニティを目指す。それは単に表面的な活性化策としてコミュニティをデザインすることではない。「一村一助」運動は「生活の知恵」（生活知）に基づく地域社会再生の取り組みである（図**終-3**「持続可能なコミュニティの形成」参照）。この社会実験を受けて今後は運動の取り組みをどう持続させ、具体的な地域の活性化につなげるかが課題である。

　この地域のいきいきとしたココロに基づく運動はカタチあるモノやカネという経済的効果や定住促進に直接つながるわけではないが、住みよい環境づくりや地場産業の振興、子育て支援などの取り組みと結びつけることで地域経済の発展や移住者の誘致も可能になるだろう。また「一助」の対象として特産品など「一品」を強調する「一村一品」運動と連動すれば効果はさらに高まる[19]。この他運動の拠点として地域資源を活かした記念館や資料館の設置も考えられる。日々の暮らしの中で息づいてきた伝統的な生活様式の消失が住民の一体感を弛緩させ地域の連帯力と共生力の低下を招くとき、「助」力の回復を促す「一村一助」運動がもつ意味は大きい。この回復にとって過疎化・少子高齢化は大きなマイナス要因である[20]。しかし近視眼的な活

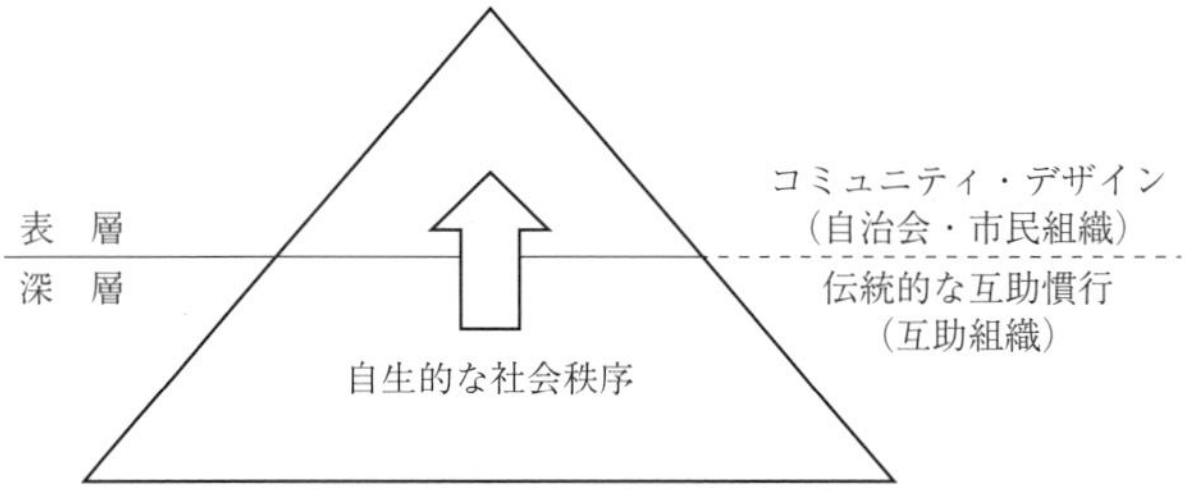

図終-3　持続可能なコミュニティの形成

性化の戦術では地域創生の抜本的な解決にはならない。特効（即効）薬が見出せないときこそ、互助慣行という目に見えない制度がもつ成果に目を向けるべきであろう。地域住民の共助による地域振興は地域通貨など欧米の物まねではない土着の「自生的な社会秩序」を活かした地域づくりである。

この「一村一助」運動は国民運動としての拡がりをもつ。東日本大震災では国民誰もが自分にできる「一助」を考え「一国民一助」運動が見られた。[21] また海外から多くの支援がありグローバルなつながりも意識させられた。前章で指摘したように類似した互助慣行が近隣アジア諸国で見られることから、「一村一品」運動が東・東南アジアで展開されているように、この運動も国民運動からグローバルな展開が考えられる。それは伝統的な互助慣行を発展途上国の開発に活かす一国レベルの「一村一助」運動から東・東南アジアの共同体形成につながるだろう。他方で地域住民の「互（共）助力」の回復はグローバリゼーションがもつ生活様式の均質化に対してそれを維持する「防波堤」としてローカリゼーションの役割をもつ。グローバリゼーションのプラス面を活かしながら、この運動は地域社会の画一化というグローバリズムがもつマイナス面を除去する。またそれは閉鎖主義に陥るローカリズムのマイナス面を抑制し、固有の資源を活かした地域性を主張するローカリゼーションのプラス面を引き出す。「一村一助」運動はグローカリゼーションとしての発展の可能性をもつ。

東日本大震災後のコミュニティの再生

地域社会内外の互助ネットワークの変容

東日本大震災から一カ月経ち復興の道を歩み始めたとき、茨城県の北茨城市と神栖市の被災者、同県龍ケ崎市や取手市、埼玉県のさいたま市と加須市に原発事故で避難した福島県民への聞き取り調査を実施した。また半年以上経過し

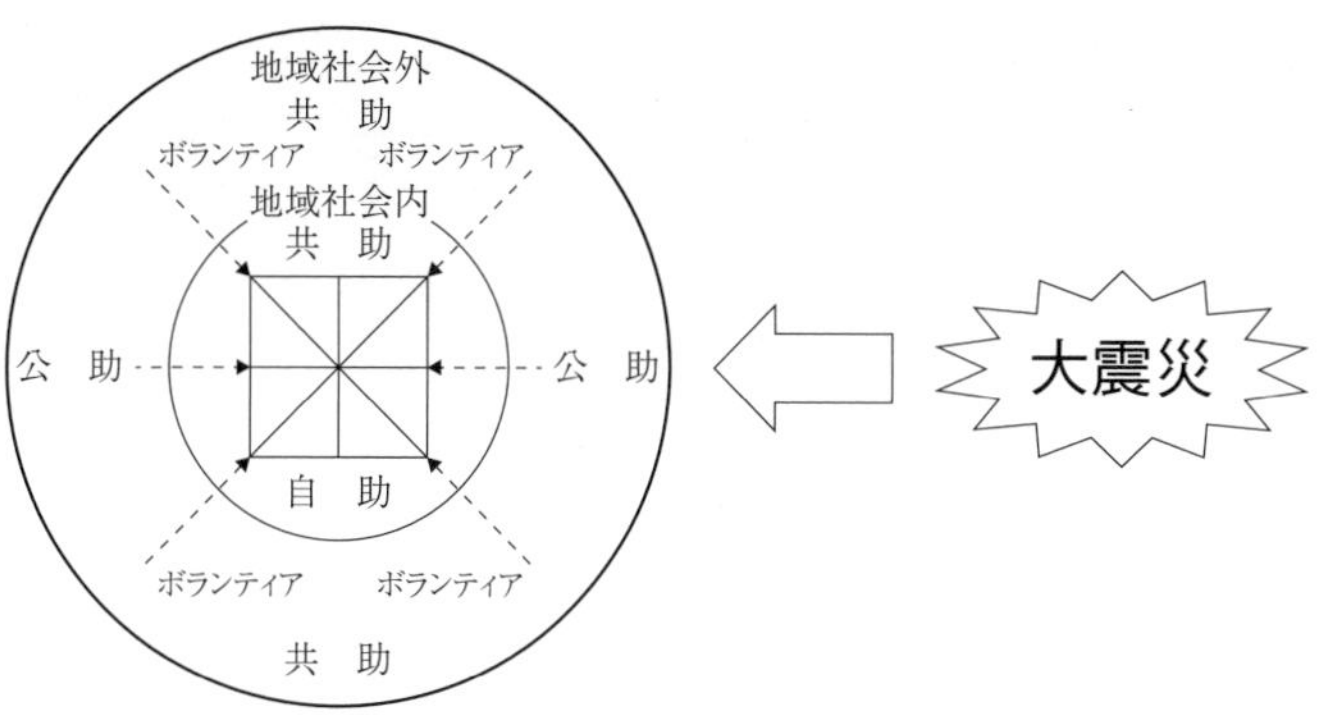

図終-4　地域社会をめぐる互助ネットワークへのインパクト

被災地の交通機関も徐々に復旧した頃、岩手県陸前高田市でがれき処理のボランティアを行うとともに被災者への聞き取りを通して状況を調べ、宮城県石巻市と福島県南相馬市の被災者および長期避難生活を続ける双葉町の東京電力第一原子力発電所の事故被災者にヒアリングを行った[22]（二〇一一年四月、一〇月、一一月聞き取り）。ここで明らかになったことは震災のような外部からの大きなインパクトが契機となり、地域社会内外の互助関係が大きく変容する点である（**図終-4**「地域社会をめぐる互助ネットワークへのインパクト」参照）。ここでは支え合いの社会システムから大震災後のつながりや絆の回復を考えたい。

一般に地域社会内外の互助ネットワークをめぐる法則（経験則）は地域内のネットワークが弱いと地域外からの支援を必要とし、地域内のそれが強いと地域外からの支援を必要としない。しかし逆に地域外の支援が強まると地域内のネットワークが逆に弱くなり、地域外の支援がないと地域内のそれが強くなることもある。もちろん地域外の支援が地域内の共助をさらに強化することもあれば、地域外の支援がないためますます地域内のそれが弱くなる場合もあるだろう。地域内外の互助ネットワークをめぐる関係は双方が代替関係ではなく補完関係から住民の生活を向上させるべきである。しかし大災害では互助ネットワークが地域外と結びつく関係また地域内で分裂あるいは切断されるなど多様な関係が見られる。

変容の第1経験則　北茨城市の市民体育館に避難した七〇代の男性は「市からの支援が多く満足している。つきあいがない団地と違い、ここ（避難所）では改めてふれあいのよさを感じている」と、日頃つきあいがない人ほど震災を契機に公助を通して人との絆を感じている。また「この避難所でいろいろな人と知り合うことができた。助け合うことの大切さを改めて感じている」という言葉は住民から支援をこれまで受けてこなかった人が改めて避難所の共助に感謝している。津波で家屋を流された六〇代の男性は以前川崎に住んでいたが、「地域社会のつながりは薄いと感じている。むしろ県外のサポートのほうが多かった」と話すように旧住民とのつながりが少ない分、地域外からの支援を強く意識している。神栖市のコミュニティセンターに避難した六〇代の男性も日頃の近隣関係が薄いことを指摘する一方、避難所内ではコミュニケーションを通してアパート生活とは異なるつながりを感じている。

こうしたつながりの関係から互助ネットワークに関する一つの経験則は「地域内の互助関係が希薄であると、逆に外向きの互助関係が意識される」という命題で、域内の互助ネットワークが弱いとその分域外の関係が大きな意味をもつ。これは地域内の互助ネットワークが機能しないとき外部からの支援による新たな組み替えを示唆する。これを「互助ネットワーク変容の第1経験則（命題）」と呼ぶことにする（図終-5「震災に伴う互助ネットワークの変容」参照）。東日本大震災から学ぶべき教訓は地域社会で日頃つきあいが少ない人ほど、災害を通して支え合いの絆を感じる点である。しかし外からのボランティアの支援が地域内の互助ネットワークを補完する点はいいが、逆にそれが微妙な影響を与える場合もある。

変容の第2経験則

陸前高田市の五〇代女性は、「震災を境に人間関係が完全に壊れてしまった。家を流された人とそうでない人の関係ができた。特に支援物資が届いてからは大きな避難所にいる別の人たちとの違いがはっきりすると、その溝がさらに拡がった」と言っている。また「九月に地区の総会があったとき、五〇代の男の人が『おまえたちは俺たちにいったい何をしたんだ』という発言があり、家が残った自分たちはせっかくいろいろ支援したのに、その気持ちがわかってもらえず、何もしなければよかったという人もいた。震災で家屋だけでなく、地域社会まで崩壊してしまった。この思いは他の地区でも家が残った人たちから同じようなことを聞いている。津波で家を失った人と流されなかった人で話をするのもはばかられる雰囲気がある。家を流されたすべての人ではないが、一部にそういう人がいることは確かだ」と話した。逆に「外から応援に来た人には家を流された人も感謝の気持ちをもったが、同じ地域で家が流されなかった人に対してはそういう気持ちをなくしてしまった。ボランティアなど目が外に向き、その支援にばかり依存してしまったところがある」と言うように地域内で絆の亀裂が見られる。

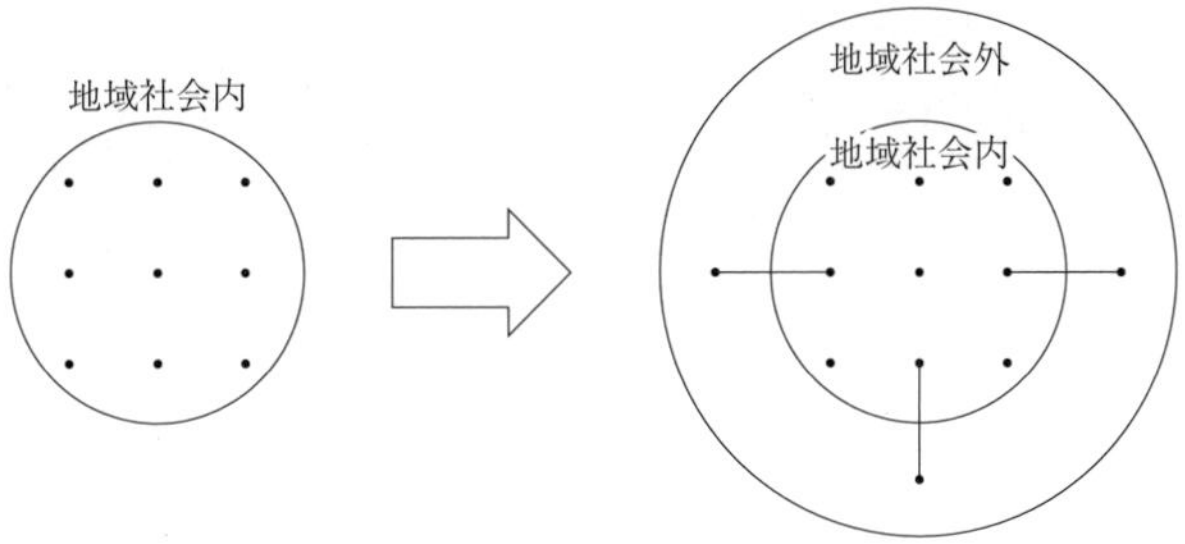

変容の第１経験則　地域社会外と結びつく互助ネットワーク（外部志向の絆の深化）

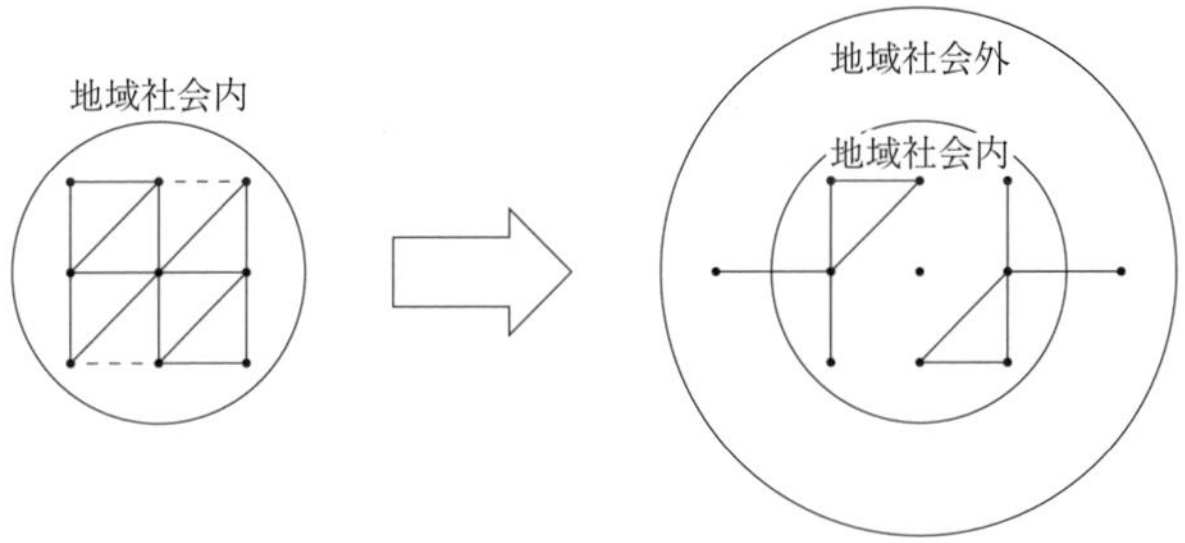

変容の第２経験則　地域社会内で分裂する互助ネットワーク（絆の内部亀裂と外部志向）

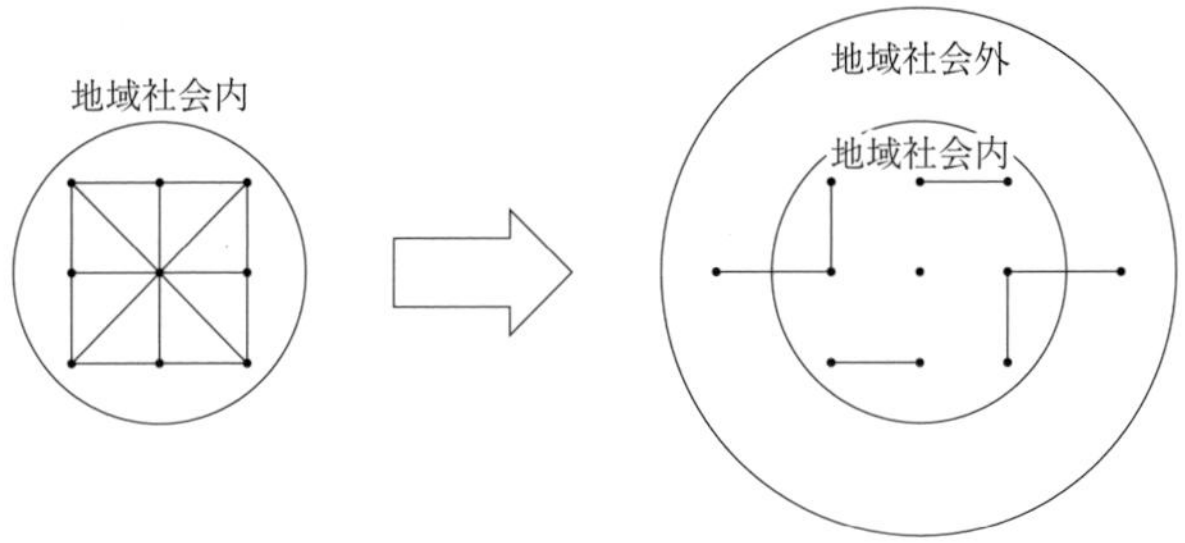

変容の第３経験則　地域社会内で切断される互助ネットワーク（絆の内部分断と外部新形成）

図終-５　震災に伴う互助ネットワークの変容

ている[23]。同じ被災者にできる支援は限られているが、この点被害が大きい人たちには被災者の共助が理解されなかった。被災地に残る人で地域の絆を深めると言っても、多くの者が地元を離れ積立金を分配し集落（自治組織）を解散した石巻市雄勝地区のようなところもある。また南相馬市では原発事故の補償金をめぐり鹿島、原町、小高という合併前の地区単位で溝が深くなった地域もあった。鹿島区の専業農家の五〇代男性は原発という「見えない恐怖」との戦いを強いられ、国や東京電力のような「大きな相手」に対して住民がどう自分たちの気持ちをぶつけていいのかわからないと言う。この地域は原発事故という共通の被害を受けたことで住民のつながりはほとんど変わっていないように見える。しかし陸前高田市の集落と比べると南相馬市では地域の単位が大きいとはいえ、原発被害の状況や対応の違いから地域に分裂が生じていた。

震災で絆が深まる地域に対して、逆に住民間に溝ができその分外部とのつながりが強くなるところもある。ここから「地域外からの支援が強まるとその依存度が高くなり、その分地域内の互助ネットワークに目が向かわず、またそれが弱くなることで、ときには地域社会の亀裂がもたらされる」という指摘が得られる。これが「互助ネットワーク変容の第2経験則（命題）」である（図終-5「震災に伴う互助ネットワークの変容」参照）。もともとその分つながりのもろさが地域の中に伏在していたのかもしれない。陸前高田市の集落では地域住民の手助けと外からのボランティアの支援や行政が手配した避難所生活と比べその違いが鮮明になると、被害の大きい被災者が支援をした被害の少ない住民に感情のはけ口を見出したと言える。もちろん絆が深まった地域もあり、逆に外からの支援が少ないと自分たちでするため地域内の互助ネットワークが強まることもある。この点外から支援するとき多様な被災者がいることを知る必要がある。東日本大震災から学ぶべき二つ目の教訓は強いつながりがあったところほど、逆に震災を契機に家屋だけでなくコミュニティまで破壊し絆の亀裂とそのもろさが意識される点である。被害が少なく普段つきあいが少ないところほど改めて周囲の「近助」を見直す動きがあるのと対照的である。しかし避難生活が長くなると元の社会との分断が意識され別の問題が生まれる。

変容の第3経験則

原発事故による放射能汚染という「見えない恐怖」に遭遇した心理的打撃は大きく、多重被災した地域住民のコミュニティ意識には深刻な影響が見られる。双葉町長塚地区に住む四〇代の女性は、「自分は地域でＰＴＡの役員活動をしていたが、皆ばらばらになってしまった。ここ騎西高校でも保護者会のような組織をつくる話もあったが、結局つくられなかった」と言うように住民でまとまることが難しい。富岡町の被災者は自分たちはばらばらで避難したため、双葉町のような集団避難と違いコミュニティのまとまりに欠ける点を指摘している。しかし双葉町の被災者も集落単位でまとまって部屋を使用するわけではなく、来た人から順番に教室や体育館を割り当てられたため「避難所コミュニティ」の絆と言っても集団生活上のルールを遵守する結びつきに過ぎない。避難所から出て行く人が増えるにつれ、ますます他の地区の人と「避難所コミュニティ」を意識することもあるだろう。しかし避難生活が長くなるにつれ人間性が露骨に表れ共同生活の難しさが露呈する。先の陸前高田市では日頃つきあいのある住民間の絆の分裂だが、この双葉町では地域外への避難による絆そのものの切断という点が異なる。前者は元の地域社会が残りとどまる住民もいるが、後者は人口流出から町自体が無人化し地域社会が崩壊する点に違いがある。

石熊地区出身の三〇代女性は、「つきあいが深くなるにつれて、見えなかったもの（人間性）が見えてきた。こんな人が双葉にいたのか、こういう人だったのかということが発言の内容からわかるようになった。ここでは言いたことがあっても言わない、あるいは言えないところがある。この点この教室に残った二世帯は惰性もあって協力するが、相手の顔を見るようになった」と言っている。「子供の頃からいっしょだった人に電話してもだんだん関係が薄くなっていった。確かにボランティアの人たちに頼る外向きのところもある。またここにいて絆が強くなったことを言う人もいるが、自分はここには絆はないと思っている」と語るように、「避難所コミュニティ」の意識さえ完全に希薄である。新山地区にいた六〇代の男性は、「ここでは近所の人ではなく、顔も知らない人たちといっしょになった。このため気をつかうことが多く、体がおかしくなった。相手がどう思っているのか、言葉づかいに気をつかってきた。何か用事があっても、別の頼みやすい人にお願いをする」ことを話してくれた。「自分たちの地域外の人たちとのつながりには、何か半強制的なところが感じられる」という指摘にも「避難所コミュニティ」の限界がわかる。かつての地域でのつながりの喪失に対して、新たな絆の等価物を求めて苦悩する姿が浮かび上がる。

こうした被災者の声から「避難所コミュニティ」のあり方が問われている。避難生活が長期になると、結局はそれが「擬制（擬似）コミュニティ」に過ぎず、元の居住地の「自然コミュニティ」とは異なる違和感やつながりの物足りなさを感じる人が出てくる。このため避難所から離れ別の地域で生活を始め、新たなコミュニティの一員として再出発する人が少なくない。このように「切断された地域社会における互助ネットワークの関係が絆の内部分裂として表れ、新たな地域社会につながりの可能性を求めるようになる」ことを、ここでは「互助ネットワーク変容の第3経験則（命題）」とする（図終-5「震災に伴う互助ネットワークの変容」参照）。伝統的な互助慣行から一体感が強かった住民がつながりの等価物を地域外に見出せないとき、かつての絆を回顧すればするほどその喪失感は大きい。東日本大震災から学ぶべき三つ目の教訓は地震、津波被災者より原発事故（多重）被災者のほうが「地域社会の消滅」に直面するだけに、絆の分断に加えコミュニティの喪失感が大きい点である。これは第2命題のように地域住民が意図したことではなく、地域外に避難を余儀なくされ住民がばらばらにされた結果絆の分断がもたらされた点に留意したい。

「地域社会の消滅」とコミュニティの再生

コミュニティ意識はその発展過程をライフサイクルとして示すことができる。その導入期は新たに形成される地域社会集団あるいは共同生活圏としての一体感が芽生える時期で、成長期はそれがより多くの住民に共有される時期である。また成熟期はコミュニティ意識があまねく行き渡る時期で、衰退期はそれがしだいに希薄になり集団の凝集性が弱くなる時期である。このライフサイクルに着目して「互助ネットワーク変容の経験則（命題）」からコミュニティの再生を考えたい。大震災でコミュニティ意識の衰退期にある状態から再生し持続可能なコミュニティにすることが大きな課題である。

第1経験則で指摘した地域社会外と結びつく互助ネットワークの関係では、コミュニティ意識が希薄な点を底上げするため地域で絆を深めることが必要となる。日頃つきあいがない人ほど震災を契機に公助を通して人とのつながりを感じている。また「ゼロになって初めて支え合いが生まれる」という被災者の言葉はボランティアの支援を通した共助の大切さを示している。近隣関係が希薄な人には震災を契機に防災活動への加入を促すなど、日頃から地域社会の取り組みに関心をもたせることが肝要である。これは元の社会に戻れる可能性が高いときで、被害状況が大きくない都市部の地域を再生する場合である。

第2経験則では、地域社会でそれなりの絆があったところほど逆に震災を契機に絆の亀裂からそのもろさが意識される。このため大震災で絆がさらに深まるという仮説は被害が大きいところでは必ずしもあてはまらないことがわかる。むしろ被害が少なく普段つきあいが少ないところほど改めて隣近所の関係を見直すのと対照的である。震災を通して人間関係が完全に壊れ、家屋だけでなくコミュニティまで崩壊するという指摘に絆のもろさが感じられる。家が流されなかった地元の人からの支援には感謝の気持ちをもたず、ボランティアなど外からの援助に感謝の気持ちをもちそれに依存する点は地域社会の「内助」が外向きの援助に頼る「外助」志向になることを示す。自分が助かり同じ被災者を支援する側にまわるという行為は同じ境遇の「痛み」を直接知るだけに外からの援助とは異なり癒される度合いも大きい。これが本来互助ネットワークを強化することにつながる。

一度分裂した絆の修復は難しいが、何らかの一体感を保つ工夫が必要になる。普通なら誤解を解くことから始まるが、地区単位の復興計画の策定あるいは祭りやイベントで一体感を喚起することが考えられる。東日本大震災の翌日発生した長野県北部地震で栄村は栄村復興支援機構（結い）を結成し、多くの人が土地を離れたとき女性が話し合いの場として「お茶会」を始めこれがつながりや絆を確認する場になった。元の地域社会に残る人と移る人では対応は異なるが、陸前高田市では津波で家屋をなくした被災者が高台の仮設や復興住宅、別の地域社会に移り住み、新たなコミュニティの一員になることで再出発できる可能性は高い。地域社会を支える共助という「内助」と外向きの援助に頼る「外助」の補完関係から健全なコミュニティが再生される。

第3経験則から原発被災者のコミュニティの再生はより深刻で、絆の分断に加え地域社会の喪失感が大きい。双葉町のように役場ごと集団移転した避難所でも近隣関係がそのまま維持されたわけではない。「集落単位ではなく個人の家単位で脱出してきたので、皆ばらばらになってしまった。このため双葉町がまとまって避難していると言っても、近隣のまとまりはない」（下羽鳥地区の五〇代男性）、「ここでは部落単位で生活するものと思っていたが、早い者順で場所が確保されていった。このため元の単位で生活しているわけではなく、皆ばらばらになっている」（寺沢地区の六〇代男性）という指摘がそれを端的に示している。「山のほうの人、海のほうの人、町場の人というように、言わば『混成部隊』のような状況にある。そのためお互いつい言葉が先に出てしまい、人間関係がぎくしゃくしているところもある」（郡山地区の六〇代男性）と語るように感情の露わなやりとりがある一方「同じ集落でもあまりつきあいがなかった人と同じ部屋になり話をする」（前田地区の四〇代男性）など近隣関係を新たにつくる動きもあった。

こうした自助の限界と同室の人に気をつかう人間関係から体調を崩す人がいた。また絆の亀裂や分断による共助の弱体化に加え、「いくら町長が頑張って、双葉町以外のところに双葉町をつくっても、それはもう双葉町ではないと思う」（石熊地区の三〇代女性）と指摘するように、元の「地域社会の消滅」を受け容れる喪失感も見られた。さらに「いったいいつになったらこの状況が改善されるのか、まったく将来の見通しが立たないのが今の現状だ。町には行動計画、原発補償の話を含めて、いつまでに何をどうするのかという工程表（ロードマップ）をきちんと示してほしい。この点何も見えてこないことが不安だ」（新山地区の六〇代男性）と言うように公助への不信は大きく、迅速な復興が望まれる。[24] このような声から支え合いの社会システムをつくる難しさがよくわかる。

地元を離れ互助ネットワークが切断された住民はそれぞれの移転先で生活再建を目指すことになる。新しい地域社会では避難した人が不安や孤独感を和らげる交流をはかる、また市民活動センターなど人が集まる結節機関で小集団活動を活発にして新たな一体感をつくるようにする。ただそれは強制ではなく共助として旧住民も含めた地域住民の自発的な交流が望ましい。その一方で以前住んでいた人たちと連絡を取り合い、交流の場を通して元のコミュニティ意識を取り戻すことも必要だろう。町民がまとまって福島県内に生活拠点を移すなら、そこが元のコミュニティ意識醸成の新たな場となるかもしれない。その場合地区（集落）単位の居住が理想だが、町民としての移住が現実的にならざるを得ない。

互助意識と震災後の復興

二〇一四年三月福島県桑折《こおり》町の仮設住宅に避難している浪江町住民に対して相互扶助を中心にコミュニティ意識について留置方式を併用して質問紙による聞き取り調査を行った[25]（恩田 2015a）。またそのフォローアップの調査として二〇一五年七月仮設住宅自治会の代表者、浪江町の桑折出張所（生活支援課）と二本松市にある本庁復興推進課復興計画係でヒアリングをした。さらにその後仮設住宅から復興公営住宅に移った住民の声を聞いた。先の大震災直後の聞き取りが定性的な調査であるのに対して、この原発被災者への調査は定量的な分析に焦点を当てた。[26] 二〇一七年六月には同じ桑折町の仮設住宅に隣接した復興公営住宅で留置方式でアンケートを行った。[27] その一部を含め以下調査の結果から被災地の相互扶助について考えたい。

日頃のつきあいと相談相手

浪江町居住当時と仮設住宅でのつきあいや助け合い、手助けの内容とその対応について質問したところ「家族以外に最もつきあいの深い人をあげてください（記入は一つ）」という問いでは、「隣家の人」が最も多く四割近くあり（三八・八％）、次が「親戚の人」（二二・五％）だった。「特につきあっていない」人が一七・五％いるが、この点は震災前の四・八％に対して増えているため、これは仮設での孤独感の増大を示唆している。以下「隣家以外の地域の人」が一〇・〇％、「その他」「仕事関係の人」の順で、「その他」では「仮設入居の人」、離れている「子供」や「浪江の頃の友達」「昔勤務先がいっしょの人」だった。「何か困ったとき、あなたは誰に相談しますか（記入は一つ）」という質問では、「家族」が七割を超え（七七・五％）、震災前の六五・一％に比べ増えている。二番目が「親戚の人」で三・八％、以下「隣家の人」と「隣家以外の地域の人」が同数で、「仕事の同僚」と「職場の上司」「行政（自治体）」はなく、血縁地縁以外の者への信頼は薄い。その他は「友人」が多い。

震災前後のつながり

「震災の前と後で人とのつながりや絆についてどう考えますか」という問いでは「震災前よりも弱い」と答えた人が三九・二％と最も多く、「震災前も後も変わらない」人が三二・四％、「震災前よりも強い」人は二八・四％だった。[28] 大震災を契機につながりや絆が強くなるのは被災地以外の人で、被災地では未曾有の被害で心身ともに疲弊していることがわかる。既述した陸前高田市の聞き取りで指摘した人間関係の軋轢と符合する。「震災前よりも強い」人は「同じような境遇の中、つながりが生まれている」「人は助け合いの精神がなければ生きていけない」「同じ避難者どうしなので不安な気持ちを分かち合える」点を指摘している。弱くなったと言う人は「プライバシーがない」「浪江住民でも仮設ではあまり知っている人が少ないため」「前のまわりの隣人がばらばらになってしまったから」を理由としている。避難所同様近隣関係に基づく入居ではない仮設ではつながりが薄い。[29] 町場に住む人と共同作業が多い農村では異なるが、前者は近隣関係がもともと希薄だが後者の互助意識が強いところほど震災前後の落差を感じている。

地域社会の支え合い——互助意識と互助態度

「地域住民がお互いに生活を支え合うことに対してどう思いますか」という互助意識では、「同じ地域社会に住む者が困っているとき、助けるのはあたりまえである」が最も多く（四七・四％）、多くの人が共助の重要性を指摘している。次が公助の「生活が苦しいのは行政（国、県、町）の責任で、行政が対応すべきである」で三二・九％、また「生活が苦しいのは自分の努力が足りないからで、自分で努力すべきである」という自助を支持する人は一一・八％で少ない。震災前と比べると共助は五六・一％から減り公助が三〇・〇％から増え、大震災で公助の必要性と自助の限界が意識されている。「その他」では「今はお互いに助け合うことが必要なときですが、ここの住民とは手をたずさえることはできない」という人間不信の人もいる。「それでは実際に生活に困っている人がいるとき、あなたはどうしましたか」という問いで最も多いのは「自分に余裕があれば、困っている人を手助けする」という条件付きの共助で五割近くあり（四六・七％）、震災前の五七・八％に比べ減少し余裕がないことがわかる。「困っている人がいれば、すぐに手助けする」という無条件の共助は二一・三％で震災前とそう変わらない。「自分のことは自分で解決すべきで、手助けしない（自助）」も震災前の一二・〇％に対し一三・三％とほぼ変わらない。「行政がすればいいことで、自分は手助けしない（公助）」は震災前の一割に対して一二・〇％だった。「その他」では「時と場合により自分のできる範囲で、できない時は他に手助けを頼むこともある」という指摘があった。

支え合いの状況

上記の質問で無条件あるいは条件付きで共助の態度を示した人に対して、「あなたはどのようなとき、手助けをしますか」と質問したところ（自由回答）、「体が弱っているときなど」「声をかけられたり、頼まれたら手助けします」「労働が不足しているとき」という状況に応じた態度が多い。その内容は「話を聞く」「町からの知らせなどの書類の説明など」「困っている方のまずお話を聞き、できることを手伝いしています」「年配の人のお話を聞いたり、わからないこと（筆談用紙など）を聞かれたら教える」などがあった。「困っていることにもよるが、なるべくできる限りのことはしている」、また「誰かに頼ろうとして甘えているのではなく、本当に困っていると私自身が判断した場合」という人もいた。この他「金銭的余裕があれば人は誰でも助けたいのは当たり前、自分がその状態では無理だし相談にも来ない」という厳しい現状を吐露する意見もあった。

手助けの内容

「その手助けをヒト（労力）、モノ（物品）、カネ（金銭）で分けるとすると、どれを提供してきましたか」と聞いたところ（複数回答）、最も多かったのは「労働力を提供する」の五六・三％で、「何らかの物品を与える」（一八・八％）は震災前の二四・一％に比べ少なく、「お金の提供」も九・四％で震災前の一二・六％から減少し経済的余裕がないことがわかる。物品では食品などのモノよりも、仮設住宅固有の内容として「賠償などの相談」「情報（行政サービス等）の提供」などコトへの支援があった。「その他」では「その時々による」「緊急を要するもの」「自分に余裕があればさし上げる」のが現状で、「相手が必要とする物、精神的なものもその一つです」という励ましの声がけもある。この他「お金は時と場合により、トラブルの元になるので場合によりけり」という意見があった。

返礼の期待と他者への返礼

「その手助けに対して相手から返礼を期待しますか」という問いでは、「期待しない」が九八・〇％で震災前の九四・二％より増えている。被災状況を考慮すると、他者からの期待は差し控える雰囲気がある。なお「その相手に返せるくらいの状態なら困ってなどおりません。本当に困ったときに受けた手助けに対しては返礼などできないのです」という仮設の現状を反映した指摘もあった。逆に手助けを受けた相手に対する返礼では「返礼をする」が震災前の八九・五％に比べ増え（九二・二％）、この点同じ被災者への感謝の念が示されている。

仮設住宅の相互扶助

「これから支え合いはどうなっていくと思いますか」という問いでは、「相互扶助がしだいに衰退していく」とする人が最も多く五〇・九％で、震災前の三九・四％に比べ大幅に増えている点が注目される。「昔も今も相互扶助は変わっていない」は三四・五％で、「これから相互扶助は増えていく」は五・五％に過ぎない。震災前では五割の人が相互扶助は変わらないとするが、震災後は町民がばらばらで互助ネットワークの形成が難しい点が浮き彫りになった[30]。これは「別々な所に住んでいるから」「自分のことでせいいっぱい」なためで、「人とのつながりが悪くなる」「高齢者が増え、出てくる人が少なくなった」ことを指摘する人もいる。相互扶助が変わらないとする人は「支え合って生きるべきである」「まわりの人たちが変わらなければならない」「一人で何もかもすることはできないと思うから」「どこにいてもそれは必要なこと」という意見をもっている。その一方で「情報がほしい」「仮設住宅にいると楽しいことがない。不安ばかりなので時には楽しいことをしてほしい」という要望の声に行政は耳を傾けるべきである。相互扶助が増える理由は「高齢者が多いため」「同じような境遇の中からつながりが出てきた」からとする。この他「仮設から出て行く日が目立つようになってきた。相互扶助はおかしくなってきている」「三年目でここでの生活にも慣れてきて希望がない」という声があった。

地域社会の支え合い

「地域社会でお互いに支え合うことについて、あなたの考えを聞かせてください」という自由回答では、支え合いのきっかけについて「何らかの会（集まり）が必要」「共同作業（労働力）、スポーツ、部落の親睦会」「落ち込んでいる人どうし心の支えは大変大事なことなのでもっと皆さんで集まる機会が増えればよいと思う」という声があった。「人間仲良く生きていきたい」「人生はいいことばかりではありません。必ず困っていることもあるので、お互い助け合わなければなりません」という未来の希望に向けた意見に加え、「めんどうがったりいやがる人もいるが、人は一人では生きていけない。支え合いは必要である」「良いことなので続けていけばいいと思う」「昔から日本人はそのようなつきあいをしてきたのでなくならないと思う」「自分が困ったときのことを考える」という指摘はコミュニティ意識が健在であることを示している。その一方で「支え合うことには限界があると思います」「いつまでもこの仮設の生活では人間がだめになっていくばかりだと思います」という悲観的な声もある。この他「大事なことですから参加したいし意見も言いたいが、以前のように人前で話すのが得意でなくなった」という人もいた。

復興の現状

「浪江町の復興についてどう考えますか」という問いで最も多かったのは「非常に悪い」で半分近い（四九・四％）。次が

「やや悪い」で三四・六%で、「非常に悪い」と「やや悪い」を合わせると八割を超える人が「悪い」と感じている。「非常に良い」と「やや良い」は一人ずつしかいなかった。この「悪い」対象は何だろうか。「非常に悪い」と「やや悪い」に答えた人にどこがよくないか聞いたところ（複数回答）、「除染（放射能の影響）」が一番多く二〇・一%、次が「住宅」の一九・三%で「家族離散」が一一・五%あった。ここで注目したいのは「除染」の次に生活拠点の「住宅」が問題となり、仮設住宅が2DKで大変狭く家族の離散状況への不満である。以下「賠償」が九・四%、「医療保健」と「交通基盤」が六・一%だった。「その他」では「すべてよくない」「根本的にライフラインがまったくだめである」という不満の声、「先が見えない」「本当の情報さえ届かない」という不安がある。

復興停滞の要因

既に述べた「一村一助」運動の調査と同様に、復興の停滞について「国、県、町の対応」がそれぞれ十分でない、「行政からの様々な規制が強い」「行政と地域住民との意志疎通不足」「自治会の対応が十分ではない」「地域住民の組織活動が弱い」「地域住民の連帯感が少ない」「地域住民の行動力（参加）が足りない」「地域住民一人ひとりの危機意識（関心）が低い」をあげて、「強くそう思う」「そう思う」「そう思わない」「全くそう思わない」の四段階で答えてもらった。

「国の対応が十分ではない」では「強くそう思う」人が七割を超え（七三・六%）、以下「県の対応」と「町の対応」を不十分とする人が六二・三%、五〇・七%あった。「行政からの様々な規制が強い」「行政と地域住民との意志疎通不足」は「強くそう思う」と「そう思う」を合わせると六六・〇%と七〇・七%だが、「自治会の対応が十分でない」と「地域住民の組織活動が弱い」では「そう思わない」人が四七・七%と四三・七%あり半分近い人が住民組織の活動をそれなりに評価している。「地域住民の連帯感が少ない」は「強くそう思う」人（二五・八%）と「そう思う」人（三〇・三%）に対し「全くそう思わない」人（九・一%）と「そう思わない」人（三四・八%）もいる。「地域住民の行動力（参加）が足りない」「住民一人ひとりの危機意識（関心）が低い」は「そう思う」人が三七・九%と三五・四%で「そう思わない」人とはわずかな差だがそれぞれ多かった。「その他」では「国、県が無責任である」「この非常時に今までの『規則ですから』は通用しないことを国や行政はわかっていない」という批判もある。

この復興停滞の問題点を数量化Ⅲ類の手法で分析すると、その要因として「住民の組織活動」「行政の規制（制度上の制約）」「行政の対応不足」という三つの成分が抽出できた[31]。これらから住民側では組織活動を活発にし、行政側では住民本位の対応が必要で、復興に関連した様々な制度上の制約を緩和して住民と行政のコミュニケーションを密にした熟議が望ましいことがわかる。特に給付を伴う復興関連の生活支援制度を住民が十分知らない、申請書類が煩瑣な点は仮設から復興公営住宅に移った住民が指摘している（二〇一六年一二月聞き取り）。「役所の申請主義」は被災者の多くが高齢者であることを考慮して是正すべきである。

町外コミュニティに対する意見と地域意識

二〇一二（平成二四）年に策定された「浪江町復興ビジョン」から具体的な道筋を示した「浪江町復興計画（第一次）」では町外コミュニティが提唱された。町外コミュニティは復興公営住宅と医療・介護・学校・行政などのサービスを南相馬市、いわき市、二本松市に整備して暮らす地域社会を意味する。しかし二〇一七年三月末に避難指示の解除がされ役場の本庁が浪江町に戻ることを前提にした平成二九年四月から三三年三月までの「浪江町復興計画（第二次）」では町外コミュニティを取り上げていないためその実現の可能性は低いが、調査時点二〇一四年当時の町外コミュニティに対する意識は以下のとおりであった。「住宅環境がよくなる」「雇用（働き口）が増える」「放射線の影響が少なくなる」「人口が増大する（過疎化の改善）」「少子化（出生率の低下）が改善される」「高齢化（高齢者の増加）が改善される」「医療保健衛生状態がよくなる」「人とのつながりや絆が薄れる」「ふるさと意識が薄れる」「教育環境が改善される」「家族がいっしょに暮らせる」「様々な情報が入手しやすくなる」「介護の問題が少なくなる」「商業施設が充実する」「交通基盤がよくなる」「賠償問題が進展する」の一六項目について、復興停滞の要因分析同様「強くそう思う」から「全くそう思わない」まで四段階で質問した[32]。

「住宅環境がよくなる」では「そう思う」が三六・二％で最も多く、以下「そう思わない」が「雇用が増える」で五二・九％、「放射線の影響が少なくなる」では四七・〇％、「人口が増大する」で五〇・七％、「少子化が改善される」では五七・六％、「高齢化が改善される」で六三・二％、「医療保健衛生状態がよくなる」では四〇％、「人とのつながりや絆が薄れる」で四一・二％とそれぞれ最も多かった。「ふるさと意識が薄れる」で「そう思う」が三八・二％、「教育環境が改善される」では「そう思わない」が四一・九％、「家族がいっしょに暮らせる」で同じく「そう思わない」が四五・五％、「様々な情報が入手しやすくなる」では「そう思う」が四三・九％あり、以下「そう思わない」が「介護の問題が少なくなる」で五三・〇％、「商業施設が充実する」では五三・〇％、「交通基盤がよくなる」で四九・三％、「賠償問題が進展する」では六二・五％で最も多い。特に「人とのつながりや絆が薄れる」で「そう思わない」人が四割強いたが、「そう思う」の三八・二％と「強くそう思う」の一六・二％を合わせると、半分以上の人が希薄化を懸念している。「ふるさと意識が薄れる」では「強くそう思う」が一六・二％「そう思う」が三八・二％で町外コミュニティに住むことによるふるさと意識の喪失感が認められる。「家族がいっしょに暮らせる」で「全くそう思わない」と「そう思わない」合わせて六割を超える人が家族の離散を心配している。「その他」では「戻るつもりはないです。復興住宅を一人ひとりの意見を聞いて一戸でも提供してほしいです。今の仮設から他の地域には離れたくないです。孫も転校したくないと言っています」という声は既に生活基盤を整えつつある人で現状の変更に対して不安を抱いていることがわかる。(33)「何も考えられない」という声は多くの共通の思いである。

「町外コミュニティができると浪江町の地域意識はどうなると思いますか」という質問では、「元の住民がばらばらになりコミュニティ意識が希薄になる」という人が三六・四％で最も多かった。逆に「移住した市で新たなコミュニティ意識が生まれる」と感じる人は一五・〇％だが、これは「浪江町に対するコミュニティ意識は変わらない」とする人の一四・〇％とほぼ変わらない。「その他」では「家族でさえ仲がいいとは限らない。ましてや隣人関係もそう。ただふるさとに対しての思いは強い。しかしその面影も失われていくと思う」という意見があった。原発避難による無人化した町の元の「原風景」が変わることへの不安が示されている。

復興の担い手

「復興は誰が中心になって進めるべきだと思いますか」という問い（複数回答）で最も多いのは「国が中心」で二七・六％、次が「町が中心」の二三・八％、「県が中心」の二二・〇％だった。こうした公助に対して「住民が積極的に参加すべきである（共助）」は一〇・三％で、それ以外の項目は一割にも満たない。このことから行政の大きな力を必要とする町民の強い思いがわかる。「その他」では「住民が協力し町、県、国を動かすような一人ひとりの意見がまとまったらもっと復興が進むのではないかと思う」「もっと個々人の話を聞きとどけてほしい」という声があった。行政は住民のニーズを的確に吸収すべきである。

復興への住民参加

先の質問で住民参加や自治会中心、新しい市民組織（ＮＰＯ）による共助について回答した人に「住民はどのように関わるべきだと思いますか」という質問をした（複数回答）。一番多かったのは「行政と協力して地域づくりを推進する（行政との協働）」で二二・二％で、次が「国や県、市に対して積極的に意見を述べる（パブリック・コメントの活用）」と「町外コミュニティで旧住民と新住民（浪江町民）が協力する（地域住民間の協働）」が一九・〇％で同じであった。公助への期待が大きいだけに現状に対する住民の不満や落胆の声は大きい[34]。しかし行政との協働を求めると同時に町民が積極的に意見を言い、また新たな居住地では受け容れ自治体の住民とも協力しながらまちづくりをするという意欲がないと復興は進まない。特に新住民と旧住民の融和は後述するように難しい面がある。

浪江町の将来

浪江町の将来では悲観的な展望がある一方、未来へ向けての決意表明も見られた。「年寄りばかりの町になるのではないかと思う」「放射線のことがあるので若い人が住まない町では希望がない」「人はある程度戻るが、廃炉除染関連の車が行き来し子供のいない町」「国や町は帰還を前提に進めているが、帰りたい老人が次々亡くなっている」「戻る人戻らない人、様々でこれから先心配です。絆のあった町がこの先不安でなりません」という将来への不安が大きい。町の消滅では「（町は）ないと思う」意見が複数あり、「浪江町としてはたちゆかず別々の市町村に吸収されてしまう」と指摘している。また「町はいつか衰退してしまうと思います。ふるさとに帰りたい気持ちはありますが、帰れないです。原発問題がこのような状態ですので、帰還は断念するしかないです。家族と離れて暮らせないです」「浪江町がなくなりそう。ここ（仮設）は一生住めるところではない。浪江の風景と比べると違う」という悲痛な声に行政は耳を傾けるべきである。

原発の汚染や精神的な負担に加え、「昨年あたりから帰らないと決めました。若い人が戻らなければ生活が成り立たない。家の中はネズミのフン（でいっぱい）。とても住める状態ではない。立て替えなければいけない。無理です」という家の荒廃が帰還意思を妨げている。「帰った場合若い人、子供がいない町で生活?」というあきらめもある。今後の生活では「農業が基幹産業の町なので、復興するには農業に代わる産業（たとえばIT産業など）が必要。公立の介護施設。逆手の考えで放射能被災を観光資源とする」という意見もあるが、ただちに賛同が得られるわけではない。「皆集まるところに住みたい。身内がばらばらになっているので、家族がいっしょに住めるところがあればそこに住みたい」気持ちは住民共通の思いである。なお二〇一六（平成二八）年九月に実施された調査（『平成二八年度浪江町住民意向調査』復興庁・福島県・浪江町共催）では避難指示解除後に「戻りたい」人が一七・五%、「戻らない」人が五二・六%、「判断がつかない」人が二八・二%であった。浪江町の人口一万八三〇五人、世帯数六九五〇戸（二〇一七年四月末現在、震災時の人口は二万一四三四人）のうち浪江町に実際に二〇一七年三月の解除後戻った人は一九三人、一四〇世帯である[35]（浪江町役場福島出張所、二〇一七年六月聞き取り）。この点筆者が行った二〇一七年六月の復興公営住宅の調査では生活拠点として住み続ける人が一八・五%、わからない人が五五・六%あった。

行政への要望では「やはり国が浪江町としての土地を確保してくれ、そこに町民が住めることが一番理想だと思います」「家を何とかしたい。ネズミが多くて悪臭がひどい」「山間地域を重要視していないので困る」「雇用を第一にあげ、若者を呼び寄せること」「早く復興住宅をつくってください。お願いします」「ふるさと浪江町をなくさないように行政にお願いしたい」「将来はない。昔のものは帰ってこない。町は本音を言ってほしい」という切実な声に行政はどう応えるべきであろうか。さらに「原発の終息しだいだと思う。ストロンチウム（放射性物質）は海に流さないでください」という要望もある。「何年後に戻れるのかわからない今は何も考えられないが、元の浪江の三分の二くらいは昔と同じような町になってほしい」という町民の郷愁は強い。「組織は町民あっての存在。自らの延命より町民のためカジを切るべき。国に反旗をひるがえして。町を離れる若い世代へは財政的支援を主張し、帰りたい人には会社なら倒産なのだから説得して若い世代中心の方向性を出すしかないのでは。今のままでは若い世代、老人が共倒れ、ストレスに耐えられる限界を迎えつつある」という意見もある。すべての要求を同時に聞き入れることは難しいとしても、行政は優先順位をつけて公正かつ公平に対処すべきである。

新旧住民の軋轢と行政の対応

仮設住宅の自治会前会長によれば、同じ集落の人が仮設にいるわけではないためつながりは薄く、ふるさとに対する思いと隣近所の関係は別である（二〇一五年七月聞き取り）。家族を大切にしたい気持ちは皆同じである。被災者にモノは必要だがそれだけでは十分でなくココロが問題で、両者の二重構造を考える必要がある。震災後年数が経つにつれ依存体質が強くなっている。ボランティアが被災者を支援することに価値を置く自己満足が強いとかえって逆効果で、復興は住民の気持ちや痛みに寄り添わないと効果が薄い。[36] 前副会長（調査時点の自治会長代行）からは、「自分が育ったところでは嫌でもつきあわざるを得ないが、仮設では知らない人の集まりで別につきあわなくてもいい。一部集落単位で入居した仮設もあるが、以前の居住単位を考慮してほしかった」ことも聞いた。入居当時は皆「これからどうする」という気持ちで燃えていたが、やる気のある人ほど出ていった。[37] 避難先で新住民と旧住民の関係がうまくいっていない。浪江町の人が引っ越しの挨拶で配った手拭いが翌日玄関に積まれ、またゴミで出した袋が玄関に置かれ、さらに「出ていけ」という落書きが車にされた。原発被災者が建てた住宅のため土地の値段があがり、スーパーや病院が混み交通渋滞も多くゴミが増えたと不平を言う。被災者の新築の家が立派すぎて旧住民の嫉妬の対象になっている。こうした行為はコミュニティ内の厄介者を社会的に排除する「妖術」（witchcraft）に結びついた態度という指摘もある（Giuffre, 2013 : 109–140）。このため被災者だけで住むのがよいと言う人もいる。復興公営住宅は被災者が出た後は一般住民が入居できるなど、被災者が来ることでむしろ地元がよくなる点を旧住民に知らせる必要がある。こうした指摘から新旧住民のコミュニティ意識の形成が難しいことがわかる。

これに対して行政では被災者への対応を十分行っているという声を聞いた（二〇一五年七月聞き取り）。浪江町桑折出張所（生活支援課）と二本松市にある復興推進課復興計画係では、原発被災者への孤立防止や居場所づくり、入居者と地域住民との交流促進などコミュニティ形成に向けた取り組みとして、復興庁の福島再生加速化交付金を活用した福島県の「コミュニティ交流員」（県内対象）、福島県外の対応では総務省の「復興支援員」がいることを聞いた。[38] 震災後のつながりの希薄さは補償内容が異なる人が同じ仮設にいる賠償の不公平から生まれている。この点双葉町や大熊町は同じ条件の人が多く自治体全体で対応も統一できる。国（東京電力）との対応では住民への説明不足があるため双方向のコミュニケーションを必要とする。特に原発のない浪江町民には「被害者意識」も強いが、施設のあるところ同様原発による恩恵も雇用も含め当然あっただろう。どこかが立地を引き受けざるを得ないとき、周辺地域との関係は当然配慮されるべきである（Aldrich, 2009）。今一番必要なことは不安を取り除き復興の明確な将来像を示す工程の「見える化」であるとする。復興計画への住民参加では「復興まちづくり計画」の全戸配布と公募委員が計画策定に参加している[39]。移転先でのコミュニティの亀裂に対する行政の適切な取り組みと旧住民の理解が望まれるが、復興公営住宅などモノと被災者への精神面のケアが不可欠である。新旧住民の関係では、いわき市の生活再建市民課の職員は住民票を移さず行政サービスを受ける税負担をめぐる感情の軋轢は当初より少ないと言う[40]（二〇一六年一二月聞き取り）。

既に復興公営住宅が完成し仮設から移った住民には満足している人とそうでない人がいる（同上聞き取り）。3ＬＤＫの二階建ての駐車場付きで以前の仮設に比べ居住空間が向上した点を歓迎する一方、不満な人は高齢者に多く「最後の場所」のふるさとに対する思いが強く、何故今こういう状態なのかその理由が見つけられず気持ちの整理がつかない人たちである。また長く農業に従事し浪江町から出たことがなかった人たちも帰還の意向が強い。逆に街中（町場）で生活した人は地区の共同作業がもともと少なくつながりが強いわけではないため他の町に住む抵抗感は少ない。ただ戻らないと決めた人でも幼少体験があるふるさとに「最後の場所」を求める人が少なくない。不満な人は何よりも原発関連の情報が正しく伝わらないいらだちが大きく、住民に目を向けた行政の取り組みを切望している。

コミュニティの再生

浪江町における地域社会のつながりや絆を明らかにしようとした本調査と住民の代表者、行政の生の声から復興道半ばにある現状がよくわかる[41]。大震災を契機に人と人とのつながりや絆が強くなるという仮説は必ずしも成り立たず、逆に弱くなるという結果は以前の調査（恩田 2012a, 2012b, 2013a, 2013b : Onda, 2017）同様今回の調査でも確認できた。年数が経過するにつれ希薄になる帰還意欲が浪江町民のコミュニティ意識に影響を与えている。仮設住宅での生活の限界に加え特に重要なのは助け合いや支え合いと言っても、ヒト（労力）やモノ（物品）、カネ（金銭）ではなくココロ（精神）の領域である。この「心のケア」には気持ちが前向きで新しい生活を切り開く「生きる力」（ライフスキル）を身につけるセルフ・エンパワーメント（self-empowerment）が含まれる。元の地域社会のつながりが強いところほどその喪失感が大きく、復興住宅の提供だけでなく「心のケア」が欠かせない。故郷への帰還希望を胸に抱きながら亡くなった高齢者も少なくない。震災後年月が経つにつれ生活再建の意欲が喪失し通常の生活が営めないところにかつての相互扶助を期待することはできないが、そこにまた別の絆がないと復興への道は見出せない。

この点は復興停滞の要因分析で抽出したように、住民側では組織活動を活発にし行政側では誠意ある対応から復興関連の各種制度の情報伝達とその申請の制約を緩和することが必要である。行政に対して働きかける住民のコミュニティ・エンパワーメント（community empowerment）も望ましいが、何よりも浪江町民の組織力、コミュニケーション力、交渉力に基づく住民運動が求められる。それを促す触媒の役割として外部のカタリスト（catalyst）が必要だが、ＮＰＯによる支援はあくまでも地域住民の主体性を引き出すものでありたい。既に述べたように地域づくりの理念は「住民の住民による住民のための地域づくり」にある（恩田 2008）。「住民の」は地域社会の所有関係を、「住民による」は地域づくりの主体関係を、「住民のための」はその客体関係を示す。地域社会を奪われその主体が国や県、町に移りその対象である住民を忘れた復興は地域づくりの哲学に矛盾する。この不安と不満が浪江町の将来に対する声に表れている。新旧住民の関係では復興公営住宅で浪江町民だけでなく桑折町の被災者や近隣住民との交流がされている（二〇一六年一二月聞き取り）。またタブレットを配付し「なみえ新聞」を通して福島県内外の住民間のコミュニケーションを促進し、花壇の整備や催し物を通して地域住民の一体感も見られる。こうした取り組み（共助）に加え、行政の制度的支援（公助）と復興に対する一人ひとりの意識化（自助）が欠かせない。

コミュニティの語源であるラテン語の communis の「共」（com）と「責任」（munis）から、住民がともに地域社会をつくる責任をもてるかどうかがコミュニティ形成の鍵を握る。コミュニティは意志された関係として相互依存の共同（communal）活動に基づく（MacIver,［1917］1924）。公助のみに頼るのではなく、また自分一人という自助だけでもない、地域住民が力を合わせる共助からコミュニティがつくられる。復興に関わる資金面や法律および条例という制度面で国や自治体の迅速果敢な公助、また地域外からの支援と可能な限り地域住民による共助、さらに自らの状況を切り開く自助が一体となった取り組みが望ましい。ここに強い復元力（resilience）が生まれる（Aldrich, 2012）。災害に強い地域づくりは施設整備などのハード面に限らない。そこに住む住民のつながりや絆の形成というソフト面、また被災者への心のケアというヒューマン面も含めた総合的な支援を必要とする。つらい過去と決別しながらも歴史としての教訓を忘れず、未来に向かう連帯と共生に基づく支え合いをもう一度取り戻したい。特に震災前から過疎化が進行していた「過疎被災地」の再生には次代を担う若者の力が欠かせない。今こそわれわれはこの未曾有の困難な状況を人間の英知を結集して乗り越えていかなければならない。本書の最後に現代社会における支え合い回復の方向性について述べることにする。

2 支え合いの社会システムを目指して

互助ネットワークの構築

「社会的包含」と「社会的排除」　「無縁社会」と言われる現在、どうすれば「有縁社会」をつくることができるのか。地方は過疎化・少子高齢化が深刻で、都市でも団地の高齢化が進行し地域社会の活力が衰退し人間関係も希薄化している。若者の人口流出から後継者不足の声をよく聞く。それでもムラ社会にはまだ昔の地縁関係のつきあいが残るが、多くの日本人は島国に住みながらシマ社会の強い絆を意識することはない。このシマ意識が本土では薄れているが離島ではまだ健在である。娯楽もなく生活がつらいと思うのは島外者だけだろう。長年住み慣れたふるさと意識を島民は感じている。厳しい風土に向き合い生活圏を共有する団結力は強く弱者を受け容れ救済する「社会的包含」も見られた。

その一方でムラ社会の濃密な人間関係を負担に感じるマチ社会の人がいる。集団志向が強く共属感情から他者を排除するムラ社会と個人志向が強く無関心から他者を受け容れるマチ社会とのバランスが問題となる。あまりにも濃密な関係では息苦しく気を遣うため適度な間合いのある関係が望ましい。こうした関係を考えるときよく言われるのは序章で述べた「ヤマアラシのジレンマ」である（Schopenhauer, 1851）。相互扶助もこの適度な距離を保つ人間関係に配慮し、互助ネットワークが固定したものではなく状況に応じて変わるもの、また適宜それを変えていくことが必要となる。日本の伝統的な互助慣行はこのような間合いのうえに成り立っていたが、この「生活の知恵」を日本人はいつしか忘れてしまった。時代とともに古い「生活の知恵」が現代生活に合わなくなるのは当然で、若い世代はユイやモヤイという言葉すら知らない。これに加え地域社会で取り組む共同作業（村仕事）は職業の多様化で労働の集約化が困難となっている。このため不参加者があえて過怠金を払い、住民間の結束力が弱体化している。現在行われている頼母子も手助けのために集まるというより、地域の協力を得るためまた人間関係を維持するため参加することが少なくない。「共益」への関心がそれだけ薄いことがわかる。

第1章で紹介した長崎県大島の「生活更生島」は高度成長の波に島が飲まれ、生活が豊かになるにつれ衰退した。しかし経済的な豊かさとは異なる別の豊かさが相互扶助を支えている。この豊かさとは共同生活圏を取り囲む自然環境であり、人々が織りなす信頼のネットワークとしての社会環境である。前者は生活を支える資源としての自然の豊かさで、後者は連帯と共生を生む社会の豊かさである[42]。鍵をかけずに出かけるのは誰もが安心する信頼関係があり、それを当たり前のように受け止め見知らぬ島外人にも気持ちよく挨拶を交わすシマ社会こそ島国日本の原点と言える。そこでは生活格差や逸脱者を生まない互助ネットワークが地域社会の中に埋め込まれていた。セイフティネットによる「社会的包含」を取り戻し「社会的排除」をつくらない互助社会を目指したい。

豊かさと相互扶助

そもそも経済が発展すると互助行為は衰退するのだろうか。経済が豊かになると他者からの支援を必要としなくなり、それだけ互助行為は少なくなるだろう。こうした危惧は国内だけでなく、一九七二（昭和四七）年の国連人間環境会議の基礎資料となった『かけがえのない地球』（Only One Earth）という報告書の中でも経済発展（農業革命）によって村単位の相互扶助が衰退していく点が指摘された。農村共同体と相互扶助は密接な関係をもつが、農民の相互扶助は必ずしも経済発展とトレードオフ（二者択一）の関係にあるとは言えない。確かに豊作農家が不作農家を救済するため一定の農産物をプールすること（共同体プール）で支援が成り立つ。しかしこの共同行為はやがて経済発展の桎梏とされる。それは共同性故に各自が努力するインセンティブが弱くなるからで、このため共同に関わる行為を政府（行政）が代替することになる。

これは開発をめぐる経済発展論だが、開発社会学ではそうした経済的インセンティブではないコミュニティの一体感など社会的インセンティブに着目する（恩田 2001）。先に述べた共同のインセンティブを肩代わりする、すなわち政府が地域住民の共助を公助で代替すれば済むのだろうか。また自己と厳しく向き合う自助ではなく自由で効率的に己の利益を追求する市場の「私助」が強調され過ぎると、共助がもつ意味が軽視される。人とつながりたい、人の役に立ちたいという社会的インセンティブから経済的効果では測れない連帯と共生が生まれる。戦後の農村危機の中で山口県が一九五〇（昭和二五）年に始めた「村づくりは人づくり」を掲げた「新生運動」が全国的な運動の先鞭をつけたとされるが、生活および衛生の改善が農山漁村で展開される過程で結婚式や祝宴は自宅で行い華美を諫める改善もされた。それは地域住民の共同性を改めて確認する機会となった。

もともと資本主義の精神はマックス・ヴェーバーが『プロテスタンティズムの倫理と資本主義の精神』で喝破したように、経済的行為を支える「営利欲」とともに他者を慮《おもんぱか》る「隣人愛」（宗教倫理）を伴うものであった（Weber,［1904–05］1920）。経済的行為は連帯と共生という社会的行為との相互作用（相互律）によって支えられる。経済的インセンティブだけを強調すると（自同律）、片寄った豊かさの「似非《えせ》資本主義」を生む[43]。現代の「営利欲」一辺倒の行為には本来の「資本主義の精神」はないと言えよう。そこに社会的インセンティブが作用することで健全な資本主義が育つ。本物の発展につながるもう一つの社会的豊かさに目を向けるべきである。

「応能性」と「応益性」を超えた共感

相互扶助は各自が能力に応じて助力する「応能性」が前提にあるが、受ける利益に応じてその分お返しをするという「応益性」も伴う。「情けは人のためならず」ということわざは手助けをした人が後で何らかの返礼を受けることを示唆しているが、助力を受けた者がどのようなお返しをするのかまでは言及していない。序章で述べた「恩返し」や「恩送り」はこの「応能性」と「応益性」に基づきながらも状況に応じて柔軟な対応をすればいいことを暗示している。資産ある人が受けた手助け以上にお返しをすることもあれば、困窮者が受けたそれ以下のことしかできない場合もある。またその逆もあるだろう。手助けを受ければ相手に何らかの感謝の気持ちを誰しももつが、気持ちだけで何もしないこともあれば、すぐに返礼できないときは余裕があるときにお返しをするかもしれない。互助社会は規範ではなくもちつもたれつの柔軟な関係から成り立つ。

何か手助けをしたとき相手からの報酬よりその行為に伴う心の状態こそ問われるべきである。それは経済的報酬ではなく達成感や充実感という社会的報酬に関わる。日本の伝統的な互助行為には共同生活を維持するためヒトやモノ、カネを提供するモヤイや返礼を求めないテツダイはもちろん相手に対等の見返りを求めるユイでさえ、各自の能力とそれに見合う成果の分かち合いを前提としてきた。日本の村落は寛容さと同時に厳格さをもつ社会でもあった。互助社会の成立要件は各人の能力に応じてできる範囲で手助けする「応能性」とその状況に応じて返礼する「応益性」が基本になるとは言え、それにとらわれない自然な共感に基づくところが大きい。そこでは一人ひとりの「助」行為という点がつながり線としての互助ネットワークが生まれ、そのネットワークからつくられる面がセイフティネットとして張り巡らされることが理想である。

「応能性」と「応益性」のバランスのうえに互助社会は成り立つが、いずれも行為者の共感に基づく柔軟な相互関係をもっている。互助行為は本来各自の能力に応じた背伸びをしない「身の丈に合った行為」で強制されるものではない。また支援をした相手に恩を感じさせる強要からも遠い行為である。地域社会の環境保全では誰もがその労力負担に参加することで豊かな自然から「共益」を享受してきた。この共感が基になる互助社会はいつも住民の共助だけで成り立つわけではない。東日本大震災のような突発的な災害など国民の総力を傾けた支援が求められる。規模が大きく自分たちの力で対応できないときは公的な領域から、また効率のよい便利なサービスがふさわしいときは私的な領域からの支援を必要とする。公的なもの私的なもののいずれも人間として自然な感情である健全な共感から生まれる。

「助」力の向上と絆の回復――分かち合いによる格差の是正

「共」領域の喪失

人間の原初生活は公的なものと私的なものが区別のない状態だった（図終-6「『公』『共』『私』各領域の変容」参照）。原始共同体は共的なものを中心に「公」と「私」の境界があいまいな社会で、「公」「共」「私」各領域が渾然一体であったと言える。この前近代の各領域が同心円上にある構造からやがて政治的には家族や氏族、部族を統帥する為政者が現れ「公」領域が、また経済的には生産能力の差異や分業から「私」領域が分離する。近代化により各領域の相互浸透と勢力伸張が活発になり、また機能分化に伴い新たな構造が生まれる。近代社会では「公」領域で徴税による受益者負担の公的サービスが提供され、私有財産を擁護する国家の機能が高まる。「私」領域では国家の保護を受け

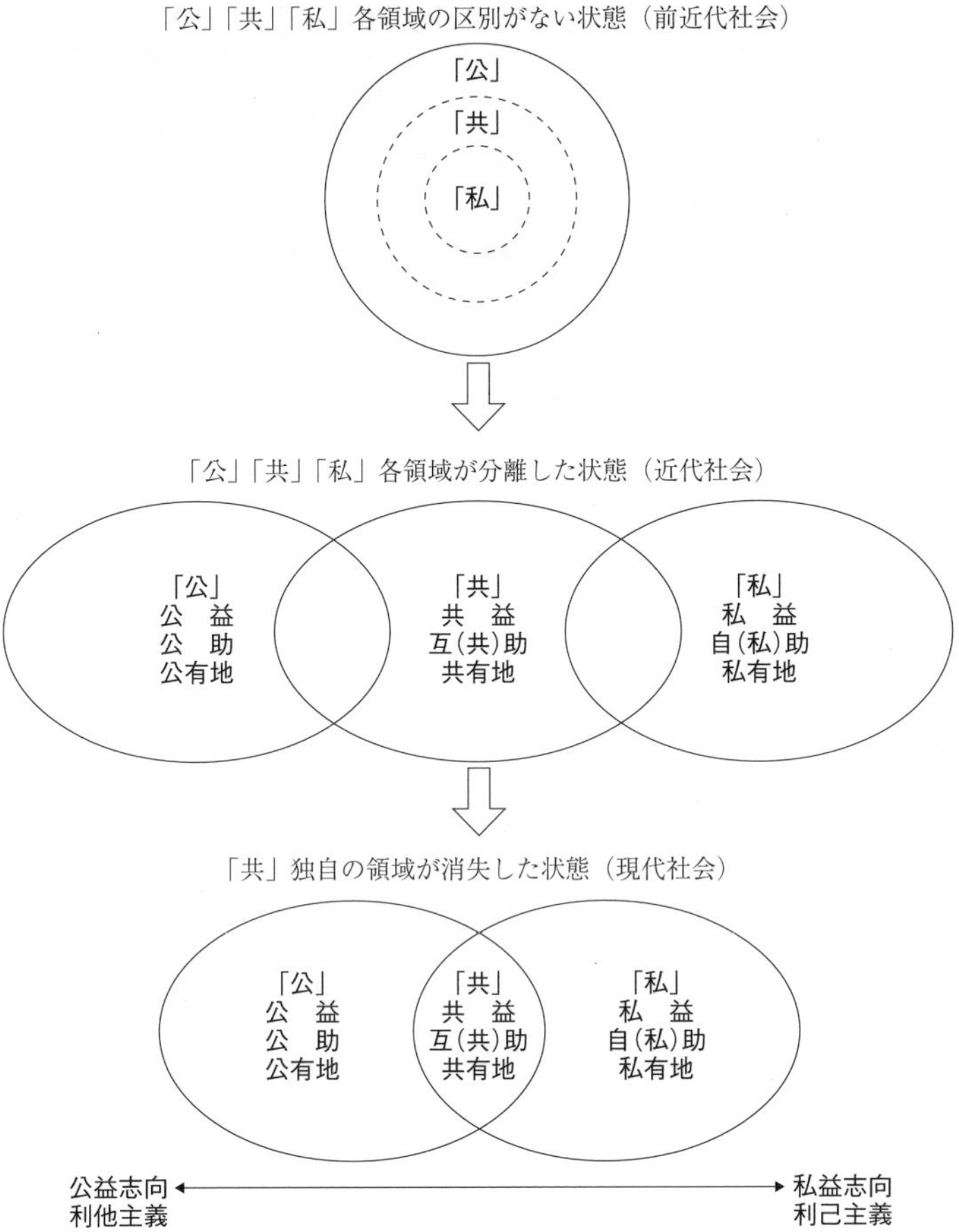

図終-6　「公」「共」「私」各領域の変容

あるいは干渉を排除した自由な生産活動から市場で財とサービスが提供される。

　こうして「共」領域から「公」（国家）領域が統治のため分離し、生産様式の発展により「私」（市場）領域が分化する。この過程はもともと三領域を内包していた家族の機能分化に見られる。家族の一員を保護する治安と生活を維持する家内労働は国家（公）と企業（私）が担うことで家族の役割は縮小する。家族が拡大した集団を共同体と捉えるなら、その原型は家族的な支え合いにある。このような近代化による各領域の分離は土地の公有、共有、私有という形態変化に重なる。共同体が原初的な所有形態としてもつ共有地は公有地や私有地として分化する(44)。また行政や私企業が担う「公」と

「私」のサービスそれ自体の自己増殖から「共」領域が弱体化する。

夜警国家や福祉国家は「私」領域で不十分な防衛や福祉の役割を国家が担うことで生まれたが、第1章で述べたようにこれが過度になると国家や自治体に依存する「行政化」が、また不十分な「公」領域を「私」領域に求め過ぎると、すべて貨幣で処理する市場中心の「ビジネス化」が進行する。しかも現在官民の役割分担や「新しい公共」という言葉で両者をつなぐ「共」領域がますます見えにくい。それが土地では共有地の喪失につながる。こうして地域の共同性が「行政化」と「ビジネス化」から弱体化している。愛媛県の岡村島では「コウロクに行く」と言い、みかんの収穫で労力交換をするユイや冠婚葬祭のテツダイがあった[45]。しかしこのテツダイも今治市との合併後市が火葬場を管理することでなくなった。伝統的な共助の慣行に公助が影響を与えている。長野県下伊那郡阿智《あち》村の浪合《なみあい》地区恩田集落には五つの組があり、不幸があった家で組仲間が食事のテツダイをしたが、今は住民が喪家で業者から仕出し弁当のもてなしを受ける「お客さん」になっている。高度成長期を境に結婚式も町の式場で行うなど、互助ビジネスが隆盛である。

あいまいな「公共」概念

近年「新しい公共」という言葉が広く使われている。この「パブリック」（public）は本来普通の人々と結びついた概念だが、常に「プライヴェイト」（private）との区別だけが強調されたため、「公」と「共」がともに論じられ「共」領域がもつ意味が等閑視されてきた[46]。都市ではもともと「パブリック」と「プライヴェイト」が明確に区別されたが、村落は両者が不透明な地域社会と言える。暗黙の掟に基づく親密な「プライヴェイト」中心の村落の生活圏がやがて都市化とともに私的な権利や生活習慣が尊重されると「パブリック」な領域が分化する。同時にそれは「共」領域の喪失にもつながる。「パブリック」は本来「私」と区別された「公」でありながら、「公共」という言葉は「公」（オフィシャル）と「共」（コモン）を一体的に捉え両者の区別をあいまいにする。このため「公」の分化とともに「共」が消失することがある。

こうして「公」領域が本来あるべき「共」領域を「公共」領域として覆い尽くすのは「公共善」という言葉にも表れ、それが「公」の善なのか「共」の善なのか不明確である。「公共善」と言っても事実上「公」の善のため地域住民の善が犠牲になることが少なくない。これは原子力発電所建設の是非をめぐる議論に見られる。より多くの利益のために個別の利益を抑制する論理が主張されるが、いったい誰の善なのか、地域住民の生活向上という価値判断を正義の観点から明確にする必要がある。「政府の失敗」を補完する「私」領域の市場、「市場の失敗」を補完する「公」領域の国家（自治体）いずれも「共」領域が等閑視されてきた。これは地域住民が自分たちで問題を解決していく「共」の存在意義を問うことでもある。なお二〇二二年度以降導入予定の高校の次期学習指導要領では、孤立して生きるのではなく他者との協働により国家や社会など「公共的空間」をつくる主体を強調する科目「公共」が登場するが、「公」と「共」を分けて考えるべきである。

西洋では「公」領域の国家（政治）と「私」領域の市場（経済）が分離して発展したが、日本では「公」（官）領域が強く「私」（民）領域を統制する「国家主義」が支配的な近代化とされる（丸山 1952）。そこでは「私的なもの」が確立されず護送船団方式に示されるように「公的なもの」と融合していた。この「公私」の曖昧さに対して「公私を区別する」と言うとき、それは一定のルールに基づいた公人としての個人（市民）が過ごす「ソトの生活」と私人としての個人が暮らす家族内の親密な「ウチの生活」を明確にする意味で使われる。このように「公私融合論」も「公私峻別論」も、また先に示した「公共」という言葉がもつ「公共一体論」も、社会結合の「共」領域が抜け落ちている。もともと村落は既に述べたように「公」と「私」の区別が少ない分逆に「共」領域が一体的に維持されてきた。しかし現代のように複雑化した社会では「共」領域を明確にし「公」「共」「私」の三者がそれぞれ役割を発揮できる相互関係が望ましい。

「公」「共」「私」各領域の協働

「公」「共」「私」各領域がアンバランスなとき必要なことは狭められた「共」領域を拡げ、各領域が対等な関係から必要な役割分担を通して生活を豊かにすることである。現在「公」領域の行政と「共」領域の市民との関係は協働という言葉で多く語られている。かつての「官民協働」という言葉は「共」領域を超えた「公」（行政）と「私」（市場）の関係から民間企業の活力を「公」領域で活かすことが中心であった。NPOなど市民組織の活動が活発になり「公」領域から「共」領域への接近が両者の協働として表れている。市民と行政の協働は「私」と「公」の協働ではなく「共」と「公」の協働を意味する（図終-7「『公』『共』『私』相互関係」参照）。これは市民の「共」領域を中心とした位置関係を示すが、三者が協力する領域もある（図終-8「『公』『共』『私』の三叉構造（三領域が重なる一体的な取り組み）」参照）。これはたとえば生活習慣病や介護を予防し健康寿命を延ばすために、行政が行う健康関連の目標〈数値〉の設定、

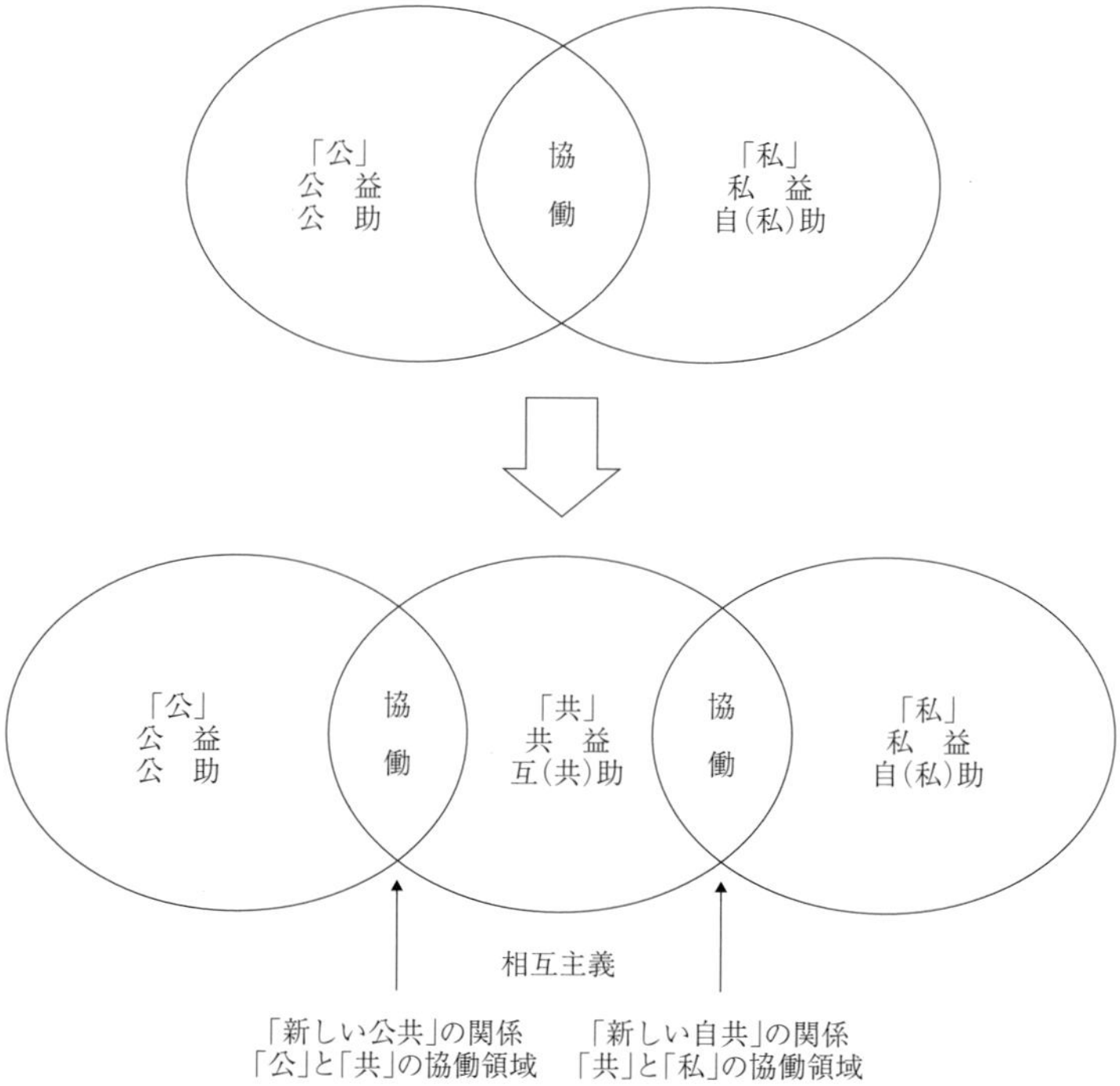

図終-7　「公」「共」「私」の相互関係

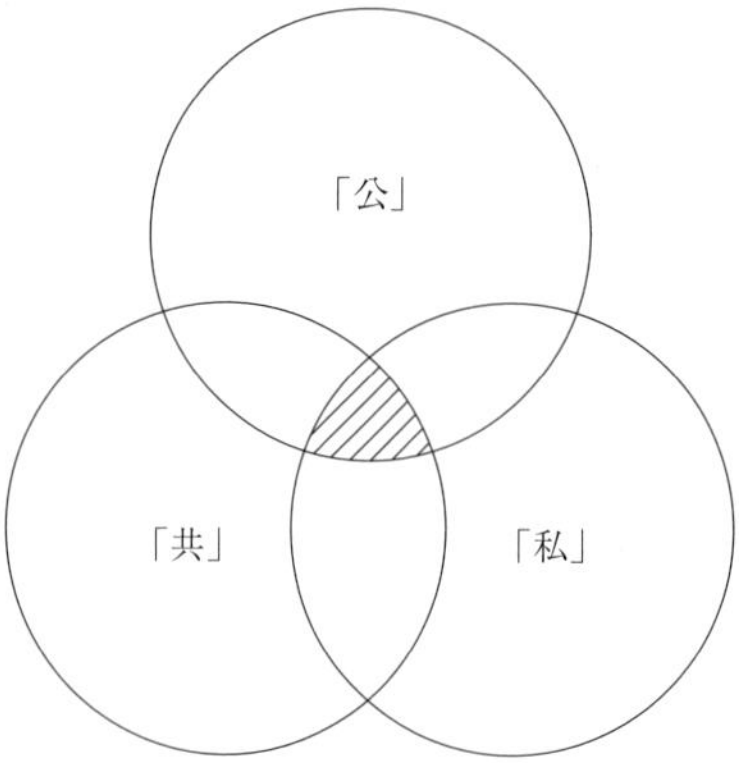

図終-8　「公」「共」「私」の三叉構造（三領域が重なる一体的な取り組み）

推進体制の整備などの計画策定（公助）、地域社会での家族や仲間、市民グループや職域団体による健康増進や継続的な取り組み（共助）、一人ひとりが健康に留意する実践（自助）という相互の協力関係があってより効果的な健康づくりが可能となる場合である。これら「公」「共」「私」の取り組みは公助と共助、共助と自助、公助と自助というそれぞれの相互関係に加え三つの領域が重なる一体的な活用を意味する。このためにも「共」領域が自立することが前提になる。しかしその協働は助成金の支給や共同事業など市民団体との協働が中心である。これは行政主導と言えるが、これが強すぎると公権力として地域住民の連帯と共生に影響を与えかねない。個人の「私」ではなく市民という個人の集合体である「共」領域が協働の主体とはいえ、協働の対象（客体）は団体だけではない。

「公」の行政と「共」の市民の関係を考えるためには「公務」とは何かについてその原点から捉え直す必要がある。村落では自分の仕事をやりながら片手間ではできず「公」のため専門に従事する人が必要とされ「公務員」が生まれた。地域住民に代わり「公」の仕事をすると田畑の維持管理ができなくなる。そこで住民が代わりにその労働力（ヒト）を提供し、次にそれが米や薪などモノの提供となり、やがて貨幣経済の浸透から賃金（カネ）でその仕事に報いる。これが「公務」に従事する専門家を支えることになる。この制度の維持には信頼関係に基づく委託受託関係があった。「権限は行使するが責任は負わない」という住民不信を招くことがあってはならない。一般に社会が大きくなると機能分化するため、多様な意見を調整し複雑な仕事をこなす専門部署と専門家を必要とする。これが官僚制で住民や国民に代わり「公務」を担う地方や国家の公務員が生まれる。[47] 市民に支えられた公務員という発生の原点から考えると、「公」と「共」の協働は当たり前の行為である。「公」が提供する公正な行政サービスは受益者負担の公平性に基づく。この公平原則による見返りが十分でないと市民の不満が爆発する。そこでは個別利害を離れた全体の望ましさという社会的選択のルールが適用されるが、各人の負担に応じて給付が得られる「公平」と可能な限り格差を小さくし釣り合いをとる「衡平」の両立をはかることが求められる。こうした原則やルールと信頼関係から「公」と「共」の健全な協働が生まれる。

市民と行政の協働は「共」領域の自立を前提に双方が補完し合うパートナーシップの関係が望ましい。[48]「共」領域は利他主義でも利己主義でもない他者と自己の適度な距離による相互主義に基づく。もちつもたれつの両者の歩み寄りが過ぎると協働という名の下に「甘え」の関係が生まれる。現実には権利義務意識を自覚した市民として成長していないため行政主導の協働に住民がついていけない、あるいは逆に市民が過剰な要求を行政に求めることもある。双方が見返りや成果を求め過ぎると両者の溝は深まる。このため行政がもつ専門的知見と財力に基づく公助、住民目線に基づく共助という双方の「助」力関係がかみ合うことが必要となる。この傾向に呼応するように「公」では自治体によるＮＰＯへの業務委託が活発である。また「共」(市民)と「私」(企業)の協働領域として、市民組織と連携した地球環境に優しい商品開発など社会的課題を解決するソーシャル・ビジネスも生まれている。これはかつての消費者運動のように企業に対する反発ではなく、企業とともに市民社会をつくる「新しい自共」の関係と言える。

「互(共)助力」の回復

既述したように「公」「共」「私」各領域が渾然一体化した「原始共同体」からやがて各領域が分離独立して「公益」や「私益」中心の生活が表れる。こうして「パブリック」と「プライヴェイト」が区別され機能分化した。自治体が人口増と業務の効率化から合併の道を歩むことで統一的なアイデンティティが希薄になり住民力が維持されず「互(共)助力」も衰退しているところが少なくない[49]。大震災で住民一体の避難が望ましいのは集落単位のアイデンティティが復興力につながるからである。その一方で自治会や町内会が高齢者と子供向けのイベントの実施や募金、清掃など行政の末端組織の役割を担い、また議員の票田になるなど世代交代が進まない旧態依然の状態で地域住民の多様なニーズに対応できないとき、「コミュニティ益」を求め環境や子育てに取り組む市民が現れた。この新しい市民組織のＮＰＯが自治体にまちづくりの提言をし、必要な財やサービスを市民事業(コミュニティ・ビジネス)として展開している。こうした動きは正義と平等の価値を担う国家や自治体では不十分で、また自由と効率の価値を求める市場で企業が必要な生活領域に参入しないとき、連帯と共生の価値を実現する市民セクターによる「互(共)助力」の回復として捉えることができる。年金や福祉、医療という喫緊の課題にもこうした市民の「助」力が求められている[50]。

現在必要なのは公助か自助かという二者択一ではなく、地域住民どうしの共助の回復である。既存の自治会が「他治会」と言えるような活動をするにも関わらず、不参加による不利益が小さくないため事実上加入が強要され行政も自治会への加入を奨励している[51]。いつの間に「住民」が「従民」になってしまったのだろうか。それは地域社会の「住民力」が衰え殺《そ》がれてきたときからであろう。これは集合的意思決定力の不足であり「互（共）助力」の欠如を示している。賀川は「国家や公の団体に依頼せず、個人々が社会的団体をつくり、着物を糸で織るように、社会というものを織ってゆかなければならない」（旧字は新字に訂正）とし共済組合を主張した（賀川［1933］1996：3）。これは広く互助組織としての協同組合の提唱であり、「共」領域の強化による市民活動の先駆的な取り組みに他ならない（賀川［1946］2012）。互助組織としての協同組合もまたその始原は「自生的な社会秩序」として庶民の「生活の知恵」にあった。

「公」領域が肥大した社会主義も「私」領域が突出した資本主義も欠陥をもつ点は歴史が示すとおりである。「公益」のため「私益」が犠牲になり「共益」まで損なわれる点は社会主義の崩壊を、また「私益」のため「公益」が利用され「共益」が殺がれる点は資本主義の現状を思い起こせば十分だろう。この体制の問題を「助」行為に引き寄せると、「公」と「私」領域から挟撃された「共」領域の復権が喫緊の課題と言える。その復権はかつての共同体に戻ることではなく、現代の地域特性に応じた互助社会をつくることにある。市民の支え合いが少ない分行政や民間に依存しようとするが、「公」領域で不必要な過剰介入と過小な必要サービスでは住民の不信を招く。また市場を通して財やサービスを提供する「私」領域では「富の集中」をめぐりもてる者ともたざる者の格差が大きい。「私」領域の行為者は企業が中心だが、それが「企業市民」となるとき「共」領域の遂行者にもなり得る。市民と行政の協働は何も団体市民と行政の関係だけではない。一般市民もいれば、地場産業や地方の事業を担う企業市民もいる。このように「共」領域の市民セクターが「公」や「私」の各領域を巻き込みながら影響力を強めるところに新しい市民社会が生まれている。これは「市民主義」として住民力で地域社会をつくる動きと言える。

公助、共助、自助の「補完性原理」

「助」力を回復するためには一人ひとりの自助が欠かせない。この自助が地域全体の共助を強くする。

第1章でふれた近世の自然主義者安藤昌益は『統道真伝』で、「与うる者は転道なり、受くる者は盗道なり」と言い、受けるばかりの聖人の不耕貪食《どんしょく》を批判し、直耕・直織という自助による労働の価値を唱えた（安藤［1752頃］1966）。こうした自助の必要性はバングラデシュのグラミン銀行の創設者ユヌス氏が「お金はあげるものではなく貸すものである」と言うのも、返済するための自助努力を強調するからに他ならない。本章冒頭で述べた「一隅を照らす」について「個々が思いやりの心をもって一隅を照らす人になる」という主張には共鳴すべき点がある。[52] 今自分がいる場所や置かれた立場という一隅でベストを尽くし己自身が輝くことで隣人も村や町も光る。この小さな光がやがて日本や世界、地球を照らす。人から照らされるのではなく一人ひとりが輝きを増すことは自我の確立だけでなく同時に他我の受け容れも可能にする。[53]「助」力の向上は「一隅に立つ」という自助から始まり、自分にできることを精一杯行う行為が他者をよくする共助につながる。

福沢諭吉は『学問のすすめ』で「独立とは自分にて自分の身を支配し、他に依りすがる心なきをいう」ことから「独立自尊」を唱えた（福沢 1872)。これは独立しても孤立しない「共生」であり、ともに協力する「協生」でもある。「一身独立して、一国独立す」という福沢の理念を踏まえるなら、自助に基づく共助から支え合いの社会システムは生まれる。この共助がまた一人ひとりの自立を促す。他者を助けるためには自己が確立していることが前提で、また逆に助けてもらうためには他者も自己を確立する必要があるという「相互律」の関係が健全な互助社会をつくる。実際要請主義の公助を利用するためには自ら行動をおこす自助が求められる。他者の力はあくまでも自立のための依存である。先の「一隅」に位置するとは自我の独立だけでなく同時に他者との連帯を意味する。互助社会は各自固有の役割を認める「共生社会」であり、他者と協力して生きる「協生社会」でもある。自助の確立は他者を寄せつけない「硬い自我」ではなく、自らの限界に気づき相手の支援も素直に受け容れて他者とつながる「柔らかい自我」に基づく。

閉鎖的な社会は別にして生活が高度に複雑化した現代社会では各領域の機能分化が避けられない。公助、共助、自助の三位一体が本来安定した状態で、相互に補完し合うことで相乗効果も生まれる。支え合いを個人の問題に帰す自己責任論（自助）か、国や自治体の仕組みづくりを問題にする制度論（公助）かという二者択一の視点ではなく、共助を加えた三位一体による適切な役割分担に基づく「補完性原理」から互助社会を考えるべきである。「共」は Yes, we can の領域であるがそこには限界もある。地域住民の共助が公的な制度を動かし、その制度が住民の共助を促すという相互関係が望まれる。近世では「御救山《おすくいやま》」という制度の公助が地域住民の共助を補完したとされる。[54] 宮崎県椎葉村では稗を郷蔵や枝蔵に貯蔵し凶作に備えた記録が残るなど、各地で共助を促す公助として備荒貯穀の制度が見られた。[55] 現代では生活インフラの整備がかつての村仕事で対応できないほど自治体や民間事業者の大きな装置を必要とする。災害では公助による復旧復興に加え民間の支援が求められる。また福祉では自治体の介護保険制度とともに民間事業者の福祉サービスも欠かせない。北海道の遠別《えんべつ》町では、町の職員が葬儀で人手が足りない集落に出向く「葬儀手伝い各課等輪番制要領」を作成し対応している。葬儀のテツダイができないほど過疎化が深刻で、共助も自助も機能しないため行政の公助が代替している。人々のボランティアなど「善意の自発性」だけですべてうまくいくわけではない。独居高齢者の見守りも住民だけでは限界があるため、家族構成や介護保険の利用状況など高齢者情報をデータベース化する自治体、また家族の安全安心のサービスを二四時間警備する民間の企業もある。こうして公助、共助、自助三位一体の「補完性原理」が浸透している。(56)

現代に生きる共有地（コモンズ）

再分配の強制と共生

相互扶助による共産制を強調したクロポトキンによれば、土地の定期的な再分配は原始社会から普遍的に見られた（Kropotkin, 1902）。それは氏族成員間の格差のない生活を維持するため逆に突出した富裕者が設けた制度でもあった。日本では田の共有と割り替えがそれだった。長崎県対馬市の美津島町箕形《みかた》集落には共有田の用益慣行があり（美津島の自然と文化を守る会 1982）、近世に開墾された干拓田を一五戸が六〇区画に分け地味や水利状態を考慮して一戸当たり四区画を三年交替で区画替え（割地）した。このうち組合長田は公務につく者に対する手当と推測される。また和布や布海苔の磯場の入会権をもつ鴨居瀬《かもいせ》と小船越《こふなこし》の二つの区（浦）では五瀬と二瀬に分け（瀬分け）毎年くじ引きでその使用を決めた。鹿児島県下甑《しもこしき》島の長浜・青瀬地区にも共有田の割り替えがあり、くじで一番を引いた人から順に耕作料や距離を基に土地が指定された。島根県川本町の尾原地区では、ノサン（野山）と言われた入会山で地上権（用益権）が分割され、明治期には土地の使用は各人の田畑持ち分（反別）から採草の必要量に応じて決め特定の家が有利にならないよう区画は分散された（島根県教育委員会 1996）。いずれも利用の有利不利を考慮した公正な資源配分であった。

こうして共有地の利用をめぐる機会均等が保障された。もともと「自生的な社会秩序」として「生活の知恵」から生まれた割地制度だが、それが為政者に利用されてきたのも事実である。本来割地は困窮者を出さない仕組みだが、国家が公田として課税単位にしてきた。公有地が再分配され定期的に割り替えされると、格差をなくす平等の原理が働き「私益」を超えた「共益」志向の公正が、また割り替え地をどう耕そうと自由で利用者の努力による成果が反映された公平が担保される。その一方で私的なインセンティブが低下することもあった。沖縄県の久高島《くだか》（現南城市）では良好な土地と不毛な土地が交互に割り替えられ、耕作者のモチベーション（動機）が持続しなかったとされる。制度上は現在もこの地割（ジーワイ）は残っている。

モヤイ島では親島が属島の独占的な採取権を困窮者に与えたが、資源の利用を認める行為は島民すべてにその順番がくるわけではない。しかし島民である限り自分もその機会が得られるという将来の期待が保障される点で、この制度はメンバーがヒトやモノ、カネを出して順番に再分配するモヤイの仕組みに近似する。仲間が共同で借りて順番にメンバーが収穫するモヤイ田同様、親島が所有する土地の使用権を特定の島民に与えるが、属島はあくまでも島民の共有である。海や山、森、川などの共有は本来総有（村中持《むらじゅうもち》）を意味するが、特定の者だけが所有する株（権利）形式になると「株山」は独占的に利用される。この閉鎖的な制度が株主を増やさず村落の人口を一定にした。しかし限られた者が所有する共有地でも一般の利用を認めることがあり、そのため村民は共同で維持管理に協力した。株所有に見る限定された相互扶助ではなく、分かち合いから誰もがセイフティネットに包まれる状態が理想だが、逆に言えばこの種の共有地をもつだけ豊かでないと互助ネットワークも機能しない。共有資源がないセイフティネットが脆弱なところでは困窮者は地域から出て行かざるを得なくなり、社会淘汰で排除される者も出てくる。

共同体と共有地

「パブリック」と「プライヴェイト」の区別が不透明な領域、すなわち「公」「共」「私」の各領域が渾然としていた状態が共同体であった。そこでは相互扶助が意識されることなく人々の生活様式としてネットワーク化されていた。この共同体が人間生活の原点として郷愁の対象になったが、そこでは個人の行為を制約する「共同体規制」[57]が発展を阻害するとされ、自立した個人という点からコミュニティというカタカナがそのよい響きとともに普及してきた。一九六〇年代コミュニティという言葉が流行した背景には地域住民の一体感喪失があった。これは高度成長期の全国画一的な開発に対する反動でもあった。村落共同体と都市コミュニティの対峙はこの点を端的に示すが、ときに共同体がまたあるときはコミュニティと言われ両者が地域社会の理想とされた点は変わらない。

近代化は共同体的所有から私的所有への転換をもたらした。それは同時に互助行為がしだいに希薄になる過程でもあった。近代化論は西洋の発展段階に収斂することを前提に共同体の前近代性を否定する。しかしこの共同体に「助」行為の原型があったことを忘れてはならない。共同体が理念型であると同時に理想型として求められたのはそれが人間生活の原点だからである。個人の自立を強調するとき、コミュニティの再生と復興も言われる。確かに共同体がもつ集団志向が個人の自由な活動を疎外することもあるが、集合的意思決定が個人の欲望を適度に統制してきた点に着目すべきである。アメリカでも一人でレジャーを楽しむなど、かつての大衆社会の再来によるコミュニティの崩壊が言われた。社会秩序と個人の自律のバランスをコミュニティに求めたエチオーニ、また信頼に基づく社会的ネットワークを主張したパットナムは現代社会の個人志向に警鐘を鳴らした（Etzioni 1996 ; Putnam 2000）。地域社会の秩序の維持と個人の欲求をどう両立させるのか、一人あるいは世帯単独では生きていけない共同体の「生活の知恵」がそのジレンマを解決してきた。

もとより共同体を美化するつもりはない。ここで注目したいのは何よりもそこで見られた「助」行為がもつ生活力である。先に述べたように共同体が社会の原型とされるのは「公」「共」「私」各領域が一体化しそこに健全な支え合いがあったからである。どのようなとき助け合いが再認識されるのか。東京都旧麹町区と旧神田区（現千代田区）では一九二三（大正一二）年の関東大震災を契機に各町内に自警団がつくられ町会が強化された。また阪神・淡路大震災の一九九五年は「ボランティア元年」と言われ災害の歴史的教訓を残した。さらに巨大地震と大津波、原発事故に見舞われた二〇一一年の東日本大震災では国民誰もが共感から助け合いに参加した。[58] いつの時代も大規模災害の危機管理を通して「互（共）助力」が問われた。互助意識の覚醒は現代社会で喪失した共同体への憧憬に他ならない。

五島列島（下五島）で地元郷土史家の協力を得て戦前戦中の生活について話を聞いた「潜伏キリシタン」末裔の七〇代古老によれば、椛島《かばしま》で一〇世帯が五、六軒で暮らしていた（二〇〇八年九月聞き取り）。そこではクサハライやミチツクリ、船の搬出などの共同作業、イモや麦、野菜による自給自足の生活をしていた。病気でイモ植えができないときは手助け、葬式や子供が誕生したときは悲しみや喜びを共有した。[59] 離島で信仰上の一体感に基づく共同生活がひっそりとされてきたが、それも既に過去のものである。神社や寺院が地域の信仰共同体をつくるように、小共同体で結ばれた教区共同体が現在も五島列島の教会を中心に互助社会を形成している。しかし下五島の教会関係者によると、行政の公助に頼ることが多く災害の寄付はあるものの住民の支え合いは少ない（同上聞き取り）。

このようにモノとココロ両面の糧《かて》となった共同生活が薄れている。個人がばらばらな現代ほど連帯し共生するモノやコトが求められている時代はない。第1章でも指摘したように離島では墓を本土に移しふるさとに帰る理由すら放棄する深刻な状況にあり、島に残る高齢者は周囲に知る人がいないさびしさを募らせている[60]。先に述べた長崎県対馬市の美津島町箕形集落の共有田は一九八三（昭和五八）年に新農業構造改善事業で一二区画に個人所有化された（美津島の自然と文化を守る会 1982）。また対馬では木庭作《こば》（焼畑）が多く株をもつ者の共有林が一部の収益を共同事業の出資金に充当したが、台帳面の共同所有で実態は各自の「取り場」や「受地」として私有地化が進行していた。かつて学校林は木材を使う工作や自然観察の教育に加え、栽培材木から製作した机やいすを学校で使い木材販売による収益で教育費を補填した。これは公有地だが地域で所有する共有地と言える。その起源はアメリカの教育学者による植林活動とされるが、それ以前から日本では共有林が地域生活を支えてきた[61]。三宅島では学校林があり校舎の建築資材に利用した（二〇一五年八月聞き取り）。また島根県旧金城町（現浜田市）では集落（学校）林の収益を地域で分配したが、現在神社林は残るものの公有林となり地域の一体性は薄い（二〇〇七年九月聞き取り）。

こうして「共」領域の象徴として共助の源泉であった共有地が消失している。過度に行政や市場のサービスに依存しない共助を見直すためにも現代にふさわしい共有地の復活が望まれる。現代は地域住民が気づかない高齢者の不明問題、また近隣で気づいていても関わりをもちたくない児童の虐待問題など、「世間の距離」が非常に不安定である。それは摩擦や軋轢を生むため近過ぎてもまた遠過ぎても困る。既に述べた「ヤマアラシのジレンマ」のように、この「世間の距離」を現代人の多くがはかりかねている。それが「無縁社会」や「無援社会」を招いていないだろうか。「困っている人がいればお互い様」という意識は共同体では当たり前だった。共有地は適度な社会的距離を保つうえで、その間合いの場として緩衝地帯の役割を果たした。特に幼少時の地域社会における共同の場は助け助けられる関係から生まれる共同生活の知恵を学ぶ貴重な空間でもあった。濃密な相互扶助に基づく「有縁社会」は息苦しい「多援社会」にもなるが、適度な間合いを保つためにも現代版の共有地が必要とされる。

「共」空間の再構築に向けて　現代にふさわしい共有地を探し、その再生と創生を進めることが喫緊の課題である。現代社会では見つけにくい共有地を広く地域住民が結合できる「共」領域とするならインターネットのサイバー空間も含まれるが、モノ（場所）に限らない無形の共有地も考える必要があるだろう。祭りやイベントなどのコトは毎年継続されてもその場限りの一過性に終わることがあるため、身近なモノの共有から共同意識の醸成が始まることが少なくない。島根県旧邑智《おおち》町（現美郷《みさと》町）の湯《ゆ》抱《がかえ》地区では葬儀を地区でするとき食事（オトキ）や台所（ミズシ）、受付（チョウバ）など役割分担があった。生活に余裕ある人は葬儀ビジネスに任せるが、料理の手伝いもわずらわしく仕出し弁当にする意見がある一方弁当代も出せない年金生活者がいる（二〇〇八年二月聞き取り）。このため昔のように地区で葬儀の道具類を購入し集会所で共有した。これは個人負担を少なくした伝統的な葬儀慣行への回帰である。一人暮らしの高齢者（個宅化）の増加がこの種の共有意識を考える契機となった。「共」領域の喪失は深刻だが、身近な防犯や防災など地域活動（コト）を通して共同性が意識されつつある。こうしたコトも広い意味での共有地を構成する。

　地域住民で掃除をしたイドサラエの井戸は信仰と結びつき神聖な場所だった。この井戸がライフラインの被害を契機に改めて見直され、子供たちの遊び場にならないよう安全管理や衛生状態をチェックして使える井戸をハザードマップ（災害予測図）に記して非常時に備えるところがある。共同井戸は現代社会に蘇る互助ネットワークの結節点としての共有地を構成する。かつて被災したときモヤイ山は家の建築や薪炭の用材確保の機能を果たした。こうした共有地は既に少ないが、この種の仕組みから学ぶべき点は小さくない。共有地は住民を結びつける結節資源としての役割を担ったが、カタチあるモノにこだわるなら現代の都市ではそれは市民が共用する「広場」ではないだろうか。公園もまた人々が集い交流する心和む空間である。欧米ではこの「広場」が市民の決起集会の場として、また市場や催し物の会場として重要な役割を果たしている。村落では地蔵堂が地域住民の公会堂に代わり、やがて公民館やコミュニティセンターとして常備され、さらにＮＰＯなどの活動の場として市民活動促進センターなどが現代の「広場」を構成する。特に過疎化・少子高齢化の地方ではこの「広場」が地方移住希望の新住民と旧住民の交流の場になるだろう。両住民の交流から遊休農地を共有地として共同農園にすることも考えられる。気軽に参加できるコミュニティ・カフェやサロンも現代版寄合の場として、「茶の間」や「ふれ合いの居場所」となり世代を超えたつながりが期待される[62]。

災害ではインフラの復旧、ライフラインの整備、被災市街地の復興は当然だが、被災地の計画管理への参加は復興に取り組む住民の一体感につながる。多くの犠牲者を出した学校や施設はその保存の是非をめぐり激しい議論の対象になったが、震災遺構は単なる復興モニュメント（記念碑）とは違う「忘れ得ぬ震災記憶の場」として整備すると、これも地域社会の再生につながる「広場」になるだろう。こうした「広場」は「個（孤）族」と言われる現代家族にも必要とされている。これは吹き抜けで子供の気配が感じられるスペースや子供部屋をオープンにするなど、家の中に共有空間を作り家族の絆を再確認する場である。一つの住居を家族以外の複数で共有する個人単位のシェアハウス、家族のプライバシーは守りつつハウス全体が一つの大家族のように暮らす家族単位のコモンハウスなども登場している[63]。こうした共有空間も現代版の共有地となる。この種の空間を楽しむ人たちは「共族」と呼ばれ、近年コミュニティ、コワーキング、コラボレーションなどCのつく字に注目し「個（孤）族」から「Ｃｏ族」への転換として注目されている。現代の「広場」を通して地域住民の一体感を高め、過剰な干渉にもまた過度な放置にもならない適切な間合いをもつ関係が望まれる。所得や資産、雇用の格差という経済的貧困だけでなく、人との連帯力や共生力の欠如という社会的貧困が深刻な日本で現代版共有地の再生と創生は大きな課題と言えよう。

現代版ユイ、モヤイ、テツダイの再生

若者組と地域の活性化

日本には地域社会の掟を学習し寝屋《ねや》の慣行で寝食をともにしながら連帯意識を醸成した若者組があった（恩田 2006）。明治以降組織の自立性を失い他の互助組織同様終戦まで国家の統制組織の中に組み込まれたが、漁村では海難救助のため待機し事故があれば救助し夜回りや祭りの中心となるなど重要な労働力の担い手となった（舞阪町史編さん委員会 1996）。伊豆諸島の神津島でも寝泊まりする宿元を拠点に郷単位の若者組が漁業組織と重なり地域づくりの中核を担った[64]（静岡県立下田南高等学校民俗研究部 1962：9–15）。鹿児島県トカラ列島の中之島では、一五

歳から二五歳までの若者が入る青年会が消防や海難事故に備え桟橋で荷揚げ作業を行った。現在この業務は荷役組合が有償で行うが、組織として消防団に受け継がれている。女子は未婚の一五歳から三〇歳くらいまでが加入した処女会が婦人会に吸収され今日に至っている（二〇一三年二月聞き取り）。戦後は男女一体の青年団の名称が残るものの若者流出の過疎化が進行した[65]。沖縄の黒島では、青年会が空き地を借りて共同作業でゴマをつくり必要な資金を捻出した（二〇一〇年四月聞き取り）。この青年会の共有地としてのモアイ畑は地域社会を維持するため活用された。沖縄ではワカマンジュリ（若者揃）への加入はチンヂュユレー（地人寄合）という地域の成人組織への加入を意味し政治の議決権を得たとされる（早川 1977 : 154）。

　こうした若者組は日本だけの組織ではない。クロポトキンが『相互扶助論』の中で、スイスをはじめヨーロッパの村落で活動する若者を紹介している（Kropotkin, 1902）。アジアでも筆者が調査したベトナム北部山岳地帯のムオン族で若者組がある（二〇〇七年三月聞き取り）。一五歳から二七歳ぐらいの若者が加入し、農作業や道路の補修、家の修理をする。月一回全員参加の集会で貧困者の救済や薬物（ドラッグ）への注意を呼びかけている。若者組の教化は社会事業の有力な手段であり（賀川［1933］1996 : 281）、村落の互助慣行が若者組を通して継承されてきた。しかし若者の地方離れが深刻で、離島では小中学校しかないため高校で他の大きな島や内陸部に行き、卒業しても生活費を取り戻すためよりよい職を求め帰島しない若者が多い。何よりもムラ社会やシマ社会には刺激がないことも大きい[66]。人々を引き寄せる集客装置の結節機関が島にはなく、若者にとって魅力あるものが見出せない[67]。新潟県村上市の大須戸地区（旧朝日村）ではかつて消防団に入ることが一つのステイタスであったが、若者の地元イベントへの参加が少ないため住民のつながりや絆の深化が課題となっている（二〇一四年三月聞き取り）。漁村では若い漁師が不足し、出雲市大社町の漁村では一番若い漁師が六〇代であった（二〇〇八年七月聞き取り）。その一方で漁師生活が比較的安定し後継者が育成されている島もある。福岡市の小呂島《おろのしま》は昭和四〇年代初め頃から旋網《まきあみ》漁で各船三人から四人が水揚げに応じて給料を均等にしてきた。これは漁船内乗組員間の平等と漁船間の競争を組み合わせた仕組みで、六二歳定年制を設け年功序列がない分若者の漁業への定着率が高く、漁業未経験者でも漁家に養子として弟子入りして跡を継いでいる（二〇〇九年九月聞き取り）。地方にとどまるあるいはUターンやJターン、Iターンで地域づくりを進める若者もいる。南大東島では高齢者は大きな病院がある沖縄本島に住み、高校がないため本島に行き戻らない若者が多いものの、村役場や農協、製糖や土木で有力な雇用先があることから若い世代が定住している。対馬市では「島おこし協働隊」の隊員を募集し、若者を活用した地域づくりを進めている。

しかし多くの地方では高齢者が体力の限界から御輿《みこし》を担ぐ人がいないなど地域活動の担い手不足が深刻である。いつの時代も若者に対する年配者の見方は厳しいが、行政も若い世代誘致のために様々な取り組みを始めている(68)。地方出身の都会の若者は自分のふるさとが年老いた両親の生活を支えていることを知るべきである。若者の郷土に対する愛着と誇りが強い頃は地域社会がいきいきしていた(69)。定職につかないフリーターや職も求めないニートの存在は若者の生きがい探しがうまくいかない証左と言える。地域の創生には若者が住みやすく魅力ある町、定住しやすい職場の確保は欠かせないが、後継者不足の職業訓練だけでなく地域社会における「役割探し」の支援こそ求められている。若い世代が打ち込め誇れるモノやコトがある暮らしが重要である。いつまでも大人が既得権益にしがみついていては世代交代は進まない。高齢者と若者の過度な役割分断ではない適切な役割分担が望まれる。総務省では二〇〇九（平成二一）年度から地域づくり活動の支援、農林漁業の応援、住民生活の支援をする「地域おこし協力隊」をはじめ、都会の若者に地方での活動を勧めている。若者が農林漁業の体験や伝統技能のインターンシップを通して地域の中で役に立つ存在であると自覚できる、またそれを他者に認めてもらうことが肝要である(70)。地域社会で自らの存在価値を見出すとき小さくても光る生きがいが生まれる。地方に新たな力を吹き込むため若者を「農業人材育成事業」として就職支援する自治体もあり、若い移住者に農地を貸し古民家を提供する田園回帰の動きもある。援農ボランティアなどは必ずしも多くの雇用を生むわけではないが、地域社会で能力を活かす機会は少なくない。地方に愛着と誇りをもち「一隅を照らす」若者を取り戻したい。

伝統的な互助慣行の復権

東日本大震災では避難所や仮設住宅で暮らす被災者どうし、また復興公営住宅で震災の痛みを分かち合う住民の交流は生まれたが、同じ被災者でも被害状況の違いが地域社会の絆をゆがめ「見えない壁」をつくったところもあった。外からの支援に依存し地域外と絆はできても、人間不信から地域内の支え合いが困難なところもある。こうした大震災を契機に見直されたつながりや絆の原点は伝統的な互助行為であるユイやモヤイ、テツダイに求めることができるが、生活様式の多様化から同じ生活リズムに基づくかつての支え合いは難しい。この共助を強化するため高齢者などの手助けに独自の価値で評価する地域通貨、またその行為を時間換算するタイムダラー、さらにその時間を積み立て将来必要なときサービスを受ける時間貯蓄（預託）など、いずれも外国生まれの支え合いの仕組みが見られる。このように外から制度を導入しなければならないほど日本社会の「助」力が衰退している。しかし外国の仕組みをあえて導入する意味があるのだろうか。近年共同体やコミュニティ崩壊を指摘したパットナムが互酬性や誠実性、信頼性の希薄から捉えたことで急速に普及した（71）はアメリカのコミュニティを「ソーシャル・キャピタル」（社会関係資本）から捉え直すことが多い。これ（Putnam, 2000）。欧米の概念に飛びつきそれを日本社会に導入する前に日本にはユイやモヤイ、テツダイという互助慣行があったことを知るべきである。社会関係を「ソーシャル・キャピタル」として捉え直し、その存在の有無と蓄積を問題にすることでその資本不足を補えばそれで解決するだろうか。こうした取り組みが自生的な互助ネットワークとどう関係するのか、共同意識の醸成に外国生まれの意図的な仕組みが必要なのか、それが地域住民の支え合いにほんとうに役立っているのか。こうした点を検証する必要がある。その共同性の導入は地域の社会構造に適合し住民が納得するという意味での合理性をもつものでなければならない。

「自生的な社会秩序」としての互助慣行を資本としてではなく人々の歴史的な蓄積をもつ生《せい》の営みとして捉えたい。伝統的な村落の社会関係では互助行為がもともと社会的資源として土着化していた。その回復の契機は意図的であるとしても、単に仕組みを人為的につくるのではなく従来の社会システムの再生や新たな制度との適切な接合を考える必要がある。これらの点を確かめるため善意の行為をチップで単位換算して流通させるタイムダラーの導入で注目を集めた愛媛県旧関前《せきぜん》村（現今治市）の岡村島を調査した（二〇〇八年七月聞き取り）。みかんや野菜をもらった家に魚を分け村中が兄弟であった頃と今は違う状況にある。七〇代の漁師に聞くと「タイムダラーは知らない」、また地元の女性から「タイムダラーはもともとあった助け合いと同じではないかと感じた島民が多かった」ことを聞いた。この仕組みは互助行為をあえて目に見えるかたちで制度化したが、それはやがて衰退する。買い物など家事の手伝いやみかんの収穫など三〇分のサービスを一単位のチップ（名称「だんだん」）としたが、手元にチップが残りそれを使い切れないお年寄りも少なくなかった。[72]「だんだん」という言葉の交換に象徴される自生的な互助行為とは別に、人為的な仕組みとしてのタイムダラーの導入には限界があった。その理由として何事も自前でやるという島民の気質が強く、またもともとある助け合いの精神を強要した点が指摘できるだろう。結局欧米流の制度が日本の支え合いの社会システムに適合しなかった。

電子版の地域通貨まで登場し外国の仕組みを日本に導入するが、地域社会の特性を軽視あるいは無視して相互扶助を制度化する限界は無視できない。もとよりそれらが消費生活の活性化に役立つことを否定するつもりはない。ここで問いたいのはあえて互助行為を意図的に導入する点にどういう意味があるのかということである。もともと伝統的な互助慣行があったからこそ導入が円滑にいった、あるいはうまくいかなかった点を考えるべきである。自然主義者安藤昌益は自然界で転がり定まる「転定《てんち》自然」を唱え、自然に然《す》る（ひとりする）行為が人性の根本にあることを喝破《かっぱ》した（安藤［1752頃］1966）。これは「己れから他に施す」行為も含まれ、相互扶助は「転定自然」の行為と言える。人為的な制度以前に「自生的な社会秩序」として互助慣行が地域住民の「生活の知恵」として個々の風土の中で育まれてきた。意図的な導入はボランティア思想（哲学）を賞讃し善意を強要する。現代社会ではこの種の強制が進行している。人間誰しも普通の感情として共感をもつ者なら互助行為は当たり前と考えるが、もはや教育によってボランティア活動や寄付を奨励しなければならないほど「助」行為が希薄になっている。相互扶助は本来自発的で強制されるものではない。

現代版ユイ、モヤイ、テッダイの復活

一九二〇年代のアメリカでも農村社会における隣保相扶の風習が衰微したとき、その活性化のため「隣人どうし」の共同心を醸成する「農村小社会館」（rural community building）が唱えられた（Gillette, 1922: 809–833）。この小社会館は集会所やコミュニティセンターであり、またその運営組織として捉えることができる。かつての互助慣行をそのまま蘇らせることは時代錯誤かもしれない。しかしその精神を蘇生させ現代にふさわしい互助ネットワークを再生することは無意味ではない[73]。コミュニティ・プランナーなどが用いる欧米の処方箋《しょほうせん》にすぐ飛びつくのではなく、日本にはすばらしい互助慣行があったことを知るべきであろう[74]（図終-3「持続可能なコミュニティの形成」参照）。ミチナオシやミゾサラエなどの村仕事を通して近況をお互いに語り合い、農山漁村ではその風土に応じて共同生活が営まれてきた。もちろん戦前の「隣保共助の精神」や「醇風美俗の思想」をここで復活させることが目的ではない。欧米の制度のいいところもあるが、土着の「自生的な社会秩序」を活かした互助慣行から日本の「有縁社会」を見直したい。この点は近年地域包

括ケアシステムという名で呼ばれている住まい・医療・介護・予防・生活支援が一体的に提供される取り組みも、かつては地域社会では当たり前のように支え合いがされてきた点に留意する必要があるだろう。人為的に制度化せざるを得ない状況はそれだけつながりや絆が欠如している証左でもある。それではどのようにすれば現代版のユイ、モヤイ、テツダイを再生できるだろうか。共有地のような資源と「助」力がないと共助を維持できないことも確かであるが、伝統的な互助行為の精神に新たな息吹を吹き込むことで支え合いの潜在力を開花させることがある。その取り組みが「一村一助」運動であった。この互助精神の現代的見直しは福祉や介護活動をする「ユイの会」、年越し派遣村の活動で知られた「自立生活サポートセンター・もやい」など、ユイやモヤイという言葉がつく市民活動に表れている。

またかつての互助慣行を直接復活させる動きもある。長野県大町市の八坂《やさか》地区では、補助金を受け集落単位で一世帯から一人出て道路や水路、河川の掃除、除雪、草刈りをする「公共土木施設愛護会」が一九六八年につくられ、村仕事としてモヤイの活動を続けている（二〇〇九年九月聞き取り）。子供たちもガードレールやカーブミラーを掃除して地域の美化に取り組む。その一方で土木事業が村仕事で不十分なときは補助金を公助に求める。下條《しもじょう》村でも原材料費は村が負担し道路の舗装や用水路の補修を住民自ら行い、この「資材支給工事」が村の財政を支援している。島根県旧弥栄村（現浜田市弥栄町）では一家から一人（戸主）出る共同作業があり、小規模農家が集まる集落営農で機械類を共同利用するなどかつての互助慣行の知恵を継承している（二〇〇九年七月聞き取り）。徳島県の佐那河内《さなごうち》村でゴミの分別処理が効率よく地域住民の環境意識が高いのは災難や冠婚葬祭で協力した伝統的な互助組織の「講中」に基づくと言われている。この組織がゴミ処理のため再結成され、住民が主体的に分別の種類とルールを決め村役場はその準備や助言にとどまる。大都市でもまだ伝統的な「講」の組織が機能しているところがある。川崎市宮前区の初山地区では町会とは別に五つの講中が交通整理や葬式などを手助けする単位として機能している（二〇一三年五月聞き取り）。古い民家が残る都市の中の「自然村」として金銭を分け合う無尽講が今も行われている。(75) 伝統的な互助慣行はまだ健在でその精神が継承されていると言えるが、それは現代の生活圏に適合しながらつくり直されるものであろう。

市民活動への支援ではコミュニティ・ファンドやＮＰＯバンクが生まれ市民事業が進められているが、伝統的な互助慣行を活用する事例としてたとえば「モヤイ基金」が考えられる。これは地域住民の共同作業で得た収益や募金（寄付）あるいは各自治体が毎年基金として積み立て、近隣市町村が災害のとき復旧や復興で必要な資金を団体や地域社会が受け取る金銭モヤイの仕組みの応用である。近代化で互助慣行が衰退したとは言え、現代版のユイ、モヤイ、テツダイは必要な用途に応じて適応進化してきたと解釈することもできる。互助行為を通して誰もが利益を得る互恵関係が築かれてきたからこそ、こうした慣行も継承されてきた。日々の暮らしの中で息づいてきた互助行為の消失は地域住民の一体感の喪失につながり、それが連帯力と共生力の停滞を招くことを繰り返し指摘したが、かつての互助慣行から「生活の知恵」を学び現代社会にふさわしい共助を考える必要がある。伝統的な互助慣行とその助け合いの精神の現代的な再生が望まれる。これは支え合いの社会システムを考えるとき、その伝統と近代の接合を問うことでもある。

伝統と近代の超克――「脱無縁社会」に向けて

「無縁社会」の現状

現在日本は誰にも看取られず孤独死を迎え死後の後始末もされない人のために「もやいの碑」を立て「合葬墓」までつくる「無縁社会」と言われている。これは家族が単位となり共同生活圏として墓を共有するモヤイ墓と異なり、誰からも世話されず家族とのつながりを絶たれ行き場を失った人たちの墓である。大震災を契機に「助縁」が見直され、防災や減災の施設整備のハード面や避難訓練のソフト面だけでなく、つながりや絆の有縁化というヒューマン面が注目された。しかしその脱無縁化がうまくいかない。人の誕生から最期の死までどのような人間と関わりがあったのか、それはその人の歴史そのものである。ということは「無縁社会」はその人の人生を葬る冷酷な社会と言える。もともと互助行為は社会システムの安定に貢献し、それが隣近所や見知らぬ者の間に新たな社会関係を築く「有縁社会」の出発点となり、様々な縁でつながる「多縁社会」を生み出してきた。これがわずかな人の交わりも深い宿縁に基づいているという「袖振り合うも他生《たしょう》の縁」の関係をつくった。人間がもつ共感がいつの時代も変わらぬ限り互助行為は続く。ただその伝統的な互助行為が変容しその継承が気づきにくい状況に今の日本があることは間違いない。

日本の社会はタテの血縁関係とヨコの地縁関係を基本につくられてきた。現在ネット社会の中から従来の血縁や地縁以外に第三の「縁」としてインターネットのSNS（Social Networking Service）を通して異なる国や地域を結ぶ「情縁」から多様なつながりが見られる。これらは容易にネット上の「助縁」に結びつく可能性をもっている。この「情縁社会」では人間関係がそれほど緊密でない分ストレスから解放され気軽にメールでやりとりができる。その反面一面的なつきあいに終わることが少なくない。それはネット仲間の共感を超えた深みのある対面式のつきあいとは異なる。グローバルな互助ネットワークは容易に築けるが、匿名性を盾にネットで個人攻撃をするなど「炎上」することも多い。ネットで匿名と実名を使い分ける責任を伴うルールの遵守が重要で、実名を使う原則で情報の信頼性を担保してコミュニケーションを認めるSNSもある。しかし双方向の対面式の会話によるぬくもりや刺激という「皮膚感覚」の有縁性がそこには欠如している。それが「デジタルの共感」と伝統的な互助慣行がもつ五感による「アナログの共感」の違いでもある。

グローバルな互助ネットワークはNGOの国際協力に見られる。それは日本のシマ社会のネガティブな狭い了見や偏見を是正し、逆にその開放性をアピールする契機となる。これは隣人から市町村民、都道府県民へ、また日本人からアジア人、さらに「地球市民」という同胞意識の拡がりを意味する。国際協力は環境問題をはじめ地球レベルのリスクを軽減する「コスモポリタンな運動」（Beck, 1999）につながる。「棲み分けの論理」を援用すれば、この地球は各民族や人種が共生し平衡を保つ「同位社会」を構成しグローバルな共同生活で棲み分けがされている。生物種間の共生と同様、異なる民族や人種が共生するためには相補的で相利的な関係を必要とする。しかし人間は他民族に対して縄張りを主張し戦争を繰り返してきた。そこに人間の奢りと限界があった。このグローバルな「無縁社会」を避けるためには地球レベルの互助ネットワークが必要となる。政府開発援助（ODA : Official Development Assistance）は外交戦略の一環として国益優先だが、「地球益」から一つひとつの国が国力に応じて輝きを増す「一隅を照らす」ことから始めグローバルな「助」力につなげるようにする。同時にそこで求められているのは単なる援助とは異なる支援の関係（パートナーシップ）である。その第一歩は身近な「地球市民」の支え合いであろう。その出発点としても日本の伝統的な互助精神をもう一度見直したい[76]。

現代社会の共助
――支え合う絆

社会関係が限定されているときその関係（量）が拡がると結合の度合い（質）が希薄になるという「結合定量の法則」を高田は唱えた（高田［1922］1971）。この点を踏まえると、合併で行政区域が大きくなるにつれ地域社会の互助ネットワークは弛緩する。ムラ社会のわずらわしい人間関係にとらわれないマチ社会の匿名性がそれに拍車をかけてきた。その一方でパソコンや携帯情報端末でメールのやりとりが可能な現代のネット社会ではコミュニケーションが無限に拡がる意味で逆に「結合不定量の法則」が当てはまる。しかしそのことが直接の対面を基本とする絆の大切さを軽視することにはならない。お遍路さんの巡礼で食事や休憩所、宿は自前が多くなっても、地域住民から「お接待」を受けることがあるのは「袖振り合うも他生の縁」という関係がまだ健在で、五感を通した小さな縁が大きな縁につながることを示唆している。いじめの問題は深刻だが、他者への思いやりが集団で成果につながる意味を子供が学習できれば、学級崩壊に直面したときの対処の仕方も違うだろう。熱中できる楽しみを奪ってまでする塾通いで感動体験や自然の中で遊ぶことを知らない子供の勉強が本物だろうか。またゲームの人工音には慣れているが自然の驚異を知らせる災害の音を直接感じ取れない子供も少なくない。都会の小学生が地方で生活する「山村留学」は助け合いを「学校の知識」ではなく自然から「生活の知恵」として学ぶ機会を提供するが、切磋琢磨しながら支え合いを学ぶことは大切である。沖縄の久高島や鳩間島でも島外の子供たちが島の小学校に通う。公立の小中学校ではコミュニティ・スクール（学校運営協議会制度）として地元とつながりを深め伝統文化を学ぶところがある。学校教育に加え五感による支え合いを通した地域活動の社会教育が必要である。長期でなくても公民館など社会教育施設で寝食をともにして学校に通う通学合宿や宿泊学習もある。このような異年齢の集団生活を通して体で支え合いを学ぶことは大切である。

共助をめぐり村落なら「村仕事」都市なら「町仕事」として生活に密着した活動が拡がりつつある。身近な地域で取り組みやすいコトとして環境問題への関心は高く、道路整備（道普請）や清掃は誰でもできる共同作業である。道づくりを後世に伝え未来に思いをはせる「未知普請《みちぶしん》」や花壇づくり、植樹の「道守り《みちもり》」の取り組みもある。こうした共同作業から地域の連帯と共生を取り戻したい。さらに労働（ワークシェアリング）だけでなく、祭事の参加など余暇を分かち合うこと（レジャーシェアリング）も考えられる。独居高齢者の住宅や小学生の通学路、災害時の避難場所を示した「支え合いマップ」を作成して安否確認をするところも増えた。愛知県安城市の「地域福祉計画啓発事業」は要援護者の避難マップの作成だけでなく、日頃のつきあいを確認する高齢者見守り支援を始めている。熊本県人吉市でも、話し相手や病院の送迎など近所づきあいの住民を結ぶ地図をつくり「近助」として共助の関係を拡げている。さらにコミュニケーションを重視したＩＣＴ（Information and Communication Technology）の安否システムの開発を進める地域もある。[77]二〇〇六年の豪雪をきっかけに新潟県長岡市ではＮＰＯが中心となり、高齢者宅の雪下ろしや歩道の雪かきをする「越後雪かき道場」を開設し県内外の講習会を通して雪下ろしができる若いボランティアを養成しているが、これは「雪かき道」という伝統文化を守る試みでもある。共働きが多くになるにつれ地域との接点が少ない孤独な子育てを余儀なくされる母親にとって、子育てを終えた知恵と経験をもつシニアによる「一助」は「地域の孫育て」として共助の重要な取り組みと言える。

こうした近隣の活動は誰かの役に立つという一人ひとりの自信と矜持《きょうじ》につながる。かつての村落では災害だけでなく日頃の支え合いは当たり前で、交流関係の地図をつくる必要がないほど皆がよく家族構成を熟知していた。そこでは誰もが参加する「支援の社会化」が見られた。序章で紹介した「情けは人の為ならず」は意図せずやがて自分にも幸《さち》が回ってくるかもしれないという共助のあり方を示している。直接手助けをしてくれた相手への「恩返し」ではなく第三者に手助けする「恩送り」は欧米でも「親切はけっして失われることがない」（A kindness is never lost.）という点からつながりの循環が生まれている。この取り組みは善意を直接受けた人に返礼する（後ろに戻す）のではなく、別の第三者へ親切を施す（前に進む）という「善意を他者へ回す運動」（pay it forward）である。[78]過度な援助の要求と過剰な援助の供与で支え合いの関係が重荷になってはならない。一人ひとりが共感から可能な範囲で自分にできることをする共助でありたい。

健全な互助社会

阪神・淡路や東日本の大震災では被災者が援助に頼りまたボランティアが被災者への援助で逆に癒される「共依存」の現象が生まれ、ともに自立できない状況が指摘された。援助を受けて当たり前であるという「誰もがボランティアをすべきである」という強制はよくない。「助」行為は自発的な意志に基づく。「ボランティアをしなければ人間ではない」という言説まで拡がるなら健全な互助社会とは言えない。支え合いは地域に住む一人ひとりが共感に基づき自らの判断でするものである。しかしこの連帯と共生を求める互助社会がきれいごとの世界とは限らない。そこにはお互い利益が得られる「相利」ではなく特定の者が得をする「片利」（偏利）の関係、また得をする者と損をする者が明確な「寄生」の関係もある。「情けは人の為ならず」ということわざは適切な互助社会を理想とした人々の「生活の知恵」

から生まれた処世訓と言える。これは他者への手助けが再び自分に戻るという支援する主体とされる客体が相互に入れ替わる互助ネットワークを示す。その一方で自分の足下しか見ない風潮から援助は人のためにならないという解釈が拡がった。これは日本的な「甘え」を断ち切る厳しさを求めるが、もう一度このことわざがもつ相互扶助本来の「中庸の精神」を見直し、適度な自助と適切な公助から共助に基づく互助社会を考える必要がある。それは生活拠点を中心とした地域共生社会のあり方を問うことに他ならない。

幸田露伴は『努力論』で「惜福」と「分福」を述べている（幸田［1912］1940：53–65, 66–78）。「惜福」とは「自己の福を取り尽くさず用い尽くさざる」ことで、「分福」は「自己の福を他人に分ち加うる」こと、すなわち自分が得た福を他人にも分かち与えてともに福を享受することを意味する。「惜福」は自己の取り分すべてを味わい尽くさない対自関係をまた「分福」は他者に福を分かち与える対他関係を示す。互助社会はこの一人ひとりの「惜福」による福を他者に与える「分福」によって成り立つ。ここから匿名の寄付による「善意の輪」が拡がるとともに、「役に立つことをしている」と実名で表明する寄付社会も生まれる。各自が担う役割をお互い認め合う健全な互助社会が成り立つためには「共感教育」が必要である。序章で述べたようにこの「共感」は人生経験とともに磨かれるが、小さい頃の様々な読書を通して他者のことを考える「想像力」と多くの体験を通して自己と他者との関係をつくる「創造力」から生まれる。エドガー・カーンは「この世の中に役に立たない人はいない」と相互扶助の重要性を指摘した（Cahn, 2000）。東日本大震災で寒さや餓え、心身の疲労困憊の中でも耐えて生活する人々、食料品やガソリンなどの略奪がなく黙々と列をつくり冷静に行動する姿が世界の注目を集めた。これは世間を意識する日本人の精神の基底に「秩序ある相互扶助」があることを世界に示したと言えよう。私たちはこの貴重な支え合いの体験を活かし、次の世代に引き継ぐことを忘れてはならない(79)。

日本人はいつの時代も困難な状況を乗り越え新しい社会をつくってきた。二宮尊徳は荒れ地をそれ自身の資力で開発することを唱えたが、そこには先の「惜福」と「分福」同様自分の分をわきまえる「分度《ぶんど》」と生活で余力があれば他者に与える「推譲《すいじょう》」という考えが基調にあった（佐々井［1955］1995）。その農村開発は一人ひとりの自助が仲間の共助を導き、共助が藩というより大きな公助を引き出す取り組みであった。行政の「公益」優先の公助や個人や企業の「私益」志向の「私助」

が強すぎると、共助に基づく連帯や共生の「共益」は希薄になる。健全な互助社会は「共益」が「公益」や「私益」と共存し、過度な平等社会でも過剰な競争社会でもない適度な支え合いに基づく[80]。この「共益社会」は「自利」をすべて否定するのではなく「自利」と「他利」の調和を認める。「自利」が己の利益のみを求める「私利」でなく、他者を前提とした「他利」を認めたうえで「自利」が得られる点は自助と私助の関係と同様である。一人ひとりの自助が共助を誘いそれが公助を引き出し、また逆に公助が共助を促しそれが自助を刺激する。この「助」行為が循環することで互助社会が持続する。自助努力を弱くする一方的な援助ではなく、パートナーシップに基づく支援を通して自立の道を築くことが肝要である。序章で指摘したように、利己主義に基づく「生存競争の論理」（資本主義）でもまた利他主義に基づく規範論的な「相互扶助の論理」（社会主義）でもない、連帯による適度な競争と共生による適切な協力が見られる「棲み分けの論理」（相互主義）が互助社会を支える。近代化はそれを弱体化させたが、時代の多様な要求に応じて適応進化し「生活の知恵」がそれを正してきた。相互扶助は人間の根源的な行為だが、手助けを強制する利他主義でも己の足下しか見ない利己主義でもない。必要なら力を合わせて支える相互主義に基づく健全な互助社会が望ましい。

注

（1）この「一隅を照らす」という解釈は「照千・一隅」という原文から異なる説明もされている。すなわち「照千」が「照千里」（千里を照す者）で「一隅」は「守一隅」（一隅を守る者）のそれぞれ略であるとする（安藤・薗田 1974：194，427）。従って「一隅を照らす」と訓読することはできないという解釈である。厳密な漢文解釈ではそうなるとしても、後世の処生訓としての解釈から「生きる知恵」として前述の意味を尊重したい。

（2）実施した島根県浜田市は二〇〇五年一〇月那賀郡金城《かなぎ》町、旭町、弥栄《やさか》村、三隅町の三町一村が合併し新浜田市となった。旭町今市《いまいち》地区公民館の館長の協力を得て、二〇一〇年三月から八月まで半年間実施してもらった。この地区では二〇〇九年七月まちづくり推進委員会ができ、子供部会、ふれあい交流部会、食と健康部会の三つの部会活動が行われている。

（3）離島では小中学校が統廃合され高校がない島を出て戻らないことが多く、長男夫婦は親がいるため島に残るものの次男は子供と島を出ることが少なくない。また中高年の独身男性が多い地方では事業の後継者どころか子孫もいなくなり村が消滅する危機感が強い。

（4）狭い農地を象徴する棚田は都会人の癒しの風景となる。耕作放棄地の一部をソバ畑に転作し都市住民の定住策とあわせ新たに活用する、また休耕畑を市民農園として提供するところもある。伝統的な町屋など文化的景観も「一助」の素材になる。同種の景観をもつ地域が維持管理で知恵を出し合う交流もあるだろう。素朴な芸能も貴重な資源だが、伝統的な祭りの後継者が不足し合併で村がなくなるとき祭りだけは残したい人は多い。

（5）各世代がばらばらな取り組みでは効果がない。八丈島では「二四時間太鼓」と称して各団体が一つになり一時間の連続演奏を試みている。世代間で一つにまとまることが肝要で、そこに地域のココロも集約される。

（6）福島県昭和村では伝統的な織物技術の「からむし織」を地域外の人に教え、からむし織体験生として「織姫・彦星」を募集している。これはからむし畑の栽培、苧引き、糸づくり、織りの工程を通して生活文化をより多くの人に知ってもらう取り組みである。

（7）この社会実験を通して「一村一助」運動の意義とその展開の可能性がある程度わかった段階で、二〇一〇年九月島根県立大学で「地域の支え合いと地域づくり」というテーマでシンポジウムを開催し、「支え合うことで住んでよかった住みたくなる地域づくり」「してもらう地域づくりからしていく地域づくり」について意見交換を行った。

（8）筆者もさいたま市の市民と行政の協働組織（区民会議）の代表としてこの種の活動を始めたが、集団の凝集性と運動の継続性に欠けたため必ずしも成功しなかった（恩田 2008）。

（9）自治体ではコミュニティ課や自治振興課などが運動推進の窓口として普及活動を担うことが期待される。ホームページや広報誌で運動の意義や理念を浸透させ、そのスローガンを公民館や図書館などで掲示するなど行政を巻き込む活動が必要である。市民団体を統括する組織があれば、それが運動の意義や理念、目標の普及を担うようになる。この組織を通して各団体が得意分野の事業から「一村一助」運動の活動を展開していく。

（10）いざというときの地域住民の団結力は日々の互助行為の積み重ねによって決まる。二宮尊徳は誠を尽くす「至誠《しせい》」と額に汗する「勤労」から農村の自力復興を進めた（佐々井［1955］1995）。また一人ひとりが自立しないと他者への「一助」は生まれない。

（11）自然景観や森林浴が身体を癒し、草刈りが共同作業の喜びや新たな生きがいに結びつくこともあるだろう。実務経験豊かなシニアを地域づくりに活かし定住につなげる試みもされている。過疎化対策の定住者として、里山運動に従事するケースも少なくない。活力ある高齢者なら枝打ちや間伐など森林整備にも参加できる。山菜やシイタケの植栽、枝打ちや間伐、植林など里山再生の技術の蓄積も地域社会の「一助」となるだろう。

(12) 一人暮らしの高齢者宅に安否センサーなど専用機器を設置する自治体もある。長野県飯山市上町地区の老人クラブ「清清会」では、家の玄関に朝は「今日も元気だ『輪』」という輪を下げて夕方にはそれを取り込み、それが出ていないあるいは片付けられていないときには近所の人が声をかけて安否確認をする。また緊急連絡先やかかりつけ医、服用薬を記入した「緊急時連絡カード」をペットボトルに入れて冷蔵庫に保管してもらい緊急時に見つけやすいようにする。こうしたわずかな工夫で互助ネットワークが拡がる。

(13) 木田地区では高齢者は共同作業を免除されるが労力提供が負担になっている。坂本地区は高齢化率が高く互助慣行の意識がまだ強く団結力もあるが、今市や丸原地区では新住民が多く社会関係は希薄である。なお丸原地区では二〇〇八年法務省と民間企業の協働で島根あさひ社会復帰促進センター（受刑者施設）が設置され職員と家族が移住し人口が二〇〇人ほど増えたが、新旧住民の交流が多いわけではない（二〇〇九年九月聞き取り）。

(14) 今市地区では子供たちに地域の良さを知ってもらうため「地域の名人」（約五〇人）を紹介している。これはたとえば小麦から飴をつくる、炭焼きのできる人などが子供たちの前で実演し、様々な技能をもつ高齢者を地域の財産（人財）とする取り組みである。

(15) なお良くない要因の「その他」では「自己中心主義になりつつある」「現政権は何も対策をする気がないのに、市や住民は助けてもらえると期待だけしている」「まちづくりの活動に入りづらいところがある。人数が少なく特定のメンバーがやっている」「若い人がUターンする環境がない」「あきらめ感が大きい」という声があった。特に自治会では役員が固定しているため多様な発想を得るためメンバーの交代が望まれる。

(16) 成分1から成分3まで累積寄与率は七一・二％で、これら三つの成分で地域づくりの良くない要因の構造を十分把握できると判断した。

(17) モデルの適合はカイ二乗値で見ることができる。しかしこのパス図のモデルはカイ二乗値から判断するとその適合は非常に低い。またサンプル数の影響を受けない「適合度指標」から判断してもモデルの適合性は高くないが、重相関係数に相当する指標（0.85501）から見て因果分析の説明として試行的に採択した。今後は地域づくりの良くない要因の項目自体を検討していく必要があるだろう。仮説の検証を繰り返すことでより良好なモデルが得られる。なおこの構造方程式モデリング（潜在構造モデル）は因子や変数間の関係を探索しその関連性を表す解析手法で、回帰分析では説明変数から目的変数への影響を見るが、より複雑な変数間の関連を調べることができる。一般に回帰分析で把握できるのは直接効果のみで、構造方程式モデリングは変数間の直接効果と間接効果を把握できる点、またそれにより原因系変数から結果系変数への「影響の与え方」を検討できる点、さらに回帰分析は潜在変数（因子、成分）ではなく観測変数を扱うが、潜在変数をモデルに入れその変数間にも因果関係を設定できる点が構造方程式モデリングの特徴とされる。

(18) このモデルの構造方程式は

（地域の現状認識）＝0.76781×（地域住民の組織活動）＋0.46118×（地域住民のエンパワーメント）
＋0.61991×（地域住民の自治意識）＋（誤差）

で、全体の寄与率は0.59512であった。

(19) 米作の限界地とされる長野県川上村は高地と冷水という自然条件を活かして農家が高収益を上げる日本一のレタス生産地である。これだけは自慢できるというモノが他のコトを呼ぶ波及効果を生み出す。この農業基盤の安定が若手後継者を増やし、住民間や他地域との交流を進める文化センター、医療保健福祉が一体化した総合施設、必要な営農情報の提供など生活ニーズに応じた支え合いが機能している。

(20) 特に島嶼部では人口減少と活力低下が深刻だが、山口県周防大島町の沖家室島では一九九〇年代に比べ人口が三分の一の一五〇人ほどで高齢化率も六割を超えるが、高齢者の支え合いが見られる。それを八〇代の女性は「そこはかとなく」つながる関係だと教えてくれた（二〇一四年九月聞き取り）。シマ社会で背伸びをしないスローテンポの生活からそれなりの互助ネットワークがつくられ生活保護を受ける人も少ない。

(21) 文化人や芸能人、スポーツ選手は講演や音楽、競技など「一助」を披露し、一般の人も「一助」を通して支援の輪を拡げた。筆者はささやかな「一助」として陸前高田でがれき処理をした。著名人の慈善活動がネットの言論空間で売名行為として非難され「炎上」したこともあったが、劇画の主人公伊達直人を名乗り児童養護施設にランドセルを寄贈し現金を寄付する「タイガーマスク現象」など自然な共感に基づく行為は尊重したい。

(22) 半年以上経過し被災地がようやく復興の道を歩み始めたものの、時間的な制約があり被災者の心情にも配慮して多くの住民の声を聞くことができなかった。役場ごと県外に移転した双葉町では、震災から八カ月経過した被災者の状況について聞き取り（半構造化インタビュー）をした。被災地では地域住民の置かれた状況や心情の吐露など様々な思いについて詳しく聞くデプス（フォーカス）・インタビューを行うことができ、中には五時間に及ぶ聞き取りもあった。ここで半構造化インタビューとはあらかじめ質問紙を用意しそれに基づいて行いながら話の展開で適宜新たな質問もする聞き取りで、デプス（フォーカス）・インタビューは質問項目を中心に深化した聞き取りである。インタビューには被災住民の多くが好意的に応じてくれたが、マスコミへの不信も加わり気持ちが荒立っていたのか誤解からヒアリングを途中で断念せざるを得ない人もいた。

(23) 岩手県大槌町の五〇代女性は「当時被災したところには多く物資が来たが、自分たちのような半壊以下のところには来なかった。全壊した人たちのところには行きづらかった。自治会もそうした人向けのイベントが中心で自分たちには参加しづらい雰囲気があった」と言う（二〇一四年三月聞き取り）。土地が安いときに買ったとされるスーパーなど店舗の誘致よりも仮設住宅のほうが先で、地元商店街の人たちは自分たちの商売が成り立たないことを心配していること、またその一方で行政からの補助金を憂さ晴らしで遊興費に使った被災者がいたことも聞いた。宮城県牡鹿半島の石巻市鮎川浜では第六区は八班あり、第七班（一四世帯）の三〇代女性の班長が世帯と家族数に応じて「配給ノート」をつくり、自衛隊からの食糧を公平に分け物資が均等に配分されるようにした（同上聞き取り）。家が残った人とそうでない人で意志のもちようが異なるのは生活に対する意欲の違いで、同じ被災者の支え合いが大切だと言う。また漁業の後継者がいない家では今回の被災でもう終わりにする人もいる。この他復興公営住宅は高齢者優先で、小さい子供がいる家族にも配慮してほしいという意見も聞いた。

(24) 道路工事関係者や流出家屋の境界を画定する土地測量士などが全国から来ている岩手県大槌町では、復興を担う人がお互い知り合いになれたことに感謝する人がいた（二〇一四年三月聞き取り）。なお公道と私道の境界には杭があるが、私道間は「縄伸び」があり実際より土地を広くするため行政の買い上げでは土地の境界画定が難しいことも聞いた。

(25) 東日本大震災から三年経ち人々の記憶がしだいに薄れる中、二〇一四年三月一六日（日）、一七日（月）、一八日（火）の三日間福島県浪江町住民への聞き取り調査を行った。同県桑折町の蚕糸跡地には福島第一原発の事故に伴い避難生活を続ける浪江町住民の仮設住宅があり一七五世帯三三六名が二〇一一年四月から生活している（二〇一四年二月末現在）。四畳半二部屋に台所、トイレ、風呂がある部屋はけっして広いとは言えない。なおここには桑折町で家が倒壊した地元の人も五世帯入居している。既に行政や大学による様々なアンケート調査やマスコミの取材も多くあり、住民の中には「アンケートアレルギー」や「取材拒否」の態度が見られ今回の聞き取り調査も困難をきわめた。桑折町駅前応急仮設住宅自治会の会長にアンケートをお願いしたとき、「難しいですね。せいぜい二〇も集まればいいほうです。もう皆こうした調査にはあきあきしてますから。このあいだも大学の先生が来てやってましたが、そのくらいでしたから」という言葉を聞いた。しかし雨の中精力的に何度も根気よく住宅内を回り住民に理解を得ることで聞き取り調査を実施した。回収数は八三で、仮設住宅のＡＢＣＤの各棟別にそれぞれ二四、二八、二〇、一一だった。

(26) 住民にはアンケートに答えても何も変わらないという意識が強かった。誰ともつきあいたくないという人、またマスコミの取材を受けて体がおかしくなり点滴を受けた人、東電は社宅や寮を浪江町につくったが幹部は高台で影響のないところに住んでいたことを指摘する人、東電の関連会社で働き潤った町だが「家をつくってもトイレがない状態だった」と廃棄物の処理がもともとずさんだったことを言う人、「狭い仮設住宅では死にたくない、浪江で死にたい」という人、いろいろな人の声を聞いた。住民の属性では六〇代が三六%と最も多く、次が七〇代、八〇代で六〇代以上が全体の八割を占める高齢者の仮設住宅で、浪江町での平均居住年数は五一年、仮設入居期間は平均二年六カ月であった。町では継続的に『浪江町住民意向調査』を行っているが、本調査は支え合いに焦点を当てた。

(27) 桑折町の復興公営住宅は二〇一七年五月末現在で入居者が八六世帯、このうちもともと桑折町で被災した一一世帯、また空家二世帯を除き七三世帯に調査用紙を配布し、二六世帯から回収することができた。高齢世帯が多くまた様々なアンケート調査が行われ回収が困難をきわめたのは二〇一四年の調査と同様であった。

(28) 「浪江（浜通り）では桃や魚は買ったことがないくらいお裾分けがあった」という地域では人と人とのつながりや絆が強かったことがわかる（二〇一五年七月聞き取り）。

(29) 「震災前も後も変わらない」と答えた人には「離れていても連絡している。数は多くないが、どこにいるのか、誰が亡くなったのか、こうした連絡をしている」「人とのつながりは自分からつくるもの」「現在、今までのところ何も困ったことはない」という人がいた。また「仮設住宅においては（つながりを）なくしたいと思いできるだけつながりたくない」という人間不信の意見を述べる人もいた。つきあいをあえてしない人は元の浪江町ではそれなりにあったと思われるが、今の生活の深刻さを示している。

(30) 地域社会で住民の一体感を醸成する共同作業について質問したところ、「当然の義務なので参加する」人は七八・五%で震災前の八九%より減っている。「労働力を提供するだけの余裕がないので参加しない」（九・二%）が増え被災生活でゆとりがないことがわかる。また地域住民がお互いに支え合う組織についての問いでは、具体的な組織として自治会が念頭にあり、集会や清掃、茶話会などの行事を通して住民の交流があるものの「参加している」人は六四・九%で震災前の八二・五%に比べ大きく減少している。それだけ余裕がなく他者との関わりをあえてもちたくない人もいるためと思われる。

(31) 成分1から成分3までの累積寄与率は六六・〇%で七割近くあり、これら三つの成分で復興停滞の要因の構造を把握できるという解釈をした。成分1は「自治会の対応が十分でない」と「地域住民の組織活動が弱い」「地域住民の連帯感が少ない」に対する反応が強く、「住民の組織活動」に関わる要因と言える。また成分2は成分1同様「自治会の対応が十分でない」が強く、さらに「行政からの様々な規制が強い」や「行政と地域住民との意志疎通不足」に対する反応が多く、住民活動に対する「行政の規制（制度上の制約）」に関わる要因として抽出できる。さらに成分3は「そう思わない」と「全くそう思わない」人が六割を超えて反応がある「自治会の対応が十分ではない」に対して、国や県、町の対応が十分でない項目への反応も強く「行政の対応不足」に関わる要因とした。ただ「自治会の対応が十分でない」はいずれもマイナスの反応で実際それなりに機能していることがわかる。

(32) 「町外コミュニティについてどう考えますか」という質問では、「どちらとも言えない」人が半数近く占め(四七・九%)、「町外コミュニティに住みたい」人は三割(三〇・一%)、「住みたいと思わない」人は一三・七%だった。その一方で期待する人が三割いたことは新たなまちづくりへの希望が読み取れる。

(33) 浪江町への帰還意思については、「今の時点ではわからない」とする人が四割あり(四〇・三%)、「戻るつもりはない」人が三五・一%、「戻りたい」人は二四・七%だった。避難生活が長く続き当初の帰還意思がしだいに薄くなると同時に今後の状況しだいでは変わるため迷っているあるいは不安定な状態が読み取れる。これは桑折町の仮設住宅に住む人たちの意向で、他の避難している町民全体を対象にした調査とは異なるが、おおむね一致した傾向が読み取れる。復興庁・福島県・浪江町共催で町民を対象にした意識調査では、「戻らないと決めている」人の四八・四%に対して、「すぐに・いずれ戻りたいと考えている」人は一七・六%に過ぎない(二〇一四年八月実施『平成二六年度浪江町住民意向調査』)。その前年度の調査(二〇一三年八月実施)では「戻らないと決めている」人が三七・五%、「戻りたいと考えている」人は一八・八%いた。避難生活が長くなるにつれ帰還意思が希薄になることがわかる。

(34) 行政には「言っていることと行動が違い過ぎる」「行政はたて割りの(国→県→町)組織なので、これ以上望めない」「理想と現実とが違いすぎ、現場は他人事」「町民の目線で動いていない」と大変厳しく、また「今は高齢者がいるから大変で困っています」「頑張っているようだが、個々の意見のとりあげが少ない。聞いていない」という意見に行政は謙虚に耳を傾けたい。「浪江町には原発がないのに自分達が犠牲者である。家の修理もできない。津波もひどいが、原発事故はほんとうに迷惑だ」という意見は「原子力による町」づくりを進めてきた双葉町や大熊町、富岡町とは異なる住民の切実な本音の声であろう。その一方「一生懸命に行動して我々町民は助かっています」「早く国と県で頑張ってやってください」という行政への期待もある。要望として「早く復興住宅をたててほしい。仮設は狭いし体も心も悪くなるばかり」「もっとアンケートなどを町でとってほしい。心が変わりやすい」「帰還困難区域も広く、また漁業の人々の生活も困難をきわめる町としてもっと現実を見つめてほしい」という指摘がある。さらに「原発事故以来線量だけで帰還を求めているが、廃炉になるまで三〇~四〇年かかり、その間危険な作業がこれからです。また中間貯蔵が最終処分場になってしまう問題、汚染漏れのことなど。また浪江町民に公平な賠償を求めます。このような問題があるので、子供や若い人は帰らないです」という原発不信に加え、「三年四年五年、帰る気持ちがなくなってきました」というあきらめの気持ちもある。

(35) 役場移転後の二〇一七年六月ＪＲ浪江駅を下車して誰も歩いていない風景と倒壊した建物が残る状態を見て「廃墟の町」の印象を受けた。翌一八年四月にも同町を訪問したが、実際に戻った人の多くは役場関係者であった。聞き取りをした企画財政課では必ずしも浪江町民の帰還にこだわらず移住者の受け容れを容認するところが見受けられた（二〇一七年六月聞き取り）。なお川内村はワラビやタラの芽、キノコ、シイタケ、マツタケや魚が豊富だったが、原発汚染に対する不安が強く小さい子供の親は地元のものを食べない状態が続いている（二〇一四年三月聞き取り）。

(36) この前会長は「自分は自営業だったが今は時間がある。一番つらいことは何もしないこと」だと言う。多くの人は子供や孫に土地を譲りたいが、同じ家族でも子供とは別のところに住む仮設の高齢者が少なくない。行政への要望では「交付税の関係、国（東京電力）にばかり顔を向けないで住民を見てほしい」という意見があった（二〇一五年七月聞き取り）。

(37) この前副会長が自治会をどうするのかというアンケートをしたが、興味ない人三割、出席して協力したい人三割、自治会に興味あるが高齢で無理が三割だった。

(38) 高齢者への対応は社会福祉協議会の「生活支援相談員」が茶話会やイベントなどで、また地域ＮＰＯも対応している。

(39) 浪江町復興推進課復興計画係の話は以下のとおりである。仮設が三三カ所あり住民説明会をすべてすることは難しい。ここだけやって自分のところには来ないという苦情があるかもしれない。地域住民の声はホームページのメールで総務課が各要望を担当部署にまわして対応するが、できれば自治会単位しかも連合会単位でまとめて意見を出してもらいたい。「町外コミュニティ」は復興住宅として位置づけている。集落単位の移住は望ましいが、他の集落から入りたい人を排除できないため調整が難しい。他の自治体との協力は帰還時期が異なるため難しい。原発立地の町には原発事故の情報が多くあったようだが、浪江町の住民も同じ原発の賠償を受けているので、双葉や大熊に対しそれほど特別な感情はないようだ。

(40) いわき市ではいわきニュータウンを中心に応急仮設住宅がで三五一二戸あり、それ以外のものを含めると一万六〇〇〇戸を超える（二〇一六年二月末現在）。住民票を移さずに住む避難者は二万三五三五人で、このうち双葉郡八町村（広野町、楢葉町、富岡町、川内村、大熊町、双葉町、浪江町、葛尾村）で二万二八九〇人いる（二〇一六年九月一日現在）。このため税金を払わずに様々なサービスを受けているという非難も出てくるだろう。

(41) 原子力発電所をもたない自治体でも原発関連の企業で働いてきた町民がいる。この点を考慮に入れてもなお「何故自分たちがこうならなければならないのか」という苦渋の念が伝わってくる調査であった。本書がアカデミックな世界にとどまることなく、少しでも復興に貢献できるよう被災者の声を広くアピールしていきたい。

（42）共生と似た言葉に生物学では着生がある。これは植物が他の植物に付着して生育することで寄生と異なり養分をとらない。社会学から捉えた共生は差異を超えて人が人とともに生きる行為である。

（43）この楕円の構造をもつ「資本主義の精神」を立体的に考えると、「営利欲」と「隣人愛」はお互い牽制するためラグビーボールのようにまっすぐ進まない。現代の資本主義は「営利欲」を中心にサッカーボールのように一直線に突き進む状態と言える。消費（賞味）期限の改ざんや食品偽装、消費者金融の不当な利子、保険金の不払いなど企業の「営利欲」は限りない。

（44）山林では安価な輸入材による国産材の価格下落、また枝打ちや間伐に費用がかけられない、さらに高齢化による人手不足から荒れた共有地を公有林にし民間の開発業者に手放して私有林にすることが少なくない。こうした公私有地化が地域社会の互助関係に影響を与える。行政が公有林として村仕事の肩代わりをすると、業務委託した公社から一定の収益は得られるものの共有意識が希薄になる。町有林を営林署に貸し植林してもらうことでその販売額を分け合う方式（分収造林契約）、また造林の自己管理を少なくする委託化も「共」領域喪失の要因と言える。ただ過疎化や少子高齢化で共有林の維持管理は重い負担となるため「公」的管理が避けられない。

（45）葬儀で死体を焼く「おんぼさん」と呼ばれる人には最後まで身内を見送り死者との関係をもつ「おくりびと」として、遺族が感謝の気持ちをもち法事で丁寧に饗応した。

（46）もともと英語の「パブリック」の語源をたどると一五世紀には主として「社会における公益」として、「プライヴェイト」は一六世紀になると「特権をもった」意味で用いられた（Sennett, 1977）。一七世紀末までには「パブリック」が「誰が詮索してもよい」、「プライヴェイト」は「家族あるいは友人に限定された、生活が保護された領域」（私益）に意味が転化したとされる。このため「パブリック」は「家族と親しい友人たちの生活の外側で過ごされる生活」を、すなわち多様な社会集団が接触する場をさすようになり、その生活空間が都市として「公的な秩序」を求めるようになる。都市は見知らぬ者が居住する社会空間で、そこには一定の明示的なルールが必要となる。

（47）この市民や国民に奉仕する「公」（官）人は英語では civil servant 米語では public servant である。それが king になってはいないだろうか。複雑な仕事をこなす専門部署は必要だが、それが地域住民から遊離しては奉仕者とは言えない。役所の申請主義が市民に煩瑣な手続きを求めている点も否定できない。傲慢な役人の前に人間たることを心掛け、法律ではなく良心と常識に基づいて行動することを求めるのは庶民目線を忘れるなという警告に他ならない（末広［1922］2000）。国家公務員と地方公務員の他に特別職の議員もいる。「公」の仕事に従事する点は議員も変わらない。

(48) 「公」と「共」の協働に近い関係は近世の藩政期にも見られた。「天明の大飢饉」（一七八三〜八八年）を契機に、幕府は分限高に応じた備荒貯穀を諸国に奨励した。その先駆者が二代将軍徳川秀忠の子で会津藩の藩祖保科正之《ほしなまさゆき》だった。こうして広島藩をはじめ各地で災害に備え穀物を備蓄し困窮者に提供する社倉や義倉が普及するが、そこには民間の篤志家の協力もあった（恩田 2006）。この他長州藩では独自の「用心米」や「入替米」を設け、安永九（一七八〇）年に「撫育《ぶいく》名目囲穀《いこく》」や天保二（一八三一）年に「社倉囲穀」を整備している。さらに民間でも「自力囲穀《かこいもみ》」がされ、明治以降貯穀を公売しさらに備蓄するなど官の遺制が継承され、地区の金融機関の役割を果たした。このような取り組みは地域住民の共助が「御救米《おすくいまい》」の公助につながり、また後者が前者を誘発するという協働の関係と言えるだろう。

(49) 合併してよかったという話は地方を回る限り聞いたことがない。役場の職員と議員の定数削減、以前はすぐに結論が出たのに本庁に相談しないとわからないという支所の遅い意思決定、行政圏の拡大に伴い目配りが弱くなり住民力も低下している。効率優先の基準から公助の対象が決められ、地域の広域化で交通や医療、福祉、介護のサービスが手薄になるところも少なくない。公助本来の役割を縮小させてはならない。

(50) 介護保険制度は公助と言っても、実際には民間事業者のサービスを利用する「私助」で、これが従来の「近助」に代替することもある。しかし見知らぬ他人が家に入ると気をつかうので業者のサービスを利用したくない高齢者もいる。また身内の介護心労をケアする方策も十分とは言えない。

(51) 加入しないと災害時の対応また自治会ルートで行政からの連絡事項があるとき不利な扱いを受けないとも限らない。しかし東京都世田谷区では町会の加入率が六割ほどで、都心部ほどこの種の地縁組織の機能が弱体化している。

(52) 「一隅を照らす」運動は「ありがとうという気持ちをすなおにあらわす人になろう」という感謝（いのち）、「すべての人々すべての自然にやさしく接する人になろう」という慈悲（共生）、「人のために、すすんで何かができる人になろう」という奉仕が基本にある。

(53) 道元の『正法眼蔵』や武田信玄・勝頼親子の興亡を記した『甲陽軍艦』、内村鑑三の『余はいかにしてキリスト信徒となりしか』の中に相良が読み取った「一隅に立つ」という武士道の精神は、他者とは異なる己独自の位置を占める点を強調する（相良 1993）。

(54) 近年国有林の資料が公開され近世の藩が山林を管理した「御山帳」や「御林帳」などから、飢饉のとき伐採し現金収入を認めて救済する「御救山」の制度として藩有林による公助が明らかにされている。特に東北の諸藩に多かったとされる。その一方で藩の林政改革（新規《しんき》立林《たてばやし》の制度）は自力植栽という自助と共有林による共助を促している。共有地の公有地化が必ずしも否定されるものではなく、近代以降官有林も薪や炭の供給源として地域住民の生活を支えた。

(55) 幕府により備蓄制度が奨励されると、牛久藩の馴馬村《なれうま》（現茨城県龍ケ崎市）でも郷蔵《ごうぐら》制度が生まれた（金剛寺 1993）。これは非常時に備え各戸が米（一升）を拠出し借りる仕組みで、利子（五%、一俵〈四〇升〉につき二升）をつけて返済したが、藩から寄贈もあり基礎米が整備された。この制度は一九七二年まで続きその利子米を含め最終的に二五〇俵余りが金銭化され馴馬財産区に土地とともに継承されている。

(56) 長野県坂城町では水道メーターを活用した一人暮らし高齢者の見守りシステム『高齢者元気応援システム』の実証実験を開始した（二〇一七年九月実施）。毎朝水道の使い始めに配信される「元気メール」、水道を八時間以上使っていない、または二時間以上の連続使用が確認された場合に配信される「異変メール」を通して家族に高齢者の安否を知らせる仕組みで、高齢者本人のプライバシーに配慮して本人および離れて暮らす家族の不安を少しでも減らす見守りシステムである。この他ICT（情報通信技術）を活用し高齢者の生活をセンサーで感知して安否を知らせるサービスなどの導入もある。ホームヘルパーに頼むには時間帯が早いゴミ出しや頼みづらい買物など一〇〇円や五〇〇円のワンコインサービスで安否確認とともに一人暮らしの高齢者を支えるサービスもある。ゴミ出しでは通学区に応じて中学生が朝行い、その分市の支援金で学校の備品購入や図書券を贈る自治体もある。

(57) 「東アジア共同体」はよく聞くが、「東アジアコミュニティ」とは言わない。本来共同体は土地の共有を前提にした言葉だが、community を共同体あるいはコミュニティと訳すかは文脈にもよる。

(58) 危機管理の対象は自然災害だけでなく人為的なものもある。マンション住民が耐震偽装による建て替えをめぐり管理組合で対策を協議するなど、日頃挨拶もしない居住者がエレベーターやエントランスホールなど共用空間に対する危機意識をもつと団結する。

(59) 長崎県生月島《いきつき》で五歳のとき洗礼を受け洗礼名ドメコスという六〇代の「かくれキリシタン」によると、ヘコ親とヘコ子の擬制的親子関係があり、洗礼を受けたとき男のヘコ子は女のヘコ親を、女のヘコ子は男のヘコ親が決まる（二〇一五年九月聞き取り）。「私たちはキリシタンですがカトリックではないため島の教会とは関係がない」と言う。表向きは仏教徒（浄土宗や臨済宗など）として家の中でキリシタン関係のものは隠してきたが、「かくれキリシタン」は亡くなるとき魂を元に戻すことで普通の日本人として墓に入る。一八七三年の禁教の高札撤去後もカトリックに復帰することなく独特のオラショ（祈り）を唱えその生活形態を維持してきた「かくれキリシタン」の信仰は、頼母子をするなど現世利益を求める点からも日本の民俗宗教と言えるだろう。

(60) 隠岐諸島の知夫里島郡《こおり》地区では高齢で島に戻れない人が墓を島外に移すことが少なくない（二〇一四年八月聞き取り）。なお海《あ》士《ま》町にある無人のカズラ島は「散骨の島」として海に遺骨を撒く海洋葬や木の元に埋める樹木葬が行われている。

(61) 戦後荒廃した森林復興のため再開した学校林は木材価格の下落や林業の衰退で減少するが、再び環境教育の場として復活し間伐や下草刈り、植樹、木材の炭焼き、竹による算数の尺度や楽器づくり、給食の食材に利用されている。長崎県五島市三《み》井《い》楽《らく》町の浜《はま》ノ《の》畔《くり》では以前中学校林があり生徒が毎年手入れをしていた。

(62) 一九四七（昭和二二）年から四九年までに生まれ二〇〇七年に六〇歳を迎えた約七〇〇万人の「団塊の世代」はネット社会で生活できる元気な高齢者が多く、仕事で培った技能や経験を地方で活かすことが期待されている。彼らが六五歳になった二〇一二年は高齢化率を押し上げたが、それは六五歳まで希望すれば働ける元気な老年人口でもある。こうしたパワーを活用するため各自治体は定住を促している。この高齢者は個宅化した高齢者を都市で支える「お世話集団」になり得る人たちである。二〇一七年埼玉県では元気な男性高齢者の地域活動を促すため「地域デビュー楽しみ隊」を発足させたが、この高齢者を県や市町村、社会福祉協議会の女性職員からなる「ちいきデビューひっぱりガールズ」がサポートする。五一歳から七八歳までの高齢者が自らの地域活動を語ることで同年齢の活動を促進しようとする。

(63) 賃貸住宅など自立支援に不安がある高齢の入居者が相互に支援する「互助ハウス」では、支える側と支えられる側がいつでも役割交換する共有空間（共同リビング）がある。ビジネスの世界では事務所や会議室、打ち合わせスペースを共有しながら独立した仕事を行う共働ワークスタイルも増えつつある。在宅勤務者や起業家、フリーランス（自由契約者）などが協働空間（コワーキングスペース、coworking space）で社内外の交流を通して発想転換や新規事業のアイデアを生み出している。個人の机をつくらず利用者を固定しないフリーアドレス（部署単位の自由席）を導入する企業もある。

(64) この神津島の若者組が固い絆で結ばれ組織が解散した後も助け合ったことが高齢者の体験談『神津島のお年より作文集』（二〇〇九年、第一五集）の中で語られている。なお現在日本では農業青年クラブという将来の日本の農業を支える二〇代三〇代の若い農業者が中心の組織がある。通称4Hクラブと言われ、現在全国約八五〇クラブ約一万三〇〇〇人のクラブ員が「日本や世界で貢献できる農業者」を目指している。4Hとは農業の改良と生活の改善に役立つ腕（Hands）を磨き、科学的に物を考える頭（Head）を訓練し、誠実で友情に富む心（Heart）を培い、楽しく暮らし元気で働くための健康（Health）を増進する意味をもつ。もともと一八九〇年代の終わりから一九〇〇年代初頭アメリカ各地で農業教育の需要が高まる中で4Hプログラムは始まったとされ、四つ葉のクローバーがシンボルである。

(65) 中之島に限らず離島の三大イベントは小中学校の運動会、敬老会の活動、小中学校の先生の歓送迎会と言われる。運動会は島外の人が集まる機会となり、歓送迎会は異動の時期に見られる港の風物詩である。小笠原の父島では三月末東京に戻る教員の客船を追いかけて子供たちが海に飛び込む風景が知られている。筆者は二〇一一年三月末この光景を見て感動した。

(66) 合併して薩摩《さつま》川内《せんだい》市になった鹿児島県の下甑島では、旧下甑村の職員が旧川内市に異動になると家族で赴任するのに対して、逆に旧川内市の職員が下甑島の支所に異動するときは単身赴任する事実が離島生活の実態を物語っている。

(67) 社会派の巨匠今井正監督の名作映画『米』(一九五七)は霞ヶ浦農村の貧困を問題にし、若者組がまだ機能し地域社会の中核を担ったことが描かれている。そこには男性が女性に言い寄るヨバイ慣行の残滓と祭りで盛り上がる若者のエネルギーが見られる。それは高度成長の挟間に取り残された村落を浮き彫りにし地域社会衰退の運命も暗示した。

(68) 徳島県三好市西祖谷《いや》山村《むら》(旧西祖谷山村《そん》)の七〇代男性の話では今の若者はモノをつくる知恵がない。「伝統的な祭りの意味を理解する者が少なくなっても、それを自分たちの代で終わらせるわけにはいかない」ことも指摘している(二〇一六年二月聞き取り)。行政は人口減少を補うため定年退職者だけでなく若い世代の定住促進を進めている。広島県の安芸高田市や島根県の美郷町では低家賃で入居できる「お好み住宅」や「若者住宅」の制度を導入した。入居条件として地域活動への参加を義務づけている。過疎という言葉の発祥地として知られる島根県旧匹見《ひきみ》町(現益田市)では消防団への参加を促し、同県旧三隅町(現浜田市)では空き家を登録して再利用する「空き家バンク」を始めたが、その利用登録は地域活動への参加を条件にしている(二〇一〇年六月聞き取り)。

(69) テレビドラマと映画の『若者たち』は昭和四〇年代前半の高度成長期に暮らす両親がいない兄弟愛と家族の絆を描き、都会で孤立しがちな若者の連帯を問いかける秀作であった。主題歌「君の行《ゆ》く道ははてしなく遠い　だのになぜ歯をくいしばり　君は行くのか　そんなにしてまで……君の行く道は希望へと続く　空にまた陽《ひ》がのぼるとき　若者はまた歩きはじめる」という歌詞には可能性に満ちた若者の恍惚と不安が示されている。

(70) 首都圏出身者が多い大学が地方枠を設けて若者の入学を呼びかけている。これは「入学機会の公平性」に支障をきたさないことを条件に、地方出身の若者がふるさとに帰り地域の活性化に貢献できる「人財」養成をねらいとしている。また都市出身の学生に対して地方で就業体験をするインターンシップに力を入れる関東の大学も出てきた。この地域活性化の問題解決能力を養う地方創生インターンシップは自らの能力を開花させる場が中央の都市だけではないことを知らせるいい体験になるだろう。

(71) 社会学者のコールマンが既にその基礎概念を提示していた(Coleman, 1990)。日本では一九七〇年代の公害問題に端を発した経済インフラと異なる社会インフラを総称して「社会資本」と呼び、その後八〇年代に生活基盤を中心に「新社会資本」が言われたため、それらと区別して九〇年代以降カタカナの「ソーシャル・キャピタル」あるいは「社会関係資本」と表記されることが多い。人々の社会関係を一つの「資本」と見なす考えである。

(72)「だんだん」は出雲弁として知られているが、この「ありがとう」を意味する言葉を愛媛県の方言として岡村島では昔からよく使った。

(73) 沖縄県渡嘉敷島《とかしき》の阿波連地区では、終戦後の混乱期に漂着物の薪や個人所有の豚を売って得たお金を部落の基本金として積み立て、また高齢者の式典で祝い金を寄付してもらい育英資金にした(二〇一〇年四月聞き取り)。前者の基本金は地区住民を対象に低利で貸し付けがされ、後者の育英資金は小中学校の卒業式の記念品(文具用品)に充当した。いずれも公助に頼らない地域住民の共助が注目される。モアイは本土や他の地域から来た人でも参加できるが、この地区の信用事業を利用できる資格は地区出身の居住者に限定され、同じ島でも他の地区出身者は除外される。行政から各地区へ補助金が支給されるとき他地区と比べ潤沢な資金があると見られないため、この制度が表に出てくることはなかった。それは自生的なセイフティネットとして機能している。

(74) フランスパリ一七区の助役アタナーズ・ペリファンが提唱した「隣人祭り」は、アパートで一人暮らしの女性が孤独死したことがきっかけだった。これは近隣の者が集まり会食をし親交を深めながら近況を語り合う取り組みで、NPOの活動を通じて一九九九年に始まり約一万人が参加した「隣人祭り」はその後ヨーロッパに拡がり、一〇年後には約八〇〇万人に達し日本にも上陸した。しかしこうした外国の取り組みを「輸入」するまでもなく、日本にはすばらしい互助慣行があった。なおイギリスの慈善団体CAF(Charities Aid Foundation)とアメリカの世論調査企業ギャラップが二〇一〇年から発表している「チャリティー団体にお金を寄付したか」(寄付)、「助けが必要な見知らぬ人に手を差し伸べたか」(手助け)、「組織のボランティアに時間を割いたか」(ボランティア)という三つの行為から見た「世界寄付指数」(World Giving Index)では、二〇一五年はミャンマーが一位、アメリカが二位で日本は一〇二位だった。仏教国のミャンマーではお布施が多い点が理由とされ、日本ではボランティアや寄付文化がまだ根付いていないことがわかる。

(75) 一〇軒で構成される講中の一つ(日向)で会計を担当する六〇代男性によると、無尽講の仕組みは二〇人ほどで一人二〇〇〇円出してくじ引きを行い、当たった人は一〇〇円プラスして払い続ける(二〇一三年五月聞き取り)。かつては困窮者を救済する目的で利息もよかったが、今は親睦目的になっている。この地区は都市と村落の境界社会と言えるだろう。

(76) 山梨県富士河口湖町の西湖にある茅葺き集落を再現した「西湖いやしの里根場《ねんば》」では、かつて茅束すきの作業で行った「結(由)い」が紹介されている。この種の「昭和の時代」を再現した施設が各地で見られるが、これらを通して当時の生活を知るとともに失われつつある互助慣行の見直しにつながることを期待したい。

(77) 岩手県の社会福祉協議会では一人暮らしの高齢者による安否情報の発信として、「1．元気です。2．少し元気です。3．具合が悪いです。4．後で連絡が欲しいです」というように、毎朝定時に番号で状況を知らせる取り組みを進めている。職員や民生委員、宅配業者の見守り協力者が独居宅を訪問し、遠隔家族への情報提供も行う。高齢者の爪に「爪Qシール」を貼り付けて認知症の行方不明者を特定する仕組みが埼玉県入間市で導入され、見つけた人が高齢者の爪のQRコードをスマートフォンで読み込むと市役所の代表番号が表示され警察に届けることができる。

(78) 小説ではキャサリン・ライアン・ハイドの *PAY IT FORWARD* (1999) があり、映画では『ペイ・フォワード可能の王国』(米国二〇〇〇年、日本二〇〇一年上映) がある。また小説の著者が二〇〇〇年にＮＰＯの The Pay It Forward Foundation を設立している。

(79) 既に述べたように筆者は岩手県陸前高田市でがれき処理の現場に立ち、その凄惨な被害状況を目の当たりにして言葉もなかった。また宮城県石巻市では「将来に対して希望がもてないのは終戦のときよりもひどい。先が見えないという点で終戦のときは将来に対して希望をもちそれなりの生活のため夢をもって働くことができた。しかし今の状況は見通しが何もない。それでも毎年同じように咲く花を見ると震災で受けた心の痛みがなごむ」という七〇代男性の言葉も強く印象に残っている（二〇一一年一〇月聞き取り）。もともと若者が少なく大震災の前から都会への若者の流出が多い「過疎被災地」だけに復興への希望だけはもち続けてもらいたい。

(80) 二〇〇八年アメリカの金融危機に端を発した世界同時不況は実体経済に対して投機色が強い非実体経済の脆弱性からひきおこされた信用不安で世界が揺れ動いた。頼母子など庶民の小口金融には「生活の知恵」に基づく大地に根を生やした力強さが感じられる。

おわりに

本書は『互助社会論』（二〇〇六年）を刊行して以来その後の互助慣行についての考えをまとめたものである。前著との違いは互助社会の理念と構造を明確にし、またそれ以降行った日本の調査に加え東アジアの韓国、中国、台湾の互助慣行について国際比較をしたことにある。ここでは漢字文化圏であったベトナムにもふれている。本書は特に次の三点を強調した。一つ目は互助行為の類型化を述べた序章を踏まえ、第1章から第4章までユイ、モヤイ、テツダイという日本の伝統的な互助行為とそれらに相当する各国の等価物を抽出した点、二つ目が第5章でその比較から互助社会の共通点と相違点を明らかにした点、三つ目は終章で互助行為によってつながる「一村一助」運動を提唱し、東日本大震災の被災者への聞き取りを通して絆の亀裂や深化からコミュニティの再生について提言した点である。

序章では人間関係の潤滑油として支え合いが希薄な「無縁社会」を考察し、「情けは人の為ならず」ということわざの解釈を紹介した。また自己と他者を結ぶ共感の大切さを唱え、互助社会の成立条件として「生存競争の論理」「相互扶助の論理」「棲み分けの論理」を取り上げた。さらに「助」行為をその志向性から双方向の行為（互助）と一方向の行為（片助）、その主体から行政（公助）、地域住民（共助）、個人（自助）に大別してその社会構造を互助ネットワークから分析した。

第1章では始めに日本の互助行為の軌跡に着目した。相手の見返りを求めるユイは対称性、頼母子など小口金融を含めヒト、モノ、カネをいったん中央に集めその結果得られた成果をメンバーで分かち合うモヤイは中心性、相手から見返りを期待しないテツダイは一方向性をもつ。これら伝統的な互助行為の衰退要因も分析した。また互助慣行を規定する社会構造をイエ集団、ムラ社会、シマ社会から説明し、その組織として組と講の違いを示しながら共生互助組織と強制互助組織について述べた。さらに農村ではムラ八分の功罪や互助および制裁の各システムから捉えたムラ社会の正義についてふれ、特に共有地（コモンズ）の役割に注目し経済生活の基盤として資源の配分と富の分配機能、社会生活の基盤として地域住民の統合機能、精神生活の基盤としてムラ精神のシンボル機能を取り上げ、弱体化している「共」領域の再生について考察した。

第2章では互助慣行をめぐり一九四〇年代の朝鮮と一九七〇年代の韓国についての先行研究を踏まえながら、筆者が主に全羅南道の島嶼地域の漁村を中心に行った聞き取り調査から、現代韓国の互助ネットワークの実態を日本と比較しながら明らかにした。最初に日本のユイ、モヤイ、テツダイにそれぞれ相当する韓国の互助行為を分析した。次に韓国の互助ネットワークの特徴を儒教倫理を基本とした同族意識（タテの社会関係）と地縁意識（ヨコの社会関係）から浮き彫りにした。

第3章では限られた農村調査であったが、中国の互助慣行を明らかにした。始めに韓国同様日本の互助慣行に相当する現代中国の行為を取り上げた。次に互助慣行の原型を浮き彫りにするため中華人民共和国成立以前と以後に分けて考察した。特にその原型を新中国以前の中華民国および満州国の村落に求めたのは建国後の強制互助組織が「自生的な社会秩序」としての相互扶助に大きな影響を与えたとする仮説に基づく。社会主義による人為的な互助組織と伝統的な村落の原型をとどめる頃の共生互助組織との違いを浮き彫りにしながら互助慣行の変容過程を跡づけた。最後に社会主義市場経済を標榜する中国の互助社会の将来を村落共同体と家族（同族）共同体との関係から展望した。

第4章では台湾の都市と村落の聞き取り調査から韓国、中国同様日本のユイ、モヤイ、テツダイに該当する互助慣行を明らかにした。台湾では原住民（先住民）と中国出身の台湾人（漢人）で生活習慣が異なるため、それぞれ分けて集団主義と個人主義の相互扶助について考察した。また大陸中国との違いを鮮明にするため日本のシマ社会と比較する意味もあり、島嶼地域も含めて調査することで伝統的な互助慣行の原型を浮き彫りにした。

第5章では東アジア全体を俯瞰した研究の視座をまとめ、その互助慣行と社会特性の関係から日本（シマ社会の原理――開放性〈包含〉と閉鎖性〈排除〉）、韓国（半島社会の原理――個人主義〈大陸社会〉と集団主義〈シマ社会〉の併存）、中国（大陸社会の原理――家族単位の個人主義〈村落の中の家族〈同族〉共同体〉）、台湾（準シマ社会の原理――個人主義〈台湾人〉と集団主義〈原住民〉の併存）について比較した。またベトナム（準大陸社会の原理――家族単位の集団主義）も紹介した。さらに日本と韓国、中国、台湾との相互交流から稲作（漢字）文化圏に基づく互助慣行の移出入説（普遍〈同時多発〉説と個別〈固有発展〉説）を双方向の交流から検討し、「東アジア共同体」の可能性について述べた。

終章では近代化に伴う互助慣行の衰退に対して支え合いの社会システムが今後どうなるのか、日本の互助社会の将来について考察した。最初に「有縁社会」を再生する「一村一助」運動を提唱し、その定量分析を紹介した。また東日本大震災後の互助社会を考えるために聞き取り調査の結果得られた地域社会の互助ネットワークの変容とその経験則を述べた。特に原発被災者のコミュニティ意識を通して「地域社会の消滅」と向き合う中でのコミュニティの再生可能性について考察している。こうした点から現代の日本には「共」領域の復権と「互（共）助力」の回復が必要であることを指摘した。そのために強制でない共生による「社会的包含」から望ましい互助社会を考え、「公」と「私」各領域の台頭による「共」領域の喪失から、「公共」ではなく「公」と「共」を区別した両者の協働、また市民セクターによる「互（共）助力」の復権について述べ、現代版の共有地（コモンズ）として「共」空間の再構築の重要性を主張した。それは公助、共助、自助三位一体の補完性原理による互助社会の創生である。最後に地域に愛着と誇りをもつ若者の育成と地域づくりとの関連にふれ、現代版ユイ、モヤイ、テツダイの再生から「脱無縁社会」を提言した。

東アジアの互助慣行をめぐる体系的な研究は少なく、また何故近隣諸国で互助慣行に類似と相違があるのかという相互関係の考察は皆無である。この点本書は国際比較をする先導的な役割を果たす位置にあると自負している。しかし相互扶助の普遍的な出現（同時多発説）と個々の国や地域で固有の制度として発展した状況（固有発展説）、またその仕組みが相互交流の中から影響し合うという「互助慣行の移出入」について十分検証できなかった点は否めない。この点は今後の課題として研究を継続したい。なお二〇一五（平成二七）年度から五年間科学研究費助成事業による研究が採択され、引き続き東南アジアの互助慣行の調査を進めている。本書を通して日本の伝統的な互助慣行を見直し、同じアジアの近隣諸国にも同種の慣行があることを知ることで人と人とのつながりや絆について改めて考える機会となることを祈念して擱筆《かくひつ》する。

二〇一八年一一月

著　者

索　引

（＊は人名）

ア　行

カ　行

サ　行

タ　行

ナ　行

ハ　行

マ　行

ヤ　行

ラ・ワ行

参考文献

【全　体】

Abegglen, James C., 1958, *The Japanese Factory : Aspects of Its Social Organization*, Glencoe : The Free Press.（山岡洋一訳，2004，『日本の経営』日本経済新聞社.）

Acheson, James M., 2003, *Capturing the Commons : Devising Institutions to Manage the Maine Lobster Industry*, Hanover and London : University Press of New England.

Aldrich, Daniel, 2009, *Site Fights : Divisive Facilitites and Civil Society in Japan and the West*. Ithaca(New York) : Cornell University Press.（湯浅陽一監訳，リンダマン香織・大門信也訳，2012，『誰が負を引き受けるのか――原発・ダム・空港立地をめぐる紛争と市民社会』世界思想社.）

———, 2012, *Building resilience : Social Capital in Post-Disaster Recovery*, Chicago : University of Chicago Press.

網野善彦，［1991］2005，『日本の歴史をよみなおす（全）』筑摩書房.

安藤昌益，［1752頃］1966，『統道真伝』〈上〉岩波書店.

安藤俊雄・薗田香融校注，1974，『最澄』（日本思想大系）岩波書店.

Aristotelēs. *Ēthika Nikomacheia*.（高田三郎訳，1971『ニコマコス倫理学』〈上・下〉岩波書店.）

Axelrod, Robert, 1997, *The Complexity of Cooperation*, Princeton : Princeton University Press.（寺野隆雄監訳，2003，『対立と協調の科学』ダイヤモンド社.）

Beck, Ulrich, 1999, *World Risk Society*, Cambridge : Polity Press.（山本啓訳, 2014,『世界リスク社会』法政大学出版局.）

Benkler, Yochai, 2011, *The Penguin and the Leviathan. : How Cooperation Triumphs over Self-interest*, New York : Crown Business.（山形浩生訳, 2013,『協力がつくる社会』NTT 出版.）

Bentham, Jeremy, 1789, *An Introduction to the Principles of Morals and Legislation*.（山下重一訳，1967，『道徳および立法の諸原理序説』〔世界の名著38〕中央公論社.）

Besley, Timothy, Coate, Stephen and Loury, Glenn, 1993, "The Economics of Rotating Savings and Credit Associations," *The American Economic Review*, 83 (4), 792–810.

———, 1994, "Rotating Savings and Credit Associations, Credit Markets and Efficiency." *The Review of Economic Studies*, 61 (4), 701–719.

Bouman, Fritz. J. A, 1983, "Indigenous Savings and Credit Societies in the Developing World," In J. D., Von Pischke, D. W. Adams and G. Donald(eds.), *Rural Financial Markets in Developing Countries* (pp.262–268), Washington : World Bank (Johns Hopkins University Press).

Bücher, Karl, [1896] 1924, *Arbeit und Rhythmus* (6. Aufl.).（高山洋吉訳, 1944,『労働とリズム』第一出版.）

Burawoy, Michael, 1998, "The Extended Case Method," *Sociological Theory*, 16 (1), 4–33.

———, 2005, "2004 ASA Presidential Address : For Public Sociology," *American Sociological Review*, 70, 4–28.

———, 2007, "Public sociology vs. the market," *Socio-Economic Review* 5 : 356–367.

Cahn, Edgar S., 2000, *No More Throw Away People*, Washington : Essential Books.（ヘロン久保田雅子・茂木愛一郎訳, 2000,『この世の中に役に立たない人はいない』創風社出版.）

Coleman, James S., 1990, *Foundations of Social Theory*, Cambridge : The Belknap Press of Harvard University Press.

Comte, Auguste, [1830–1842] 1839, *Cours de Philosophie positive.*（霧生和夫訳, 1970,『社会静学と社会動学〈実証哲学講義〉(第4巻)』〔世界の名著36〕中央公論社.）

Crow, Graham, 2004, "Social Networks and Social Exclusion : an Overview of the Dabate," In C. Philipson, G. Allan, and D. Morgan (eds.), *Social Networks and Social Exclusion* (pp. 7–19), Aldershot : Ashgate.

de Jonge, Jan, 2005, "Rational Choice Theory and Moral Action," *Socio-Economic Review* 3, 117–132.

Durwin, Charles R., 1859, *On the Origin of Species by Means of Natural Selection, or the Preservation of Favoured Races in the Struggle for Life*, London : John Murray.（八杉龍一訳, 1990,『種の起原』〈上・下〉岩波書店.）

Etzioni, Amitai, 1996, *The New Golden Rule : Community and Modernity in a Democratic Society*, Philadelphia : Basic Books.（永安幸正監訳, 2001,『新しい黄金律――「善き社会」を実現するためのコミュニタリアン宣言』麗澤大学出版会.）

福場保洲, 1934,『講の研究』東邦書院.

福沢諭吉, 1872,『学問のすすめ』.（土橋俊一校訂・校注, 1972, 講談社.）

———, 1899,『福翁自伝』.（富田正文校訂, 1978, 岩波書店.）

Geertz, Clifford J, 1962 "The Rotating Credit Association : A 'Middle Rung' in Development," *Economic Development and Cultural Change*, 10, 241–263.

Gillette, John M, 1922, *Rural Sociology*, New York : Macmillan.（原澄次訳, 1928,

『農村社会学』丸山舎書店.）
Giuffre, Katherine, 2013, *Communities and Networks : Using Social Network Analysis to Rethink Urban and Community Studies*, Malden : Polity Press.
Gluckman, Max, ［1940］ 1958, *Analysis of a Social Situation in Modern Zululand*, Manchester : Manchester University Press for The Rhodes-Livingstone Institute ［Bantu Studies, 14, 1-30］.
Gouldner, Alvin, 1960, "The Norm of Reciprocity : A Preliminary Statement," *American Sociological Review*, 25, 161-178.
Hardin, Garrett J., ［1968］ 1998, "The Tragedy of the Commons," In J. A. Baden and D. S. Noonan (eds.), *Managing the Commons* (Second edition), (pp.3-16). Bloomington and Indianapolis : Indiana University Press (in *Science*. 162 : 1243-1248).
長谷川計二，1991a,「共有地の悲劇」『秩序問題と社会的ジレンマ』（盛山和夫・海野道郎編），ハーベスト社，199-226頁.
────，1991b,「共通利益の実現：公共財の供給」『考える社会学』（小林淳一・木村邦博編著）ミネルヴァ書房，88-99頁.
橋本左内，1856,「中根雪江あて書簡」.（伴五十嗣郎全訳注，1982『啓発録』講談社.）
早川孝太郎，［未発表］1977,『若者組とその生活信条』（早川孝太郎全集第５巻，宮本常一・宮田登編）未來社.
────，［1937］1977,「農事慣習における個人労力の社会性」『農村問題と農村文化』（早川孝太郎全集第５巻，宮本常一・宮田登編）未來社.
────，［1954］1977,「農家と団結」『農村更生』（早川孝太郎全集第６巻，宮本常一・宮田登編）未來社.
Hechter, Michael, 1987, *Principles of Group Solidarity*, Berkeley : University of California Press.
Hedström, Peter and Udehn, Lars, 2009, "Analytical Sociology and Theories of the Middle Range," In P. Hedström and P. Bearman (eds.), *The Oxford Handbook of Analytical Sociology* (pp.25-47), New York : Oxford University Press.
Hegel, Georg W. F., 1821, *Grundlinien der Philosophie des Rechts*.（藤野渉・赤澤正敏訳，1967,『法の哲学』〔世界の名著35〕，中央公論社.）
Hobbes, Thomas, 1651, *Leviathan or the matter, forme and power of a commonwealth ecclesiasticall and civil*.（水田洋訳，［1954］1992『（改訳）リヴァイアサン（全４巻）』岩波書店.）
法務大臣官房司法法制調査部，［1880］1989『全國民事慣例類集』司法省.
穂積陳重，1921,『五人組制度論』穂積奨学財団出版.
Hume, David, 1739-1740, *A Triatise of Human Nature*.（大槻春彦訳，1948（一）

1949（二）1951（三）1952（四）『人性論』岩波書店.）
池橋宏, 2008,『稲作渡来民——「日本人」成立の謎に迫る』講談社.
池田龍蔵, 1930,『稿本無尽の実際と学説』全国無尽集会所（1918, 大鐙閣.）
今西錦司, ［1941］2002,『生物の世界』中央公論新社.
石川松太郎校注, 1973,『庭訓往来』平凡社（東洋文庫242).
石川さつき, ［1952］1959「村八分の記」『日本の女性』〈現代教養全集11〉（臼井吉見編, 筑摩書房.）
賀川豊彦, ［1920］2009,『死線を越えて』（改造社）PHP 研究所.
————, ［1933］1996,『農村社会事業』（農村更生叢書第2巻, 日本評論社）〈戦前期社会事業基本文献集36〉日本図書センター.
————, ［1946］2012,『協同組合の理論と実際』コバルト社（復刻版）日本生活協同組合連合会出版部.
神島二郎, 1961,『近代日本の精神構造』岩波書店.
鹿又伸夫, 1991「弱い紐帯の強さ：社会関係のネットワーク」『考える社会学』（小林淳一・木村邦博編著）ミネルヴァ書房, 100–114頁.
Kant, Immanuel, 1797, *Die Metaphysik der Sitten.*（樽井正義・池尾恭一訳, 2002,『人倫の形而上学』（カント全集第11巻）岩波書店.）
笠沙雅章, 1988,「無尽蔵」『世界大百科事典』（第27巻）平凡社（645頁).
幸田露伴, ［1912］1940,『努力論』［東亜堂書房］岩波書店.
小泉幸一, 1942,「農村労働組織の一様式としての『ユヒ』の慣行」（一）（二）（三）『帝國農會報』第32巻第7号76–87頁（一), 第8号58–78頁（二), 第9号54–76頁（三).
今和二郎, ［1922］1989,『日本の民家』岩波書店.
Kropotkin, Pyotr A., 1902, *Mutual Aid : A Factor of Evolution,* London : Heinemann.（大杉栄訳〔同時代社編集部現代語訳〕, ［1920］1996,『相互扶助論』〔春陽堂〕同時代社.）
来間康男, 2006,「地割制度のスタートを考える——黒島為一「〈地割制度〉起源試論」を承けて」『南島文化』第28号, 113–122頁.
MacIver, R. Morrison, ［1917］1924, *Community : A Sociological Study.* London : Macmillan.（中久郎・松本通晴監訳, 1975,『コミュニティ』ミネルヴァ書房.）
丸山眞男, 1952,『日本政治思想史研究』東京大学出版会.
道端良秀, 1934,『無尽之研究』東邦書院.
Mill, John S., 1859, *On Liberty.*（塩尻公明・木村健康訳, 1971,『自由論』岩波書店.）
三浦周行, 1918,「頼母子ノ起源ト其語源」『経済論叢』第7巻第5号, 1–11頁.
守田志郎, ［1973］1978,『小さい部落（日本の村)』朝日新聞社.
武者小路実篤, 渡辺貫二編, 1994,『人間らしく生きるために——新しき村について』財団法人新しき村.

中丸麻由子，2011，「進化シミュレーションで絆と徳を探る――頼母子講を例に」『こころの未来』（京都大学こころの未来研究センター）第7号，16–19頁.
中根千枝，1962，「南西諸島の社会組織　序論」『民族学研究』第27巻第1号，1–6頁.
新渡戸稲造，［1900：1908］1938：2007，『武士道』.（矢内原忠雄訳，岩波書店.）
農林省経済厚生部，1935，『頼母子講ニ関スル調査』農林省経済厚生部.
North, Douglass C., 1990, *Institutions, Institutional Change and Economic Performance*, New York: Cambridge University Press.（竹下公視訳，1994，『制度・制度変化・経済成果』晃洋書房.）
織田萬，1907，「社会連帯論」『京都法学会雑誌』第2巻第10号，1–22頁.
織田輝哉，1991，「秩序問題と進化論」『秩序問題と社会的ジレンマ』（盛山和夫・海野道郎編）ハーベスト社，103–134頁.
荻生徂来，［1725–1727頃］1987，『政談』辻達也校注，岩波書店.
岡倉天心，［1903］1986，『東洋の理想』講談社.
恩田守雄，1997，『発展の経済社会学』文眞堂.
――――，2001，『開発社会学』ミネルヴァ書房.
――――，2006，『互助社会論』世界思想社.
――――，2008，『共助の地域づくり――「公共社会学の視点」』学文社.
――――，2010，「『一村一助』運動による地域の活性化」『社会学部論叢』第21巻第1号，1–28頁.
――――，2011，「支え合いの地域づくり――島根県浜田市旭町の調査」『社会学部論叢』第22巻第1号，23–75頁.
――――，2012a，「東日本大震災後の地域社会の再生――被災者のコミュニティ意識を中心に」『社会学部論叢』第22巻第2号，1–50頁.
――――，2012b，「共助の強化によるコミュニティの再生」『計画行政』第35巻第3号，3–8頁.
――――，2013a，“Reconstruction of Communities Following the Great East Japan Disaster: Seen through the Eyes of the Victims on the Transformation of Mutual Help Networks,”『社会学部論叢』第23巻第2号，33–49頁.
――――，2013b，「東日本大震災後の地域社会の再生――日本の伝統的な互助慣行と被災者への聞き取り調査から考える」『経済社会学会年報』第35号，8–23頁.
――――，2015a，「東日本大震災による原発被災者のコミュニティ意識――福島県浪江町住民への聞き取り調査を中心に」『社会学部論叢』第25巻第2号，135–187頁.
――――，2015b，「東アジアの互助社会――日本と韓国，中国，台湾との互助ネットワークの比較」『社会学部論叢』第26巻第1号，61–97頁.
――――，2016，『医学生のための社会学入門』晃陽書房.

――――, 2017,「東アジアにおける互助慣行としての小口金融――日本と韓国, 中国, 台湾との比較」『社会学部論叢』第27巻第２号, １-27頁.
――――, 2018, "Micro Finance in Traditional Mutual Help Networks in East Asia : A Comparison of Rotating Savings and Credit Associations in Japan, South Korea, China, and Taiwan,"『社会学部論叢』第28巻第２号, １-25頁.
Onda, Morio, 2013, "Mutual help networks and social transformation in Japan," *American Journal of Economics and Sociology*, 72 (3), 531–564.
――――, 2017, "Restoration of Communities Following the Great East Japan Disaster : The Transformation of Mutual Help Networks Through the Eyes of the Victims (Chapter 4)," In W. L. Waugh and Z. Han (eds.), *Recovering from Catastrophic Disaster in Asia* (pp. 61–84). Bingley (UK) : Emerald Publishing.
大塚久雄, [1955, 1970] 2000,『共同体の基礎理論』岩波書店.
Ostrom, Elinor, 1990, *Governing the Commons : The Evolution of Institutions for Collective Action*. New York : Cambridge University Press.
大蔵大臣官房銀行課, 1915,『無盡ニ関スル調査』大蔵大臣官房銀行課.
ペリファン, アタナーズ・南谷桂子, 2008,『隣人祭り』木楽舎.
Powell, Walter W., 2005, "Networks and Economic Life," In N. J. Smelser and R. Swedberg (eds.), *The Handbook of Economic Sociology* (Second edition) (pp.379–402), Princeton and Oxford : Princeton University Press.
Putnam, Robert D., 1993, *Making Democracy Work*, Princeton : Princeton University Press.
――――, 2000, *Bowling alone : The Collapse and Revival of American Community*, New York : Simon & Schuster.（柴内康文訳, 2006,『孤独なボウリング』柏書房.）
Rawls, John, [1971] 1999, *A Theory of Justice* : Revised Edition, Cambridge : The Belknap Press of Harvard University Press.（川本隆史・福間聡・神島裕子訳, 2010,『正義論』紀伊國屋書店.）
Robertson, Roland, 1992, *Social Theory and Global Culture*. London : Sage Publications.（安部美哉訳, 1997,『グローバリゼーション――地域文化の社会理論』東京大学出版会.）
Ruskin, John, [1860] 1862, *Unto This Last. Essays from the Cornhill Magazine* 1860, reprinted as *Unto This Last* in 1860.（五島茂責任編集, 飯塚一郎訳, 1971,『ラスキン, モリス』〔世界の名著41〕「この最後の者にも――ポリティカル・エコノミーの基本原理にかんする四論文」中央公論社.）
相良亨, 1993,『武士の倫理　近世から近代へ』(相良亨著作集３) ぺりかん社.
斎藤高行, [1905 : 1926] 1958 : 2001, 改訂『訳注二宮先生語録 (下)』(現代版報徳全書６) 佐々井典比古訳注, 一円融合会.

桜井徳太郎，1962，『講集団成立過程の研究』吉川弘文館.
Sandel, Michael J., [1982] 1998, *Liberalism and the Limits of Justice*, Cambridge : Cambridge University Press.（菊池理夫訳，1992，『自由主義と正義の限界』三嶺書房.）
Sansom, Katharine, 1937, *Living in Tokyo*, London : Chatto.（大久保美春訳, 1994,『東京に暮らす』岩波書店.）
佐々井信太郎，［1955］1995，『報徳生活の原理と方法』（現代版報徳全書４）一円融合会.
Schopenhauer, Arthur, 1851, *Parerga und Paralipomena*.（秋山英夫訳，1998,『随感録』白水社.）
Seneca, Lucius A., *De Ira*（Moral Essays I with an English translation by J. W. Basore, 1928, Loeb Classical Library.)（茂手木元蔵訳，1980，『怒りについて』岩波書店.）
Sennett, Richard, 1977, *The Fall of Public Man*. New York : Knopf.（北山克彦・高階悟訳，1991，『公共性の喪失』晶文社.）
Smiles, Samuel, 1859, *Self-Help : with Illustrations of Conduct and Perseverance*. London : John Murray.（中村正直〔敬宇〕訳，［1871 : 1927］1981，『西国立志編』博文館，講談社.）
Smith, Adam, [1759] 1790, *The Theory of Moral Sentiments*, London : Printed for A. Millar, in the Strand ; And A. Kincaid and J. Bell in Edinburgh. MDCCLIX (6th edn, London : A. Millar.)（水田洋訳，2003,『道徳感情論』(上)(下）岩波書店.）
Smith-Doerr, Laurel and Powell, Walter W., 2005, "Networks and Economic Life," In N. J. Smelser and R. Swedberg (eds.), *The Handbook of Economic Sociology* (Second edition) (pp.379–402), Princeton and Oxford : Princeton University Press.
末広厳太郎，［1922］2000，「役人の頭」『役人学三則』岩波書店.
菅江真澄・内田武志・宮本常一編訳，2000，『菅江真澄遊覧記４』平凡社.
Sugden, Robert, 1984, "Reciprocity : The Supply of Public Goods through Voluntary Contributions," *The Economic Journal*, 94, 772–787.
鈴木榮太郎，［1940］1968『日本農村社会学原理（上)』(鈴木榮太郎著作集第１巻）未來社.
――――，［1957］1977，『都市社会学原理』（鈴木榮太郎著作集第６巻）未來社.
――――，1970『農村社会の研究』（鈴木榮太郎著作集第４巻）未來社.
Swedberg, Richard, 2007, "Public sociology and economic sociology : introductory remarks," *Socio-Economic Review*, 5, 319–326.
高田保馬，［1922］1950改訂，1971改版『社会学概論』岩波書店.
竹内利美，1990，『村落社会と協同慣行』名著出版.

Vierkandt, von Alfred, [1923] 1928, *Gesellschaftslehre : hauptprobleme der philosophischen soziologie.* Stuttgart : F. Enke.

Ward, Barbara and Dubos, Rene, 1972, *Only one earth : the care and maintenance of a small planet,* New York : W. W. Norton & Company.（曽田長宗・坂本藤良監修，人間環境ワーキンググループ・環境科学研究所共訳，1972,『かけがえのない地球』日本総合出版機構.）

渡辺尚志，2008,『百姓の力』柏書房.

Weber, Max, [1904–1905] 1920, “Die protestantische Ethik und der Geist des Kapitalismus,” *Gesammelte Aufsätze zur Religionssoziologie*（Bd. 1), Tübingen : J. C. B. Mohr.（梶山力・大塚久雄訳，1955・1962,『プロテスタンティズムの倫理と資本主義の精神』（上）（下）岩波書店.）

————, 1922, *Wirtschaft und Gesellschaft,* Zweiter Teil : Typen der Vergemeinschaftung und Vergesellschaftung, Kapitel II. Typen der Vergemeinschaftung und Vergesellschaftung. Tübingen : J. C. B. Mohr (Paul Siebeck). [Max Weber im Kontext - Werke auf CD-ROM-Abschnitt : Wirtschaft und Gesellschaft（1922）Titelseite : Wirtschaft und Gesellschaft].

【各国別文献】

（日　本）

新井白石，1719,『南島志』（原田禹雄訳注，1996，榕樹社.）

有川町郷土誌編集・編纂委員会，1994,『有川町郷土誌』有川町長.

朝霞市教育委員会市史編さん室，1995,『朝霞市史』（民俗編）朝霞市.

足利市史編さん委員会，1978,『近代足利市史』（通史編，第２巻）足利市.

東町史編纂委員会，1997,『東町史』東町史編纂委員会（茨城県稲敷郡).

知念良雄，1998,『模合考　ユーレーとは』.

千代田区，1960,『千代田区史』（上巻・中巻）千代田区.

Dekle, Robert, and Hamada, Koichi, 2000, “On the Development of Rotating Credit Associations in Japan,” *Economic Development and Cultural Change,* 49（1), 77–90.

富士見市教育委員会，1990,『富士見市史』（資料編４，近世）富士見市.

————，1991,『富士見市史』（資料編７，民俗）富士見市.

御所浦町，2005,『御所浦町史』熊本日日新聞情報文化センター.

橋浦泰雄，1935,「協同労働の慣行」『日本民俗学研究』（柳田國男編）岩波書店（259–279頁).

東恩納寛惇，1941,『南島論攷』実業之日本社.

————，1950,『南島風土記——沖縄・奄美大島地名辞典』沖縄文化協会・沖縄財団.

日野善彦，1985,『対馬拾遺』創言社.

井上隆三郎，1979，『健保の源流――筑前宗像の定礼』西日本新聞社.
石垣市史編集委員会，1944，『石垣市史』（各論編，民俗上）石垣市.
石塚尊俊，1949，「もやい島」『山陰の民俗（第二集）』（出雲民俗の会編），島根新聞社.
――――，1955，「出雲佐香地方の村落結合」「家と村――出雲市大津地区の場合」山陰民俗学会編，1998，『村と家・人生』（山陰民俗叢書４）島根日日新聞社.
伊丹市史編纂専門委員会，1970，『伊丹市史』伊丹市.
泉田洋一，1992 「農村金融の発展と回転型貯蓄信用講（ROSCAs）」『宇都宮大学農学部學術報告』第15巻第１号，1－18頁.
加東郡教育会，1973，『加東郡誌』臨川書店.
Kerr, George H., [1958] 2000, *Okinawa, the History of an Island People*, Tokyo : Tuttle Publishing.（山口栄鉄訳，2014，『沖縄　島人の歴史』勉誠出版.）
喜多村理子，1996，「ムラ生活の諸相――伯耆東伯郡赤碕町大字八幡向原地区下市地区民俗調査の一端」山陰民俗学会編，1998，『村と家・人生』（山陰民俗叢書４）島根日日新聞社.
金剛寺高，1993，「馴馬村郷蔵制度に就て」『紀要』（第６号）竜ヶ崎市郷土史研究会.
神津島村社会福祉協議会，2009，『神津島のお年より作文集』（第15集）神津島村社会福祉協議会.
久保清・橋浦康雄，1934，『五島民俗図誌』一誠社.
舞阪町史編さん委員会，1996，『舞阪町史』（中巻）舞阪町.
名勝月瀬学術調査準備委員会，1957，『名勝月ヶ瀬』名勝月瀬編纂委員会.
南大東村誌編集委員会，1990，『南大東村誌（改訂）』南大東村役場.
美津島の自然と文化を守る会，1982，『美津島の自然と文化』（第二輯）美津島町役場.
――――，1985，『美津島の自然と文化』（第三輯）美津島町役場.
宮本常一，［1961］1972，「僻地のはなし」（原題「へき地物語」『農林年金』７月～12月）『村の崩壊』（宮本常一著作集12）未來社.
宮下和裕，2006，『国民健康保険の創設と筑前（宗像・鞍手）の定札――日本における医療扶助活動の源流を探る』自治体研究社.
三芳町，1992，『三芳町史』（民俗編）三芳町.
森本育寛，1988，「町場の形成と町民自治――奈良町と今井町の例」『人づくり風土記』（29〈奈良〉）農山漁村文化協会.
無着成恭，［1951］1995，『山びこ学校――山形県山元村中学校生徒の生活記録』（青銅社）岩波書店.
長野県，1988，『長野県史〈民俗編，南信地方〉』第二巻〈一〉，長野県史刊行会.
Najita, Tetsuo, 2009, *Ordinary Economies in Japan : A Historical Perspective, 1750–1950*, Oakland : University of California Press.（五十嵐暁郎監訳，福井

昌子訳，2015,『相互扶助の経済――無尽講・報徳の民衆思想史』みすず書房.）
韮崎市誌編纂専門委員会，1979,『韮崎市誌』（下巻）韮崎市誌編集委員会.
野口武徳，1962,「宮古漁村社会の概況」『民族学研究』第27巻第1号, 19-25頁.
農村文化協会長野県支部，1948・49,『農村青年通信講座（第1巻・第2巻）』農村文化協会長野県支部（2007，日本図書センター）．第1巻（第1号-第8号），第2巻（第9号-第15号）.
小川町，2000,『小川町の歴史』（資料編6：近代）小川町.
————，2003『小川町の歴史』（通史編・下巻）小川町.
山陰民俗学会，1977,『ふるさと再見』山陰中央新報社.
————，1999,『古老の生活体験』島根日日新聞社.
笹森儀助，1894,『南島探検』（東喜望校注，1982『南島探検1（琉球漫遊記）』平凡社.
椎葉村，1994,『椎葉村史』椎葉村.
島根県教育委員会，1996,『尾原の民俗（尾原ダム民俗文化財調査報告書）』島根県教育委員会.
下甑村郷土誌編纂委員会，2004,『下甑村郷土誌』下甑村.
新大東町誌編纂委員会，2004,『新大東町誌』大東町.
城田吉六，1973,『豆酘――伝承と習俗』厳原町（対馬郷土研究会）.
静岡県立下田南高等学校民俗研究部，1962,『神津島の民俗』（南豆民俗第5号）.
田川雅夫，1988,『対馬の四季――対馬の風土と暮らし』農山漁村文化協会.
多摩市史編集委員会，1989,『多摩市の民俗（社会生活）』多摩市.
谷川健夫，[1977] 1998,「ヒョンジとハーデ――西伯郡中山町の慣行」山陰民俗学会編，1998,『村と家・人生』（山陰民俗叢書4）島根日日新聞社.
月ヶ瀬村史編集室，1990,『月ヶ瀬村史』月ヶ瀬村.
宇部市史編纂委員会，1963,『宇部市史（自然環境，民俗方言篇）』宇部市史編纂委員会.
馬庭克吉，1949,「しぎ」『山陰の民俗（第二集）』（出雲民俗の会編），島根新聞社.
若林善三郎，1959,『山中町史』山中町史刊行会.
山口麻太郎，1935,「壱岐に於ける無尽（頼母子講）の研究」（上）（下）『社会経済史学』第5巻第3号, 80-107頁；第4号, 77-97頁.
山梨県，2006,『山梨県史』（通史編6，近現代2）山梨日日新聞社.
柳田國男，[1951-1954] 1989,『海上の道』（柳田國男全集1）筑摩書房.
柳井市史編纂委員会，1984,『柳井市史（通史編）』柳井市.
矢野道子，1995,『対馬の生活文化史』源流社.
矢富熊一郎，1965,『石見匹見町史』島根郷土史会.
与那堅亀，1975,『沖縄の模合』沖縄文教出版.
米城恵，2015,『よみがえるドゥナン』南山舎.

（事典・辞典）
1974『日本民俗誌大系』角川書店.
1979–2004『日本歴史地名大系』平凡社.
2003『石垣方言辞典（本文編）』宮城信勇，沖縄タイムス社.
2006『世界大百科事典』（第二版）平凡社.

（用語集）
東麓破衲，1400，『下学集』（２巻）（文安元〔1444〕年成立，刊行元和３〔1617〕年）.
烏飼市兵衛・村上伊兵衛・渋川與左衛門他１名，1771，『早引大節用集福寿蔵』（文明６〔1475〕年成立）.
1961，『運歩色葉集』（静嘉堂文庫蔵本）複製白帝社（文明６〔1475〕年成立）.

（韓　国）
秋葉孝，1954，『朝鮮民俗誌』六三書房.
Bird, Isabella, 1905. *Korea and Her Neighbours.* London : John Murray.（時岡敬子訳，1998，『朝鮮紀行——英国婦人の見た李朝末期』講談社.）
Campbell, Colin D. and Ahn, Chang S., 1962, "Kyes and Mujins, Financial Intermediaries in South Korea," *Economic Development and Cultural Change*, 11（1），55–68.
早川孝太郎，［1937］1977，『農事慣習における個人労力の社会性』三省堂.（宮本常一・宮田登編『早川孝太郎全集第５巻（農村問題と農村文化）』91–151頁，未來社.）
池橋宏，2008，『稲作渡来民——「日本人」成立の謎に迫る』講談社.
板谷英生，1943，『満州農村記（鮮農篇）』大同印刷館.
伊藤亜人，1972，「韓国農村社会の一面——全羅南道珍島にて」『東洋文化』第52号，47–159頁.
————，1977a，「契システムにみられる *ch'inhan sai* の分析——韓国全羅南道珍島における村落構造の一考察」『民族學研究』第41巻第４号，281–299頁.
————，1977b，「韓国村落社会における契」『東洋文化研究所紀要』第71号，167–230頁.
————，2006，『韓国夢幻』新宿書房.
————，2013，『珍島——韓国農村の民族誌』弘文堂.
泉靖一，1966，『済州島』東京大学出版会.
감준，2010，『한국어촌사회학』민속원.
金栄・梁澄子，1988，『海を渡った朝鮮人海女——房総のチャムスを訊ねて』新宿書房.
郷村社会史研究会，1996，『韓国の郷約・洞契』信用協同組合中央会.

呉東珉・朴明錫，1988，『珍島郷校誌』珍島郡郷校誌編纂委員会.
髙翔龍，1998，「報告2　宗中財産と名義信託」『北大法学論集』第49巻第3号，236-251頁.
李覚鍾，1923，『契に關する調査』（朝鮮民政資料）〈近現代資料刊行会企画編集，2000，『植民地社会事業関係資料集　朝鮮編25』（戦前・戦中期アジア研究資料1，社会事業政策［経済更正と社会教化］——農山漁村振興運動と農村社会事業1）近現代資料刊行会，37-54頁〉.
Lee, Myung Hwi（이명휘），2006，「한국 서민금융제도의 형성과 정착-無盡에서 韓国銀行으로」『경영사학』（「韓国の庶民金融制度の形成と定着——無尽から国民銀行へ」『経営史学』）42, pp. 215-241.
李杜鉉・張籌根・李光奎，［1983］1991，『韓國民俗學概説』學研社.
李應珍監修，趙重義・權善熙，中嶋一訳，［2009］2012，『韓国内の日本人村——浦項九龍浦で暮した』浦項市.
牧野巽，1973，「朝鮮の自然村を中心にして」『朝鮮農村社会の研究』〈鈴木榮太郎著作集第5巻〉未來社，499-526頁.
水野直樹・庵逧由香・酒井裕美・勝村誠，2012，『図録　植民地朝鮮に生きる——韓国・民族問題研究所所蔵資料から』岩波書店.
森田芳夫・長田かな子，1980，『朝鮮終戦の記録』（資料篇第二巻，南朝鮮地域の引揚と日本人世話会の活動）巖南堂書店.
中村均，1994，『韓国巨文島にっぽん村』中央公論社.
恩田守雄，2012，「韓国の互助慣行——日本との民俗社会学的比較」『社会学部論叢』第23巻第1号，1-44頁.
朴慶植，1973，『日本帝国主義の朝鮮支配』（上・下）青木書店.
朴重信・布野修司，2004，「日本植民地期における韓国の日本人移住漁村の形成に関する研究——巨文島・巨文港を対象として」『日本建築学会計画系論文集』第577号，105-110頁.
梁愛舜，2000，「郷村社会の親族と近隣結合——契・プマシ・トゥレを中心に」『立命館産業社会論集』第35巻第4号，59-81頁.
蔡實植・趙民新・金東熙，1966，『農村指導論』弘文社.
申叔舟，1471，『海東諸国紀』.（田中健夫訳，1991，『海東諸国紀——朝鮮人の見た中世の日本と琉球』岩波書店.）
重松髜修，1941，『朝鮮農村物語』中央公論社.
————，1945，『朝鮮農村物語〈続〉』興亜文化出版.
嶋陸奥彦，2008，「韓国の地域社会の長期的展開——『門中の時代』再考」『東北人類学論壇』第7号，1-37頁.
志雲生（野村新七郎），［1927-1937］2005，『朝鮮往来』（山本卓也・和千子，愛知県農会会報誌復刻版〔1927-1937年〕）
鈴木榮太郎，［1943a］1973，「朝鮮の農村」『東亜社会研究』第1輯（『朝鮮農村社

会の研究』〈鈴木榮太郎著作集第5巻〉未來社，11-38頁.）
――――，［1943b］1973,「朝鮮の農村社会集団について」『調査月報』第14巻第9，11，12号（『朝鮮農村社会の研究』〈鈴木榮太郎著作集第5巻〉未來社，39-88頁.）
――――，［1943c］1973,「朝鮮農村社会瞥見記」『民族学研究』第1巻第1号（『朝鮮農村社会の研究』〈鈴木榮太郎著作集第5巻〉未來社，107-135頁.）
――――，［1943d］1973,「黄海道瑞興郡月灘里部落（草稿）」（『朝鮮農村社会の研究』〈鈴木榮太郎著作集第5巻〉未來社，445-455頁.）
――――，［1943e］1973,「朝鮮北部および西部の共同作業（草稿）」（『朝鮮農村社会の研究』〈鈴木榮太郎著作集第5巻〉未來社，456-459頁.）
――――，［1944］1973,「湖南農村調査野帳抜書」『朝鮮』第353号（『朝鮮農村社会の研究』〈鈴木榮太郎著作集第5巻〉未來社，311-327頁.）
――――，1958,「朝鮮の契とプマシ」『民族学研究』第27巻第3号，22-28頁（『朝鮮農村社会の研究』〈鈴木榮太郎著作集第5巻〉未來社，552-558頁）.
宋希璟，1420,『老松堂日本行録』.（村井章介校注，1987,『老松堂日本行録――朝鮮使節の見た中世日本』岩波書店.）
田代和生，2011,『新・倭館――鎖国時代の日本人町』ゆまに書房.
塚本明，2016,「近代志摩海女の朝鮮出漁とその影響」『三重大学史学』第16巻，25-48頁.
八木庸夫，1992,「韓国の漁村契と日本の漁業協同組合の比較研究」『長崎大学水産学部研究報告』第72号，25-28頁.
山辺健太郎，1971,『日本統治下の朝鮮』岩波書店.
山田正浩，2007,「朝鮮時代の『面』と『里』について――忠清道地方の邑誌を資料として」『愛知県立大学文学部論集』第56巻，17-38頁.

(朝鮮総督府関係資料〔年代順〕)

朝鮮総督府，1912,『朝鮮総督府施政年報』（明治43年度版）.
――――，1922,『朝鮮総督府施政年報』（大正7，8，9年度版）.
――――，1934,『朝鮮総督府施政年報』（昭和6，7年度版）.
――――，1935,『朝鮮総督府施政年報』（昭和8年度版）.
――――，1936,『朝鮮総督府施政年報』（昭和10年度）.
小田幹治郎，1913,「朝鮮の冠婚葬祭」『朝鮮総督府月報』第3巻第9号，21-26頁.
小原新三，1915,「朝鮮の面洞里名に関する調査」『朝鮮総督府月報』第5巻第2号，3-6頁.
片山恒夫，1915,「朝鮮人と基督教」『朝鮮総督府月報』第5巻第2号，55-65頁.
李覚鍾，1923,『契に關する調査』（朝鮮民政資料）朝鮮総督府.
善生永助，1926,『朝鮮の契』（調査資料第17輯）朝鮮総督府.
――――，1933,『朝鮮の聚落（前篇）』（生活状態調査〔其五〕〔調査資料第38輯〕

朝鮮総督府.）

（中国）
天野元之助，1942，『支那農業経済論（中巻）』改造社.
陳玉雄，2004，「中国東南沿海部における『合会』の実態とその金融機能——浙江省温州市と福建省福清市の『標会』の事例比較を中心に」『中国経営管理研究』第４号，23–47頁.
————，2017，「中国における『民間貸借』の発展とその論理」『成城大学経済研究所研究報告』No.76.
趙樹里，加藤三由紀訳，1943，「小二黒の結婚」（藤井省三編，1992，『笑いの共和国』）白水社.
中国農村慣行調査会，［1940–1944］1952–58，『中国農村慣行調査』（全６巻）岩波書店.
福武直，［1946］1976，『中国農村社会の構造』（福武直著作集第９巻）東京大学出版会.
旗田巍，［1949］1973，『中国村落と共同体理論』岩波書店.
東恩納寛惇，1941，『黎明期の海外交通史』帝国教育会出版部.
池田龍藏，1930，『支那の無尽に関する研究』無尽之研究社.
————，1931『支那人及支那社会の研究』池田無尽研究所.
池橋宏，2008『稲作渡来民』講談社.
石田浩，1994，「中国農村社会の基底構造——中国社会主義と伝統社会」中兼和津次編，『講座現代アジア２　近代化と構造変動』東京大学出版会，113–140頁.
河部利夫，1972，『華僑』潮出版社.
何耀華，2002，「石林彝族自治権の経済発展史」中兼和津次編著『中国農村経済と社会の変動』御茶の水書房，37–50頁.
北山康夫，1954，「中國に於ける農業集團化の運動——互助組と合作社」『東洋史研究』13（１–２）：107–118頁.
満州国臨時産業調査局，1939，『満州農村雑話』満州評論社.
村松祐次，1949，『中国経済の社会態制』東洋経済新報社.
中兼和津次，［1980］1992，「人民公社とコミュニティ」中兼和津次・石原享一編『中国（経済）』（地域研究シリーズ③）アジア経済研究所.
————，1999，『中国経済発展論』有斐閣.
波平勇夫，2006，「福建省の民間金融——標会を中心に」『南東文化』第28号，123–131頁.
恩田守雄，2013，「中国農村社会の互助慣行」『社会学部論叢』第24巻第１号，25–60頁.
王文亮・掲継斌・羅衛国，2003，「中国農村部の五保戸扶養制度に関する考察」*The Journal of Kyushu University of Nursing and Social Welfare*, 5（1），93–105.

李凰娟，2013，「現代沖縄における『久米系末裔』の人々のアイデンティティに関する一考察――久米崇聖会を中心として」『人間と社会の探究』（慶應義塾大学大学院社会学研究科紀要）No.76, 61-81頁.
清水金二郎・張源祥訳，1943，『支那民事慣習調査報告（上）』大雅堂.
――――，1944，『支那満州民事慣習調査報告（中）』大雅堂.
清水盛光，1939，『支那社会の研究』岩波書店.
――――，1942，『支那家族の構造』岩波書店.
――――，1951，『中国郷村社会論』岩波書店.
Smith, Arthur H., 1899, *Village Lifge in China : A Study in Sociology*, New York : F. H. Revell company.
孫文，［1924］1969，『三民主義』（島田虔次訳〔世界の名著64〕中央公論社.
鈴木榮太郎，［1957］1977，『都市社会学原理』（鈴木榮太郎著作集第6巻）未來社.
高瀬恭子，1985，「明代琉球国の『久米村人』の勢力について――『歴代宝案』による」『南島――その歴史と文化　5』南島史学会編（153-177頁）.
田名真之，1992，『沖縄近世史の諸相』ひるぎ社.
鄭義，1985，『古井戸』（藤井省三訳，1990，JICC 出版局.）
富島壮英，1984，「蔡温と久米村・三十六姓」『蔡温――蔡温とその時代』離宇宙社.
東野治之，2007，『遣唐使』岩波書店.
熊遠報（Xiong Yuan Bao），2003，「村落社会における『銭会』――清民国期の徽州地域を中心として」『明代史研究会創立三十五周年記念論集』汲古書院（395-418頁）.
米田祐太郎，1941a，『生活習慣北支那篇』教材社.
――――，1941b，『生活習慣南支那篇』教材社.
――――，1941c，『生活習慣中支那篇』教材社.

（南満州鉄道『調査時報』）

花房正治訳，1923，「東支鐵道付屬地に於ける過去十五年間の都市及村落自治制」第3巻第7号，22-33頁.

（南満州鉄道『満鉄調査月報』［年代順］）

公主嶺経済調査会，1933，「大泉眼部落調査報告」第13巻第11号，13-76頁，第12号，1-80頁.
水野薫，1935，「山東の一農村（張耀屯）に於ける社会経済事情（上）（下）」第15巻第7号，1-64頁，第8号，31-84頁.
土肥武雄，1935，「熱河省凌源縣十五里堡に於ける土地慣行（一）（二）」第15巻第9号，1-40頁，第10号，1-24頁.
福島三好，1936，「満州国土地制度の現状と土地政策（一）」第16巻第8号，129-206

頁.
和田喜一郎・横地譽富，1937,「錦州省錦縣に於ける農村行政組織と其の運営現態」第17巻第3号，1-48頁.
野間清・山本純愚，1937,「海城縣に於ける農村行政組織と其の運営現態（一）（二）」第17巻第3号, 49-107頁, 第4号, 77-142頁.
善生永助，1937,「濱江省阿城縣の保甲行政組織と其の運営状態（一）（完）」第17巻第11号, 49-95頁, 第12号, 93-146頁.
鈴木小兵衛，1939,「満州農村に於ける血縁関係」第19巻第6号，1-22頁.
山本義三，1940,「北満一農村に於ける家族関係——北安省綏化縣彦鄰村于坦店屯」第20巻第6号，1-46頁.
廣田豪佐，1940,「北満農村に於ける家族共同體の形成と解體（上）」第20巻第10号, 63-80頁.
濱岡福松編訳，1941,「支那民事慣習問題答案（一）（二）（三）（四）（五）——支那民事慣行調査資料」第21巻第5号, 138-180頁, 第6号, 179-209頁, 第7号, 167-206頁, 第8号, 192-212頁, 第9号, 199-221頁.
山本義三，1941,「舊満州に於ける郷村統治の形態」第21巻第11号，1-56頁.
森次勲，1942,「支那農業社会の一考察」第22巻第11号, 97-128頁.
第二満州調査室第一班，1943,「農村駐在調査報告（一）——吉林省懐徳縣響水村楡樹林屯魏家窪子」第23巻第11号, 129-153頁.

（台湾）

Besley, Timothy and Levenson, Alec R., 1996, “The Role of Informal Finance in Household Capital Accumulation : Evidence from Taiwan,” *The Economic Journal*, 106 (Jonuary), 39-59.
陳足英，2009,「社会における会仔の役割と発想についての検討——クレジットカードとの比較」『パーソナルファイナンス学会年報』第10号, 23-32頁.
呉豪人，1999,「植民地台湾における祭祀公業制度の改廃問題」『日本台湾学会報』第1号，54-75頁.
稲葉佳子・青池憲司，2017,『台湾人の歌舞伎町——新宿，もうひとつの戦後史』紀伊國屋書店.
伊能嘉矩，1928,『台湾文化史』（上巻・中巻・下巻）刀江書院.
入江曉風，［1920］1924,『神話臺灣生蕃人物語』入江曉風.
————，1933,『基隆風土記』入江曉風.
梶原通好，1941,『臺灣農民生活考』緒方武蔵.
国分直一・河井隆俊・潮地悦三郎・大城兵藏・宮城寛盛，1945,「海邊民俗雑記（一）——蘇澳郡南方澳」『民俗臺灣』第43号，2-12頁.
又吉盛清，1990,『日本植民地下の台湾と沖縄』沖縄あき書房.
松田良孝，2004,『八重山の台湾人』南山舎.

――――, 2010,『台湾疎開――「琉球難民」の1年11カ月』南山舎.
――――, 2013,『与那国台湾往来記――「国境」に暮らす人々』南山舎.
森丑之助, 1917,『臺灣蕃族志』(第一巻) 臨時臺灣舊慣調查會.
日本順益台湾原住民研究会編, 2002,『台湾原住民研究概覧』風響社.
野入直美, 2000,「石垣島の台湾人――生活史にみる民族関係の変容(一)」『人間科学』(琉球大学法文学部人間科学科紀要) 第5号, 141-170頁.
――――, 2001,「石垣島の台湾人――生活史にみる民族関係の変容(二)」『人間科学』(琉球大学法文学部人間科学科紀要) 第8号, 103-125頁.
恩田守雄, 2014,「台湾の互助慣行――日本との民俗社会学的比較」『社会学部論叢』第25巻第1号, 1-26頁.
太田昌勝, 1997,「石垣島における台湾系移民の現在」『沖縄関係学研究会論集』沖縄関係学研究会, 123-132頁.
臨時台湾旧慣調査会編, 1903-1907,『臨時台湾旧慣調査会第一部調査第一回報告書』〈第一回上巻〉(1903),〈第一回下巻〉(1903), 第二回第1巻 (1906), 第二回第二巻上巻 (1907), 第二回第二巻下巻 (1907), 臨時台湾旧慣調査会.
――――, 1910,『臨時台湾旧慣調査会第一部調査第三回報告書 (台湾私法第三巻付録参考書)〈上巻〉』, 臨時台湾旧慣調査会.
――――, 1913-1914,『臨時台湾旧慣調査会第一部蕃族調査報告書』〈第一巻〉(1913). 阿眉族・卑南族〈第二巻〉(1914), 阿眉族, 臨時台湾旧慣調査会.
――――, 1915-1918,『番族慣習調査報告書』(第二巻 [1915], 第三巻 [1917], 第四巻 [1918]) 臨時台湾旧慣調査会.
劉枝萬, 1994,『台湾の道教と民間信仰』風響社.
台湾総督府蕃族調査会編, 1917-1921,『台湾総督府蕃族調査会蕃族調査報告書』(『臨時台湾旧慣調査会第一部蕃族調査報告書』の改題)〈第一巻〉(1917) 紗績族,〈第二巻〉(1918) 太幺族前篇,〈第三巻〉(1920) 太幺族後篇,〈第四巻〉(1921) 排彎族・獅設族, 台湾総督府蕃族調査会.
――――, 1920-1922,『番族慣習調査報告書』(第五巻の一 [1920], 三 [1922], 四 [1921], 五 [1920]) 台湾総督府蕃族調査会.
台湾総督府番族調査会編, 1921,『台湾番族慣習研究』(第一～八巻), 台湾総督府番族調査会.
唐燕霞, 2016,「台湾の『社区営造』と住民自治――中国の『社区自治』へのインプリケーション」『総合政策論集』(島根県立大学) 第31号, 57-70頁.
山口政治, 1999,『東台湾開発史』中日産経資訊.
――――, 2007,『知られざる東台湾』展転社.
矢内原忠雄, [1929] 1988,『帝国主義化の台湾』岩波書店.
安田敏朗, 2011,『かれらの日本語――台湾「残留」日本語論』人文書院.

(ベトナム)

岩井美佐紀, 1999,「ベトナム北部農村における社会変容と女性労働――バックニン省チャンリエット村の事例から」『東南アジア研究』第36巻第4号, 525–545頁.

内藤完爾, 1943,「安南村落――その結合性格と村落社会集団」東亜社会研究会・有賀喜左衛門編『東亜社会研究（第1輯)』生活社.

Onda, Morio, 2007, “Comparison of Mutual Help Networks in Japan and Vietnam,”『社会学部論叢』第18巻第1号, 1–22頁.

恩田守雄, 2008a,「日本とベトナムの比較互助社会論」『経済社会学会年報』第30号, 32–49頁.

――――, 2008b「ベトナム人の社会意識――村落生活実態調査を中心に」『社会学部論叢』第19巻第1号, 1–90頁.

《著者紹介》
恩田　守雄（おんだ・もりお）
1955年　生まれ
東京大学大学院人文社会系研究科社会文化研究専攻博士課程修了，博士（社会学）。
専門社会調査士（社会調査協会）。
現　在　流通経済大学社会学部教授。
専　門　経済社会学，開発社会学，民俗社会学，地域創生学（地域社会論）。
主　著　『発展の経済社会学』文眞堂，1997年。
『開発社会学』ミネルヴァ書房，2001年。
『グローカル時代の地域づくり』学文社，2002年。
『互助社会論』世界思想社，2006年。
『共助の地域づくり』学文社，2008年。
『医学生のための社会学入門』晃洋書房，2016年。

支え合いの社会システム
——東アジアの互助慣行から考える——

2019年1月20日　初版第1刷発行　〈検印省略〉

定価はカバーに
表示しています

著　者　恩田守雄
発行者　杉田啓三
印刷者　藤森英夫

発行所　株式会社　ミネルヴァ書房
607-8494　京都市山科区日ノ岡堤谷町1
電話代表（075）581-5191
振替口座　01020-0-8076

亜細亜印刷，新生製本

ISBN978-4-623-08423-4
Printed in Japan